Track & Field News's

BIG GOLD BOOK

with
Metric Conversion Tables for Track & Field,
Combined Decathlon/Heptathlon Scoring
and Metric Conversion Tables,
and Other Essential Data for the
Track Fan, Athlete, Coach and Official

From the Editors of Track & Field News
Sieg Lindstrom, Project Manager

TAFNEWS PRESS
Book Division of Track & field News

Published in 2012 by Tafnews Press,
Book Division of Track & Field News,
2570 W El Camino Real, Suite 220,
Mountain View, CA 94040

Copyright © 2012 by Tafnews Press

All rights reserved. No part of this publication
may be reproduced or transmitted in any form
or by any means, including photocopy, recording
or any information storage and retrieval system,
without the written permission of the publisher.

Publishing History and Former Titles:
The Little Red Book—1st ed., 1974; 2nd ed., 1976; 3rd ed., 1979
Track & Field News' Little Green Book—1983
Track & Field News' Little Gold Book—1984
Track & Field News' Little Blue Book—1989
Track & Field News' Big Red Book—1995
The Big Green Book—2000; 2nd printing, 2003
The Big Gold Book—2005; 2nd printing (updated), 2008
                        3rd printing (updated), 2011
                        4th printing, 2012
Updated 2017. Printed by CreateSpace an Amazon.com Company

ISBN 978-0-911521-70-2

Printed in the United States of America

FOREWORD

It has been an interesting publishing journey since we first turned out *The Little Red Book* in 1974. Since the USA sticks to measuring field event marks in feet and inches while almost all of the rest of the world uses the metric system, *The Little Red Book* was needed to allow American fans to convert metric marks to units they could readily understand.

While we were at it, we decided to include a lot of other things that would be useful to track enthusiasts, coaches and officials, such as the combined metric conversion and multi-event scoring tables, the various useful charts, basic rules, equipment specs and other handy information.

In the 35-plus years since its initial publication, we've sold about 45,000 copies of this book in its various incarnations (see Publishing History on the copyright page), attesting to its value in the track & field community. This is the latest version.

The impetus for the Gold book came about when the IAAF decided, in its wisdom, to gradually move toward the decathlon as the official women's multi-event and phase out the heptathlon. It is still not known when the decathlon will take its place in the Olympic and World Championships programs, but we suspect that change is still some years off. The first official World Record holder, Marie Collonvillé of France, was recognized in 2004 and Austra Skujyté of Lithuania raised the record to 8358 in April, 2005.

So, the pink pages in this book give you the point scoring and conversions for the five new events. Of course, we also updated whatever needed updating, including giving a significant overhaul to the sections on rules, records, equipment specs, and so on.

So here you have it—The Track Fan's Companion—bigger and better and more useful than ever. This 2012 reprinting contains updates through the 2011 season.

Ed Fox, Publisher
Track & Field News

CONTENTS

METRIC CONVERSION TABLES (yellow pages)
Introduction to Metric Conversion Tables 8
Metric Conversion Tables, High Jump–Pole Vault 10
Metric Conversion Tables, All Other Events 13

COMBINED MULTI-EVENT TABLES
Introduction to Combined Metric Conversion
    And Multi-Event Scoring Tables 64
A Brief History of Multi-Event Scoring Tables 65
Decathlon Tables (blue pages) 66
    Men's Multi Indoor Event Tables 86
Heptathlon Tables (green pages) 92
    Women's Multi Indoor Event Tables 108
Supplemental Events for Women's Decathlon 111

RULES, EQUIPMENT & SPECTATOR AIDS
Basic Rules of Track & Field 124
Field Event Time Limits 129
Equipment Specifications 130
World Record Criteria 132
Timing 133
Automatic Timing 134
How to: Time Relay Legs 135
             Keep Score in a Multi-Event 135
             Project Multi-Event Scores 135
             Project Final Times During a Race 135
             Project Final Times in a Steeple or Other Race
             Not Starting and Finishing at the Same Place 136
Effect of Running Wide on a Curve 136
Effect of Wind and Altitude 136
Wind and Altitude Effect Tables 138
Altitudes of Selected Cities 142

USEFUL CHARTS AND TABLES
Kilograms to Pounds 146
Metric-English Equivalents 148
Metric Measure Relationships 148
Handy Conversion Shortcuts 149
Temperature Conversions 149

ENGLISH/METRIC TIME EQUIVALENTS
Running Event Equivalents 152
Converting English-Distance Times 153
Dealing With Hand Times 154
Miles and Metric Miles 154
1500/1600/Mile 155
3000/3200/2 Mile 158

PACING TABLES
Introduction to Pacing Tables 164
    1500/1600/Mile Pacing Table 165
    3000/5000 Pacing Table 166
    10,000 Pacing Table 167
    4 x 400 Pacing Table 171
    Indoor Track Pacing Table 172
    Per-Mile Marathon Pacing Table 176
    Per-Kilometer Marathon Pacing Table 178

HANDY TRACK INFO
Barrier Breakers 180
Indoor Barrier Breakers 184
Track & Field News Men's Athletes of the Year, 1959–'16 185
Track & Field News Women's Athletes of the Year, 1974–'16 186

METRIC
CONVERSION
TABLES
For Track & Field

Although the tables may look like simple mathematical conversions, they are based on sophisticated algorithms developed specifically for Track & Field News to yield figures that conform to standard track & field measurements. As such, the tables are copyrighted and proprietary to Track & Field News/Tafnews Press and photocopying or other reproduction in any form without permission of the publisher is strictly prohibited.

METRIC CONVERSION TABLES

HOW TO USE THE TABLES

This set of tables, like those in the *Big Gold Book*'s predecessor volumes—the *Little Green Book, Little Gold Book, Little Blue Book, Big Red Book,* and *Big Green Book*—are designed to convert metric measurements to the imperial system. They cannot be used to obtain accurate conversions in the opposite direction, although they may be consulted to determine approximate metric equivalents of imperially measured marks. The tables are read by finding the metric distance one wishes to convert in the left column; the corresponding imperial measure appears in the right column.

INTRODUCTION TO THE TABLES

The statisticians' challenge, as explained by Scott Davis—who originally developed the algorithms to conform T&FN's tables to the IAAF's—was to develop a table of "most probable" marks, each a statistically defensible "estimate of what the performance would have been had it been measured in the imperial system." The aim was to ensure the value of marks, by taking care, as any track & field official must in making the measurement in the first place, not to credit performers with better performances than they have actually achieved. The high jump and pole vault, for which each bar height can be carefully premeasured, thus, require a different conversion factor from the long jump, triple jump and shot put.

An example is useful for understanding the logic underlying the conversion tables. Take Mike Powell's World Record long jump mark of 8.95m. That 8.95 number means the official measurement found it to be at least 8.95m but less than 8.96m. The most probable mark for conversion purposes is 8.955m. Since the result of the conversion calculation should always be rounded down, the statisticians chip this number down to 8.954999 to ensure that even if it is evenly divisible by the relevant conversion factor (0.0254m = 1 inch) it will round down. For the more accurately measured high jump and pole vault, rather than adding 0.004999m before converting, statisticians add 0.002m.

The most recent editions of our conversions incorporated a new set of tables brought about by the decision to measure the three long throws in every-centimer increments, rather than rounding down to even centimeters. T&FN feels this was a mistake, implying more accuracy than is possible in the measuring process, but nonetheless has gone along with the new ruling.

To be mathematically precise, calculating the values of the long throws based on an every-centimeter measuring system would have meant that a large percentage of values for even-centimeter marks as given in preceding editions of our tables would have changed. Given the havoc this would have created with so many years of historical data, with the same metric mark having different imperial values at different points in time, we have fudged slightly on the algorithm so that even-centimeter marks convert the same way they always did. Interested parties may obtain a written explanation of the new long throws algorithm by writing T&FN.

HIGH JUMP–POLE VAULT

Meters	Feet	Meters	Feet	Meters	Feet	Meters	Feet
0.00	0-0	0.25	0-9¾	0.50	1-7¾	0.75	2-5½
0.01	0-¼	0.26	0-10¼	0.51	1-8	0.76	2-6
0.02	0-¾	0.27	0-10½	0.52	1-8½	0.77	2-6¼
0.03	0-1¼	0.28	0-11	0.53	1-8¾	0.78	2-6¾
0.04	0-1½	0.29	0-11¼	0.54	1-9¼	0.79	2-7
0.05	0-2			0.55	1-9½		
0.06	0-2¼	0.30	0-11¾	0.56	1-10	0.80	2-7½
0.07	0-2¾	0.31	1-¼	0.57	1-10½	0.81	2-7¾
0.08	0-3	0.32	1-½	0.58	1-10¾	0.82	2-8¼
0.09	0-3½	0.33	1-1	0.59	1-11¼	0.83	2-8¾
		0.34	1-1¼			0.84	2-9
0.10	0-4	0.35	1-1¾	0.60	1-11½	0.85	2-9½
0.11	0-4¼	0.36	1-2¼	0.61	2-0	0.86	2-9¾
0.12	0-4¾	0.37	1-2½	0.62	2-¼	0.87	2-10¼
0.13	0-5	0.38	1-3	0.63	2-¾	0.88	2-10½
0.14	0-5½	0.39	1-3¼	0.64	2-1¼	0.89	2-11
0.15	0-5¾			0.65	2-1½		
0.16	0-6¼	0.40	1-3¾	0.66	2-2	0.90	2-11½
0.17	0-6¾	0.41	1-4	0.67	2-2¼	0.91	2-11¾
0.18	0-7	0.42	1-4½	0.68	2-2¾	0.92	3-¼
0.19	0-7½	0.43	1-5	0.69	2-3	0.93	3-½
		0.44	1-5¼			0.94	3-1
0.20	0-7¾	0.45	1-5¾	0.70	2-3½	0.95	3-1¼
0.21	0-8¼	0.46	1-6	0.71	2-4	0.96	3-1¾
0.22	0-8½	0.47	1-6½	0.72	2-4¼	0.97	3-2¼
0.23	0-9	0.48	1-6¾	0.73	2-4¾	0.98	3-2½
0.24	0-9½	0.49	1-7¼	0.74	2-5	0.99	3-3

HIGH JUMP–POLE VAULT

Meters	Feet	Meters	Feet	Meters	Feet	Meters	Feet
1.00	3-3¼	1.50	4-11	2.00	6-6¾	2.50	8-2½
1.01	3-3¾	1.51	4-11½	2.01	6-7	2.51	8-2¾
1.02	3-4	1.52	4-11¾	2.02	6-7½	2.52	8-3¼
1.03	3-4½	1.53	5-¼	2.03	6-8	2.53	8-3½
1.04	3-5	1.54	5-½	2.04	6-8¼	2.54	8-4
1.05	3-5¼	1.55	5-1	2.05	6-8¾	2.55	8-4¼
1.06	3-5¾	1.56	5-1¼	2.06	6-9	2.56	8-4¾
1.07	3-6	1.57	5-1¾	2.07	6-9½	2.57	8-5¼
1.08	3-6½	1.58	5-2¼	2.08	6-9¾	2.58	8-5½
1.09	3-6¾	1.59	5-2½	2.09	6-10¼	2.59	8-6
1.10	3-7¼	1.60	5-3	2.10	6-10¾	2.60	8-6¼
1.11	3-7¾	1.61	5-3¼	2.11	6-11	2.61	8-6¾
1.12	3-8	1.62	5-3¾	2.12	6-11½	2.62	8-7
1.13	3-8½	1.63	5-4¼	2.13	6-11¾	2.63	8-7½
1.14	3-8¾	1.64	5-4½	2.14	7-¼	2.64	8-8
1.15	3-9¼	1.65	5-5	2.15	7-½	2.65	8-8¼
1.16	3-9½	1.66	5-5¼	2.16	7-1	2.66	8-8¾
1.17	3-10	1.67	5-5¾	2.17	7-1½	2.67	8-9
1.18	3-10½	1.68	5-6	2.18	7-1¾	2.68	8-9½
1.19	3-10¾	1.69	5-6½	2.19	7-2¼	2.69	8-9¾
1.20	3-11¼	1.70	5-7	2.20	7-2½	2.70	8-10¼
1.21	3-11½	1.71	5-7¼	2.21	7-3	2.71	8-10¾
1.22	4-0	1.72	5-7¾	2.22	7-3¼	2.72	8-11
1.23	4-½	1.73	5-8	2.23	7-3¾	2.73	8-11½
1.24	4-¾	1.74	5-8½	2.24	7-4¼	2.74	8-11¾
1.25	4-1¼	1.75	5-8¾	2.25	7-4½	2.75	9-¼
1.26	4-1½	1.76	5-9¼	2.26	7-5	2.76	9-½
1.27	4-2	1.77	5-9¾	2.27	7-5¼	2.77	9-1
1.28	4-2¼	1.78	5-10	2.28	7-5¾	2.78	9-1½
1.29	4-2¾	1.79	5-10½	2.29	7-6	2.79	9-1¾
1.30	4-3¼	1.80	5-10¾	2.30	7-6½	2.80	9-2¼
1.31	4-3½	1.81	5-11¼	2.31	7-7	2.81	9-2½
1.32	4-4	1.82	5-11½	2.32	7-7¼	2.82	9-3
1.33	4-4¼	1.83	6-0	2.33	7-7¾	2.83	9-3¼
1.34	4-4¾	1.84	6-½	2.34	7-8	2.84	9-3¾
1.35	4-5	1.85	6-¾	2.35	7-8½	2.85	9-4¼
1.36	4-5½	1.86	6-1¼	2.36	7-8¾	2.86	9-4½
1.37	4-6	1.87	6-1½	2.37	7-9¼	2.87	9-5
1.38	4-6¼	1.88	6-2	2.38	7-9¾	2.88	9-5¼
1.39	4-6¾	1.89	6-2¼	2.39	7-10	2.89	9-5¾
1.40	4-7	1.90	6-2¾	2.40	7-10½	2.90	9-6¼
1.41	4-7½	1.91	6-3¼	2.41	7-10¾	2.91	9-6½
1.42	4-7¾	1.92	6-3½	2.42	7-11¼	2.92	9-7
1.43	4-8¼	1.93	6-4	2.43	7-11½	2.93	9-7¼
1.44	4-8¾	1.94	6-4¼	2.44	8-0	2.94	9-7¾
1.45	4-9	1.95	6-4¾	2.45	8-½	2.95	9-8
1.46	4-9½	1.96	6-5	2.46	8-¾	2.96	9-8½
1.47	4-9¾	1.97	6-5½	2.47	8-1¼	2.97	9-9
1.48	4-10¼	1.98	6-6	2.48	8-1½	2.98	9-9¼
1.49	4-10½	1.99	6-6¼	2.49	8-2	2.99	9-9¾

Copying and distribution of the conversion tables is a violation of copyright law (see p. 7).

3.00 HIGH JUMP–POLE VAULT 4.99

Meters	Feet	Meters	Feet	Meters	Feet	Meters	Feet
3.00	9-10	3.50	11-5¾	4.00	13-1½	4.50	14-9
3.01	9-10½	3.51	11-6¼	4.01	13-1¾	4.51	14-9½
3.02	9-10¾	3.52	11-6½	4.02	13-2¼	4.52	14-10
3.03	9-11¼	3.53	11-7	4.03	13-2½	4.53	14-10¼
3.04	9-11¾	3.54	11-7¼	4.04	13-3	4.54	14-10¾
3.05	10-0	3.55	11-7¾	4.05	13-3½	4.55	14-11
3.06	10-½	3.56	11-8	4.06	13-3¾	4.56	14-11½
3.07	10-¾	3.57	11-8½	4.07	13-4¼	4.57	15-0
3.08	10-1¼	3.58	11-9	4.08	13-4½	4.58	15-¼
3.09	10-1½	3.59	11-9¼	4.09	13-5	4.59	15-¾
3.10	10-2	3.60	11-9¾	4.10	13-5¼	4.60	15-1
3.11	10-2½	3.61	11-10	4.11	13-5¾	4.61	15-1½
3.12	10-2¾	3.62	11-10½	4.12	13-6¼	4.62	15-1¾
3.13	10-3¼	3.63	11-10¾	4.13	13-6½	4.63	15-2¼
3.14	10-3½	3.64	11-11¼	4.14	13-7	4.64	15-2¾
3.15	10-4	3.65	11-11¾	4.15	13-7¼	4.65	15-3
3.16	10-4¼	3.66	12-0	4.16	13-7¾	4.66	15-3½
3.17	10-4¾	3.67	12-½	4.17	13-8¼	4.67	15-3¾
3.18	10-5¼	3.68	12-¾	4.18	13-8½	4.68	15-4¼
3.19	10-5½	3.69	12-1¼	4.19	13-9	4.69	15-4½
3.20	10-6	3.70	12-1½	4.20	13-9¼	4.70	15-5
3.21	10-6¼	3.71	12-2	4.21	13-9¾	4.71	15-5½
3.22	10-6¾	3.72	12-2½	4.22	13-10	4.72	15-5¾
3.23	10-7	3.73	12-2¾	4.23	13-10½	4.73	15-6¼
3.24	10-7½	3.74	12-3¼	4.24	13-11	4.74	15-6½
3.25	10-8	3.75	12-3½	4.25	13-11¼	4.75	15-7
3.26	10-8¼	3.76	12-4	4.26	13-11¾	4.76	15-7¼
3.27	10-8¾	3.77	12-4½	4.27	14-0	4.77	15-7¾
3.28	10-9	3.78	12-4¾	4.28	14-½	4.78	15-8¼
3.29	10-9½	3.79	12-5¼	4.29	14-¾	4.79	15-8½
3.30	10-10	3.80	12-5½	4.30	14-1¼	4.80	15-9
3.31	10-10¼	3.81	12-6	4.31	14-1¾	4.81	15-9¼
3.32	10-10¾	3.82	12-6¼	4.32	14-2	4.82	15-9¾
3.33	10-11	3.83	12-6¾	4.33	14-2½	4.83	15-10
3.34	10-11½	3.84	12-7¼	4.34	14-2¾	4.84	15-10½
3.35	10-11¾	3.85	12-7½	4.35	14-3¼	4.85	15-11
3.36	11-¼	3.86	12-8	4.36	14-3½	4.86	15-11¼
3.37	11-¾	3.87	12-8¼	4.37	14-4	4.87	15-11¾
3.38	11-1	3.88	12-8¾	4.38	14-4½	4.88	16-0
3.39	11-1½	3.89	12-9	4.39	14-4¾	4.89	16-½
3.40	11-1¾	3.90	12-9½	4.40	14-5¼	4.90	16-¾
3.41	11-2¼	3.91	12-10	4.41	14-5½	4.91	16-1¼
3.42	11-2½	3.92	12-10¼	4.42	14-6	4.92	16-1¾
3.43	11-3	3.93	12-10¾	4.43	14-6¼	4.93	16-2
3.44	11-3½	3.94	12-11	4.44	14-6¾	4.94	16-2½
3.45	11-3¾	3.95	12-11½	4.45	14-7¼	4.95	16-2¾
3.46	11-4¼	3.96	12-11¾	4.46	14-7½	4.96	16-3¼
3.47	11-4½	3.97	13-¼	4.47	14-8	4.97	16-3½
3.48	11-5	3.98	13-¾	4.48	14-8¼	4.98	16-4
3.49	11-5¼	3.99	13-1	4.49	14-8¾	4.99	16-4½

5.00 HIGH JUMP–POLE VAULT 6.99

Meters	Feet	Meters	Feet	Meters	Feet	Meters	Feet
5.00	16-4 3/4	5.50	18-1/2	6.00	19-8 1/4	6.50	21-3 3/4
5.01	16-5 1/4	5.51	18-1	6.01	19-8 1/2	6.51	21-4 1/4
5.02	16-5 1/2	5.52	18-1 1/4	6.02	19-9	6.52	21-4 3/4
5.03	16-6	5.53	18-1 3/4	6.03	19-9 1/4	6.53	21-5
5.04	16-6 1/2	5.54	18-2	6.04	19-9 3/4	6.54	21-5 1/2
5.05	16-6 3/4	5.55	18-2 1/2	6.05	19-10 1/4	6.55	21-5 3/4
5.06	16-7 1/4	5.56	18-3	6.06	19-10 1/2	6.56	21-6 1/4
5.07	16-7 1/2	5.57	18-3 1/4	6.07	19-11	6.57	21-6 1/2
5.08	16-8	5.58	18-3 3/4	6.08	19-11 1/4	6.58	21-7
5.09	16-8 1/4	5.59	18-4	6.09	19-11 3/4	6.59	21-7 1/2
5.10	16-8 3/4	5.60	18-4 1/2	6.10	20-0	6.60	21-7 3/4
5.11	16-9 1/4	5.61	18-4 3/4	6.11	20-1/2	6.61	21-8 1/4
5.12	16-9 1/2	5.62	18-5 1/4	6.12	20-1	6.62	21-8 1/2
5.13	16-10	5.63	18-5 1/2	6.13	20-1 1/4	6.63	21-9
5.14	16-10 1/4	5.64	18-6	6.14	20-1 3/4	6.64	21-9 1/4
5.15	16-10 3/4	5.65	18-6 1/2	6.15	20-2	6.65	21-9 3/4
5.16	16-11	5.66	18-6 3/4	6.16	20-2 1/2	6.66	21-10 1/4
5.17	16-11 1/2	5.67	18-7 1/4	6.17	20-2 3/4	6.67	21-10 1/2
5.18	17-0	5.68	18-7 1/2	6.18	20-3 1/4	6.68	21-11
5.19	17-1/4	5.69	18-8	6.19	20-3 3/4	6.69	21-11 1/4
5.20	17-3/4	5.70	18-8 1/4	6.20	20-4	6.70	21-11 3/4
5.21	17-1	5.71	18-8 3/4	6.21	20-4 1/2	6.71	22-1/4
5.22	17-1 1/2	5.72	18-9 1/4	6.22	20-4 3/4	6.72	22-1/2
5.23	17-1 3/4	5.73	18-9 1/2	6.23	20-5 1/4	6.73	22-1
5.24	17-2 1/4	5.74	18-10	6.24	20-5 1/2	6.74	22-1 1/4
5.25	17-2 3/4	5.75	18-10 1/4	6.25	20-6	6.75	22-1 3/4
5.26	17-3	5.76	18-10 3/4	6.26	20-6 1/2	6.76	22-2
5.27	17-3 1/2	5.77	18-11	6.27	20-6 3/4	6.77	22-2 1/2
5.28	17-3 3/4	5.78	18-11 1/2	6.28	20-7 1/4	6.78	22-3
5.29	17-4 1/4	5.79	19-0	6.29	20-7 1/2	6.79	22-3 1/4
5.30	17-4 1/2	5.80	19-1/4	6.30	20-8	6.80	22-3 3/4
5.31	17-5	5.81	19-3/4	6.31	20-8 1/2	6.81	22-4
5.32	17-5 1/2	5.82	19-1	6.32	20-8 3/4	6.82	22-4 1/2
5.33	17-5 3/4	5.83	19-1 1/2	6.33	20-9 1/4	6.83	22-4 3/4
5.34	17-6 1/4	5.84	19-2	6.34	20-9 1/2	6.84	22-5 1/4
5.35	17-6 1/2	5.85	19-2 1/4	6.35	20-10	6.85	22-5 3/4
5.36	17-7	5.86	19-2 3/4	6.36	20-10 1/4	6.86	22-6
5.37	17-7 1/4	5.87	19-3	6.37	20-10 3/4	6.87	22-6 1/2
5.38	17-7 3/4	5.88	19-3 1/2	6.38	20-11 1/4	6.88	22-6 3/4
5.39	17-8 1/4	5.89	19-3 3/4	6.39	20-11 1/2	6.89	22-7 1/4
5.40	17-8 1/2	5.90	19-4 1/4	6.40	21-0	6.90	22-7 1/2
5.41	17-9	5.91	19-4 3/4	6.41	21-1/4	6.91	22-8
5.42	17-9 1/4	5.92	19-5	6.42	21-3/4	6.92	22-8 1/2
5.43	17-9 3/4	5.93	19-5 1/2	6.43	21-1	6.93	22-8 3/4
5.44	17-10 1/4	5.94	19-5 3/4	6.44	21-1 1/2	6.94	22-9 1/4
5.45	17-10 1/2	5.95	19-6 1/4	6.45	21-2	6.95	22-9 1/2
5.46	17-11	5.96	19-6 1/2	6.46	21-2 1/4	6.96	22-10
5.47	17-11 1/4	5.97	19-7	6.47	21-2 3/4	6.97	22-10 1/4
5.48	17-11 3/4	5.98	19-7 1/2	6.48	21-3	6.98	22-10 3/4
5.49	18-0	5.99	19-7 3/4	6.49	21-3 1/2	6.99	22-11 1/4

16-4 3/4 *(Do not use for long jump conversions. Use p. 13.)* **22-11 1/4**

4.00 LONG/TRIPLE JUMPS & SHOT 5.99

Meters	Feet	Meters	Feet	Meters	Feet	Meters	Feet
4.00	13-1½	4.50	14-9¼	5.00	16-5	5.50	18-½
4.01	13-2	4.51	14-9¾	5.01	16-5¼	5.51	18-1
4.02	13-2¼	4.52	14-10	5.02	16-5¾	5.52	18-1½
4.03	13-2¾	4.53	14-10½	5.03	16-6	5.53	18-1¾
4.04	13-3¼	4.54	14-10¾	5.04	16-6½	5.54	18-2¼
4.05	13-3½	4.55	14-11¼	5.05	16-7	5.55	18-2½
4.06	13-4	4.56	14-11½	5.06	16-7¼	5.56	18-3
4.07	13-4¼	4.57	15-0	5.07	16-7¾	5.57	18-3¼
4.08	13-4¾	4.58	15-½	5.08	16-8	5.58	18-3¾
4.09	13-5	4.59	15-¾	5.09	16-8½	5.59	18-4¼
4.10	13-5½	4.60	15-1¼	5.10	16-8¾	5.60	18-4½
4.11	13-6	4.61	15-1½	5.11	16-9¼	5.61	18-5
4.12	13-6¼	4.62	15-2	5.12	16-9¾	5.62	18-5¼
4.13	13-6¾	4.63	15-2¼	5.13	16-10	5.63	18-5¾
4.14	13-7	4.64	15-2¾	5.14	16-10½	5.64	18-6
4.15	13-7½	4.65	15-3¼	5.15	16-10¾	5.65	18-6½
4.16	13-7¾	4.66	15-3½	5.16	16-11¼	5.66	18-7
4.17	13-8¼	4.67	15-4	5.17	16-11½	5.67	18-7¼
4.18	13-8¾	4.68	15-4¼	5.18	17-0	5.68	18-7¾
4.19	13-9	4.69	15-4¾	5.19	17-½	5.69	18-8
4.20	13-9½	4.70	15-5	5.20	17-¾	5.70	18-8½
4.21	13-9¾	4.71	15-5½	5.21	17-1¼	5.71	18-8¾
4.22	13-10¼	4.72	15-6	5.22	17-1½	5.72	18-9¼
4.23	13-10½	4.73	15-6¼	5.23	17-2	5.73	18-9¾
4.24	13-11	4.74	15-6¾	5.24	17-2¼	5.74	18-10
4.25	13-11½	4.75	15-7	5.25	17-2¾	5.75	18-10½
4.26	13-11¾	4.76	15-7½	5.26	17-3¼	5.76	18-10¾
4.27	14-¼	4.77	15-7¾	5.27	17-3½	5.77	18-11¼
4.28	14-½	4.78	15-8¼	5.28	17-4	5.78	18-11¾
4.29	14-1	4.79	15-8¾	5.29	17-4¼	5.79	19-0
4.30	14-1¼	4.80	15-9	5.30	17-4¾	5.80	19-½
4.31	14-1¾	4.81	15-9½	5.31	17-5¼	5.81	19-¾
4.32	14-2¼	4.82	15-9¾	5.32	17-5½	5.82	19-1¼
4.33	14-2½	4.83	15-10¼	5.33	17-6	5.83	19-1½
4.34	14-3	4.84	15-10½	5.34	17-6¼	5.84	19-2
4.35	14-3¼	4.85	15-11	5.35	17-6¾	5.85	19-2½
4.36	14-3¾	4.86	15-11½	5.36	17-7	5.86	19-2¾
4.37	14-4	4.87	15-11¾	5.37	17-7½	5.87	19-3¼
4.38	14-4½	4.88	16-¼	5.38	17-8	5.88	19-3½
4.39	14-5	4.89	16-½	5.39	17-8¼	5.89	19-4
4.40	14-5¼	4.90	16-1	5.40	17-8¾	5.90	19-4¼
4.41	14-5¾	4.91	16-1½	5.41	17-9	5.91	19-4¾
4.42	14-6	4.92	16-1¾	5.42	17-9½	5.92	19-5¼
4.43	14-6½	4.93	16-2¼	5.43	17-9¾	5.93	19-5½
4.44	14-6¾	4.94	16-2½	5.44	17-10¼	5.94	19-6
4.45	14-7¼	4.95	16-3	5.45	17-10¾	5.95	19-6¼
4.46	14-7¾	4.96	16-3¼	5.46	17-11	5.96	19-6¾
4.47	14-8	4.97	16-3¾	5.47	17-11½	5.97	19-7
4.48	14-8½	4.98	16-4¼	5.48	17-11¾	5.98	19-7½
4.49	14-8¾	4.99	16-4½	5.49	18-¼	5.99	19-8

13-1½ (*Do not use for pole vault conversions. Use p. 12.*) **19-8**

6.00 LONG/TRIPLE JUMPS & SHOT 7.99

Meters	Feet	Meters	Feet	Meters	Feet	Meters	Feet
6.00	19-8¼	6.50	21-4	7.00	22-11¾	7.50	24-7¼
6.01	19-8¾	6.51	21-4¼	7.01	23-0	7.51	24-7¾
6.02	19-9	6.52	21-4¾	7.02	23-½	7.52	24-8¼
6.03	19-9½	6.53	21-5¼	7.03	23-¾	7.53	24-8½
6.04	19-9¾	6.54	21-5½	7.04	23-1¼	7.54	24-9
6.05	19-10¼	6.55	21-6	7.05	23-1¾	7.55	24-9¼
6.06	19-10¾	6.56	21-6¼	7.06	23-2	7.56	24-9¾
6.07	19-11	6.57	21-6¾	7.07	23-2½	7.57	24-10
6.08	19-11½	6.58	21-7¼	7.08	23-2¾	7.58	24-10½
6.09	19-11¾	6.59	21-7½	7.09	23-3¼	7.59	24-11
6.10	20-¼	6.60	21-8	7.10	23-3½	7.60	24-11¼
6.11	20-½	6.61	21-8¼	7.11	23-4	7.61	24-11¾
6.12	20-1	6.62	21-8¾	7.12	23-4½	7.62	25-0
6.13	20-1½	6.63	21-9	7.13	23-4¾	7.63	25-½
6.14	20-1¾	6.64	21-9½	7.14	23-5¼	7.64	25-¾
6.15	20-2¼	6.65	21-10	7.15	23-5½	7.65	25-1¼
6.16	20-2½	6.66	21-10¼	7.16	23-6	7.66	25-1¾
6.17	20-3	6.67	21-10¾	7.17	23-6¼	7.67	25-2
6.18	20-3½	6.68	21-11	7.18	23-6¾	7.68	25-2½
6.19	20-3¾	6.69	21-11½	7.19	23-7¼	7.69	25-2¾
6.20	20-4¼	6.70	21-11¾	7.20	23-7½	7.70	25-3¼
6.21	20-4½	6.71	22-¼	7.21	23-8	7.71	25-3½
6.22	20-5	6.72	22-¾	7.22	23-8¼	7.72	25-4
6.23	20-5¼	6.73	22-1	7.23	23-8¾	7.73	25-4½
6.24	20-5¾	6.74	22-1½	7.24	23-9	7.74	25-4¾
6.25	20-6¼	6.75	22-1¾	7.25	23-9½	7.75	25-5¼
6.26	20-6½	6.76	22-2¼	7.26	23-10	7.76	25-5½
6.27	20-7	6.77	22-2½	7.27	23-10¼	7.77	25-6
6.28	20-7¼	6.78	22-3	7.28	23-10¾	7.78	25-6¼
6.29	20-7¾	6.79	22-3½	7.29	23-11	7.79	25-6¾
6.30	20-8	6.80	22-3¾	7.30	23-11½	7.80	25-7¼
6.31	20-8½	6.81	22-4¼	7.31	23-11¾	7.81	25-7½
6.32	20-9	6.82	22-4½	7.32	24-¼	7.82	25-8
6.33	20-9¼	6.83	22-5	7.33	24-¾	7.83	25-8¼
6.34	20-9¾	6.84	22-5¼	7.34	24-1	7.84	25-8¾
6.35	20-10	6.85	22-5¾	7.35	24-1½	7.85	25-9¼
6.36	20-10½	6.86	22-6¼	7.36	24-1¾	7.86	25-9½
6.37	20-10¾	6.87	22-6½	7.37	24-2¼	7.87	25-10
6.38	20-11¼	6.88	22-7	7.38	24-2½	7.88	25-10¼
6.39	20-11¾	6.89	22-7¼	7.39	24-3	7.89	25-10¾
6.40	21-0	6.90	22-7¾	7.40	24-3½	7.90	25-11
6.41	21-½	6.91	22-8	7.41	24-3¾	7.91	25-11½
6.42	21-¾	6.92	22-8½	7.42	24-4¼	7.92	26-0
6.43	21-1¼	6.93	22-9	7.43	24-4½	7.93	26-¼
6.44	21-1½	6.94	22-9¼	7.44	24-5	7.94	26-¾
6.45	21-2	6.95	22-9¾	7.45	24-5½	7.95	26-1
6.46	21-2½	6.96	22-10	7.46	24-5¾	7.96	26-1½
6.47	21-2¾	6.97	22-10½	7.47	24-6¼	7.97	26-1¾
6.48	21-3¼	6.98	22-10¾	7.48	24-6½	7.98	26-2¼
6.49	21-3½	6.99	22-11¼	7.49	24-7	7.99	26-2¾

8.00   9.99

Meters	Feet	Meters	Feet	Meters	Feet	Meters	Feet
8.00	26-3	8.50	27-10$^{3/4}$	9.00	29-6$^{1/2}$	9.50	31-2
8.01	26-3$^{1/2}$	8.51	27-11	9.01	29-6$^{3/4}$	9.51	31-2$^{1/2}$
8.02	26-3$^{3/4}$	8.52	27-11$^{1/2}$	9.02	29-7$^{1/4}$	9.52	31-2$^{3/4}$
8.03	26-4$^{1/4}$	8.53	28-0	9.03	29-7$^{1/2}$	9.53	31-3$^{1/4}$
8.04	26-4$^{1/2}$	8.54	28-$^{1/4}$	9.04	29-8	9.54	31-3$^{3/4}$
8.05	26-5	8.55	28-$^{3/4}$	9.05	29-8$^{1/4}$	9.55	31-4
8.06	26-5$^{1/2}$	8.56	28-1	9.06	29-8$^{3/4}$	9.56	31-4$^{1/2}$
8.07	26-5$^{3/4}$	8.57	28-1$^{1/2}$	9.07	29-9$^{1/4}$	9.57	31-4$^{3/4}$
8.08	26-6$^{1/4}$	8.58	28-1$^{3/4}$	9.08	29-9$^{1/2}$	9.58	31-5$^{1/4}$
8.09	26-6$^{1/2}$	8.59	28-2$^{1/4}$	9.09	29-10	9.59	31-5$^{3/4}$
8.10	26-7	8.60	28-2$^{3/4}$	9.10	29-10$^{1/4}$	9.60	31-6
8.11	26-7$^{1/4}$	8.61	28-3	9.11	29-10$^{3/4}$	9.61	31-6$^{1/2}$
8.12	26-7$^{3/4}$	8.62	28-3$^{1/2}$	9.12	29-11$^{1/4}$	9.62	31-6$^{3/4}$
8.13	26-8$^{1/4}$	8.63	28-3$^{3/4}$	9.13	29-11$^{1/2}$	9.63	31-7$^{1/4}$
8.14	26-8$^{1/2}$	8.64	28-4$^{1/4}$	9.14	30-0	9.64	31-7$^{1/2}$
8.15	26-9	8.65	28-4$^{1/2}$	9.15	30-$^{1/4}$	9.65	31-8
8.16	26-9$^{1/4}$	8.66	28-5	9.16	30-$^{3/4}$	9.66	31-8$^{1/2}$
8.17	26-9$^{3/4}$	8.67	28-5$^{1/2}$	9.17	30-1	9.67	31-8$^{3/4}$
8.18	26-10	8.68	28-5$^{3/4}$	9.18	30-1$^{1/2}$	9.68	31-9$^{1/4}$
8.19	26-10$^{1/2}$	8.69	28-6$^{1/4}$	9.19	30-2	9.69	31-9$^{1/2}$
8.20	26-11	8.70	28-6$^{1/2}$	9.20	30-2$^{1/4}$	9.70	31-10
8.21	26-11$^{1/4}$	8.71	28-7	9.21	30-2$^{3/4}$	9.71	31-10$^{1/4}$
8.22	26-11$^{3/4}$	8.72	28-7$^{1/2}$	9.22	30-3	9.72	31-10$^{3/4}$
8.23	27-0	8.73	28-7$^{3/4}$	9.23	30-3$^{1/2}$	9.73	31-11$^{1/4}$
8.24	27-$^{1/2}$	8.74	28-8$^{1/4}$	9.24	30-3$^{3/4}$	9.74	31-11$^{1/2}$
8.25	27-$^{3/4}$	8.75	28-8$^{1/2}$	9.25	30-4$^{1/4}$	9.75	32-0
8.26	27-1$^{1/4}$	8.76	28-9	9.26	30-4$^{3/4}$	9.76	32-$^{1/4}$
8.27	27-1$^{3/4}$	8.77	28-9$^{1/4}$	9.27	30-5	9.77	32-$^{3/4}$
8.28	27-2	8.78	28-9$^{3/4}$	9.28	30-5$^{1/2}$	9.78	32-1
8.29	27-2$^{1/2}$	8.79	28-10$^{1/4}$	9.29	30-5$^{3/4}$	9.79	32-1$^{1/2}$
8.30	27-2$^{3/4}$	8.80	28-10$^{1/2}$	9.30	30-6$^{1/4}$	9.80	32-2
8.31	27-3$^{1/4}$	8.81	28-11	9.31	30-6$^{1/2}$	9.81	32-2$^{1/4}$
8.32	27-3$^{3/4}$	8.82	28-11$^{1/4}$	9.32	30-7	9.82	32-2$^{3/4}$
8.33	27-4	8.83	28-11$^{3/4}$	9.33	30-7$^{1/2}$	9.83	32-3
8.34	27-4$^{1/2}$	8.84	29-0	9.34	30-7$^{3/4}$	9.84	32-3$^{1/2}$
8.35	27-4$^{3/4}$	8.85	29-$^{1/2}$	9.35	30-8$^{1/4}$	9.85	32-3$^{3/4}$
8.36	27-5$^{1/4}$	8.86	29-1	9.36	30-8$^{1/2}$	9.86	32-4$^{1/4}$
8.37	27-5$^{1/2}$	8.87	29-1$^{1/4}$	9.37	30-9	9.87	32-4$^{3/4}$
8.38	27-6	8.88	29-1$^{3/4}$	9.38	30-9$^{1/4}$	9.88	32-5
8.39	27-6$^{1/2}$	8.89	29-2	9.39	30-9$^{3/4}$	9.89	32-5$^{1/2}$
8.40	27-6$^{3/4}$	8.90	29-2$^{1/2}$	9.40	30-10$^{1/4}$	9.90	32-5$^{3/4}$
8.41	27-7$^{1/4}$	8.91	29-2$^{3/4}$	9.41	30-10$^{1/2}$	9.91	32-6$^{1/4}$
8.42	27-7$^{1/2}$	8.92	29-3$^{1/4}$	9.42	30-11	9.92	32-6$^{1/2}$
8.43	27-8	8.93	29-3$^{3/4}$	9.43	30-11$^{1/4}$	9.93	32-7
8.44	27-8$^{1/4}$	8.94	29-4	9.44	30-11$^{3/4}$	9.94	32-7$^{1/2}$
8.45	27-8$^{3/4}$	8.95	29-4$^{1/2}$	9.45	31-0	9.95	32-7$^{3/4}$
8.46	27-9$^{1/4}$	8.96	29-4$^{3/4}$	9.46	31-$^{1/2}$	9.96	32-8$^{1/4}$
8.47	27-9$^{1/2}$	8.97	29-5$^{1/4}$	9.47	31-1	9.97	32-8$^{1/2}$
8.48	27-10	8.98	29-5$^{1/2}$	9.48	31-1$^{1/4}$	9.98	32-9
8.49	27-10$^{1/4}$	8.99	29-6	9.49	31-1$^{3/4}$	9.99	32-9$^{1/2}$

26-3   **32-9$^{1/2}$**

10.00   11.99

Meters	Feet	Meters	Feet	Meters	Feet	Meters	Feet
10.00	32-9³/₄	10.50	34-5¹/₂	11.00	36-1¹/₄	11.50	37-8³/₄
10.01	32-10¹/₄	10.51	34-5³/₄	11.01	36-1¹/₂	11.51	37-9¹/₄
10.02	32-10¹/₂	10.52	34-6¹/₄	11.02	36-2	11.52	37-9¹/₂
10.03	32-11	10.53	34-6³/₄	11.03	36-2¹/₄	11.53	37-10
10.04	32-11¹/₄	10.54	34-7	11.04	36-2³/₄	11.54	37-10¹/₂
10.05	32-11³/₄	10.55	34-7¹/₂	11.05	36-3	11.55	37-10³/₄
10.06	33-¹/₄	10.56	34-7³/₄	11.06	36-3¹/₂	11.56	37-11¹/₄
10.07	33-¹/₂	10.57	34-8¹/₄	11.07	36-4	11.57	37-11¹/₂
10.08	33-1	10.58	34-8¹/₂	11.08	36-4¹/₄	11.58	38-0
10.09	33-1¹/₄	10.59	34-9	11.09	36-4³/₄	11.59	38-¹/₄
10.10	33-1³/₄	10.60	34-9¹/₂	11.10	36-5	11.60	38-³/₄
10.11	33-2	10.61	34-9³/₄	11.11	36-5¹/₂	11.61	38-1¹/₄
10.12	33-2¹/₂	10.62	34-10¹/₄	11.12	36-5³/₄	11.62	38-1¹/₂
10.13	33-3	10.63	34-10¹/₂	11.13	36-6¹/₄	11.63	38-2
10.14	33-3¹/₄	10.64	34-11	11.14	36-6³/₄	11.64	38-2¹/₄
10.15	33-3³/₄	10.65	34-11¹/₄	11.15	36-7	11.65	38-2³/₄
10.16	33-4	10.66	34-11³/₄	11.16	36-7¹/₂	11.66	38-3¹/₄
10.17	33-4¹/₂	10.67	35-¹/₄	11.17	36-7³/₄	11.67	38-3¹/₂
10.18	33-4³/₄	10.68	35-¹/₂	11.18	36-8¹/₄	11.68	38-4
10.19	33-5¹/₄	10.69	35-1	11.19	36-8¹/₂	11.69	38-4¹/₄
10.20	33-5³/₄	10.70	35-1¹/₄	11.20	36-9	11.70	38-4³/₄
10.21	33-6	10.71	35-1³/₄	11.21	36-9¹/₂	11.71	38-5
10.22	33-6¹/₂	10.72	35-2	11.22	36-9³/₄	11.72	38-5¹/₂
10.23	33-6³/₄	10.73	35-2¹/₂	11.23	36-10¹/₄	11.73	38-6
10.24	33-7¹/₄	10.74	35-3	11.24	36-10¹/₂	11.74	38-6¹/₄
10.25	33-7¹/₂	10.75	35-3¹/₄	11.25	36-11	11.75	38-6³/₄
10.26	33-8	10.76	35-3³/₄	11.26	36-11¹/₂	11.76	38-7
10.27	33-8¹/₂	10.77	35-4	11.27	36-11³/₄	11.77	38-7¹/₂
10.28	33-8³/₄	10.78	35-4¹/₂	11.28	37-¹/₄	11.78	38-7³/₄
10.29	33-9¹/₄	10.79	35-4³/₄	11.29	37-¹/₂	11.79	38-8¹/₄
10.30	33-9¹/₂	10.80	35-5¹/₄	11.30	37-1	11.80	38-8³/₄
10.31	33-10	10.81	35-5³/₄	11.31	37-1¹/₄	11.81	38-9
10.32	33-10¹/₄	10.82	35-6	11.32	37-1³/₄	11.82	38-9¹/₂
10.33	33-10³/₄	10.83	35-6¹/₂	11.33	37-2¹/₄	11.83	38-9³/₄
10.34	33-11¹/₄	10.84	35-6³/₄	11.34	37-2¹/₂	11.84	38-10¹/₄
10.35	33-11¹/₂	10.85	35-7¹/₄	11.35	37-3	11.85	38-10¹/₂
10.36	34-0	10.86	35-7³/₄	11.36	37-3¹/₄	11.86	38-11
10.37	34-¹/₄	10.87	35-8	11.37	37-3³/₄	11.87	38-11¹/₂
10.38	34-³/₄	10.88	35-8¹/₂	11.38	37-4	11.88	38-11³/₄
10.39	34-1¹/₄	10.89	35-8³/₄	11.39	37-4¹/₂	11.89	39-¹/₄
10.40	34-1¹/₂	10.90	35-9¹/₄	11.40	37-5	11.90	39-¹/₂
10.41	34-2	10.91	35-9¹/₂	11.41	37-5¹/₄	11.91	39-1
10.42	34-2¹/₄	10.92	35-10	11.42	37-5³/₄	11.92	39-1¹/₄
10.43	34-2³/₄	10.93	35-10¹/₂	11.43	37-6	11.93	39-1³/₄
10.44	34-3	10.94	35-10³/₄	11.44	37-6¹/₂	11.94	39-2¹/₄
10.45	34-3¹/₂	10.95	35-11¹/₄	11.45	37-6³/₄	11.95	39-2¹/₂
10.46	34-4	10.96	35-11¹/₂	11.46	37-7¹/₄	11.96	39-3
10.47	34-4¹/₄	10.97	36-0	11.47	37-7³/₄	11.97	39-3¹/₄
10.48	34-4³/₄	10.98	36-¹/₄	11.48	37-8	11.98	39-3³/₄
10.49	34-5	10.99	36-³/₄	11.49	37-8¹/₂	11.99	39-4

32-9³/₄   **39-4**

12.00 — 13.99

Meters	Feet	Meters	Feet	Meters	Feet	Meters	Feet
12.00	39-4½	12.50	41-¼	13.00	42-8	13.50	44-3½
12.01	39-5	12.51	41-½	13.01	42-8¼	13.51	44-4
12.02	39-5¼	12.52	41-1	13.02	42-8¾	13.52	44-4¼
12.03	39-5¾	12.53	41-1½	13.03	42-9	13.53	44-4¾
12.04	39-6	12.54	41-1¾	13.04	42-9½	13.54	44-5¼
12.05	39-6½	12.55	41-2¼	13.05	42-9¾	13.55	44-5½
12.06	39-6¾	12.56	41-2½	13.06	42-10¼	13.56	44-6
12.07	39-7¼	12.57	41-3	13.07	42-10¾	13.57	44-6¼
12.08	39-7¾	12.58	41-3¼	13.08	42-11	13.58	44-6¾
12.09	39-8	12.59	41-3¾	13.09	42-11½	13.59	44-7
12.10	39-8½	12.60	41-4¼	13.10	42-11¾	13.60	44-7½
12.11	39-8¾	12.61	41-4½	13.11	43-¼	13.61	44-8
12.12	39-9¼	12.62	41-5	13.12	43-½	13.62	44-8¼
12.13	39-9¾	12.63	41-5¼	13.13	43-1	13.63	44-8¾
12.14	39-10	12.64	41-5¾	13.14	43-1½	13.64	44-9
12.15	39-10½	12.65	41-6	13.15	43-1¾	13.65	44-9½
12.16	39-10¾	12.66	41-6½	13.16	43-2¼	13.66	44-9¾
12.17	39-11¼	12.67	41-7	13.17	43-2½	13.67	44-10¼
12.18	39-11½	12.68	41-7¼	13.18	43-3	13.68	44-10¾
12.19	40-0	12.69	41-7¾	13.19	43-3¼	13.69	44-11
12.20	40-½	12.70	41-8	13.20	43-3¾	13.70	44-11½
12.21	40-¾	12.71	41-8½	13.21	43-4¼	13.71	44-11¾
12.22	40-1¼	12.72	41-8¾	13.22	43-4½	13.72	45-¼
12.23	40-1½	12.73	41-9¼	13.23	43-5	13.73	45-½
12.24	40-2	12.74	41-9¾	13.24	43-5¼	13.74	45-1
12.25	40-2¼	12.75	41-10	13.25	43-5¾	13.75	45-1½
12.26	40-2¾	12.76	41-10½	13.26	43-6	13.76	45-1¾
12.27	40-3¼	12.77	41-10¾	13.27	43-6½	13.77	45-2¼
12.28	40-3½	12.78	41-11¼	13.28	43-7	13.78	45-2½
12.29	40-4	12.79	41-11½	13.29	43-7¼	13.79	45-3
12.30	40-4¼	12.80	42-0	13.30	43-7¾	13.80	45-3½
12.31	40-4¾	12.81	42-½	13.31	43-8	13.81	45-3¾
12.32	40-5	12.82	42-¾	13.32	43-8½	13.82	45-4¼
12.33	40-5½	12.83	42-1¼	13.33	43-8¾	13.83	45-4½
12.34	40-6	12.84	42-1½	13.34	43-9¼	13.84	45-5
12.35	40-6¼	12.85	42-2	13.35	43-9¾	13.85	45-5¼
12.36	40-6¾	12.86	42-2¼	13.36	43-10	13.86	45-5¾
12.37	40-7	12.87	42-2¾	13.37	43-10½	13.87	45-6¼
12.38	40-7½	12.88	42-3¼	13.38	43-10¾	13.88	45-6½
12.39	40-7¾	12.89	42-3½	13.39	43-11¼	13.89	45-7
12.40	40-8¼	12.90	42-4	13.40	43-11¾	13.90	45-7¼
12.41	40-8¾	12.91	42-4¼	13.41	44-0	13.91	45-7¾
12.42	40-9	12.92	42-4¾	13.42	44-½	13.92	45-8
12.43	40-9½	12.93	42-5¼	13.43	44-¾	13.93	45-8½
12.44	40-9¾	12.94	42-5½	13.44	44-1¼	13.94	45-9
12.45	40-10¼	12.95	42-6	13.45	44-1½	13.95	45-9¼
12.46	40-10½	12.96	42-6¼	13.46	44-2	13.96	45-9¾
12.47	40-11	12.97	42-6¾	13.47	44-2½	13.97	45-10
12.48	40-11½	12.98	42-7	13.48	44-2¾	13.98	45-10½
12.49	40-11¾	12.99	42-7½	13.49	44-3¼	13.99	45-10¾

39-4½   **45-10¾**

14.00　　　　　　　　　　　　　　　　　　15.99

Meters	Feet	Meters	Feet	Meters	Feet	Meters	Feet
14.00	45-11¼	14.50	47-7	15.00	49-2½	15.50	50-10¼
14.01	45-11¾	14.51	47-7¼	15.01	49-3	15.51	50-10¾
14.02	46-0	14.52	47-7¾	15.02	49-3½	15.52	50-11
14.03	46-½	14.53	47-8	15.03	49-3¾	15.53	50-11½
14.04	46-¾	14.54	47-8½	15.04	49-4¼	15.54	51-0
14.05	46-1¼	14.55	47-9	15.05	49-4½	15.55	51-¼
14.06	46-1½	14.56	47-9¼	15.06	49-5	15.56	51-¾
14.07	46-2	14.57	47-9¾	15.07	49-5½	15.57	51-1
14.08	46-2½	14.58	47-10	15.08	49-5¾	15.58	51-1½
14.09	46-2¾	14.59	47-10½	15.09	49-6¼	15.59	51-1¾
14.10	46-3¼	14.60	47-10¾	15.10	49-6½	15.60	51-2¼
14.11	46-3½	14.61	47-11¼	15.11	49-7	15.61	51-2¾
14.12	46-4	14.62	47-11¾	15.12	49-7¼	15.62	51-3
14.13	46-4¼	14.63	48-0	15.13	49-7¾	15.63	51-3½
14.14	46-4¾	14.64	48-½	15.14	49-8¼	15.64	51-3¾
14.15	46-5¼	14.65	48-¾	15.15	49-8½	15.65	51-4¼
14.16	46-5½	14.66	48-1¼	15.16	49-9	15.66	51-4½
14.17	46-6	14.67	48-1¾	15.17	49-9¼	15.67	51-5
14.18	46-6¼	14.68	48-2	15.18	49-9¾	15.68	51-5½
14.19	46-6¾	14.69	48-2½	15.19	49-10	15.69	51-5¾
14.20	46-7¼	14.70	48-2¾	15.20	49-10½	15.70	51-6¼
14.21	46-7½	14.71	48-3¼	15.21	49-11	15.71	51-6½
14.22	46-8	14.72	48-3½	15.22	49-11¼	15.72	51-7
14.23	46-8¼	14.73	48-4	15.23	49-11¾	15.73	51-7¼
14.24	46-8¾	14.74	48-4½	15.24	50-0	15.74	51-7¾
14.25	46-9	14.75	48-4¾	15.25	50-½	15.75	51-8¼
14.26	46-9½	14.76	48-5¼	15.26	50-¾	15.76	51-8½
14.27	46-10	14.77	48-5½	15.27	50-1¼	15.77	51-9
14.28	46-10¼	14.78	48-6	15.28	50-1¾	15.78	51-9¼
14.29	46-10¾	14.79	48-6¼	15.29	50-2	15.79	51-9¾
14.30	46-11	14.80	48-6¾	15.30	50-2½	15.80	51-10
14.31	46-11½	14.81	48-7¼	15.31	50-2¾	15.81	51-10½
14.32	46-11¾	14.82	48-7½	15.32	50-3¼	15.82	51-11
14.33	47-¼	14.83	48-8	15.33	50-3½	15.83	51-11¼
14.34	47-¾	14.84	48-8¼	15.34	50-4	15.84	51-11¾
14.35	47-1	14.85	48-8¾	15.35	50-4½	15.85	52-0
14.36	47-1½	14.86	48-9	15.36	50-4¾	15.86	52-½
14.37	47-1¾	14.87	48-9½	15.37	50-5¼	15.87	52-¾
14.38	47-2¼	14.88	48-10	15.38	50-5½	15.88	52-1¼
14.39	47-2½	14.89	48-10¼	15.39	50-6	15.89	52-1¾
14.40	47-3	14.90	48-10¾	15.40	50-6¼	15.90	52-2
14.41	47-3½	14.91	48-11	15.41	50-6¾	15.91	52-2½
14.42	47-3¾	14.92	48-11½	15.42	50-7¼	15.92	52-2¾
14.43	47-4¼	14.93	48-11¾	15.43	50-7½	15.93	52-3¼
14.44	47-4½	14.94	49-¼	15.44	50-8	15.94	52-3¾
14.45	47-5	14.95	49-¾	15.45	50-8¼	15.95	52-4
14.46	47-5¼	14.96	49-1	15.46	50-8¾	15.96	52-4½
14.47	47-5¾	14.97	49-1½	15.47	50-9¼	15.97	52-4¾
14.48	47-6¼	14.98	49-1¾	15.48	50-9½	15.98	52-5¼
14.49	47-6½	14.99	49-2¼	15.49	50-10	15.99	52-5½

45-11¼　　　　　　　　　　　　　　　　　52-5½

16.00   17.99

Meters	Feet	Meters	Feet	Meters	Feet	Meters	Feet
16.00	52-6	16.50	54-1³/₄	17.00	55-9¹/₄	17.50	57-5
16.01	52-6¹/₂	16.51	54-2	17.01	55-9³/₄	17.51	57-5¹/₂
16.02	52-6³/₄	16.52	54-2¹/₂	17.02	55-10¹/₄	17.52	57-5³/₄
16.03	52-7¹/₄	16.53	54-2³/₄	17.03	55-10¹/₂	17.53	57-6¹/₄
16.04	52-7¹/₂	16.54	54-3¹/₄	17.04	55-11	17.54	57-6¹/₂
16.05	52-8	16.55	54-3³/₄	17.05	55-11¹/₄	17.55	57-7
16.06	52-8¹/₄	16.56	54-4	17.06	55-11³/₄	17.56	57-7¹/₂
16.07	52-8³/₄	16.57	54-4¹/₄	17.07	56-0	17.57	57-7³/₄
16.08	52-9¹/₄	16.58	54-4³/₄	17.08	56-¹/₂	17.58	57-8¹/₄
16.09	52-9¹/₂	16.59	54-5¹/₄	17.09	56-1	17.59	57-8¹/₂
16.10	52-10	16.60	54-5¹/₂	17.10	56-1¹/₄	17.60	57-9
16.11	52-10¹/₄	16.61	54-6	17.11	56-1³/₄	17.61	57-9¹/₂
16.12	52-10³/₄	16.62	54-6¹/₂	17.12	56-2	17.62	57-9³/₄
16.13	52-11	16.63	54-6³/₄	17.13	56-2¹/₂	17.63	57-10¹/₄
16.14	52-11¹/₂	16.64	54-7¹/₄	17.14	56-2³/₄	17.64	57-10¹/₂
16.15	53-0	16.65	54-7¹/₂	17.15	56-3¹/₄	17.65	57-11
16.16	53-¹/₄	16.66	54-8	17.16	56-3³/₄	17.66	57-11¹/₄
16.17	53-³/₄	16.67	54-8¹/₄	17.17	56-4	17.67	57-11³/₄
16.18	53-1	16.68	54-8³/₄	17.18	56-4¹/₂	17.68	58-¹/₄
16.19	53-1¹/₂	16.69	54-9¹/₄	17.19	56-4³/₄	17.69	58-¹/₂
16.20	53-1³/₄	16.70	54-9¹/₂	17.20	56-5¹/₄	17.70	58-1
16.21	53-2¹/₄	16.71	54-10	17.21	56-5³/₄	17.71	58-1¹/₄
16.22	53-2³/₄	16.72	54-10¹/₄	17.22	56-6	17.72	58-1³/₄
16.23	53-3	16.73	54-10³/₄	17.23	56-6¹/₂	17.73	58-2
16.24	53-3¹/₂	16.74	54-11¹/₄	17.24	56-6³/₄	17.74	58-2¹/₂
16.25	53-3³/₄	16.75	54-11¹/₂	17.25	56-7¹/₄	17.75	58-3
16.26	53-4¹/₄	16.76	55-0	17.26	56-7¹/₂	17.76	58-3¹/₄
16.27	53-4¹/₂	16.77	55-¹/₄	17.27	56-8	17.77	58-3³/₄
16.28	53-5	16.78	55-³/₄	17.28	56-8¹/₂	17.78	58-4
16.29	53-5¹/₂	16.79	55-1	17.29	56-8³/₄	17.79	58-4¹/₂
16.30	53-5³/₄	16.80	55-1¹/₂	17.30	56-9¹/₄	17.80	58-4³/₄
16.31	53-6¹/₄	16.81	55-2	17.31	56-9¹/₂	17.81	58-5¹/₄
16.32	53-6¹/₂	16.82	55-2¹/₄	17.32	56-10	17.82	58-5³/₄
16.33	53-7	16.83	55-2³/₄	17.33	56-10¹/₄	17.83	58-6
16.34	53-7¹/₂	16.84	55-3	17.34	56-10³/₄	17.84	58-6¹/₂
16.35	53-7³/₄	16.85	55-3¹/₂	17.35	56-11¹/₄	17.85	58-6³/₄
16.36	53-8¹/₄	16.86	55-3³/₄	17.36	56-11¹/₂	17.86	58-7¹/₄
16.37	53-8¹/₂	16.87	55-4¹/₄	17.37	57-0	17.87	58-7¹/₂
16.38	53-9	16.88	55-4³/₄	17.38	57-¹/₄	17.88	58-8
16.39	53-9¹/₄	16.89	55-5	17.39	57-³/₄	17.09	58-8¹/₂
16.40	53-9³/₄	16.90	55-5¹/₂	17.40	57-1	17.90	58-8³/₄
16.41	53-10¹/₄	16.91	55-5³/₄	17.41	57-1¹/₂	17.91	58-9¹/₄
16.42	53-10¹/₂	16.92	55-6¹/₄	17.42	57-2	17.92	58-9¹/₂
16.43	53-11	16.93	55-6¹/₂	17.43	57-2¹/₄	17.93	58-10
16.44	53-11¹/₄	16.94	55-7	17.44	57-2³/₄	17.94	58-10¹/₄
16.45	53-11³/₄	16.95	55-7¹/₂	17.45	57-3	17.95	58-10³/₄
16.46	54-0	16.96	55-7³/₄	17.46	57-3¹/₂	17.96	58-11¹/₄
16.47	54-¹/₂	16.97	55-8¹/₄	17.47	57-3³/₄	17.97	58-11¹/₂
16.48	54-1	16.98	55-8¹/₂	17.48	57-4¹/₄	17.98	59-0
16.49	54-1¹/₄	16.99	55-9	17.49	57-4³/₄	17.99	59-¹/₄

52-6   **59-¹/₄**

18.00

Meters	Feet
18.00	59-3/4
18.01	59-1¼
18.02	59-1½
18.03	59-2
18.04	59-2¼
18.05	59-2¾
18.06	59-3
18.07	59-3½
18.08	59-4
18.09	59-4¼
18.10	59-4¾
18.11	59-5
18.12	59-5½
18.13	59-5¾
18.14	59-6¼
18.15	59-6¾
18.16	59-7
18.17	59-7½
18.18	59-7¾
18.19	59-8¼
18.20	59-8½
18.21	59-9
18.22	59-9½
18.23	59-9¾
18.24	59-10¼
18.25	59-10½
18.26	59-11
18.27	59-11¼
18.28	59-11¾
18.29	60-¼
18.30	60-½
18.31	60-1
18.32	60-1¼
18.33	60-1¾
18.34	60-2
18.35	60-2½
18.36	60-3
18.37	60-3¼
18.38	60-3¾
18.39	60-4
18.40	60-4½
18.41	60-4¾
18.42	60-5¼
18.43	60-5¾
18.44	60-6
18.45	60-6½
18.46	60-6¾
18.47	60-7¼
18.48	60-7¾
18.49	60-8

Meters	Feet
18.50	60-8½
18.51	60-8¾
18.52	60-9¼
18.53	60-9½
18.54	60-10
18.55	60-10½
18.56	60-10¾
18.57	60-11¼
18.58	60-11½
18.59	61-0
18.60	61-¼
18.61	61-¾
18.62	61-1¼
18.63	61-1½
18.64	61-2
18.65	61-2¼
18.66	61-2¾
18.67	61-3
18.68	61-3½
18.69	61-4
18.70	61-4¼
18.71	61-4¾
18.72	61-5
18.73	61-5½
18.74	61-5¾
18.75	61-6¼
18.76	61-6¾
18.77	61-7
18.78	61-7½
18.79	61-7¾
18.80	61-8¼
18.81	61-8½
18.82	61-9
18.83	61-9½
18.84	61-9¾
18.85	61-10¼
18.86	61-10½
18.87	61-11
18.88	61-11½
18.89	61-11¾
18.90	62-¼
18.91	62-½
18.92	62-1
18.93	62-1¼
18.94	62-1¾
18.95	62-2¼
18.96	62-2½
18.97	62-3
18.98	62-3¼
18.99	62-3¾

Meters	Feet
19.00	62-4
19.01	62-4½
19.02	62-5
19.03	62-5¼
19.04	62-5¾
19.05	62-6
19.06	62-6½
19.07	62-6¾
19.08	62-7¼
19.09	62-7¾
19.10	62-8
19.11	62-8½
19.12	62-8¾
19.13	62-9¼
19.14	62-9½
19.15	62-10
19.16	62-10½
19.17	62-10¾
19.18	62-11¼
19.19	62-11½
19.20	63-0
19.21	63-¼
19.22	63-¾
19.23	63-1¼
19.24	63-1½
19.25	63-2
19.26	63-2¼
19.27	63-2¾
19.28	63-3¼
19.29	63-3½
19.30	63-4
19.31	63-4¼
19.32	63-4¾
19.33	63-5
19.34	63-5½
19.35	63-6
19.36	63-6¼
19.37	63-6¾
19.38	63-7
19.39	63-7½
19.40	63-7¾
19.41	63-8¼
19.42	63-8¾
19.43	63-9
19.44	63-9½
19.45	63-9¾
19.46	63-10¼
19.47	63-10½
19.48	63-11
19.49	63-11½

19.99

Meters	Feet
19.50	63-11¾
19.51	64-¼
19.52	64-½
19.53	64-1
19.54	64-1¼
19.55	64-1¾
19.56	64-2¼
19.57	64-2½
19.58	64-3
19.59	64-3¼
19.60	64-3¾
19.61	64-4
19.62	64-4½
19.63	64-5
19.64	64-5¼
19.65	64-5¾
19.66	64-6
19.67	64-6½
19.68	64-6¾
19.69	64-7¼
19.70	64-7¾
19.71	64-8
19.72	64-8½
19.73	64-8¾
19.74	64-9¼
19.75	64-9¾
19.76	64-10
19.77	64-10½
19.78	64-10¾
19.79	64-11¼
19.80	64-11½
19.81	65-0
19.82	65-½
19.83	65-¾
19.84	65-1¼
19.85	65-1½
19.86	65-2
19.87	65-2¼
19.88	65-2¾
19.89	65-3¼
19.90	65-3½
19.91	65-4
19.92	65-4¼
19.93	65-4¾
19.94	65-5
19.95	65-5½
19.96	65-6
19.97	65-6¼
19.98	65-6¾
19.99	65-7

59-3/4   **65-7**

20.00   21.99

Meters	Feet	Meters	Feet	Meters	Feet	Meters	Feet
20.00	65-7$^{1/2}$	20.50	67-3$^{1/4}$	21.00	68-10$^{3/4}$	21.50	70-6$^{1/2}$
20.01	65-7$^{3/4}$	20.51	67-3$^{1/2}$	21.01	68-11$^{1/4}$	21.51	70-7
20.02	65-8$^{1/4}$	20.52	67-4	21.02	68-11$^{3/4}$	21.52	70-7$^{1/4}$
20.03	65-8$^{3/4}$	20.53	67-4$^{1/4}$	21.03	69-0	21.53	70-7$^{3/4}$
20.04	65-9	20.54	67-4$^{3/4}$	21.04	69-$^{1/2}$	21.54	70-8
20.05	65-9$^{1/2}$	20.55	67-5$^{1/4}$	21.05	69-$^{3/4}$	21.55	70-8$^{1/2}$
20.06	65-9$^{3/4}$	20.56	67-5$^{1/2}$	21.06	69-1$^{1/4}$	21.56	70-9
20.07	65-10$^{1/4}$	20.57	67-6	21.07	69-1$^{1/2}$	21.57	70-9$^{1/4}$
20.08	65-10$^{1/2}$	20.58	67-6$^{1/4}$	21.08	69-2	21.58	70-9$^{3/4}$
20.09	65-11	20.59	67-6$^{3/4}$	21.09	69-2$^{1/2}$	21.59	70-10
20.10	65-11$^{1/2}$	20.60	67-7	21.10	69-2$^{3/4}$	21.60	70-10$^{1/2}$
20.11	65-11$^{3/4}$	20.61	67-7$^{1/2}$	21.11	69-3$^{1/4}$	21.61	70-10$^{3/4}$
20.12	66-$^{1/4}$	20.62	67-8	21.12	69-3$^{1/2}$	21.62	70-11$^{1/4}$
20.13	66-$^{1/2}$	20.63	67-8$^{1/4}$	21.13	69-4	21.63	70-11$^{3/4}$
20.14	66-1	20.64	67-8$^{3/4}$	21.14	69-4$^{1/4}$	21.64	71-0
20.15	66-1$^{1/2}$	20.65	67-9	21.15	69-4$^{3/4}$	21.65	71-$^{1/2}$
20.16	66-1$^{3/4}$	20.66	67-9$^{1/2}$	21.16	69-5$^{1/4}$	21.66	71-$^{3/4}$
20.17	66-2$^{1/4}$	20.67	67-9$^{3/4}$	21.17	69-5$^{1/2}$	21.67	71-1$^{1/4}$
20.18	66-2$^{1/2}$	20.68	67-10$^{1/4}$	21.18	69-6	21.68	71-1$^{1/2}$
20.19	66-3	20.69	67-10$^{3/4}$	21.19	69-6$^{1/4}$	21.69	71-2
20.20	66-3$^{1/4}$	20.70	67-11	21.20	69-6$^{3/4}$	21.70	71-2$^{1/2}$
20.21	66-3$^{3/4}$	20.71	67-11$^{1/2}$	21.21	69-7	21.71	71-2$^{3/4}$
20.22	66-4$^{1/4}$	20.72	67-11$^{3/4}$	21.22	69-7$^{1/2}$	21.72	71-3$^{1/4}$
20.23	66-4$^{1/2}$	20.73	68-$^{1/4}$	21.23	69-8	21.73	71-3$^{1/2}$
20.24	66-5	20.74	68-$^{1/2}$	21.24	69-8$^{1/4}$	21.74	71-4
20.25	66-5$^{1/4}$	20.75	68-1	21.25	69-8$^{3/4}$	21.75	71-4$^{1/4}$
20.26	66-5$^{3/4}$	20.76	68-1$^{1/2}$	21.26	69-9	21.76	71-4$^{3/4}$
20.27	66-6	20.77	68-1$^{3/4}$	21.27	69-9$^{1/2}$	21.77	71-5$^{1/4}$
20.28	66-6$^{1/2}$	20.78	68-2$^{1/4}$	21.28	69-9$^{3/4}$	21.78	71-5$^{1/2}$
20.29	66-7	20.79	68-2$^{1/2}$	21.29	69-10$^{1/4}$	21.79	71-6
20.30	66-7$^{1/4}$	20.80	68-3	21.30	69-10$^{3/4}$	21.80	71-6$^{1/4}$
20.31	66-7$^{3/4}$	20.81	68-3$^{1/4}$	21.31	69-11	21.81	71-6$^{3/4}$
20.32	66-8	20.82	68-3$^{3/4}$	21.32	69-11$^{1/2}$	21.82	71-7$^{1/4}$
20.33	66-8$^{1/2}$	20.83	68-4$^{1/4}$	21.33	69-11$^{3/4}$	21.83	71-7$^{1/2}$
20.34	66-8$^{3/4}$	20.84	68-4$^{1/2}$	21.34	70-$^{1/4}$	21.84	71-8
20.35	66-9$^{1/4}$	20.85	68-5	21.35	70-$^{1/2}$	21.85	71-8$^{1/4}$
20.36	66-9$^{3/4}$	20.86	68-5$^{1/4}$	21.36	70-1	21.86	71-8$^{3/4}$
20.37	66-10	20.87	68-5$^{3/4}$	21.37	70-1$^{1/2}$	21.87	71-9
20.38	66-10$^{1/2}$	20.88	68-6	21.38	70-1$^{3/4}$	21.88	71-9$^{1/2}$
20.39	66-10$^{3/4}$	20.89	68-6$^{1/2}$	21.39	70-2$^{1/4}$	21.89	71-10
20.40	66-11$^{1/4}$	20.90	68-7	21.40	70-2$^{1/2}$	21.90	71-10$^{1/4}$
20.41	66-11$^{1/2}$	20.91	68-7$^{1/4}$	21.41	70-3	21.91	71-10$^{3/4}$
20.42	67-0	20.92	68-7$^{3/4}$	21.42	70-3$^{1/2}$	21.92	71-11
20.43	67-$^{1/2}$	20.93	68-8	21.43	70-3$^{3/4}$	21.93	71-11$^{1/2}$
20.44	67-$^{3/4}$	20.94	68-8$^{1/2}$	21.44	70-4$^{1/4}$	21.94	71-11$^{3/4}$
20.45	67-1$^{1/4}$	20.95	68-8$^{3/4}$	21.45	70-4$^{1/2}$	21.95	72-$^{1/4}$
20.46	67-1$^{1/2}$	20.96	68-9$^{1/4}$	21.46	70-5	21.96	72-$^{1/2}$
20.47	67-2	20.97	68-9$^{3/4}$	21.47	70-5$^{1/4}$	21.97	72-1
20.48	67-2$^{1/4}$	20.98	68-10	21.48	70-5$^{3/4}$	21.98	72-1$^{1/2}$
20.49	67-2$^{3/4}$	20.99	68-10$^{1/2}$	21.49	70-6$^{1/4}$	21.99	72-1$^{3/4}$

65-7$^{1/2}$ **72-1$^{3/4}$**

22.00 — 23.99

Meters	Feet	Meters	Feet	Meters	Feet	Meters	Feet
22.00	72-2¼	22.50	73-10	23.00	75-5½	23.50	77-1¼
22.01	72-2½	22.51	73-10¼	23.01	75-6	23.51	77-1¾
22.02	72-3	22.52	73-10¾	23.02	75-6¼	23.52	77-2
22.03	72-3½	22.53	73-11	23.03	75-6¾	23.53	77-2½
22.04	72-3¾	22.54	73-11½	23.04	75-7¼	23.54	77-2¾
22.05	72-4¼	22.55	73-11¾	23.05	75-7½	23.55	77-3¼
22.06	72-4½	22.56	74-¼	23.06	75-8	23.56	77-3¾
22.07	72-5	22.57	74-¾	23.07	75-8¼	23.57	77-4
22.08	72-5¼	22.58	74-1	23.08	75-8¾	23.58	77-4½
22.09	72-5¾	22.59	74-1½	23.09	75-9¼	23.59	77-4¾
22.10	72-6¼	22.60	74-1¾	23.10	75-9½	23.60	77-5¼
22.11	72-6½	22.61	74-2¼	23.11	75-10	23.61	77-5½
22.12	72-7	22.62	74-2½	23.12	75-10¼	23.62	77-6
22.13	72-7¼	22.63	74-3	23.13	75-10¾	23.63	77-6½
22.14	72-7¾	22.64	74-3½	23.14	75-11	23.64	77-6¾
22.15	72-8	22.65	74-3¾	23.15	75-11½	23.65	77-7¼
22.16	72-8½	22.66	74-4¼	23.16	76-0	23.66	77-7½
22.17	72-9	22.67	74-4½	23.17	76-¼	23.67	77-8
22.18	72-9¼	22.68	74-5	23.18	76-¾	23.68	77-8¼
22.19	72-9¾	22.69	74-5½	23.19	76-1	23.69	77-8¾
22.20	72-10	22.70	74-5¾	23.20	76-1½	23.70	77-9¼
22.21	72-10½	22.71	74-6¼	23.21	76-1¾	23.71	77-9½
22.22	72-10¾	22.72	74-6½	23.22	76-2¼	23.72	77-10
22.23	72-11¼	22.73	74-7	23.23	76-2¾	23.73	77-10¼
22.24	72-11¾	22.74	74-7¼	23.24	76-3	23.74	77-10¾
22.25	73-0	22.75	74-7¾	23.25	76-3½	23.75	77-11
22.26	73-½	22.76	74-8¼	23.26	76-3¾	23.76	77-11½
22.27	73-¾	22.77	74-8½	23.27	76-4¼	23.77	78-0
22.28	73-1¼	22.78	74-9	23.28	76-4½	23.78	78-¼
22.29	73-1¾	22.79	74-9¼	23.29	76-5	23.79	78-¾
22.30	73-2	22.80	74-9¾	23.30	76-5½	23.80	78-1
22.31	73-2½	22.81	74-10	23.31	76-5¾	23.81	78-1½
22.32	73-2¾	22.82	74-10½	23.32	76-6¼	23.82	78-1¾
22.33	73-3¼	22.83	74-11	23.33	76-6½	23.83	78-2¼
22.34	73-3½	22.84	74-11¼	23.34	76-7	23.84	78-2¾
22.35	73-4	22.85	74-11¾	23.35	76-7¼	23.85	78-3
22.36	73-4½	22.86	75-0	23.36	76-7¾	23.86	78-3½
22.37	73-4¾	22.87	75-½	23.37	76-8¼	23.87	78-3¾
22.38	73-5¼	22.88	75-¾	23.38	76-8½	23.88	78-4¼
22.39	73-5½	22.89	75-1¼	23.39	76-9	23.89	78-4½
22.40	73-6	22.90	75-1¾	23.40	76-9¼	23.90	78-5
22.41	73-6¼	22.91	75-2	23.41	76-9¾	23.91	78-5½
22.42	73-6¾	22.92	75-2½	23.42	76-10	23.92	78-5¾
22.43	73-7¼	22.93	75-2¾	23.43	76-10½	23.93	78-6¼
22.44	73-7½	22.94	75-3¼	23.44	76-11	23.94	78-6½
22.45	73-8	22.95	75-3½	23.45	76-11¼	23.95	78-7
22.46	73-8¼	22.96	75-4	23.46	76-11¾	23.96	78-7½
22.47	73-8¾	22.97	75-4½	23.47	77-0	23.97	78-7¾
22.48	73-9	22.98	75-4¾	23.48	77-½	23.98	78-8¼
22.49	73-9½	22.99	75-5¼	23.49	77-¾	23.99	78-8½

72-2¼ — 78-8½

24.00   25.99

Meters	Feet	Meters	Feet	Meters	Feet	Meters	Feet
24.00	78-9	24.50	80-4¾	25.00	82-¼	25.50	83-8
24.01	78-9¼	24.51	80-5	25.01	82-¾	25.51	83-8½
24.02	78-9¾	24.52	80-5½	25.02	82-1	25.52	83-8¾
24.03	78-10¼	24.53	80-5¾	25.03	82-1½	25.53	83-9¼
24.04	78-10½	24.54	80-6¼	25.04	82-2	25.54	83-9½
24.05	78-11	24.55	80-6½	25.05	82-2¼	25.55	83-10
24.06	78-11¼	24.56	80-7	25.06	82-2¾	25.56	83-10¼
24.07	78-11¾	24.57	80-7½	25.07	82-3	25.57	83-10¾
24.08	79-0	24.58	80-7¾	25.08	82-3½	25.58	83-11¼
24.09	79-½	24.59	80-8¼	25.09	82-3¾	25.59	83-11½
24.10	79-1	24.60	80-8½	25.10	82-4¼	25.60	84-0
24.11	79-1¼	24.61	80-9	25.11	82-4¾	25.61	84-¼
24.12	79-1¾	24.62	80-9¼	25.12	82-5	25.62	84-¾
24.13	79-2	24.63	80-9¾	25.13	82-5½	25.63	84-1
24.14	79-2½	24.64	80-10¼	25.14	82-5¾	25.64	84-1½
24.15	79-2¾	24.65	80-10½	25.15	82-6¼	25.65	84-2
24.16	79-3¼	24.66	80-11	25.16	82-6½	25.66	84-2¼
24.17	79-3¾	24.67	80-11¼	25.17	82-7	25.67	84-2¾
24.18	79-4	24.68	80-11¾	25.18	82-7½	25.68	84-3
24.19	79-4½	24.69	81-0	25.19	82-7¾	25.69	84-3½
24.20	79-4¾	24.70	81-½	25.20	82-8¼	25.70	84-4
24.21	79-5¼	24.71	81-1	25.21	82-8½	25.71	84-4¼
24.22	79-5½	24.72	81-1¼	25.22	82-9	25.72	84-4¾
24.23	79-6	24.73	81-1¾	25.23	82-9½	25.73	84-5
24.24	79-6½	24.74	81-2	25.24	82-9¾	25.74	84-5½
24.25	79-6¾	24.75	81-2½	25.25	82-10¼	25.75	84-5¾
24.26	79-7¼	24.76	81-2¾	25.26	82-10½	25.76	84-6¼
24.27	79-7½	24.77	81-3¼	25.27	82-11	25.77	84-6¾
24.28	79-8	24.78	81-3¾	25.28	82-11¼	25.78	84-7
24.29	79-8¼	24.79	81-4	25.29	82-11¾	25.79	84-7½
24.30	79-8¾	24.80	81-4½	25.30	83-¼	25.80	84-7¾
24.31	79-9¼	24.81	81-4¾	25.31	83-½	25.81	84-8¼
24.32	79-9½	24.82	81-5¼	25.32	83-1	25.82	84-8½
24.33	79-10	24.83	81-5¾	25.33	83-1¼	25.83	84-9
24.34	79-10¼	24.84	81-6	25.34	83-1¾	25.84	84-9½
24.35	79-10¾	24.85	81-6½	25.35	83-2	25.85	84-9¾
24.36	79-11¼	24.86	81-6¾	25.36	83-2½	25.86	84-10¼
24.37	79-11½	24.87	81-7¼	25.37	83-3	25.87	84-10½
24.38	80-0	24.88	81-7½	25.38	83-3¼	25.88	84-11
24.39	80-¼	24.89	81-8	25.39	83-3¾	25.89	84-11¼
24.40	80-¾	24.90	81-8½	25.40	83-4	25.90	84-11¾
24.41	80-1	24.91	81-8¾	25.41	83-4½	25.91	85-¼
24.42	80-1½	24.92	81-9¼	25.42	83-4¾	25.92	85-½
24.43	80-2	24.93	81-9½	25.43	83-5¼	25.93	85-1
24.44	80-2¼	24.94	81-10	25.44	83-5¾	25.94	85-1¼
24.45	80-2¾	24.95	81-10¼	25.45	83-6	25.95	85-1¾
24.46	80-3	24.96	81-10¾	25.46	83-6½	25.96	85-2
24.47	80-3½	24.97	81-11¼	25.47	83-6¾	25.97	85-2½
24.48	80-3¾	24.98	81-11½	25.48	83-7¼	25.98	85-3
24.49	80-4¼	24.99	82-0	25.49	83-7½	25.99	85-3¼

78-9   **85-3**

26.00 27.99

Meters	Feet	Meters	Feet	Meters	Feet	Meters	Feet
26.00	85-3¾	26.50	86-11½	27.00	88-7	27.50	90-2¾
26.01	85-4	26.51	86-11¾	27.01	88-7½	27.51	90-3¼
26.02	85-4½	26.52	87-¼	27.02	88-7¾	27.52	90-3½
26.03	85-4¾	26.53	87-½	27.03	88-8¼	27.53	90-4
26.04	85-5¼	26.54	87-1	27.04	88-8¾	27.54	90-4¼
26.05	85-5¾	26.55	87-1¼	27.05	88-9	27.55	90-4¾
26.06	85-6	26.56	87-1¾	27.06	88-9½	27.56	90-5
26.07	85-6½	26.57	87-2¼	27.07	88-9¾	27.57	90-5½
26.08	85-6¾	26.58	87-2½	27.08	88-10¼	27.58	90-6
26.09	85-7¼	26.59	87-3	27.09	88-10½	27.59	90-6¼
26.10	85-7¾	26.60	87-3¼	27.10	88-11	27.60	90-6¾
26.11	85-8	26.61	87-3¾	27.11	88-11½	27.61	90-7
26.12	85-8½	26.62	87-4	27.12	88-11¾	27.62	90-7½
26.13	85-8¾	26.63	87-4½	27.13	89-¼	27.63	90-7¾
26.14	85-9¼	26.64	87-5	27.14	89-½	27.64	90-8¼
26.15	85-9½	26.65	87-5¼	27.15	89-1	27.65	90-8¾
26.16	85-10	26.66	87-5¾	27.16	89-1¼	27.66	90-9
26.17	85-10½	26.67	87-6	27.17	89-1¾	27.67	90-9½
26.18	85-10¾	26.68	87-6½	27.18	89-2¼	27.68	90-9¾
26.19	85-11¼	26.69	87-6¾	27.19	89-2½	27.69	90-10¼
26.20	85-11½	26.70	87-7¼	27.20	89-3	27.70	90-10½
26.21	86-0	26.71	87-7¾	27.21	89-3¼	27.71	90-11
26.22	86-¼	26.72	87-8	27.22	89-3¾	27.72	90-11½
26.23	86-¾	26.73	87-8½	27.23	89-4	27.73	90-11¾
26.24	86-1¼	26.74	87-8¾	27.24	89-4½	27.74	91-¼
26.25	86-1½	26.75	87-9¼	27.25	89-5	27.75	91-½
26.26	86-2	26.76	87-9½	27.26	89-5¼	27.76	91-1
26.27	86-2¼	26.77	87-10	27.27	89-5¾	27.77	91-1½
26.28	86-2¾	26.78	87-10½	27.28	89-6	27.78	91-1¾
26.29	86-3	26.79	87-10¾	27.29	89-6½	27.79	91-2¼
26.30	86-3½	26.80	87-11¼	27.30	89-6¾	27.80	91-2½
26.31	86-4	26.81	87-11½	27.31	89-7¼	27.81	91-3
26.32	86-4¼	26.82	88-0	27.32	89-7¾	27.82	91-3¼
26.33	86-4¾	26.83	88-¼	27.33	89-8	27.83	91-3¾
26.34	86-5	26.84	88-¾	27.34	89-8½	27.84	91-4¼
26.35	86-5½	26.85	88-1¼	27.35	89-8¾	27.85	91-4½
26.36	86-5¾	26.86	88-1½	27.36	89-9½	27.86	91-5
26.37	86-6¼	26.87	88-2	27.37	89-9¾	27.87	91-5¼
26.38	86-6¾	26.88	88-2¼	27.38	89-10	27.88	91-5¾
26.39	86-7	26.89	88-2¾	27.39	89-10½	27.89	91-6
26.40	86-7½	26.90	88-3	27.40	89-10¾	27.90	91-6½
26.41	86-7¾	26.91	88-3½	27.41	89-11¼	27.91	91-7
26.42	86-8¼	26.92	88-4	27.42	89-11½	27.92	91-7¼
26.43	86-8½	26.93	88-4¼	27.43	90-0	27.93	91-7¾
26.44	86-9	26.94	88-4¾	27.44	90-½	27.94	91-8
26.45	86-9½	26.95	88-5	27.45	90-¾	27.95	91-8½
26.46	86-9¾	26.96	88-5½	27.46	90-1¼	27.96	91-8¾
26.47	86-10¼	26.97	88-6	27.47	90-1½	27.97	91-9¼
26.48	86-10½	26.98	88-6¼	27.48	90-2	27.98	91-9¾
26.49	86-11	26.99	88-6¾	27.49	90-2¼	27.99	91-10

85-4 **91-10**

28.00   DT–HT–JT   29.99

Meters	Feet	Meters	Feet	Meters	Feet	Meters	Feet
28.00	91-10½	28.50	93-6	29.00	95-2	29.50	96-9
28.01	91-10¾	28.51	93-6	29.01	95-2	29.51	96-10
28.02	91-11¼	28.52	93-7	29.02	95-2	29.52	96-10
28.03	91-11½	28.53	93-7	29.03	95-3	29.53	96-10
28.04	92-0	28.54	93-8	29.04	95-3	29.54	96-11
28.05	92-½	28.55	93-8	29.05	95-3	29.55	96-11
28.06	92-¾	28.56	93-8	29.06	95-4	29.56	97-0
28.07	92-1¼	28.57	93-8	29.07	95-4	29.57	97-0
28.08	92-1½	28.58	93-9	29.08	95-5	29.58	97-0
28.09	92-2	28.59	93-9	29.09	95-5	29.59	97-1
28.10	92-2¼	28.60	93-10	29.10	95-6	29.60	97-1
28.11	92-2¾	28.61	93-10	29.11	95-6	29.61	97-1
28.12	92-3¼	28.62	93-11	29.12	95-6	29.62	97-2
28.13	92-3½	28.63	93-11	29.13	95-7	29.63	97-2
28.14	92-4	28.64	93-11	29.14	95-7	29.64	97-3
28.15	92-4¼	28.65	94-0	29.15	95-7	29.65	97-3
28.16	92-4¾	28.66	94-0	29.16	95-8	29.66	97-4
28.17	92-5	28.67	94-0	29.17	95-8	29.67	97-4
28.18	92-5½	28.68	94-1	29.18	95-9	29.68	97-4
28.19	92-6	28.69	94-1	29.19	95-9	29.69	97-5
28.20	92-6¼	28.70	94-2	29.20	95-9	29.70	97-5
28.21	92-6¾	28.71	94-2	29.21	95-10	29.71	97-5
28.22	92-7	28.72	94-3	29.22	95-10	29.72	97-6
28.23	92-7½	28.73	94-3	29.23	95-10	29.73	97-6
28.24	92-8	28.74	94-3	29.24	95-11	29.74	97-7
28.25	92-8¼	28.75	94-4	29.25	95-11	29.75	97-7
28.26	92-8¾	28.76	94-4	29.26	96-0	29.76	97-8
28.27	92-9	28.77	94-4	29.27	96-0	29.77	97-8
28.28	92-9½	28.78	94-5	29.28	96-1	29.78	97-8
28.29	92-9¾	28.79	94-5	29.29	96-1	29.79	97-9
28.30	92-10¼	28.80	94-6	29.30	96-1	29.80	97-9
28.31	92-10¾	28.81	94-6	29.31	96-2	29.81	97-9
28.32	92-11	28.82	94-7	29.32	96-2	29.82	97-10
28.33	92-11½	28.83	94-7	29.33	96-2	29.83	97-10
28.34	92-11¾	28.84	94-7	29.34	96-3	29.84	97-11
28.35	93-¼	28.85	94-8	29.35	96-3	29.85	97-11
28.36	93-½	28.86	94-8	29.36	96-4	29.86	97-11
28.37	93-1	28.87	94-8	29.37	96-4	29.87	98-0
28.38	93-1½	28.88	94-9	29.38	96-5	29.88	98-0
28.39	93-1¾	28.89	94-9	29.39	96-5	29.89	98-0
28.40	93-2¼	28.90	94-10	29.40	96-5	29.90	98-1
28.41	93-2½	28.91	94-10	29.41	96-6	29.91	98-1
28.42	93-3	28.92	94-10	29.42	96-6	29.92	98-2
28.43	93-3¼	28.93	94-11	29.43	96-6	29.93	98-2
28.44	93-3¾	28.94	94-11	29.44	96-7	29.94	98-3
28.45	93-4¼	28.95	94-11	29.45	96-7	29.95	98-3
28.46	93-4½	28.96	95-0	29.46	96-8	29.96	98-3
28.47	93-5	28.97	95-0	29.47	96-8	29.97	98-4
28.48	93-5¼	28.98	95-1	29.48	96-9	29.98	98-4
28.49	93-5¾	28.99	95-1	29.49	96-9	29.99	98-4

91-10   **98-4**

30.00   31.99

Meters	Feet	Meters	Feet	Meters	Feet	Meters	Feet
30.00	98-5	30.50	100-1	31.00	101-8	31.50	103-4
30.01	98-5	30.51	100-1	31.01	101-9	31.51	103-4
30.02	98-6	30.52	100-1	31.02	101-9	31.52	103-5
30.03	98-6	30.53	100-2	31.03	101-9	31.53	103-5
30.04	98-7	30.54	100-2	31.04	101-10	31.54	103-6
30.05	98-7	30.55	100-2	31.05	101-10	31.55	103-6
30.06	98-7	30.56	100-3	31.06	101-11	31.56	103-6
30.07	98-8	30.57	100-3	31.07	101-11	31.57	103-7
30.08	98-8	30.58	100-4	31.08	102-0	31.58	103-7
30.09	98-8	30.59	100-4	31.09	102-0	31.59	103-7
30.10	98-9	30.60	100-5	31.10	102-0	31.60	103-8
30.11	98-9	30.61	100-5	31.11	102-0	31.61	103-8
30.12	98-10	30.62	100-5	31.12	102-1	31.62	103-9
30.13	98-10	30.63	100-6	31.13	102-1	31.63	103-9
30.14	98-11	30.64	100-6	31.14	102-2	31.64	103-10
30.15	98-11	30.65	100-6	31.15	102-2	31.65	103-10
30.16	98-11	30.66	100-7	31.16	102-3	31.66	103-10
30.17	98-11	30.67	100-7	31.17	102-3	31.67	103-11
30.18	99-0	30.68	100-8	31.18	102-3	31.68	103-11
30.19	99-0	30.69	100-8	31.19	102-4	31.69	103-11
30.20	99-1	30.70	100-9	31.20	102-4	31.70	104-0
30.21	99-1	30.71	100-9	31.21	102-4	31.71	104-0
30.22	99-2	30.72	100-9	31.22	102-5	31.72	104-1
30.23	99-2	30.73	100-10	31.23	102-5	31.73	104-1
30.24	99-2	30.74	100-10	31.24	102-6	31.74	104-1
30.25	99-3	30.75	100-10	31.25	102-6	31.75	104-2
30.26	99-3	30.76	100-11	31.26	102-7	31.76	104-2
30.27	99-3	30.77	100-11	31.27	102-7	31.77	104-2
30.28	99-4	30.78	101-0	31.28	102-7	31.78	104-3
30.29	99-4	30.79	101-0	31.29	102-8	31.79	104-3
30.30	99-5	30.80	101-0	31.30	102-8	31.80	104-4
30.31	99-5	30.81	101-1	31.31	102-8	31.81	104-4
30.32	99-6	30.82	101-1	31.32	102-9	31.82	104-5
30.33	99-6	30.83	101-1	31.33	102-9	31.83	104-5
30.34	99-6	30.84	101-2	31.34	102-10	31.84	104-5
30.35	99-7	30.85	101-2	31.35	102-10	31.85	104-6
30.36	99-7	30.86	101-3	31.36	102-11	31.86	104-6
30.37	99-7	30.87	101-3	31.37	102-11	31.87	104-6
30.38	99-8	30.88	101-4	31.38	102-11	31.88	104-7
30.39	99-8	30.89	101-4	31.39	103-0	31.89	104-7
30.40	99-9	30.90	101-4	31.40	103-0	31.90	104-8
30.41	99-9	30.91	101-5	31.41	103-0	31.91	104-8
30.42	99-10	30.92	101-5	31.42	103-1	31.92	104-9
30.43	99-10	30.93	101-5	31.43	103-1	31.93	104-9
30.44	99-10	30.94	101-6	31.44	103-2	31.94	104-9
30.45	99-11	30.95	101-6	31.45	103-2	31.95	104-10
30.46	99-11	30.96	101-7	31.46	103-2	31.96	104-10
30.47	99-11	30.97	101-7	31.47	103-3	31.97	104-10
30.48	100-0	30.98	101-8	31.48	103-3	31.98	104-11
30.49	100-0	30.99	101-8	31.49	103-3	31.99	104-11

98-5   **104-11**

32.00 — 33.99

Meters	Feet	Meters	Feet	Meters	Feet	Meters	Feet
32.00	105-0	32.50	106-7	33.00	108-3	33.50	109-11
32.01	105-0	32.51	106-8	33.01	108-3	33.51	109-11
32.02	105-1	32.52	106-8	33.02	108-4	33.52	110-0
32.03	105-1	32.53	106-8	33.03	108-4	33.53	110-0
32.04	105-1	32.54	106-9	33.04	108-5	33.54	110-0
32.05	105-2	32.55	106-9	33.05	108-5	33.55	110-1
32.06	105-2	32.56	106-10	33.06	108-5	33.56	110-1
32.07	105-2	32.57	106-10	33.07	108-6	33.57	110-1
32.08	105-3	32.58	106-11	33.08	108-6	33.58	110-2
32.09	105-3	32.59	106-11	33.09	108-6	33.59	110-2
32.10	105-4	32.60	106-11	33.10	108-7	33.60	110-3
32.11	105-4	32.61	107-0	33.11	108-7	33.61	110-3
32.12	105-4	32.62	107-0	33.12	108-8	33.62	110-4
32.13	105-5	32.63	107-0	33.13	108-8	33.63	110-4
32.14	105-5	32.64	107-1	33.14	108-9	33.64	110-4
32.15	105-5	32.65	107-1	33.15	108-9	33.65	110-4
32.16	105-6	32.66	107-2	33.16	108-9	33.66	110-5
32.17	105-6	32.67	107-2	33.17	108-10	33.67	110-5
32.18	105-7	32.68	107-3	33.18	108-10	33.68	110-6
32.19	105-7	32.69	107-3	33.19	108-10	33.69	110-6
32.20	105-8	32.70	107-3	33.20	108-11	33.70	110-7
32.21	105-8	32.71	107-3	33.21	108-11	33.71	110-7
32.22	105-8	32.72	107-4	33.22	109-0	33.72	110-7
32.23	105-9	32.73	107-4	33.23	109-0	33.73	110-8
32.24	105-9	32.74	107-5	33.24	109-1	33.74	110-8
32.25	105-9	32.75	107-5	33.25	109-1	33.75	110-8
32.26	105-10	32.76	107-6	33.26	109-1	33.76	110-9
32.27	105-10	32.77	107-6	33.27	109-2	33.77	110-9
32.28	105-11	32.78	107-6	33.28	109-2	33.78	110-10
32.29	105-11	32.79	107-7	33.29	109-2	33.79	110-10
32.30	106-0	32.80	107-7	33.30	109-3	33.80	110-11
32.31	106-0	32.81	107-7	33.31	109-3	33.81	110-11
32.32	106-0	32.82	107-8	33.32	109-4	33.82	110-11
32.33	106-1	32.83	107-8	33.33	109-4	33.83	111-0
32.34	106-1	32.84	107-9	33.34	109-4	33.84	111-0
32.35	106-1	32.85	107-9	33.35	109-5	33.85	111-0
32.36	106-2	32.86	107-10	33.36	109-5	33.86	111-1
32.37	106-2	32.87	107-10	33.37	109-5	33.87	111-1
32.38	106-3	32.88	107-10	33.38	109-6	33.88	111-2
32.39	106-3	32.89	107-11	33.39	109-6	33.89	111-2
32.40	106-3	32.90	107-11	33.40	109-7	33.90	111-3
32.41	106-4	32.91	107-11	33.41	109-7	33.91	111-3
32.42	106-4	32.92	108-0	33.42	109-8	33.92	111-3
32.43	106-4	32.93	108-0	33.43	109-8	33.93	111-4
32.44	106-5	32.94	108-1	33.44	109-8	33.94	111-4
32.45	106-5	32.95	108-1	33.45	109-9	33.95	111-4
32.46	106-6	32.96	108-2	33.46	109-9	33.96	111-5
32.47	106-6	32.97	108-2	33.47	109-9	33.97	111-5
32.48	106-7	32.98	108-2	33.48	109-10	33.98	111-6
32.49	106-7	32.99	108-3	33.49	109-10	33.99	111-6

105-0   **111-6**

34.00　　　　　　　　　　　　　　　　　35.99

Meters	Feet	Meters	Feet	Meters	Feet	Meters	Feet
34.00	111-6	34.50	113-2	35.00	114-10	35.50	116-6
34.01	111-7	34.51	113-2	35.01	114-10	35.51	116-6
34.02	111-7	34.52	113-3	35.02	114-11	35.52	116-6
34.03	111-7	34.53	113-3	35.03	114-11	35.53	116-7
34.04	111-8	34.54	113-4	35.04	114-11	35.54	116-7
34.05	111-8	34.55	113-4	35.05	115-0	35.55	116-7
34.06	111-9	34.56	113-5	35.06	115-0	35.56	116-8
34.07	111-9	34.57	113-5	35.07	115-0	35.57	116-8
34.08	111-10	34.58	113-5	35.08	115-1	35.58	116-9
34.09	111-10	34.59	113-6	35.09	115-1	35.59	116-9
34.10	111-10	34.60	113-6	35.10	115-2	35.60	116-9
34.11	111-11	34.61	113-6	35.11	115-2	35.61	116-10
34.12	111-11	34.62	113-7	35.12	115-3	35.62	116-10
34.13	111-11	34.63	113-7	35.13	115-3	35.63	116-10
34.14	112-0	34.64	113-8	35.14	115-3	35.64	116-11
34.15	112-0	34.65	113-8	35.15	115-4	35.65	116-11
34.16	112-1	34.66	113-8	35.16	115-4	35.66	117-0
34.17	112-1	34.67	113-9	35.17	115-4	35.67	117-0
34.18	112-2	34.68	113-9	35.18	115-5	35.68	117-1
34.19	112-2	34.69	113-9	35.19	115-5	35.69	117-1
34.20	112-2	34.70	113-10	35.20	115-6	35.70	117-1
34.21	112-3	34.71	113-10	35.21	115-6	35.71	117-2
34.22	112-3	34.72	113-11	35.22	115-7	35.72	117-2
34.23	112-3	34.73	113-11	35.23	115-7	35.73	117-2
34.24	112-4	34.74	114-0	35.24	115-7	35.74	117-3
34.25	112-4	34.75	114-0	35.25	115-7	35.75	117-3
34.26	112-5	34.76	114-0	35.26	115-8	35.76	117-4
34.27	112-5	34.77	114-1	35.27	115-8	35.77	117-4
34.28	112-5	34.78	114-1	35.28	115-9	35.78	117-5
34.29	112-6	34.79	114-1	35.29	115-9	35.79	117-5
34.30	112-6	34.80	114-2	35.30	115-10	35.80	117-5
34.31	112-6	34.81	114-2	35.31	115-10	35.81	117-6
34.32	112-7	34.82	114-3	35.32	115-10	35.82	117-6
34.33	112-7	34.83	114-3	35.33	115-11	35.83	117-6
34.34	112-8	34.84	114-4	35.34	115-11	35.84	117-7
34.35	112-8	34.85	114-4	35.35	115-11	35.85	117-7
34.36	112-9	34.86	114-4	35.36	116-0	35.86	117-8
34.37	112-9	34.87	114-5	35.37	116-0	35.87	117-8
34.38	112-9	34.88	114-5	35.38	116-1	35.88	117-8
34.39	112-10	34.89	114-5	35.39	116-1	35.89	117-9
34.40	112-10	34.90	114-6	35.40	116-2	35.90	117-9
34.41	112-10	34.91	114-6	35.41	116-2	35.91	117-9
34.42	112-11	34.92	114-7	35.42	116-2	35.92	117-10
34.43	112-11	34.93	114-7	35.43	116-3	35.93	117-10
34.44	113-0	34.94	114-7	35.44	116-3	35.94	117-11
34.45	113-0	34.95	114-8	35.45	116-3	35.95	117-11
34.46	113-1	34.96	114-8	35.46	116-4	35.96	118-0
34.47	113-1	34.97	114-8	35.47	116-4	35.97	118-0
34.48	113-1	34.98	114-9	35.48	116-5	35.98	118-0
34.49	113-2	34.99	114-9	35.49	116-5	35.99	118-1

111-6　　　　　　　　　　　　　　　　**118-1**

36.00   37.99

Meters	Feet	Meters	Feet	Meters	Feet	Meters	Feet
36.00	118-1	36.50	119-9	37.00	121-5	37.50	123-0
36.01	118-1	36.51	119-9	37.01	121-5	37.51	123-0
36.02	118-2	36.52	119-10	37.02	121-5	37.52	123-1
36.03	118-2	36.53	119-10	37.03	121-6	37.53	123-1
36.04	118-3	36.54	119-10	37.04	121-6	37.54	123-2
36.05	118-3	36.55	119-11	37.05	121-6	37.55	123-2
36.06	118-4	36.56	119-11	37.06	121-7	37.56	123-3
36.07	118-4	36.57	119-11	37.07	121-7	37.57	123-3
36.08	118-4	36.58	120-0	37.08	121-8	37.58	123-3
36.09	118-5	36.59	120-0	37.09	121-8	37.59	123-4
36.10	118-5	36.60	120-1	37.10	121-9	37.60	123-4
36.11	118-5	36.61	120-1	37.11	121-9	37.61	123-4
36.12	118-6	36.62	120-2	37.12	121-9	37.62	123-5
36.13	118-6	36.63	120-2	37.13	121-10	37.63	123-5
36.14	118-7	36.64	120-2	37.14	121-10	37.64	123-6
36.15	118-7	36.65	120-3	37.15	121-10	37.65	123-6
36.16	118-8	36.66	120-3	37.16	121-11	37.66	123-7
36.17	118-8	36.67	120-3	37.17	121-11	37.67	123-7
36.18	118-8	36.68	120-4	37.18	122-0	37.68	123-7
36.19	118-8	36.69	120-4	37.19	122-0	37.69	123-8
36.20	118-9	36.70	120-5	37.20	122-0	37.70	123-8
36.21	118-9	36.71	120-5	37.21	122-1	37.71	123-8
36.22	118-10	36.72	120-6	37.22	122-1	37.72	123-9
36.23	118-10	36.73	120-6	37.23	122-1	37.73	123-9
36.24	118-11	36.74	120-6	37.24	122-2	37.74	123-10
36.25	118-11	36.75	120-7	37.25	122-2	37.75	123-10
36.26	118-11	36.76	120-7	37.26	122-3	37.76	123-11
36.27	119-0	36.77	120-7	37.27	122-3	37.77	123-11
36.28	119-0	36.78	120-8	37.28	122-4	37.78	123-11
36.29	119-0	36.79	120-8	37.29	122-4	37.79	123-11
36.30	119-1	36.80	120-9	37.30	122-4	37.80	124-0
36.31	119-1	36.81	120-9	37.31	122-5	37.81	124-0
36.32	119-2	36.82	120-9	37.32	122-5	37.82	124-1
36.33	119-2	36.83	120-10	37.33	122-5	37.83	124-1
36.34	119-3	36.84	120-10	37.34	122-6	37.84	124-2
36.35	119-3	36.85	120-10	37.35	122-6	37.85	124-2
36.36	119-3	36.86	120-11	37.36	122-7	37.86	124-2
36.37	119-4	36.87	120-11	37.37	122-7	37.87	124-3
36.38	119-4	36.88	121-0	37.38	122-8	37.88	124-3
36.39	119-4	36.89	121-0	37.39	122-8	37.89	124-3
36.40	119-5	36.90	121-1	37.40	122-8	37.90	124-4
36.41	119-5	36.91	121-1	37.41	122-9	37.91	124-4
36.42	119-6	36.92	121-1	37.42	122-9	37.92	124-5
36.43	119-6	36.93	121-2	37.43	122-9	37.93	124-5
36.44	119-7	36.94	121-2	37.44	122-10	37.94	124-6
36.45	119-7	36.95	121-2	37.45	122-10	37.95	124-6
36.46	119-7	36.96	121-3	37.46	122-11	37.96	124-6
36.47	119-8	36.97	121-3	37.47	122-11	37.97	124-7
36.48	119-8	36.98	121-4	37.48	122-11	37.98	124-7
36.49	119-8	36.99	121-4	37.49	123-0	37.99	124-7

118-1   **124-7**

38.00 — 39.99

Meters	Feet	Meters	Feet	Meters	Feet	Meters	Feet
38.00	124-8	38.50	126-4	39.00	127-11	39.50	129-7
38.01	124-8	38.51	126-4	39.01	128-0	39.51	129-7
38.02	124-9	38.52	126-4	39.02	128-0	39.52	129-8
38.03	124-9	38.53	126-5	39.03	128-0	39.53	129-8
38.04	124-10	38.54	126-5	39.04	128-1	39.54	129-9
38.05	124-10	38.55	126-5	39.05	128-1	39.55	129-9
38.06	124-10	38.56	126-6	39.06	128-2	39.56	129-9
38.07	124-11	38.57	126-6	39.07	128-2	39.57	129-10
38.08	124-11	38.58	126-7	39.08	128-2	39.58	129-10
38.09	124-11	38.59	126-7	39.09	128-3	39.59	129-10
38.10	125-0	38.60	126-8	39.10	128-3	39.60	129-11
38.11	125-0	38.61	126-8	39.11	128-3	39.61	129-11
38.12	125-1	38.62	126-8	39.12	128-4	39.62	130-0
38.13	125-1	38.63	126-9	39.13	128-4	39.63	130-0
38.14	125-1	38.64	126-9	39.14	128-5	39.64	130-1
38.15	125-2	38.65	126-9	39.15	128-5	39.65	130-1
38.16	125-2	38.66	126-10	39.16	128-6	39.66	130-1
38.17	125-2	38.67	126-10	39.17	128-6	39.67	130-2
38.18	125-3	38.68	126-11	39.18	128-6	39.68	130-2
38.19	125-3	38.69	126-11	39.19	128-7	39.69	130-2
38.20	125-4	38.70	127-0	39.20	128-7	39.70	130-3
38.21	125-4	38.71	127-0	39.21	128-7	39.71	130-3
38.22	125-5	38.72	127-0	39.22	128-8	39.72	130-4
38.23	125-5	38.73	127-0	39.23	128-8	39.73	130-4
38.24	125-5	38.74	127-1	39.24	128-9	39.74	130-4
38.25	125-6	38.75	127-1	39.25	128-9	39.75	130-5
38.26	125-6	38.76	127-2	39.26	128-10	39.76	130-5
38.27	125-6	38.77	127-2	39.27	128-10	39.77	130-5
38.28	125-7	38.78	127-3	39.28	128-10	39.78	130-6
38.29	125-7	38.79	127-3	39.29	128-11	39.79	130-6
38.30	125-8	38.80	127-3	39.30	128-11	39.80	130-7
38.31	125-8	38.81	127-4	39.31	128-11	39.81	130-7
38.32	125-9	38.82	127-4	39.32	129-0	39.82	130-8
38.33	125-9	38.83	127-4	39.33	129-0	39.83	130-8
38.34	125-9	38.84	127-5	39.34	129-1	39.84	130-8
38.35	125-10	38.85	127-5	39.35	129-1	39.85	130-9
38.36	125-10	38.86	127-6	39.36	129-1	39.86	130-9
38.37	125-10	38.87	127-6	39.37	129-2	39.87	130-9
38.38	125-11	38.88	127-7	39.38	129-2	39.88	130-10
38.39	125-11	38.89	127-7	39.39	129-2	39.89	130-10
38.40	126-0	38.90	127-7	39.40	129-3	39.90	130-11
38.41	126-0	38.91	127-8	39.41	129-3	39.91	130-11
38.42	126-0	38.92	127-8	39.42	129-4	39.92	131-0
38.43	126-1	38.93	127-8	39.43	129-4	39.93	131-0
38.44	126-1	38.94	127-9	39.44	129-5	39.94	131-0
38.45	126-1	38.95	127-9	39.45	129-5	39.95	131-1
38.46	126-2	38.96	127-10	39.46	129-5	39.96	131-1
38.47	126-2	38.97	127-10	39.47	129-6	39.97	131-1
38.48	126-3	38.98	127-11	39.48	129-6	39.98	131-2
38.49	126-3	38.99	127-11	39.49	129-6	39.99	131-2

40.00   41.99

Meters	Feet	Meters	Feet	Meters	Feet	Meters	Feet
40.00	131-3	40.50	132-10	41.00	134-6	41.50	136-2
40.01	131-3	40.51	132-11	41.01	134-6	41.51	136-2
40.02	131-3	40.52	132-11	41.02	134-7	41.52	136-3
40.03	131-4	40.53	132-11	41.03	134-7	41.53	136-3
40.04	131-4	40.54	133-0	41.04	134-8	41.54	136-3
40.05	131-4	40.55	133-0	41.05	134-8	41.55	136-4
40.06	131-5	40.56	133-1	41.06	134-8	41.56	136-4
40.07	131-5	40.57	133-1	41.07	134-9	41.57	136-4
40.08	131-6	40.58	133-2	41.08	134-9	41.58	136-5
40.09	131-6	40.59	133-2	41.09	134-9	41.59	136-5
40.10	131-7	40.60	133-2	41.10	134-10	41.60	136-6
40.11	131-7	40.61	133-3	41.11	134-10	41.61	136-6
40.12	131-7	40.62	133-3	41.12	134-11	41.62	136-6
40.13	131-8	40.63	133-3	41.13	134-11	41.63	136-7
40.14	131-8	40.64	133-4	41.14	135-0	41.64	136-7
40.15	131-8	40.65	133-4	41.15	135-0	41.65	136-7
40.16	131-9	40.66	133-5	41.16	135-0	41.66	136-8
40.17	131-9	40.67	133-5	41.17	135-1	41.67	136-8
40.18	131-10	40.68	133-5	41.18	135-1	41.68	136-9
40.19	131-10	40.69	133-6	41.19	135-1	41.69	136-9
40.20	131-11	40.70	133-6	41.20	135-2	41.70	136-10
40.21	131-11	40.71	133-6	41.21	135-2	41.71	136-10
40.22	131-11	40.72	133-7	41.22	135-3	41.72	136-10
40.23	132-0	40.73	133-7	41.23	135-3	41.73	136-11
40.24	132-0	40.74	133-8	41.24	135-4	41.74	136-11
40.25	132-0	40.75	133-8	41.25	135-4	41.75	136-11
40.26	132-1	40.76	133-9	41.26	135-4	41.76	137-0
40.27	132-1	40.77	133-9	41.27	135-4	41.77	137-0
40.28	132-2	40.78	133-9	41.28	135-5	41.78	137-1
40.29	132-2	40.79	133-10	41.29	135-5	41.79	137-1
40.30	132-3	40.80	133-10	41.30	135-6	41.80	137-2
40.31	132-3	40.81	133-10	41.31	135-6	41.81	137-2
40.32	132-3	40.82	133-11	41.32	135-7	41.82	137-2
40.33	132-3	40.83	133-11	41.33	135-7	41.83	137-3
40.34	132-4	40.84	134-0	41.34	135-7	41.84	137-3
40.35	132-4	40.85	134-0	41.35	135-8	41.85	137-3
40.36	132-5	40.86	134-1	41.36	135-8	41.86	137-4
40.37	132-5	40.87	134-1	41.37	135-8	41.87	137-4
40.38	132-6	40.88	134-1	41.38	135-9	41.88	137-5
40.39	132-6	40.89	134-2	41.39	135-9	41.89	137-5
40.40	132-6	40.90	134-2	41.40	135-10	41.90	137-5
40.41	132-7	40.91	134-2	41.41	135-10	41.91	137-6
40.42	132-7	40.92	134-3	41.42	135-11	41.92	137-6
40.43	132-7	40.93	134-3	41.43	135-11	41.93	137-6
40.44	132-8	40.94	134-4	41.44	135-11	41.94	137-7
40.45	132-8	40.95	134-4	41.45	136-0	41.95	137-7
40.46	132-9	40.96	134-4	41.46	136-0	41.96	137-8
40.47	132-9	40.97	134-5	41.47	136-0	41.97	137-8
40.48	132-10	40.98	134-5	41.48	136-1	41.98	137-9
40.49	132-10	40.99	134-5	41.49	136-1	41.99	137-9

131-3   **137-9**

42.00   43.99

Meters	Feet	Meters	Feet	Meters	Feet	Meters	Feet
42.00	137-9	42.50	139-5	43.00	141-1	43.50	142-8
42.01	137-10	42.51	139-5	43.01	141-1	43.51	142-9
42.02	137-10	42.52	139-6	43.02	141-2	43.52	142-9
42.03	137-10	42.53	139-6	43.03	141-2	43.53	142-9
42.04	137-11	42.54	139-7	43.04	141-2	43.54	142-10
42.05	137-11	42.55	139-7	43.05	141-3	43.55	142-10
42.06	138-0	42.56	139-7	43.06	141-3	43.56	142-11
42.07	138-0	42.57	139-8	43.07	141-3	43.57	142-11
42.08	138-1	42.58	139-8	43.08	141-4	43.58	143-0
42.09	138-1	42.59	139-8	43.09	141-4	43.59	143-0
42.10	138-1	42.60	139-9	43.10	141-5	43.60	143-0
42.11	138-2	42.61	139-9	43.11	141-5	43.61	143-1
42.12	138-2	42.62	139-10	43.12	141-6	43.62	143-1
42.13	138-2	42.63	139-10	43.13	141-6	43.63	143-1
42.14	138-3	42.64	139-11	43.14	141-6	43.64	143-2
42.15	138-3	42.65	139-11	43.15	141-7	43.65	143-2
42.16	138-4	42.66	139-11	43.16	141-7	43.66	143-3
42.17	138-4	42.67	140-0	43.17	141-7	43.67	143-3
42.18	138-5	42.68	140-0	43.18	141-8	43.68	143-4
42.19	138-5	42.69	140-0	43.19	141-8	43.69	143-4
42.20	138-5	42.70	140-1	43.20	141-9	43.70	143-4
42.21	138-6	42.71	140-1	43.21	141-9	43.71	143-5
42.22	138-6	42.72	140-2	43.22	141-9	43.72	143-5
42.23	138-6	42.73	140-2	43.23	141-10	43.73	143-5
42.24	138-7	42.74	140-3	43.24	141-10	43.74	143-6
42.25	138-7	42.75	140-3	43.25	141-10	43.75	143-6
42.26	138-8	42.76	140-3	43.26	141-11	43.76	143-7
42.27	138-8	42.77	140-4	43.27	141-11	43.77	143-7
42.28	138-8	42.78	140-4	43.28	142-0	43.78	143-8
42.29	138-9	42.79	140-4	43.29	142-0	43.79	143-8
42.30	138-9	42.80	140-5	43.30	142-1	43.80	143-8
42.31	138-9	42.81	140-5	43.31	142-1	43.81	143-8
42.32	138-10	42.82	140-6	43.32	142-1	43.82	143-9
42.33	138-10	42.83	140-6	43.33	142-2	43.83	143-9
42.34	138-11	42.84	140-7	43.34	142-2	43.84	143-10
42.35	138-11	42.85	140-7	43.35	142-2	43.85	143-10
42.36	139-0	42.86	140-7	43.36	142-3	43.86	143-11
42.37	139-0	42.87	140-7	43.37	142-3	43.87	143-11
42.38	139-0	42.88	140-8	43.38	142-4	43.88	143-11
42.39	139-1	42.89	140-8	43.39	142-4	43.89	144-0
42.40	139-1	42.90	140-9	43.40	142-5	43.90	144-0
42.41	139-1	42.91	140-9	43.41	142-5	43.91	144-0
42.42	139-2	42.92	140-10	43.42	142-5	43.92	144-1
42.43	139-2	42.93	140-10	43.43	142-6	43.93	144-1
42.44	139-3	42.94	140-10	43.44	142-6	43.94	144-2
42.45	139-3	42.95	140-11	43.45	142-6	43.95	144-2
42.46	139-4	42.96	140-11	43.46	142-7	43.96	144-3
42.47	139-4	42.97	140-11	43.47	142-7	43.97	144-3
42.48	139-4	42.98	141-0	43.48	142-8	43.98	144-3
42.49	139-5	42.99	141-0	43.49	142-8	43.99	144-4

137-9   **144-4**

44.00   45.99

Meters	Feet	Meters	Feet	Meters	Feet	Meters	Feet
44.00	144-4	44.50	146-0	45.00	147-8	45.50	149-3
44.01	144-4	44.51	146-0	45.01	147-8	45.51	149-3
44.02	144-5	44.52	146-1	45.02	147-8	45.52	149-4
44.03	144-5	44.53	146-1	45.03	147-9	45.53	149-4
44.04	144-6	44.54	146-1	45.04	147-9	45.54	149-5
44.05	144-6	44.55	146-2	45.05	147-9	45.55	149-5
44.06	144-7	44.56	146-2	45.06	147-10	45.56	149-6
44.07	144-7	44.57	146-2	45.07	147-10	45.57	149-6
44.08	144-7	44.58	146-3	45.08	147-11	45.58	149-6
44.09	144-8	44.59	146-3	45.09	147-11	45.59	149-7
44.10	144-8	44.60	146-4	45.10	147-11	45.60	149-7
44.11	144-8	44.61	146-4	45.11	148-0	45.61	149-7
44.12	144-9	44.62	146-5	45.12	148-0	45.62	149-8
44.13	144-9	44.63	146-5	45.13	148-0	45.63	149-8
44.14	144-10	44.64	146-5	45.14	148-1	45.64	149-9
44.15	144-10	44.65	146-6	45.15	148-1	45.65	149-9
44.16	144-10	44.66	146-6	45.16	148-2	45.66	149-10
44.17	144-11	44.67	146-6	45.17	148-2	45.67	149-10
44.18	144-11	44.68	146-7	45.18	148-3	45.68	149-10
44.19	144-11	44.69	146-7	45.19	148-3	45.69	149-11
44.20	145-0	44.70	146-8	45.20	148-3	45.70	149-11
44.21	145-0	44.71	146-8	45.21	148-4	45.71	149-11
44.22	145-1	44.72	146-9	45.22	148-4	45.72	150-0
44.23	145-1	44.73	146-9	45.23	148-4	45.73	150-0
44.24	145-2	44.74	146-9	45.24	148-5	45.74	150-1
44.25	145-2	44.75	146-10	45.25	148-5	45.75	150-1
44.26	145-2	44.76	146-10	45.26	148-6	45.76	150-1
44.27	145-3	44.77	146-10	45.27	148-6	45.77	150-2
44.28	145-3	44.78	146-11	45.28	148-7	45.78	150-2
44.29	145-3	44.79	146-11	45.29	148-7	45.79	150-2
44.30	145-4	44.80	147-0	45.30	148-7	45.80	150-3
44.31	145-4	44.81	147-0	45.31	148-8	45.81	150-3
44.32	145-5	44.82	147-0	45.32	148-8	45.82	150-4
44.33	145-5	44.83	147-1	45.33	148-8	45.83	150-4
44.34	145-6	44.84	147-1	45.34	148-9	45.84	150-5
44.35	145-6	44.85	147-1	45.35	148-9	45.85	150-5
44.36	145-6	44.86	147-2	45.36	148-10	45.86	150-5
44.37	145-7	44.87	147-2	45.37	148-10	45.87	150-6
44.38	145-7	44.88	147-3	45.38	148-11	45.88	150-6
44.39	145-7	44.89	147-3	45.39	148-11	45.89	150-6
44.40	145-8	44.90	147-4	45.40	148-11	45.90	150-7
44.41	145-8	44.91	147-4	45.41	148-11	45.91	150-7
44.42	145-9	44.92	147-4	45.42	149-0	45.92	150-8
44.43	145-9	44.93	147-5	45.43	149-0	45.93	150-8
44.44	145-9	44.94	147-5	45.44	149-1	45.94	150-9
44.45	145-10	44.95	147-5	45.45	149-1	45.95	150-9
44.46	145-10	44.96	147-6	45.46	149-2	45.96	150-9
44.47	145-10	44.97	147-6	45.47	149-2	45.97	150-10
44.48	145-11	44.98	147-7	45.48	149-2	45.98	150-10
44.49	145-11	44.99	147-7	45.49	149-3	45.99	150-10

144-4   **150-10**

46.00   47.99

Meters	Feet	Meters	Feet	Meters	Feet	Meters	Feet
46.00	150-11	46.50	152-7	47.00	154-2	47.50	155-10
46.01	150-11	46.51	152-7	47.01	154-2	47.51	155-10
46.02	151-0	46.52	152-7	47.02	154-3	47.52	155-11
46.03	151-0	46.53	152-8	47.03	154-3	47.53	155-11
46.04	151-0	46.54	152-8	47.04	154-4	47.54	156-0
46.05	151-1	46.55	152-8	47.05	154-4	47.55	156-0
46.06	151-1	46.56	152-9	47.06	154-5	47.56	156-0
46.07	151-1	46.57	152-9	47.07	154-5	47.57	156-1
46.08	151-2	46.58	152-10	47.08	154-5	47.58	156-1
46.09	151-2	46.59	152-10	47.09	154-6	47.59	156-1
46.10	151-3	46.60	152-11	47.10	154-6	47.60	156-2
46.11	151-3	46.61	152-11	47.11	154-6	47.61	156-2
46.12	151-4	46.62	152-11	47.12	154-7	47.62	156-3
46.13	151-4	46.63	153-0	47.13	154-7	47.63	156-3
46.14	151-4	46.64	153-0	47.14	154-8	47.64	156-3
46.15	151-5	46.65	153-0	47.15	154-8	47.65	156-4
46.16	151-5	46.66	153-1	47.16	154-9	47.66	156-4
46.17	151-5	46.67	153-1	47.17	154-9	47.67	156-4
46.18	151-6	46.68	153-2	47.18	154-9	47.68	156-5
46.19	151-6	46.69	153-2	47.19	154-10	47.69	156-5
46.20	151-7	46.70	153-2	47.20	154-10	47.70	156-6
46.21	151-7	46.71	153-3	47.21	154-10	47.71	156-6
46.22	151-8	46.72	153-3	47.22	154-11	47.72	156-7
46.23	151-8	46.73	153-3	47.23	154-11	47.73	156-7
46.24	151-8	46.74	153-4	47.24	155-0	47.74	156-7
46.25	151-9	46.75	153-4	47.25	155-0	47.75	156-8
46.26	151-9	46.76	153-5	47.26	155-1	47.76	156-8
46.27	151-9	46.77	153-5	47.27	155-1	47.77	156-8
46.28	151-10	46.78	153-6	47.28	155-1	47.78	156-9
46.29	151-10	46.79	153-6	47.29	155-2	47.79	156-9
46.30	151-11	46.80	153-6	47.30	155-2	47.80	156-10
46.31	151-11	46.81	153-7	47.31	155-2	47.81	156-10
46.32	152-0	46.82	153-7	47.32	155-3	47.82	156-11
46.33	152-0	46.83	153-7	47.33	155-3	47.83	156-11
46.34	152-0	46.84	153-8	47.34	155-4	47.84	156-11
46.35	152-0	46.85	153-8	47.35	155-4	47.85	157-0
46.36	152-1	46.86	153-9	47.36	155-4	47.86	157-0
46.37	152-1	46.87	153-9	47.37	155-5	47.87	157-0
46.38	152-2	46.88	153-10	47.38	155-5	47.88	157-1
46.39	152-2	46.89	153-10	47.39	155-5	47.89	157-1
46.40	152-3	46.90	153-10	47.40	155-6	47.90	157-2
46.41	152-3	46.91	153-11	47.41	155-6	47.91	157-2
46.42	152-3	46.92	153-11	47.42	155-7	47.92	157-3
46.43	152-4	46.93	153-11	47.43	155-7	47.93	157-3
46.44	152-4	46.94	154-0	47.44	155-8	47.94	157-3
46.45	152-4	46.95	154-0	47.45	155-8	47.95	157-3
46.46	152-5	46.96	154-1	47.46	155-8	47.96	157-4
46.47	152-5	46.97	154-1	47.47	155-9	47.97	157-4
46.48	152-6	46.98	154-1	47.48	155-9	47.98	157-5
46.49	152-6	46.99	154-2	47.49	155-9	47.99	157-5

150-11   **157-5**

48.00   49.99

Meters	Feet	Meters	Feet	Meters	Feet	Meters	Feet
48.00	157-6	48.50	159-1	49.00	160-9	49.50	162-5
48.01	157-6	48.51	159-2	49.01	160-9	49.51	162-5
48.02	157-6	48.52	159-2	49.02	160-10	49.52	162-5
48.03	157-7	48.53	159-2	49.03	160-10	49.53	162-6
48.04	157-7	48.54	159-3	49.04	160-11	49.54	162-6
48.05	157-7	48.55	159-3	49.05	160-11	49.55	162-6
48.06	157-8	48.56	159-4	49.06	160-11	49.56	162-7
48.07	157-8	48.57	159-4	49.07	161-0	49.57	162-7
48.08	157-9	48.58	159-4	49.08	161-0	49.58	162-8
48.09	157-9	48.59	159-5	49.09	161-0	49.59	162-8
48.10	157-10	48.60	159-5	49.10	161-1	49.60	162-9
48.11	157-10	48.61	159-5	49.11	161-1	49.61	162-9
48.12	157-10	48.62	159-6	49.12	161-2	49.62	162-9
48.13	157-11	48.63	159-6	49.13	161-2	49.63	162-10
48.14	157-11	48.64	159-7	49.14	161-3	49.64	162-10
48.15	157-11	48.65	159-7	49.15	161-3	49.65	162-10
48.16	158-0	48.66	159-8	49.16	161-3	49.66	162-11
48.17	158-0	48.67	159-8	49.17	161-4	49.67	162-11
48.18	158-1	48.68	159-8	49.18	161-4	49.68	163-0
48.19	158-1	48.69	159-9	49.19	161-4	49.69	163-0
48.20	158-2	48.70	159-9	49.20	161-5	49.70	163-1
48.21	158-2	48.71	159-9	49.21	161-5	49.71	163-1
48.22	158-2	48.72	159-10	49.22	161-6	49.72	163-1
48.23	158-3	48.73	159-10	49.23	161-6	49.73	163-2
48.24	158-3	48.74	159-11	49.24	161-6	49.74	163-2
48.25	158-3	48.75	159-11	49.25	161-7	49.75	163-2
48.26	158-4	48.76	160-0	49.26	161-7	49.76	163-3
48.27	158-4	48.77	160-0	49.27	161-7	49.77	163-3
48.28	158-5	48.78	160-0	49.28	161-8	49.78	163-4
48.29	158-5	48.79	160-1	49.29	161-8	49.79	163-4
48.30	158-5	48.80	160-1	49.30	161-9	49.80	163-5
48.31	158-6	48.81	160-1	49.31	161-9	49.81	163-5
48.32	158-6	48.82	160-2	49.32	161-10	49.82	163-5
48.33	158-6	48.83	160-2	49.33	161-10	49.83	163-6
48.34	158-7	48.84	160-3	49.34	161-10	49.84	163-6
48.35	158-7	48.85	160-3	49.35	161-11	49.85	163-6
48.36	158-8	48.86	160-4	49.36	161-11	49.86	163-7
48.37	158-8	48.87	160-4	49.37	161-11	49.87	163-7
48.38	158-9	48.88	160-4	49.38	162-0	49.88	163-8
48.39	158-9	48.89	160-4	49.39	162-0	49.89	163-8
48.40	158-9	48.90	160-5	49.40	162-1	49.90	163-8
48.41	158-10	48.91	160-5	49.41	162-1	49.91	163-9
48.42	158-10	48.92	160-6	49.42	162-2	49.92	163-9
48.43	158-10	48.93	160-6	49.43	162-2	49.93	163-9
48.44	158-11	48.94	160-7	49.44	162-2	49.94	163-10
48.45	158-11	48.95	160-7	49.45	162-3	49.95	163-10
48.46	159-0	48.96	160-7	49.46	162-3	49.96	163-11
48.47	159-0	48.97	160-8	49.47	162-3	49.97	163-11
48.48	159-1	48.98	160-8	49.48	162-4	49.98	164-0
48.49	159-1	48.99	160-8	49.49	162-4	49.99	164-0

157-6   **164-0**

50.00   51.99

Meters	Feet	Meters	Feet	Meters	Feet	Meters	Feet
50.00	164-0	50.50	165-8	51.00	167-4	51.50	168-11
50.01	164-1	50.51	165-8	51.01	167-4	51.51	169-0
50.02	164-1	50.52	165-9	51.02	167-5	51.52	169-0
50.03	164-1	50.53	165-9	51.03	167-5	51.53	169-0
50.04	164-2	50.54	165-10	51.04	167-5	51.54	169-1
50.05	164-2	50.55	165-10	51.05	167-6	51.55	169-1
50.06	164-3	50.56	165-10	51.06	167-6	51.56	169-2
50.07	164-3	50.57	165-11	51.07	167-6	51.57	169-2
50.08	164-4	50.58	165-11	51.08	167-7	51.58	169-3
50.09	164-4	50.59	165-11	51.09	167-7	51.59	169-3
50.10	164-4	50.60	166-0	51.10	167-8	51.60	169-3
50.11	164-5	50.61	166-0	51.11	167-8	51.61	169-4
50.12	164-5	50.62	166-1	51.12	167-8	51.62	169-4
50.13	164-5	50.63	166-1	51.13	167-9	51.63	169-4
50.14	164-6	50.64	166-2	51.14	167-9	51.64	169-5
50.15	164-6	50.65	166-2	51.15	167-9	51.65	169-5
50.16	164-7	50.66	166-2	51.16	167-10	51.66	169-6
50.17	164-7	50.67	166-3	51.17	167-10	51.67	169-6
50.18	164-7	50.68	166-3	51.18	167-11	51.68	169-7
50.19	164-8	50.69	166-3	51.19	167-11	51.69	169-7
50.20	164-8	50.70	166-4	51.20	168-0	51.70	169-7
50.21	164-8	50.71	166-4	51.21	168-0	51.71	169-8
50.22	164-9	50.72	166-5	51.22	168-0	51.72	169-8
50.23	164-9	50.73	166-5	51.23	168-1	51.73	169-8
50.24	164-10	50.74	166-6	51.24	168-1	51.74	169-9
50.25	164-10	50.75	166-6	51.25	168-1	51.75	169-9
50.26	164-11	50.76	166-6	51.26	168-2	51.76	169-10
50.27	164-11	50.77	166-7	51.27	168-2	51.77	169-10
50.28	164-11	50.78	166-7	51.28	168-3	51.78	169-10
50.29	165-0	50.79	166-7	51.29	168-3	51.79	169-11
50.30	165-0	50.80	166-8	51.30	168-4	51.80	169-11
50.31	165-0	50.81	166-8	51.31	168-4	51.81	169-11
50.32	165-1	50.82	166-9	51.32	168-4	51.82	170-0
50.33	165-1	50.83	166-9	51.33	168-5	51.83	170-0
50.34	165-2	50.84	166-9	51.34	168-5	51.84	170-1
50.35	165-2	50.85	166-10	51.35	168-5	51.85	170-1
50.36	165-3	50.86	166-10	51.36	168-6	51.86	170-2
50.37	165-3	50.87	166-10	51.37	168-6	51.87	170-2
50.38	165-3	50.88	166-11	51.38	168-7	51.88	170-2
50.39	165-4	50.89	166-11	51.39	168-7	51.89	170-3
50.40	165-4	50.90	167-0	51.40	168-8	51.90	170-3
50.41	165-4	50.91	167-0	51.41	168-8	51.91	170-3
50.42	165-5	50.92	167-1	51.42	168-8	51.92	170-4
50.43	165-5	50.93	167-1	51.43	168-8	51.93	170-4
50.44	165-6	50.94	167-1	51.44	168-9	51.94	170-5
50.45	165-6	50.95	167-2	51.45	168-9	51.95	170-5
50.46	165-7	50.96	167-2	51.46	168-10	51.96	170-6
50.47	165-7	50.97	167-2	51.47	168-10	51.97	170-6
50.48	165-7	50.98	167-3	51.48	168-11	51.98	170-6
50.49	165-7	50.99	167-3	51.49	168-11	51.99	170-7

164-0   **170-7**

52.00   53.99

Meters	Feet	Meters	Feet	Meters	Feet	Meters	Feet
52.00	170-7	52.50	172-3	53.00	173-11	53.50	175-6
52.01	170-7	52.51	172-3	53.01	173-11	53.51	175-6
52.02	170-8	52.52	172-4	53.02	173-11	53.52	175-7
52.03	170-8	52.53	172-4	53.03	173-11	53.53	175-7
52.04	170-9	52.54	172-4	53.04	174-0	53.54	175-8
52.05	170-9	52.55	172-5	53.05	174-0	53.55	175-8
52.06	170-9	52.56	172-5	53.06	174-1	53.56	175-9
52.07	170-10	52.57	172-5	53.07	174-1	53.57	175-9
52.08	170-10	52.58	172-6	53.08	174-2	53.58	175-9
52.09	170-10	52.59	172-6	53.09	174-2	53.59	175-10
52.10	170-11	52.60	172-7	53.10	174-2	53.60	175-10
52.11	170-11	52.61	172-7	53.11	174-3	53.61	175-10
52.12	171-0	52.62	172-8	53.12	174-3	53.62	175-11
52.13	171-0	52.63	172-8	53.13	174-3	53.63	175-11
52.14	171-1	52.64	172-8	53.14	174-4	53.64	176-0
52.15	171-1	52.65	172-9	53.15	174-4	53.65	176-0
52.16	171-1	52.66	172-9	53.16	174-5	53.66	176-0
52.17	171-2	52.67	172-9	53.17	174-5	53.67	176-1
52.18	171-2	52.68	172-10	53.18	174-6	53.68	176-1
52.19	171-2	52.69	172-10	53.19	174-6	53.69	176-1
52.20	171-3	52.70	172-11	53.20	174-6	53.70	176-2
52.21	171-3	52.71	172-11	53.21	174-7	53.71	176-2
52.22	171-4	52.72	172-11	53.22	174-7	53.72	176-3
52.23	171-4	52.73	173-0	53.23	174-7	53.73	176-3
52.24	171-5	52.74	173-0	53.24	174-8	53.74	176-4
52.25	171-5	52.75	173-0	53.25	174-8	53.75	176-4
52.26	171-5	52.76	173-1	53.26	174-9	53.76	176-4
52.27	171-6	52.77	173-1	53.27	174-9	53.77	176-5
52.28	171-6	52.78	173-2	53.28	174-10	53.78	176-5
52.29	171-6	52.79	173-2	53.29	174-10	53.79	176-5
52.30	171-7	52.80	173-3	53.30	174-10	53.80	176-6
52.31	171-7	52.81	173-3	53.31	174-11	53.81	176-6
52.32	171-8	52.82	173-3	53.32	174-11	53.82	176-7
52.33	171-8	52.83	173-4	53.33	174-11	53.83	176-7
52.34	171-9	52.84	173-4	53.34	175-0	53.84	176-8
52.35	171-9	52.85	173-4	53.35	175-0	53.85	176-8
52.36	171-9	52.86	173-5	53.36	175-1	53.86	176-8
52.37	171-10	52.87	173-5	53.37	175-1	53.87	176-9
52.38	171-10	52.88	173-6	53.38	175-1	53.88	176-9
52.39	171-10	52.89	173-6	53.39	175-2	53.89	176-9
52.40	171-11	52.90	173-7	53.40	175-2	53.90	176-10
52.41	171-11	52.91	173-7	53.41	175-2	53.91	176-10
52.42	172-0	52.92	173-7	53.42	175-3	53.92	176-11
52.43	172-0	52.93	173-8	53.43	175-3	53.93	176-11
52.44	172-0	52.94	173-8	53.44	175-4	53.94	177-0
52.45	172-1	52.95	173-8	53.45	175-4	53.95	177-0
52.46	172-1	52.96	173-9	53.46	175-5	53.96	177-0
52.47	172-1	52.97	173-9	53.47	175-5	53.97	177-0
52.48	172-2	52.98	173-10	53.48	175-5	53.98	177-1
52.49	172-2	52.99	173-10	53.49	175-6	53.99	177-1

170-7   **177-1**

54.00   55.99

Meters	Feet	Meters	Feet	Meters	Feet	Meters	Feet
54.00	177-2	54.50	178-10	55.00	180-5	55.50	182-1
54.01	177-2	54.51	178-10	55.01	180-5	55.51	182-1
54.02	177-3	54.52	178-10	55.02	180-6	55.52	182-2
54.03	177-3	54.53	178-11	55.03	180-6	55.53	182-2
54.04	177-3	54.54	178-11	55.04	180-7	55.54	182-3
54.05	177-4	54.55	178-11	55.05	180-7	55.55	182-3
54.06	177-4	54.56	179-0	55.06	180-8	55.56	182-3
54.07	177-4	54.57	179-0	55.07	180-8	55.57	182-3
54.08	177-5	54.58	179-1	55.08	180-8	55.58	182-4
54.09	177-5	54.59	179-1	55.09	180-9	55.59	182-4
54.10	177-6	54.60	179-1	55.10	180-9	55.60	182-5
54.11	177-6	54.61	179-2	55.11	180-9	55.61	182-5
54.12	177-7	54.62	179-2	55.12	180-10	55.62	182-6
54.13	177-7	54.63	179-2	55.13	180-10	55.63	182-6
54.14	177-7	54.64	179-3	55.14	180-11	55.64	182-6
54.15	177-8	54.65	179-3	55.15	180-11	55.65	182-7
54.16	177-8	54.66	179-4	55.16	181-0	55.66	182-7
54.17	177-8	54.67	179-4	55.17	181-0	55.67	182-7
54.18	177-9	54.68	179-5	55.18	181-0	55.68	182-8
54.19	177-9	54.69	179-5	55.19	181-1	55.69	182-8
54.20	177-10	54.70	179-5	55.20	181-1	55.70	182-9
54.21	177-10	54.71	179-6	55.21	181-1	55.71	182-9
54.22	177-11	54.72	179-6	55.22	181-2	55.72	182-10
54.23	177-11	54.73	179-6	55.23	181-2	55.73	182-10
54.24	177-11	54.74	179-7	55.24	181-3	55.74	182-10
54.25	178-0	54.75	179-7	55.25	181-3	55.75	182-11
54.26	178-0	54.76	179-8	55.26	181-3	55.76	182-11
54.27	178-0	54.77	179-8	55.27	181-4	55.77	182-11
54.28	178-1	54.78	179-9	55.28	181-4	55.78	183-0
54.29	178-1	54.79	179-9	55.29	181-4	55.79	183-0
54.30	178-2	54.80	179-9	55.30	181-5	55.80	183-1
54.31	178-2	54.81	179-10	55.31	181-5	55.81	183-1
54.32	178-2	54.82	179-10	55.32	181-6	55.82	183-2
54.33	178-3	54.83	179-10	55.33	181-6	55.83	183-2
54.34	178-3	54.84	179-11	55.34	181-7	55.84	183-2
54.35	178-3	54.85	179-11	55.35	181-7	55.85	183-3
54.36	178-4	54.86	180-0	55.36	181-7	55.86	183-3
54.37	178-4	54.87	180-0	55.37	181-8	55.87	183-3
54.38	178-5	54.88	180-1	55.38	181-8	55.88	183-4
54.39	178-5	54.89	180-1	55.39	181-8	55.89	183-4
54.40	178-6	54.90	180-1	55.40	181-9	55.90	183-5
54.41	178-6	54.91	180-2	55.41	181-9	55.91	183-5
54.42	178-6	54.92	180-2	55.42	181-10	55.92	183-5
54.43	178-7	54.93	180-2	55.43	181-10	55.93	183-6
54.44	178-7	54.94	180-3	55.44	181-11	55.94	183-6
54.45	178-7	54.95	180-3	55.45	181-11	55.95	183-6
54.46	178-8	54.96	180-4	55.46	181-11	55.96	183-7
54.47	178-8	54.97	180-4	55.47	182-0	55.97	183-7
54.48	178-9	54.98	180-4	55.48	182-0	55.98	183-8
54.49	178-9	54.99	180-5	55.49	182-0	55.99	183-8

177-2   **183-8**

56.00   57.99

Meters	Feet	Meters	Feet	Meters	Feet	Meters	Feet
56.00	183-9	56.50	185-4	57.00	187-0	57.50	188-8
56.01	183-9	56.51	185-4	57.01	187-0	57.51	188-8
56.02	183-9	56.52	185-5	57.02	187-1	57.52	188-8
56.03	183-10	56.53	185-5	57.03	187-1	57.53	188-9
56.04	183-10	56.54	185-6	57.04	187-2	57.54	188-9
56.05	183-10	56.55	185-6	57.05	187-2	57.55	188-9
56.06	183-11	56.56	185-7	57.06	187-2	57.56	188-10
56.07	183-11	56.57	185-7	57.07	187-3	57.57	188-10
56.08	184-0	56.58	185-7	57.08	187-3	57.58	188-11
56.09	184-0	56.59	185-8	57.09	187-3	57.59	188-11
56.10	184-1	56.60	185-8	57.10	187-4	57.60	189-0
56.11	184-1	56.61	185-8	57.11	187-4	57.61	189-0
56.12	184-1	56.62	185-9	57.12	187-5	57.62	189-0
56.13	184-2	56.63	185-9	57.13	187-5	57.63	189-1
56.14	184-2	56.64	185-10	57.14	187-5	57.64	189-1
56.15	184-2	56.65	185-10	57.15	187-6	57.65	189-1
56.16	184-3	56.66	185-11	57.16	187-6	57.66	189-2
56.17	184-3	56.67	185-11	57.17	187-6	57.67	189-2
56.18	184-4	56.68	185-11	57.18	187-7	57.68	189-3
56.19	184-4	56.69	186-0	57.19	187-7	57.69	189-3
56.20	184-4	56.70	186-0	57.20	187-8	57.70	189-4
56.21	184-5	56.71	186-0	57.21	187-8	57.71	189-4
56.22	184-5	56.72	186-1	57.22	187-9	57.72	189-4
56.23	184-5	56.73	186-1	57.23	187-9	57.73	189-5
56.24	184-6	56.74	186-2	57.24	187-9	57.74	189-5
56.25	184-6	56.75	186-2	57.25	187-10	57.75	189-5
56.26	184-7	56.76	186-3	57.26	187-10	57.76	189-6
56.27	184-7	56.77	186-3	57.27	187-10	57.77	189-6
56.28	184-8	56.78	186-3	57.28	187-11	57.78	189-7
56.29	184-8	56.79	186-4	57.29	187-11	57.79	189-7
56.30	184-8	56.80	186-4	57.30	188-0	57.80	189-7
56.31	184-9	56.81	186-4	57.31	188-0	57.81	189-8
56.32	184-9	56.82	186-5	57.32	188-1	57.82	189-8
56.33	184-9	56.83	186-5	57.33	188-1	57.83	189-8
56.34	184-10	56.84	186-6	57.34	188-1	57.84	189-9
56.35	184-10	56.85	186-6	57.35	188-2	57.85	189-9
56.36	184-11	56.86	186-6	57.36	188-2	57.86	189-10
56.37	184-11	56.87	186-7	57.37	188-2	57.87	189-10
56.38	185-0	56.88	186-7	57.38	188-3	57.88	189-11
56.39	185-0	56.89	186-7	57.39	188-3	57.89	189-11
56.40	185-0	56.90	186-8	57.40	188-4	57.90	189-11
56.41	185-1	56.91	186-8	57.41	188-4	57.91	190-0
56.42	185-1	56.92	186-9	57.42	188-5	57.92	190-0
56.43	185-1	56.93	186-9	57.43	188-5	57.93	190-0
56.44	185-2	56.94	186-10	57.44	188-5	57.94	190-1
56.45	185-2	56.95	186-10	57.45	188-6	57.95	190-1
56.46	185-3	56.96	186-10	57.46	188-6	57.96	190-2
56.47	185-3	56.97	186-11	57.47	188-6	57.97	190-2
56.48	185-4	56.98	186-11	57.48	188-7	57.98	190-3
56.49	185-4	56.99	186-11	57.49	188-7	57.99	190-3

183-9   **190-3**

58.00   59.99

Meters	Feet	Meters	Feet	Meters	Feet	Meters	Feet
58.00	190-3	58.50	191-11	59.00	193-7	59.50	195-2
58.01	190-4	58.51	191-11	59.01	193-7	59.51	195-3
58.02	190-4	58.52	192-0	59.02	193-8	59.52	195-3
58.03	190-4	58.53	192-0	59.03	193-8	59.53	195-3
58.04	190-5	58.54	192-1	59.04	193-8	59.54	195-4
58.05	190-5	58.55	192-1	59.05	193-8	59.55	195-4
58.06	190-6	58.56	192-1	59.06	193-9	59.56	195-5
58.07	190-6	58.57	192-2	59.07	193-9	59.57	195-5
58.08	190-7	58.58	192-2	59.08	193-10	59.58	195-6
58.09	190-7	58.59	192-2	59.09	193-10	59.59	195-6
58.10	190-7	58.60	192-3	59.10	193-11	59.60	195-6
58.11	190-7	58.61	192-3	59.11	193-11	59.61	195-7
58.12	190-8	58.62	192-4	59.12	193-11	59.62	195-7
58.13	190-8	58.63	192-4	59.13	194-0	59.63	195-7
58.14	190-9	58.64	192-5	59.14	194-0	59.64	195-8
58.15	190-9	58.65	192-5	59.15	194-0	59.65	195-8
58.16	190-10	58.66	192-5	59.16	194-1	59.66	195-9
58.17	190-10	58.67	192-6	59.17	194-1	59.67	195-9
58.18	190-10	58.68	192-6	59.18	194-2	59.68	195-9
58.19	190-11	58.69	192-6	59.19	194-2	59.69	195-10
58.20	190-11	58.70	192-7	59.20	194-3	59.70	195-10
58.21	190-11	58.71	192-7	59.21	194-3	59.71	195-10
58.22	191-0	58.72	192-8	59.22	194-3	59.72	195-11
58.23	191-0	58.73	192-8	59.23	194-4	59.73	195-11
58.24	191-1	58.74	192-8	59.24	194-4	59.74	196-0
58.25	191-1	58.75	192-9	59.25	194-4	59.75	196-0
58.26	191-2	58.76	192-9	59.26	194-5	59.76	196-1
58.27	191-2	58.77	192-9	59.27	194-5	59.77	196-1
58.28	191-2	58.78	192-10	59.28	194-6	59.78	196-1
58.29	191-3	58.79	192-10	59.29	194-6	59.79	196-2
58.30	191-3	58.80	192-11	59.30	194-7	59.80	196-2
58.31	191-3	58.81	192-11	59.31	194-7	59.81	196-2
58.32	191-4	58.82	193-0	59.32	194-7	59.82	196-3
58.33	191-4	58.83	193-0	59.33	194-8	59.83	196-3
58.34	191-5	58.84	193-0	59.34	194-8	59.84	196-4
58.35	191-5	58.85	193-1	59.35	194-8	59.85	196-4
58.36	191-6	58.86	193-1	59.36	194-9	59.86	196-5
58.37	191-6	58.87	193-1	59.37	194-9	59.87	196-5
58.38	191-6	58.88	193-2	59.38	194-10	59.88	196-5
58.39	191-7	58.89	193-2	59.39	194-10	59.89	196-6
58.40	191-7	58.90	193-3	59.40	194-10	59.90	196-6
58.41	191-7	58.91	193-3	59.41	194-11	59.91	196-6
58.42	191-8	58.92	193-4	59.42	194-11	59.92	196-7
58.43	191-8	58.93	193-4	59.43	194-11	59.93	196-7
58.44	191-9	58.94	193-4	59.44	195-0	59.94	196-8
58.45	191-9	58.95	193-5	59.45	195-0	59.95	196-8
58.46	191-9	58.96	193-5	59.46	195-1	59.96	196-9
58.47	191-10	58.97	193-5	59.47	195-1	59.97	196-9
58.48	191-10	58.98	193-6	59.48	195-2	59.98	196-9
58.49	191-10	58.99	193-6	59.49	195-2	59.99	196-10

190-3   **196-10**

60.00   61.99

Meters	Feet	Meters	Feet	Meters	Feet	Meters	Feet
60.00	196-10	60.50	198-6	61.00	200-1	61.50	201-9
60.01	196-10	60.51	198-6	61.01	200-2	61.51	201-9
60.02	196-11	60.52	198-7	61.02	200-2	61.52	201-10
60.03	196-11	60.53	198-7	61.03	200-2	61.53	201-10
60.04	197-0	60.54	198-7	61.04	200-3	61.54	201-11
60.05	197-0	60.55	198-8	61.05	200-3	61.55	201-11
60.06	197-0	60.56	198-8	61.06	200-4	61.56	202-0
60.07	197-1	60.57	198-8	61.07	200-4	61.57	202-0
60.08	197-1	60.58	198-9	61.08	200-5	61.58	202-0
60.09	197-1	60.59	198-9	61.09	200-5	61.59	202-0
60.10	197-2	60.60	198-10	61.10	200-5	61.60	202-1
60.11	197-2	60.61	198-10	61.11	200-6	61.61	202-1
60.12	197-3	60.62	198-11	61.12	200-6	61.62	202-2
60.13	197-3	60.63	198-11	61.13	200-6	61.63	202-2
60.14	197-4	60.64	198-11	61.14	200-7	61.64	202-3
60.15	197-4	60.65	198-11	61.15	200-7	61.65	202-3
60.16	197-4	60.66	199-0	61.16	200-8	61.66	202-3
60.17	197-5	60.67	199-0	61.17	200-8	61.67	202-4
60.18	197-5	60.68	199-1	61.18	200-9	61.68	202-4
60.19	197-5	60.69	199-1	61.19	200-9	61.69	202-4
60.20	197-6	60.70	199-2	61.20	200-9	61.70	202-5
60.21	197-6	60.71	199-2	61.21	200-10	61.71	202-5
60.22	197-7	60.72	199-2	61.22	200-10	61.72	202-6
60.23	197-7	60.73	199-3	61.23	200-10	61.73	202-6
60.24	197-8	60.74	199-3	61.24	200-11	61.74	202-7
60.25	197-8	60.75	199-3	61.25	200-11	61.75	202-7
60.26	197-8	60.76	199-4	61.26	201-0	61.76	202-7
60.27	197-9	60.77	199-4	61.27	201-0	61.77	202-8
60.28	197-9	60.78	199-5	61.28	201-0	61.78	202-8
60.29	197-9	60.79	199-5	61.29	201-1	61.79	202-8
60.30	197-10	60.80	199-6	61.30	201-1	61.80	202-9
60.31	197-10	60.81	199-6	61.31	201-1	61.81	202-9
60.32	197-11	60.82	199-6	61.32	201-2	61.82	202-10
60.33	197-11	60.83	199-7	61.33	201-2	61.83	202-10
60.34	197-11	60.84	199-7	61.34	201-3	61.84	202-11
60.35	198-0	60.85	199-7	61.35	201-3	61.85	202-11
60.36	198-0	60.86	199-8	61.36	201-4	61.86	202-11
60.37	198-0	60.87	199-8	61.37	201-4	61.87	203-0
60.38	198-1	60.88	199-9	61.38	201-4	61.88	203-0
60.39	198-1	60.89	199-9	61.39	201-5	61.09	203-0
60.40	198-2	60.90	199-10	61.40	201-5	61.90	203-1
60.41	198-2	60.91	199-10	61.41	201-5	61.91	203-1
60.42	198-3	60.92	199-10	61.42	201-6	61.92	203-2
60.43	198-3	60.93	199-11	61.43	201-6	61.93	203-2
60.44	198-3	60.94	199-11	61.44	201-7	61.94	203-2
60.45	198-4	60.95	199-11	61.45	201-7	61.95	203-3
60.46	198-4	60.96	200-0	61.46	201-8	61.96	203-3
60.47	198-4	60.97	200-0	61.47	201-8	61.97	203-3
60.48	198-5	60.98	200-1	61.48	201-8	61.98	203-4
60.49	198-5	60.99	200-1	61.49	201-9	61.99	203-4

198-5   **203-4**

62.00 — 63.99

Meters	Feet	Meters	Feet	Meters	Feet	Meters	Feet
62.00	203-5	62.50	205-1	63.00	206-8	63.50	208-4
62.01	203-5	62.51	205-1	63.01	206-8	63.51	208-4
62.02	203-6	62.52	205-1	63.02	206-9	63.52	208-5
62.03	203-6	62.53	205-2	63.03	206-9	63.53	208-5
62.04	203-6	62.54	205-2	63.04	206-10	63.54	208-5
62.05	203-7	62.55	205-2	63.05	206-10	63.55	208-6
62.06	203-7	62.56	205-3	63.06	206-11	63.56	208-6
62.07	203-7	62.57	205-3	63.07	206-11	63.57	208-6
62.08	203-8	62.58	205-4	63.08	206-11	63.58	208-7
62.09	203-8	62.59	205-4	63.09	207-0	63.59	208-7
62.10	203-9	62.60	205-4	63.10	207-0	63.60	208-8
62.11	203-9	62.61	205-5	63.11	207-0	63.61	208-8
62.12	203-10	62.62	205-5	63.12	207-1	63.62	208-9
62.13	203-10	62.63	205-5	63.13	207-1	63.63	208-9
62.14	203-10	62.64	205-6	63.14	207-2	63.64	208-9
62.15	203-11	62.65	205-6	63.15	207-2	63.65	208-10
62.16	203-11	62.66	205-7	63.16	207-3	63.66	208-10
62.17	203-11	62.67	205-7	63.17	207-3	63.67	208-10
62.18	204-0	62.68	205-8	63.18	207-3	63.68	208-11
62.19	204-0	62.69	205-8	63.19	207-3	63.69	208-11
62.20	204-1	62.70	205-8	63.20	207-4	63.70	209-0
62.21	204-1	62.71	205-9	63.21	207-4	63.71	209-0
62.22	204-1	62.72	205-9	63.22	207-5	63.72	209-1
62.23	204-2	62.73	205-9	63.23	207-5	63.73	209-1
62.24	204-2	62.74	205-10	63.24	207-6	63.74	209-1
62.25	204-2	62.75	205-10	63.25	207-6	63.75	209-2
62.26	204-3	62.76	205-11	63.26	207-6	63.76	209-2
62.27	204-3	62.77	205-11	63.27	207-7	63.77	209-2
62.28	204-4	62.78	206-0	63.28	207-7	63.78	209-3
62.29	204-4	62.79	206-0	63.29	207-7	63.79	209-3
62.30	204-5	62.80	206-0	63.30	207-8	63.80	209-4
62.31	204-5	62.81	206-1	63.31	207-8	63.81	209-4
62.32	204-5	62.82	206-1	63.32	207-9	63.82	209-4
62.33	204-6	62.83	206-1	63.33	207-9	63.83	209-5
62.34	204-6	62.84	206-2	63.34	207-10	63.84	209-5
62.35	204-6	62.85	206-2	63.35	207-10	63.85	209-5
62.36	204-7	62.86	206-3	63.36	207-10	63.86	209-6
62.37	204-7	62.87	206-3	63.37	207-11	63.87	209-6
62.38	204-8	62.88	206-3	63.38	207-11	63.88	209-7
62.39	204-8	62.89	206-4	63.39	207-11	63.89	209-7
62.40	204-9	62.90	206-4	63.40	208-0	63.90	209-8
62.41	204-9	62.91	206-4	63.41	208-0	63.91	209-8
62.42	204-9	62.92	206-5	63.42	208-1	63.92	209-8
62.43	204-10	62.93	206-5	63.43	208-1	63.93	209-9
62.44	204-10	62.94	206-6	63.44	208-2	63.94	209-9
62.45	204-10	62.95	206-6	63.45	208-2	63.95	209-9
62.46	204-11	62.96	206-7	63.46	208-2	63.96	209-10
62.47	204-11	62.97	206-7	63.47	208-3	63.97	209-10
62.48	205-0	62.98	206-7	63.48	208-3	63.98	209-11
62.49	205-0	62.99	206-8	63.49	208-3	63.99	209-11

64.00   65.99

Meters	Feet	Meters	Feet	Meters	Feet	Meters	Feet
64.00	210-0	64.50	211-7	65.00	213-3	65.50	214-11
64.01	210-0	64.51	211-7	65.01	213-3	65.51	214-11
64.02	210-0	64.52	211-8	65.02	213-4	65.52	214-11
64.03	210-1	64.53	211-8	65.03	213-4	65.53	215-0
64.04	210-1	64.54	211-9	65.04	213-5	65.54	215-0
64.05	210-1	64.55	211-9	65.05	213-5	65.55	215-0
64.06	210-2	64.56	211-10	65.06	213-5	65.56	215-1
64.07	210-2	64.57	211-10	65.07	213-6	65.57	215-1
64.08	210-3	64.58	211-10	65.08	213-6	65.58	215-2
64.09	210-3	64.59	211-11	65.09	213-6	65.59	215-2
64.10	210-4	64.60	211-11	65.10	213-7	65.60	215-3
64.11	210-4	64.61	211-11	65.11	213-7	65.61	215-3
64.12	210-4	64.62	212-0	65.12	213-8	65.62	215-3
64.13	210-4	64.63	212-0	65.13	213-8	65.63	215-4
64.14	210-5	64.64	212-1	65.14	213-8	65.64	215-4
64.15	210-5	64.65	212-1	65.15	213-9	65.65	215-4
64.16	210-6	64.66	212-2	65.16	213-9	65.66	215-5
64.17	210-6	64.67	212-2	65.17	213-9	65.67	215-5
64.18	210-7	64.68	212-2	65.18	213-10	65.68	215-6
64.19	210-7	64.69	212-3	65.19	213-10	65.69	215-6
64.20	210-7	64.70	212-3	65.20	213-11	65.70	215-7
64.21	210-8	64.71	212-3	65.21	213-11	65.71	215-7
64.22	210-8	64.72	212-4	65.22	214-0	65.72	215-7
64.23	210-8	64.73	212-4	65.23	214-0	65.73	215-7
64.24	210-9	64.74	212-5	65.24	214-0	65.74	215-8
64.25	210-9	64.75	212-5	65.25	214-1	65.75	215-8
64.26	210-10	64.76	212-5	65.26	214-1	65.76	215-9
64.27	210-10	64.77	212-6	65.27	214-1	65.77	215-9
64.28	210-11	64.78	212-6	65.28	214-2	65.78	215-10
64.29	210-11	64.79	212-6	65.29	214-2	65.79	215-10
64.30	210-11	64.80	212-7	65.30	214-3	65.80	215-10
64.31	211-0	64.81	212-7	65.31	214-3	65.81	215-11
64.32	211-0	64.82	212-8	65.32	214-4	65.82	215-11
64.33	211-0	64.83	212-8	65.33	214-4	65.83	215-11
64.34	211-1	64.84	212-9	65.34	214-4	65.84	216-0
64.35	211-1	64.85	212-9	65.35	214-5	65.85	216-0
64.36	211-2	64.86	212-9	65.36	214-5	65.86	216-1
64.37	211-2	64.87	212-10	65.37	214-5	65.87	216-1
64.38	211-3	64.88	212-10	65.38	214-6	65.88	216-2
64.39	211-3	64.89	212-10	65.39	214-6	65.89	216-2
64.40	211-3	64.90	212-11	65.40	214-7	65.90	216-2
64.41	211-4	64.91	212-11	65.41	214-7	65.91	216-3
64.42	211-4	64.92	213-0	65.42	214-7	65.92	216-3
64.43	211-4	64.93	213-0	65.43	214-8	65.93	216-3
64.44	211-5	64.94	213-1	65.44	214-8	65.94	216-4
64.45	211-5	64.95	213-1	65.45	214-8	65.95	216-4
64.46	211-6	64.96	213-1	65.46	214-9	65.96	216-5
64.47	211-6	64.97	213-2	65.47	214-9	65.97	216-5
64.48	211-6	64.98	213-2	65.48	214-10	65.98	216-6
64.49	211-7	64.99	213-2	65.49	214-10	65.99	216-6

210-0   **216-6**

66.00   67.99

Meters	Feet	Meters	Feet	Meters	Feet	Meters	Feet
66.00	216-6	66.50	218-2	67.00	219-10	67.50	221-5
66.01	216-7	66.51	218-2	67.01	219-10	67.51	221-6
66.02	216-7	66.52	218-3	67.02	219-10	67.52	221-6
66.03	216-7	66.53	218-3	67.03	219-11	67.53	221-6
66.04	216-8	66.54	218-4	67.04	219-11	67.54	221-7
66.05	216-8	66.55	218-4	67.05	219-11	67.55	221-7
66.06	216-9	66.56	218-4	67.06	220-0	67.56	221-8
66.07	216-9	66.57	218-5	67.07	220-0	67.57	221-8
66.08	216-9	66.58	218-5	67.08	220-1	67.58	221-9
66.09	216-10	66.59	218-5	67.09	220-1	67.59	221-9
66.10	216-10	66.60	218-6	67.10	220-2	67.60	221-9
66.11	216-10	66.61	218-6	67.11	220-2	67.61	221-10
66.12	216-11	66.62	218-7	67.12	220-2	67.62	221-10
66.13	216-11	66.63	218-7	67.13	220-3	67.63	221-10
66.14	217-0	66.64	218-8	67.14	220-3	67.64	221-11
66.15	217-0	66.65	218-8	67.15	220-3	67.65	221-11
66.16	217-1	66.66	218-8	67.16	220-4	67.66	222-0
66.17	217-1	66.67	218-8	67.17	220-4	67.67	222-0
66.18	217-1	66.68	218-9	67.18	220-5	67.68	222-0
66.19	217-2	66.69	218-9	67.19	220-5	67.69	222-1
66.20	217-2	66.70	218-10	67.20	220-6	67.70	222-1
66.21	217-2	66.71	218-10	67.21	220-6	67.71	222-1
66.22	217-3	66.72	218-11	67.22	220-6	67.72	222-2
66.23	217-3	66.73	218-11	67.23	220-7	67.73	222-2
66.24	217-4	66.74	218-11	67.24	220-7	67.74	222-3
66.25	217-4	66.75	219-0	67.25	220-7	67.75	222-3
66.26	217-5	66.76	219-0	67.26	220-8	67.76	222-4
66.27	217-5	66.77	219-0	67.27	220-8	67.77	222-4
66.28	217-5	66.78	219-1	67.28	220-9	67.78	222-4
66.29	217-6	66.79	219-1	67.29	220-9	67.79	222-5
66.30	217-6	66.80	219-2	67.30	220-9	67.80	222-5
66.31	217-6	66.81	219-2	67.31	220-10	67.81	222-5
66.32	217-7	66.82	219-3	67.32	220-10	67.82	222-6
66.33	217-7	66.83	219-3	67.33	220-10	67.83	222-6
66.34	217-8	66.84	219-3	67.34	220-11	67.84	222-7
66.35	217-8	66.85	219-4	67.35	220-11	67.85	222-7
66.36	217-8	66.86	219-4	67.36	221-0	67.86	222-8
66.37	217-9	66.87	219-4	67.37	221-0	67.87	222-8
66.38	217-9	66.88	219-5	67.38	221-1	67.88	222-8
66.39	217-9	66.89	219-5	67.39	221-1	67.89	222-9
66.40	217-10	66.90	219-6	67.40	221-1	67.90	222-9
66.41	217-10	66.91	219-6	67.41	221-2	67.91	222-9
66.42	217-11	66.92	219-7	67.42	221-2	67.92	222-10
66.43	217-11	66.93	219-7	67.43	221-2	67.93	222-10
66.44	218-0	66.94	219-7	67.44	221-3	67.94	222-11
66.45	218-0	66.95	219-8	67.45	221-3	67.95	222-11
66.46	218-0	66.96	219-8	67.46	221-4	67.96	222-11
66.47	218-1	66.97	219-8	67.47	221-4	67.97	223-0
66.48	218-1	66.98	219-9	67.48	221-5	67.98	223-0
66.49	218-1	66.99	219-9	67.49	221-5	67.99	223-0

216-6   **223-0**

68.00   69.99

Meters	Feet	Meters	Feet	Meters	Feet	Meters	Feet
68.00	223-1	68.50	224-9	69.00	226-4	69.50	228-0
68.01	223-1	68.51	224-9	69.01	226-5	69.51	228-0
68.02	223-2	68.52	224-10	69.02	226-5	69.52	228-1
68.03	223-2	68.53	224-10	69.03	226-5	69.53	228-1
68.04	223-3	68.54	224-10	69.04	226-6	69.54	228-2
68.05	223-3	68.55	224-11	69.05	226-6	69.55	228-2
68.06	223-3	68.56	224-11	69.06	226-7	69.56	228-2
68.07	223-4	68.57	224-11	69.07	226-7	69.57	228-3
68.08	223-4	68.58	225-0	69.08	226-8	69.58	228-3
68.09	223-4	68.59	225-0	69.09	226-8	69.59	228-3
68.10	223-5	68.60	225-1	69.10	226-8	69.60	228-4
68.11	223-5	68.61	225-1	69.11	226-9	69.61	228-4
68.12	223-6	68.62	225-1	69.12	226-9	69.62	228-5
68.13	223-6	68.63	225-2	69.13	226-9	69.63	228-5
68.14	223-7	68.64	225-2	69.14	226-10	69.64	228-6
68.15	223-7	68.65	225-2	69.15	226-10	69.65	228-6
68.16	223-7	68.66	225-3	69.16	226-11	69.66	228-6
68.17	223-8	68.67	225-3	69.17	226-11	69.67	228-7
68.18	223-8	68.68	225-4	69.18	227-0	69.68	228-7
68.19	223-8	68.69	225-4	69.19	227-0	69.69	228-7
68.20	223-9	68.70	225-5	69.20	227-0	69.70	228-8
68.21	223-9	68.71	225-5	69.21	227-0	69.71	228-8
68.22	223-10	68.72	225-5	69.22	227-1	69.72	228-9
68.23	223-10	68.73	225-6	69.23	227-1	69.73	228-9
68.24	223-11	68.74	225-6	69.24	227-2	69.74	228-10
68.25	223-11	68.75	225-6	69.25	227-2	69.75	228-10
68.26	223-11	68.76	225-7	69.26	227-3	69.76	228-10
68.27	223-11	68.77	225-7	69.27	227-3	69.77	228-11
68.28	224-0	68.78	225-8	69.28	227-3	69.78	228-11
68.29	224-0	68.79	225-8	69.29	227-4	69.79	228-11
68.30	224-1	68.80	225-9	69.30	227-4	69.80	229-0
68.31	224-1	68.81	225-9	69.31	227-4	69.81	229-0
68.32	224-2	68.82	225-9	69.32	227-5	69.82	229-1
68.33	224-2	68.83	225-10	69.33	227-5	69.83	229-1
68.34	224-2	68.84	225-10	69.34	227-6	69.84	229-1
68.35	224-3	68.85	225-10	69.35	227-6	69.85	229-2
68.36	224-3	68.86	225-11	69.36	227-7	69.86	229-2
68.37	224-3	68.87	225-11	69.37	227-7	69.87	229-2
68.38	224-4	68.88	226-0	69.38	227-7	69.88	229-3
68.39	224-4	68.89	226-0	69.39	227-8	69.89	229-3
68.40	224-5	68.90	226-0	69.40	227-8	69.90	229-4
68.41	224-5	68.91	226-1	69.41	227-8	69.91	229-4
68.42	224-6	68.92	226-1	69.42	227-9	69.92	229-5
68.43	224-6	68.93	226-1	69.43	227-9	69.93	229-5
68.44	224-6	68.94	226-2	69.44	227-10	69.94	229-5
68.45	224-7	68.95	226-2	69.45	227-10	69.95	229-6
68.46	224-7	68.96	226-3	69.46	227-11	69.96	229-6
68.47	224-7	68.97	226-3	69.47	227-11	69.97	229-6
68.48	224-8	68.98	226-4	69.48	227-11	69.98	229-7
68.49	224-8	68.99	226-4	69.49	228-0	69.99	229-7

223-1   **229-7**

70.00　　　　　　　　　　　　　　　　　　　71.99

Meters	Feet	Meters	Feet	Meters	Feet	Meters	Feet
70.00	229-8	70.50	231-3	71.00	232-11	71.50	234-7
70.01	229-8	70.51	231-4	71.01	232-11	71.51	234-7
70.02	229-9	70.52	231-4	71.02	233-0	71.52	234-8
70.03	229-9	70.53	231-4	71.03	233-0	71.53	234-8
70.04	229-9	70.54	231-5	71.04	233-1	71.54	234-8
70.05	229-10	70.55	231-5	71.05	233-1	71.55	234-9
70.06	229-10	70.56	231-6	71.06	233-2	71.56	234-9
70.07	229-10	70.57	231-6	71.07	233-2	71.57	234-9
70.08	229-11	70.58	231-7	71.08	233-2	71.58	234-10
70.09	229-11	70.59	231-7	71.09	233-3	71.59	234-10
70.10	230-0	70.60	231-7	71.10	233-3	71.60	234-11
70.11	230-0	70.61	231-8	71.11	233-3	71.61	234-11
70.12	230-1	70.62	231-8	71.12	233-4	71.62	235-0
70.13	230-1	70.63	231-8	71.13	233-4	71.63	235-0
70.14	230-1	70.64	231-9	71.14	233-5	71.64	235-0
70.15	230-2	70.65	231-9	71.15	233-5	71.65	235-1
70.16	230-2	70.66	231-10	71.16	233-5	71.66	235-1
70.17	230-2	70.67	231-10	71.17	233-6	71.67	235-1
70.18	230-3	70.68	231-11	71.18	233-6	71.68	235-2
70.19	230-3	70.69	231-11	71.19	233-6	71.69	235-2
70.20	230-4	70.70	231-11	71.20	233-7	71.70	235-3
70.21	230-4	70.71	232-0	71.21	233-7	71.71	235-3
70.22	230-4	70.72	232-0	71.22	233-8	71.72	235-4
70.23	230-5	70.73	232-0	71.23	233-8	71.73	235-4
70.24	230-5	70.74	232-1	71.24	233-9	71.74	235-4
70.25	230-5	70.75	232-1	71.25	233-9	71.75	235-4
70.26	230-6	70.76	232-2	71.26	233-9	71.76	235-5
70.27	230-6	70.77	232-2	71.27	233-10	71.77	235-5
70.28	230-7	70.78	232-3	71.28	233-10	71.78	235-6
70.29	230-7	70.79	232-3	71.29	233-10	71.79	235-6
70.30	230-8	70.80	232-3	71.30	233-11	71.80	235-7
70.31	230-8	70.81	232-3	71.31	233-11	71.81	235-7
70.32	230-8	70.82	232-4	71.32	234-0	71.82	235-7
70.33	230-9	70.83	232-4	71.33	234-0	71.83	235-8
70.34	230-9	70.84	232-5	71.34	234-1	71.84	235-8
70.35	230-9	70.85	232-5	71.35	234-1	71.85	235-8
70.36	230-10	70.86	232-6	71.36	234-1	71.86	235-9
70.37	230-10	70.87	232-6	71.37	234-2	71.87	235-9
70.38	230-11	70.88	232-6	71.38	234-2	71.88	235-10
70.39	230-11	70.89	232-7	71.39	234-2	71.89	235-10
70.40	231-0	70.90	232-7	71.40	234-3	71.90	235-11
70.41	231-0	70.91	232-7	71.41	234-3	71.91	235-11
70.42	231-0	70.92	232-8	71.42	234-4	71.92	235-11
70.43	231-1	70.93	232-8	71.43	234-4	71.93	236-0
70.44	231-1	70.94	232-9	71.44	234-4	71.94	236-0
70.45	231-1	70.95	232-9	71.45	234-5	71.95	236-0
70.46	231-2	70.96	232-10	71.46	234-5	71.96	236-1
70.47	231-2	70.97	232-10	71.47	234-5	71.97	236-1
70.48	231-3	70.98	232-10	71.48	234-6	71.98	236-2
70.49	231-3	70.99	232-11	71.49	234-6	71.99	236-2

229-8　　　　　　　　　　　　　　　　　　**236-2**

72.00   73.99

Meters	Feet	Meters	Feet	Meters	Feet	Meters	Feet
72.00	236-3	72.50	237-10	73.00	239-6	73.50	241-2
72.01	236-3	72.51	237-10	73.01	239-6	73.51	241-2
72.02	236-3	72.52	237-11	73.02	239-7	73.52	241-2
72.03	236-4	72.53	237-11	73.03	239-7	73.53	241-3
72.04	236-4	72.54	238-0	73.04	239-7	73.54	241-3
72.05	236-4	72.55	238-0	73.05	239-8	73.55	241-3
72.06	236-5	72.56	238-1	73.06	239-8	73.56	241-4
72.07	236-5	72.57	238-1	73.07	239-8	73.57	241-4
72.08	236-6	72.58	238-1	73.08	239-9	73.58	241-5
72.09	236-6	72.59	238-2	73.09	239-9	73.59	241-5
72.10	236-6	72.60	238-2	73.10	239-10	73.60	241-6
72.11	236-7	72.61	238-2	73.11	239-10	73.61	241-6
72.12	236-7	72.62	238-3	73.12	239-11	73.62	241-6
72.13	236-7	72.63	238-3	73.13	239-11	73.63	241-7
72.14	236-8	72.64	238-4	73.14	239-11	73.64	241-7
72.15	236-8	72.65	238-4	73.15	240-0	73.65	241-7
72.16	236-9	72.66	238-5	73.16	240-0	73.66	241-8
72.17	236-9	72.67	238-5	73.17	240-0	73.67	241-8
72.18	236-10	72.68	238-5	73.18	240-1	73.68	241-9
72.19	236-10	72.69	238-6	73.19	240-1	73.69	241-9
72.20	236-10	72.70	238-6	73.20	240-2	73.70	241-9
72.21	236-11	72.71	238-6	73.21	240-2	73.71	241-10
72.22	236-11	72.72	238-7	73.22	240-3	73.72	241-10
72.23	236-11	72.73	238-7	73.23	240-3	73.73	241-10
72.24	237-0	72.74	238-8	73.24	240-3	73.74	241-11
72.25	237-0	72.75	238-8	73.25	240-4	73.75	241-11
72.26	237-1	72.76	238-8	73.26	240-4	73.76	242-0
72.27	237-1	72.77	238-9	73.27	240-4	73.77	242-0
72.28	237-2	72.78	238-9	73.28	240-5	73.78	242-1
72.29	237-2	72.79	238-9	73.29	240-5	73.79	242-1
72.30	237-2	72.80	238-10	73.30	240-6	73.80	242-1
72.31	237-3	72.81	238-10	73.31	240-6	73.81	242-2
72.32	237-3	72.82	238-11	73.32	240-7	73.82	242-2
72.33	237-3	72.83	238-11	73.33	240-7	73.83	242-2
72.34	237-4	72.84	239-0	73.34	240-7	73.84	242-3
72.35	237-4	72.85	239-0	73.35	240-7	73.85	242-3
72.36	237-5	72.86	239-0	73.36	240-8	73.86	242-4
72.37	237-5	72.87	239-1	73.37	240-8	73.87	242-4
72.38	237-5	72.88	239-1	73.38	240-9	73.88	242-5
72.39	237-6	72.89	239-1	73.39	240-9	73.89	242-5
72.40	237-6	72.90	239-2	73.40	240-10	73.90	242-5
72.41	237-6	72.91	239-2	73.41	240-10	73.91	242-6
72.42	237-7	72.92	239-3	73.42	240-10	73.92	242-6
72.43	237-7	72.93	239-3	73.43	240-11	73.93	242-6
72.44	237-8	72.94	239-4	73.44	240-11	73.94	242-7
72.45	237-8	72.95	239-4	73.45	240-11	73.95	242-7
72.46	237-9	72.96	239-4	73.46	241-0	73.96	242-8
72.47	237-9	72.97	239-5	73.47	241-0	73.97	242-8
72.48	237-9	72.98	239-5	73.48	241-1	73.98	242-8
72.49	237-10	72.99	239-5	73.49	241-1	73.99	242-9

236-3   **242-9**

74.00 75.99

Meters	Feet	Meters	Feet	Meters	Feet	Meters	Feet
74.00	242-9	74.50	244-5	75.00	246-1	75.50	247-8
74.01	242-9	74.51	244-5	75.01	246-1	75.51	247-9
74.02	242-10	74.52	244-6	75.02	246-1	75.52	247-9
74.03	242-10	74.53	244-6	75.03	246-2	75.53	247-9
74.04	242-11	74.54	244-7	75.04	246-2	75.54	247-10
74.05	242-11	74.55	244-7	75.05	246-2	75.55	247-10
74.06	243-0	74.56	244-7	75.06	246-3	75.56	247-11
74.07	243-0	74.57	244-8	75.07	246-3	75.57	247-11
74.08	243-0	74.58	244-8	75.08	246-4	75.58	247-11
74.09	243-1	74.59	244-8	75.09	246-4	75.59	248-0
74.10	243-1	74.60	244-9	75.10	246-5	75.60	248-0
74.11	243-1	74.61	244-9	75.11	246-5	75.61	248-0
74.12	243-2	74.62	244-10	75.12	246-5	75.62	248-1
74.13	243-2	74.63	244-10	75.13	246-6	75.63	248-1
74.14	243-3	74.64	244-10	75.14	246-6	75.64	248-2
74.15	243-3	74.65	244-11	75.15	246-6	75.65	248-2
74.16	243-4	74.66	244-11	75.16	246-7	75.66	248-3
74.17	243-4	74.67	244-11	75.17	246-7	75.67	248-3
74.18	243-4	74.68	245-0	75.18	246-8	75.68	248-3
74.19	243-5	74.69	245-0	75.19	246-8	75.69	248-4
74.20	243-5	74.70	245-1	75.20	246-9	75.70	248-4
74.21	243-5	74.71	245-1	75.21	246-9	75.71	248-4
74.22	243-6	74.72	245-2	75.22	246-9	75.72	248-5
74.23	243-6	74.73	245-2	75.23	246-10	75.73	248-5
74.24	243-7	74.74	245-2	75.24	246-10	75.74	248-6
74.25	243-7	74.75	245-3	75.25	246-10	75.75	248-6
74.26	243-8	74.76	245-3	75.26	246-11	75.76	248-7
74.27	243-8	74.77	245-3	75.27	246-11	75.77	248-7
74.28	243-8	74.78	245-4	75.28	247-0	75.78	248-7
74.29	243-8	74.79	245-4	75.29	247-0	75.79	248-8
74.30	243-9	74.80	245-5	75.30	247-0	75.80	248-8
74.31	243-9	74.81	245-5	75.31	247-1	75.81	248-8
74.32	243-10	74.82	245-6	75.32	247-1	75.82	248-9
74.33	243-10	74.83	245-6	75.33	247-1	75.83	248-9
74.34	243-11	74.84	245-6	75.34	247-2	75.84	248-10
74.35	243-11	74.85	245-7	75.35	247-2	75.85	248-10
74.36	243-11	74.86	245-7	75.36	247-3	75.86	248-11
74.37	244-0	74.87	245-7	75.37	247-3	75.87	248-11
74.38	244-0	74.88	245-8	75.38	247-4	75.88	248-11
74.39	244-0	74.89	245-8	75.39	247-4	75.89	248-11
74.40	244-1	74.90	245-9	75.40	247-4	75.90	249-0
74.41	244-1	74.91	245-9	75.41	247-5	75.91	249-0
74.42	244-2	74.92	245-9	75.42	247-5	75.92	249-1
74.43	244-2	74.93	245-10	75.43	247-5	75.93	249-1
74.44	244-3	74.94	245-10	75.44	247-6	75.94	249-2
74.45	244-3	74.95	245-10	75.45	247-6	75.95	249-2
74.46	244-3	74.96	245-11	75.46	247-7	75.96	249-2
74.47	244-4	74.97	245-11	75.47	247-7	75.97	249-3
74.48	244-4	74.98	246-0	75.48	247-8	75.98	249-3
74.49	244-4	74.99	246-0	75.49	247-8	75.99	249-3

242-9 **249-3**

76.00　　　　　　　　　　　　　　　77.99

Meters	Feet	Meters	Feet	Meters	Feet	Meters	Feet
76.00	249-4	76.50	251-0	77.00	252-7	77.50	254-3
76.01	249-4	76.51	251-0	77.01	252-8	77.51	254-3
76.02	249-5	76.52	251-0	77.02	252-8	77.52	254-4
76.03	249-5	76.53	251-1	77.03	252-8	77.53	254-4
76.04	249-6	76.54	251-1	77.04	252-9	77.54	254-5
76.05	249-6	76.55	251-1	77.05	252-9	77.55	254-5
76.06	249-6	76.56	251-2	77.06	252-10	77.56	254-5
76.07	249-7	76.57	251-2	77.07	252-10	77.57	254-6
76.08	249-7	76.58	251-3	77.08	252-11	77.58	254-6
76.09	249-7	76.59	251-3	77.09	252-11	77.59	254-6
76.10	249-8	76.60	251-4	77.10	252-11	77.60	254-7
76.11	249-8	76.61	251-4	77.11	253-0	77.61	254-7
76.12	249-9	76.62	251-4	77.12	253-0	77.62	254-8
76.13	249-9	76.63	251-5	77.13	253-0	77.63	254-8
76.14	249-10	76.64	251-5	77.14	253-1	77.64	254-8
76.15	249-10	76.65	251-5	77.15	253-1	77.65	254-9
76.16	249-10	76.66	251-6	77.16	253-2	77.66	254-9
76.17	249-11	76.67	251-6	77.17	253-2	77.67	254-10
76.18	249-11	76.68	251-7	77.18	253-2	77.68	254-10
76.19	249-11	76.69	251-7	77.19	253-3	77.69	254-10
76.20	250-0	76.70	251-8	77.20	253-3	77.70	254-11
76.21	250-0	76.71	251-8	77.21	253-3	77.71	254-11
76.22	250-1	76.72	251-8	77.22	253-4	77.72	255-0
76.23	250-1	76.73	251-9	77.23	253-4	77.73	255-0
76.24	250-1	76.74	251-9	77.24	253-5	77.74	255-1
76.25	250-2	76.75	251-9	77.25	253-5	77.75	255-1
76.26	250-2	76.76	251-10	77.26	253-6	77.76	255-1
76.27	250-2	76.77	251-10	77.27	253-6	77.77	255-2
76.28	250-3	76.78	251-11	77.28	253-6	77.78	255-2
76.29	250-3	76.79	251-11	77.29	253-7	77.79	255-2
76.30	250-4	76.80	252-0	77.30	253-7	77.80	255-3
76.31	250-4	76.81	252-0	77.31	253-7	77.81	255-3
76.32	250-5	76.82	252-0	77.32	253-8	77.82	255-4
76.33	250-5	76.83	252-0	77.33	253-8	77.83	255-4
76.34	250-5	76.84	252-1	77.34	253-9	77.84	255-4
76.35	250-6	76.85	252-1	77.35	253-9	77.85	255-5
76.36	250-6	76.86	252-2	77.36	253-10	77.86	255-5
76.37	250-6	76.87	252-2	77.37	253-10	77.87	255-5
76.38	250-7	76.88	252-3	77.38	253-10	77.88	255-6
76.39	250-7	76.89	252-3	77.39	253-11	77.89	255-6
76.40	250-8	76.90	252-3	77.40	253-11	77.90	255-7
76.41	250-8	76.91	252-4	77.41	253-11	77.91	255-7
76.42	250-9	76.92	252-4	77.42	254-0	77.92	255-8
76.43	250-9	76.93	252-4	77.43	254-0	77.93	255-8
76.44	250-9	76.94	252-5	77.44	254-1	77.94	255-8
76.45	250-10	76.95	252-5	77.45	254-1	77.95	255-9
76.46	250-10	76.96	252-6	77.46	254-1	77.96	255-9
76.47	250-10	76.97	252-6	77.47	254-2	77.97	255-9
76.48	250-11	76.98	252-7	77.48	254-2	77.98	255-10
76.49	250-11	76.99	252-7	77.49	254-2	77.99	255-10

249-4　　　　　　　　　　　　　　　**255-10**

78.00   79.99

Meters	Feet	Meters	Feet	Meters	Feet	Meters	Feet
78.00	255-11	78.50	257-6	79.00	259-2	79.50	260-10
78.01	255-11	78.51	257-7	79.01	259-2	79.51	260-10
78.02	256-0	78.52	257-7	79.02	259-3	79.52	260-11
78.03	256-0	78.53	257-7	79.03	259-3	79.53	260-11
78.04	256-0	78.54	257-8	79.04	259-4	79.54	260-11
78.05	256-1	78.55	257-8	79.05	259-4	79.55	261-0
78.06	256-1	78.56	257-9	79.06	259-4	79.56	261-0
78.07	256-1	78.57	257-9	79.07	259-5	79.57	261-0
78.08	256-2	78.58	257-10	79.08	259-5	79.58	261-1
78.09	256-2	78.59	257-10	79.09	259-5	79.59	261-1
78.10	256-3	78.60	257-10	79.10	259-6	79.60	261-2
78.11	256-3	78.61	257-11	79.11	259-6	79.61	261-2
78.12	256-3	78.62	257-11	79.12	259-7	79.62	261-3
78.13	256-4	78.63	257-11	79.13	259-7	79.63	261-3
78.14	256-4	78.64	258-0	79.14	259-8	79.64	261-3
78.15	256-4	78.65	258-0	79.15	259-8	79.65	261-4
78.16	256-5	78.66	258-1	79.16	259-8	79.66	261-4
78.17	256-5	78.67	258-1	79.17	259-9	79.67	261-4
78.18	256-6	78.68	258-2	79.18	259-9	79.68	261-5
78.19	256-6	78.69	258-2	79.19	259-9	79.69	261-5
78.20	256-7	78.70	258-2	79.20	259-10	79.70	261-6
78.21	256-7	78.71	258-3	79.21	259-10	79.71	261-6
78.22	256-7	78.72	258-3	79.22	259-11	79.72	261-6
78.23	256-8	78.73	258-3	79.23	259-11	79.73	261-7
78.24	256-8	78.74	258-4	79.24	260-0	79.74	261-7
78.25	256-8	78.75	258-4	79.25	260-0	79.75	261-7
78.26	256-9	78.76	258-5	79.26	260-0	79.76	261-8
78.27	256-9	78.77	258-5	79.27	260-1	79.77	261-8
78.28	256-10	78.78	258-5	79.28	260-1	79.78	261-9
78.29	256-10	78.79	258-6	79.29	260-1	79.79	261-9
78.30	256-11	78.80	258-6	79.30	260-2	79.80	261-10
78.31	256-11	78.81	258-6	79.31	260-2	79.81	261-10
78.32	256-11	78.82	258-7	79.32	260-3	79.82	261-10
78.33	257-0	78.83	258-7	79.33	260-3	79.83	261-11
78.34	257-0	78.84	258-8	79.34	260-4	79.84	261-11
78.35	257-0	78.85	258-8	79.35	260-4	79.85	261-11
78.36	257-1	78.86	258-9	79.36	260-4	79.86	262-0
78.37	257-1	78.87	258-9	79.37	260-4	79.87	262-0
78.38	257-2	78.88	258-9	79.38	260-5	79.88	262-1
78.39	257-2	78.89	258-10	79.39	260-5	79.89	262-1
78.40	257-3	78.90	258-10	79.40	260-6	79.90	262-2
78.41	257-3	78.91	258-10	79.41	260-6	79.91	262-2
78.42	257-3	78.92	258-11	79.42	260-7	79.92	262-2
78.43	257-3	78.93	258-11	79.43	260-7	79.93	262-3
78.44	257-4	78.94	259-0	79.44	260-7	79.94	262-3
78.45	257-4	78.95	259-0	79.45	260-8	79.95	262-3
78.46	257-5	78.96	259-1	79.46	260-8	79.96	262-4
78.47	257-5	78.97	259-1	79.47	260-8	79.97	262-4
78.48	257-6	78.98	259-1	79.48	260-9	79.98	262-5
78.49	257-6	78.99	259-2	79.49	260-9	79.99	262-5

255-11   **262-5**

80.00 — 81.99

Meters	Feet	Meters	Feet	Meters	Feet	Meters	Feet
80.00	262-5	80.50	264-1	81.00	265-9	81.50	267-5
80.01	262-6	80.51	264-1	81.01	265-9	81.51	267-5
80.02	262-6	80.52	264-2	81.02	265-10	81.52	267-5
80.03	262-6	80.53	264-2	81.03	265-10	81.53	267-6
80.04	262-7	80.54	264-3	81.04	265-10	81.54	267-6
80.05	262-7	80.55	264-3	81.05	265-11	81.55	267-6
80.06	262-8	80.56	264-4	81.06	265-11	81.56	267-7
80.07	262-8	80.57	264-4	81.07	265-11	81.57	267-7
80.08	262-9	80.58	264-4	81.08	266-0	81.58	267-8
80.09	262-9	80.59	264-5	81.09	266-0	81.59	267-8
80.10	262-9	80.60	264-5	81.10	266-1	81.60	267-8
80.11	262-10	80.61	264-5	81.11	266-1	81.61	267-9
80.12	262-10	80.62	264-6	81.12	266-2	81.62	267-9
80.13	262-10	80.63	264-6	81.13	266-2	81.63	267-9
80.14	262-11	80.64	264-7	81.14	266-2	81.64	267-10
80.15	262-11	80.65	264-7	81.15	266-3	81.65	267-10
80.16	263-0	80.66	264-7	81.16	266-3	81.66	267-11
80.17	263-0	80.67	264-8	81.17	266-3	81.67	267-11
80.18	263-1	80.68	264-8	81.18	266-4	81.68	268-0
80.19	263-1	80.69	264-8	81.19	266-4	81.69	268-0
80.20	263-1	80.70	264-9	81.20	266-5	81.70	268-0
80.21	263-2	80.71	264-9	81.21	266-5	81.71	268-1
80.22	263-2	80.72	264-10	81.22	266-6	81.72	268-1
80.23	263-2	80.73	264-10	81.23	266-6	81.73	268-1
80.24	263-3	80.74	264-11	81.24	266-6	81.74	268-2
80.25	263-3	80.75	264-11	81.25	266-7	81.75	268-2
80.26	263-4	80.76	264-11	81.26	266-7	81.76	268-3
80.27	263-4	80.77	265-0	81.27	266-7	81.77	268-3
80.28	263-5	80.78	265-0	81.28	266-8	81.78	268-4
80.29	263-5	80.79	265-0	81.29	266-8	81.79	268-4
80.30	263-5	80.80	265-1	81.30	266-9	81.80	268-4
80.31	263-6	80.81	265-1	81.31	266-9	81.81	268-5
80.32	263-6	80.82	265-2	81.32	266-9	81.82	268-5
80.33	263-6	80.83	265-2	81.33	266-10	81.83	268-5
80.34	263-7	80.84	265-3	81.34	266-10	81.84	268-6
80.35	263-7	80.85	265-3	81.35	266-10	81.85	268-6
80.36	263-8	80.86	265-3	81.36	266-11	81.86	268-7
80.37	263-8	80.87	265-4	81.37	266-11	81.87	268-7
80.38	263-8	80.88	265-4	81.38	267-0	81.88	268-8
80.39	263-9	80.89	265-4	81.39	267-0	81.89	268-8
80.40	263-9	80.90	265-5	81.40	267-1	81.90	268-8
80.41	263-9	80.91	265-5	81.41	267-1	81.91	268-8
80.42	263-10	80.92	265-6	81.42	267-1	81.92	268-9
80.43	263-10	80.93	265-6	81.43	267-2	81.93	268-9
80.44	263-11	80.94	265-7	81.44	267-2	81.94	268-10
80.45	263-11	80.95	265-7	81.45	267-2	81.95	268-10
80.46	264-0	80.96	265-7	81.46	267-3	81.96	268-11
80.47	264-0	80.97	265-7	81.47	267-3	81.97	268-11
80.48	264-0	80.98	265-8	81.48	267-4	81.98	268-11
80.49	264-1	80.99	265-8	81.49	267-4	81.99	269-0

82.00   83.99

Meters	Feet	Meters	Feet	Meters	Feet	Meters	Feet
82.00	269-0	82.50	270-8	83.00	272-4	83.50	273-11
82.01	269-0	82.51	270-8	83.01	272-4	83.51	273-11
82.02	269-1	82.52	270-9	83.02	272-4	83.52	274-0
82.03	269-1	82.53	270-9	83.03	272-5	83.53	274-0
82.04	269-2	82.54	270-9	83.04	272-5	83.54	274-1
82.05	269-2	82.55	270-10	83.05	272-5	83.55	274-1
82.06	269-3	82.56	270-10	83.06	272-6	83.56	274-2
82.07	269-3	82.57	270-10	83.07	272-6	83.57	274-2
82.08	269-3	82.58	270-11	83.08	272-7	83.58	274-2
82.09	269-4	82.59	270-11	83.09	272-7	83.59	274-3
82.10	269-4	82.60	271-0	83.10	272-8	83.60	274-3
82.11	269-4	82.61	271-0	83.11	272-8	83.61	274-3
82.12	269-5	82.62	271-1	83.12	272-8	83.62	274-4
82.13	269-5	82.63	271-1	83.13	272-9	83.63	274-4
82.14	269-6	82.64	271-1	83.14	272-9	83.64	274-5
82.15	269-6	82.65	271-2	83.15	272-9	83.65	274-5
82.16	269-7	82.66	271-2	83.16	272-10	83.66	274-6
82.17	269-7	82.67	271-2	83.17	272-10	83.67	274-6
82.18	269-7	82.68	271-3	83.18	272-11	83.68	274-6
82.19	269-8	82.69	271-3	83.19	272-11	83.69	274-7
82.20	269-8	82.70	271-4	83.20	272-11	83.70	274-7
82.21	269-8	82.71	271-4	83.21	273-0	83.71	274-7
82.22	269-9	82.72	271-5	83.22	273-0	83.72	274-8
82.23	269-9	82.73	271-5	83.23	273-0	83.73	274-8
82.24	269-10	82.74	271-5	83.24	273-1	83.74	274-9
82.25	269-10	82.75	271-6	83.25	273-1	83.75	274-9
82.26	269-10	82.76	271-6	83.26	273-2	83.76	274-10
82.27	269-11	82.77	271-6	83.27	273-2	83.77	274-10
82.28	269-11	82.78	271-7	83.28	273-3	83.78	274-10
82.29	269-11	82.79	271-7	83.29	273-3	83.79	274-11
82.30	270-0	82.80	271-8	83.30	273-3	83.80	274-11
82.31	270-0	82.81	271-8	83.31	273-4	83.81	274-11
82.32	270-1	82.82	271-9	83.32	273-4	83.82	275-0
82.33	270-1	82.83	271-9	83.33	273-4	83.83	275-0
82.34	270-2	82.84	271-9	83.34	273-5	83.84	275-1
82.35	270-2	82.85	271-10	83.35	273-5	83.85	275-1
82.36	270-2	82.86	271-10	83.36	273-6	83.86	275-1
82.37	270-3	82.87	271-10	83.37	273-6	83.87	275-2
82.38	270-3	82.88	271-11	83.38	273-7	83.88	275-2
82.39	270-3	82.89	271-11	83.39	273-7	83.89	275-2
82.40	270-4	82.90	272-0	83.40	273-7	83.90	275-3
82.41	270-4	82.91	272-0	83.41	273-8	83.91	275-3
82.42	270-5	82.92	272-0	83.42	273-8	83.92	275-4
82.43	270-5	82.93	272-1	83.43	273-8	83.93	275-4
82.44	270-6	82.94	272-1	83.44	273-9	83.94	275-5
82.45	270-6	82.95	272-1	83.45	273-9	83.95	275-5
82.46	270-6	82.96	272-2	83.46	273-10	83.96	275-5
82.47	270-7	82.97	272-2	83.47	273-10	83.97	275-6
82.48	270-7	82.98	272-3	83.48	273-11	83.98	275-6
82.49	270-7	82.99	272-3	83.49	273-11	83.99	275-6

269-0   **275-6**

84.00   85.99

Meters	Feet	Meters	Feet	Meters	Feet	Meters	Feet
84.00	275-7	84.50	277-3	85.00	278-10	85.50	280-6
84.01	275-7	84.51	277-3	85.01	278-11	85.51	280-6
84.02	275-8	84.52	277-3	85.02	278-11	85.52	280-7
84.03	275-8	84.53	277-4	85.03	278-11	85.53	280-7
84.04	275-9	84.54	277-4	85.04	279-0	85.54	280-8
84.05	275-9	84.55	277-4	85.05	279-0	85.55	280-8
84.06	275-9	84.56	277-5	85.06	279-1	85.56	280-8
84.07	275-10	84.57	277-5	85.07	279-1	85.57	280-9
84.08	275-10	84.58	277-6	85.08	279-1	85.58	280-9
84.09	275-10	84.59	277-6	85.09	279-2	85.59	280-9
84.10	275-11	84.60	277-7	85.10	279-2	85.60	280-10
84.11	275-11	84.61	277-7	85.11	279-2	85.61	280-10
84.12	276-0	84.62	277-7	85.12	279-3	85.62	280-11
84.13	276-0	84.63	277-8	85.13	279-3	85.63	280-11
84.14	276-0	84.64	277-8	85.14	279-4	85.64	281-0
84.15	276-1	84.65	277-8	85.15	279-4	85.65	281-0
84.16	276-1	84.66	277-9	85.16	279-5	85.66	281-0
84.17	276-1	84.67	277-9	85.17	279-5	85.67	281-1
84.18	276-2	84.68	277-10	85.18	279-5	85.68	281-1
84.19	276-2	84.69	277-10	85.19	279-6	85.69	281-1
84.20	276-3	84.70	277-11	85.20	279-6	85.70	281-2
84.21	276-3	84.71	277-11	85.21	279-6	85.71	281-2
84.22	276-4	84.72	277-11	85.22	279-7	85.72	281-3
84.23	276-4	84.73	278-0	85.23	279-7	85.73	281-3
84.24	276-4	84.74	278-0	85.24	279-8	85.74	281-3
84.25	276-5	84.75	278-0	85.25	279-8	85.75	281-4
84.26	276-5	84.76	278-1	85.26	279-9	85.76	281-4
84.27	276-5	84.77	278-1	85.27	279-9	85.77	281-4
84.28	276-6	84.78	278-2	85.28	279-9	85.78	281-5
84.29	276-6	84.79	278-2	85.29	279-10	85.79	281-5
84.30	276-7	84.80	278-2	85.30	279-10	85.80	281-6
84.31	276-7	84.81	278-3	85.31	279-10	85.81	281-6
84.32	276-8	84.82	278-3	85.32	279-11	85.82	281-7
84.33	276-8	84.83	278-3	85.33	279-11	85.83	281-7
84.34	276-8	84.84	278-4	85.34	280-0	85.84	281-7
84.35	276-9	84.85	278-4	85.35	280-0	85.85	281-8
84.36	276-9	84.86	278-5	85.36	280-1	85.86	281-8
84.37	276-9	84.87	278-5	85.37	280-1	85.87	281-8
84.38	276-10	84.88	278-6	85.38	280-1	85.88	281-9
84.39	276-10	84.89	278-6	85.39	280-2	85.89	281-9
84.40	276-11	84.90	278-6	85.40	280-2	85.90	281-10
84.41	276-11	84.91	278-7	85.41	280-2	85.91	281-10
84.42	277-0	84.92	278-7	85.42	280-3	85.92	281-11
84.43	277-0	84.93	278-7	85.43	280-3	85.93	281-11
84.44	277-0	84.94	278-8	85.44	280-4	85.94	281-11
84.45	277-0	84.95	278-8	85.45	280-4	85.95	282-0
84.46	277-1	84.96	278-9	85.46	280-4	85.96	282-0
84.47	277-1	84.97	278-9	85.47	280-5	85.97	282-0
84.48	277-2	84.98	278-10	85.48	280-5	85.98	282-1
84.49	277-2	84.99	278-10	85.49	280-5	85.99	282-1

275-7   **282-1**

86.00　　　　　　　　　　　　　　87.99

Meters	Feet	Meters	Feet	Meters	Feet	Meters	Feet
86.00	282-2	86.50	283-9	87.00	285-5	87.50	287-1
86.01	282-2	86.51	283-10	87.01	285-5	87.51	287-1
86.02	282-3	86.52	283-10	87.02	285-6	87.52	287-2
86.03	282-3	86.53	283-10	87.03	285-6	87.53	287-2
86.04	282-3	86.54	283-11	87.04	285-7	87.54	287-2
86.05	282-3	86.55	283-11	87.05	285-7	87.55	287-3
86.06	282-4	86.56	284-0	87.06	285-7	87.56	287-3
86.07	282-4	86.57	284-0	87.07	285-8	87.57	287-3
86.08	282-5	86.58	284-1	87.08	285-8	87.58	287-4
86.09	282-5	86.59	284-1	87.09	285-8	87.59	287-4
86.10	282-6	86.60	284-1	87.10	285-9	87.60	287-5
86.11	282-6	86.61	284-2	87.11	285-9	87.61	287-5
86.12	282-6	86.62	284-2	87.12	285-10	87.62	287-5
86.13	282-7	86.63	284-2	87.13	285-10	87.63	287-6
86.14	282-7	86.64	284-3	87.14	285-11	87.64	287-6
86.15	282-7	86.65	284-3	87.15	285-11	87.65	287-6
86.16	282-8	86.66	284-4	87.16	285-11	87.66	287-7
86.17	282-8	86.67	284-4	87.17	286-0	87.67	287-7
86.18	282-9	86.68	284-4	87.18	286-0	87.68	287-8
86.19	282-9	86.69	284-5	87.19	286-0	87.69	287-8
86.20	282-10	86.70	284-5	87.20	286-1	87.70	287-9
86.21	282-10	86.71	284-5	87.21	286-1	87.71	287-9
86.22	282-10	86.72	284-6	87.22	286-2	87.72	287-9
86.23	282-11	86.73	284-6	87.23	286-2	87.73	287-10
86.24	282-11	86.74	284-7	87.24	286-3	87.74	287-10
86.25	282-11	86.75	284-7	87.25	286-3	87.75	287-10
86.26	283-0	86.76	284-8	87.26	286-3	87.76	287-11
86.27	283-0	86.77	284-8	87.27	286-4	87.77	287-11
86.28	283-1	86.78	284-8	87.28	286-4	87.78	288-0
86.29	283-1	86.79	284-9	87.29	286-4	87.79	288-0
86.30	283-2	86.80	284-9	87.30	286-5	87.80	288-1
86.31	283-2	86.81	284-9	87.31	286-5	87.81	288-1
86.32	283-2	86.82	284-10	87.32	286-6	87.82	288-1
86.33	283-3	86.83	284-10	87.33	286-6	87.83	288-2
86.34	283-3	86.84	284-11	87.34	286-6	87.84	288-2
86.35	283-3	86.85	284-11	87.35	286-7	87.85	288-2
86.36	283-4	86.86	285-0	87.36	286-7	87.86	288-3
86.37	283-4	86.87	285-0	87.37	286-7	87.87	288-3
86.38	283-5	86.88	285-0	87.38	286-8	87.88	288-4
86.39	283-5	86.89	285-1	87.39	286-8	87.89	288-4
86.40	283-5	86.90	285-1	87.40	286-9	87.90	288-5
86.41	283-6	86.91	285-1	87.41	286-9	87.91	288-5
86.42	283-6	86.92	285-2	87.42	286-10	87.92	288-5
86.43	283-6	86.93	285-2	87.43	286-10	87.93	288-6
86.44	283-7	86.94	285-3	87.44	286-10	87.94	288-6
86.45	283-7	86.95	285-3	87.45	286-11	87.95	288-6
86.46	283-8	86.96	285-4	87.46	286-11	87.96	288-7
86.47	283-8	86.97	285-4	87.47	286-11	87.97	288-7
86.48	283-9	86.98	285-4	87.48	287-0	87.98	288-8
86.49	283-9	86.99	285-4	87.49	287-0	87.99	288-8

282-2　　　　　　　　　　　　　　288-8

88.00 — 89.99

Meters	Feet	Meters	Feet	Meters	Feet	Meters	Feet
88.00	288-8	88.50	290-4	89.00	292-0	89.50	293-8
88.01	288-9	88.51	290-4	89.01	292-0	89.51	293-8
88.02	288-9	88.52	290-5	89.02	292-1	89.52	293-8
88.03	288-9	88.53	290-5	89.03	292-1	89.53	293-8
88.04	288-10	88.54	290-6	89.04	292-1	89.54	293-9
88.05	288-10	88.55	290-6	89.05	292-2	89.55	293-9
88.06	288-11	88.56	290-7	89.06	292-2	89.56	293-10
88.07	288-11	88.57	290-7	89.07	292-2	89.57	293-10
88.08	289-0	88.58	290-7	89.08	292-3	89.58	293-11
88.09	289-0	88.59	290-7	89.09	292-3	89.59	293-11
88.10	289-0	88.60	290-8	89.10	292-4	89.60	293-11
88.11	289-1	88.61	290-8	89.11	292-4	89.61	294-0
88.12	289-1	88.62	290-9	89.12	292-5	89.62	294-0
88.13	289-1	88.63	290-9	89.13	292-5	89.63	294-0
88.14	289-2	88.64	290-10	89.14	292-5	89.64	294-1
88.15	289-2	88.65	290-10	89.15	292-6	89.65	294-1
88.16	289-3	88.66	290-10	89.16	292-6	89.66	294-2
88.17	289-3	88.67	290-11	89.17	292-6	89.67	294-2
88.18	289-4	88.68	290-11	89.18	292-7	89.68	294-3
88.19	289-4	88.69	290-11	89.19	292-7	89.69	294-3
88.20	289-4	88.70	291-0	89.20	292-8	89.70	294-3
88.21	289-5	88.71	291-0	89.21	292-8	89.71	294-4
88.22	289-5	88.72	291-1	89.22	292-8	89.72	294-4
88.23	289-5	88.73	291-1	89.23	292-9	89.73	294-4
88.24	289-6	88.74	291-2	89.24	292-9	89.74	294-5
88.25	289-6	88.75	291-2	89.25	292-9	89.75	294-5
88.26	289-7	88.76	291-2	89.26	292-10	89.76	294-6
88.27	289-7	88.77	291-3	89.27	292-10	89.77	294-6
88.28	289-7	88.78	291-3	89.28	292-11	89.78	294-7
88.29	289-8	88.79	291-3	89.29	292-11	89.79	294-7
88.30	289-8	88.80	291-4	89.30	293-0	89.80	294-7
88.31	289-8	88.81	291-4	89.31	293-0	89.81	294-8
88.32	289-9	88.82	291-5	89.32	293-0	89.82	294-8
88.33	289-9	88.83	291-5	89.33	293-1	89.83	294-8
88.34	289-10	88.84	291-6	89.34	293-1	89.84	294-9
88.35	289-10	88.85	291-6	89.35	293-1	89.85	294-9
88.36	289-11	88.86	291-6	89.36	293-2	89.86	294-10
88.37	289-11	88.87	291-7	89.37	293-2	89.87	294-10
88.38	289-11	88.88	291-7	89.38	293-3	89.88	294-10
88.39	290-0	88.89	291-7	89.39	293-3	89.89	294-11
88.40	290-0	88.90	291-8	89.40	293-4	89.90	294-11
88.41	290-0	88.91	291-8	89.41	293-4	89.91	294-11
88.42	290-1	88.92	291-9	89.42	293-4	89.92	295-0
88.43	290-1	88.93	291-9	89.43	293-5	89.93	295-0
88.44	290-2	88.94	291-9	89.44	293-5	89.94	295-1
88.45	290-2	88.95	291-10	89.45	293-5	89.95	295-1
88.46	290-3	88.96	291-10	89.46	293-6	89.96	295-2
88.47	290-3	88.97	291-10	89.47	293-6	89.97	295-2
88.48	290-3	88.98	291-11	89.48	293-7	89.98	295-2
88.49	290-4	88.99	291-11	89.49	293-7	89.99	295-3

90.00   91.99

Meters	Feet	Meters	Feet	Meters	Feet	Meters	Feet
90.00	295-3	90.50	296-11	91.00	298-7	91.50	300-2
90.01	295-3	90.51	296-11	91.01	298-7	91.51	300-2
90.02	295-4	90.52	297-0	91.02	298-7	91.52	300-3
90.03	295-4	90.53	297-0	91.03	298-8	91.53	300-3
90.04	295-5	90.54	297-0	91.04	298-8	91.54	300-4
90.05	295-5	90.55	297-1	91.05	298-8	91.55	300-4
90.06	295-6	90.56	297-1	91.06	298-9	91.56	300-5
90.07	295-6	90.57	297-1	91.07	298-9	91.57	300-5
90.08	295-6	90.58	297-2	91.08	298-10	91.58	300-5
90.09	295-7	90.59	297-2	91.09	298-10	91.59	300-6
90.10	295-7	90.60	297-3	91.10	298-11	91.60	300-6
90.11	295-7	90.61	297-3	91.11	298-11	91.61	300-6
90.12	295-8	90.62	297-4	91.12	298-11	91.62	300-7
90.13	295-8	90.63	297-4	91.13	298-11	91.63	300-7
90.14	295-9	90.64	297-4	91.14	299-0	91.64	300-8
90.15	295-9	90.65	297-5	91.15	299-0	91.65	300-8
90.16	295-9	90.66	297-5	91.16	299-1	91.66	300-9
90.17	295-10	90.67	297-5	91.17	299-1	91.67	300-9
90.18	295-10	90.68	297-6	91.18	299-2	91.68	300-9
90.19	295-10	90.69	297-6	91.19	299-2	91.69	300-10
90.20	295-11	90.70	297-7	91.20	299-2	91.70	300-10
90.21	295-11	90.71	297-7	91.21	299-3	91.71	300-10
90.22	296-0	90.72	297-8	91.22	299-3	91.72	300-11
90.23	296-0	90.73	297-8	91.23	299-3	91.73	300-11
90.24	296-1	90.74	297-8	91.24	299-4	91.74	301-0
90.25	296-1	90.75	297-9	91.25	299-4	91.75	301-0
90.26	296-1	90.76	297-9	91.26	299-5	91.76	301-0
90.27	296-2	90.77	297-9	91.27	299-5	91.77	301-1
90.28	296-2	90.78	297-10	91.28	299-6	91.78	301-1
90.29	296-2	90.79	297-10	91.29	299-6	91.79	301-1
90.30	296-3	90.80	297-11	91.30	299-6	91.80	301-2
90.31	296-3	90.81	297-11	91.31	299-7	91.81	301-2
90.32	296-4	90.82	297-11	91.32	299-7	91.82	301-3
90.33	296-4	90.83	298-0	91.33	299-7	91.83	301-3
90.34	296-5	90.84	298-0	91.34	299-8	91.84	301-4
90.35	296-5	90.85	298-0	91.35	299-8	91.85	301-4
90.36	296-5	90.86	298-1	91.36	299-9	91.86	301-4
90.37	296-6	90.87	298-1	91.37	299-9	91.87	301-5
90.38	296-6	90.88	298-2	91.38	299-10	91.88	301-5
90.39	296-6	90.89	298-2	91.39	299-10	91.89	301-5
90.40	296-7	90.90	298-3	91.40	299-10	91.90	301-6
90.41	296-7	90.91	298-3	91.41	299-11	91.91	301-6
90.42	296-8	90.92	298-3	91.42	299-11	91.92	301-7
90.43	296-8	90.93	298-4	91.43	299-11	91.93	301-7
90.44	296-9	90.94	298-4	91.44	300-0	91.94	301-8
90.45	296-9	90.95	298-4	91.45	300-0	91.95	301-8
90.46	296-9	90.96	298-5	91.46	300-1	91.96	301-8
90.47	296-10	90.97	298-5	91.47	300-1	91.97	301-9
90.48	296-10	90.98	298-6	91.48	300-1	91.98	301-9
90.49	296-10	90.99	298-6	91.49	300-2	91.99	301-9

295-3   **301-9**

92.00 — 93.99

Meters	Feet	Meters	Feet	Meters	Feet	Meters	Feet
92.00	301-10	92.50	303-6	93.00	305-1	93.50	306-9
92.01	301-10	92.51	303-6	93.01	305-2	93.51	306-9
92.02	301-11	92.52	303-6	93.02	305-2	93.52	306-10
92.03	301-11	92.53	303-7	93.03	305-2	93.53	306-10
92.04	302-0	92.54	303-7	93.04	305-3	93.54	306-11
92.05	302-0	92.55	303-7	93.05	305-3	93.55	306-11
92.06	302-0	92.56	303-8	93.06	305-4	93.56	306-11
92.07	302-0	92.57	303-8	93.07	305-4	93.57	307-0
92.08	302-1	92.58	303-9	93.08	305-4	93.58	307-0
92.09	302-1	92.59	303-9	93.09	305-5	93.59	307-0
92.10	302-2	92.60	303-10	93.10	305-5	93.60	307-1
92.11	302-2	92.61	303-10	93.11	305-5	93.61	307-1
92.12	302-3	92.62	303-10	93.12	305-6	93.62	307-2
92.13	302-3	92.63	303-11	93.13	305-6	93.63	307-2
92.14	302-3	92.64	303-11	93.14	305-7	93.64	307-3
92.15	302-4	92.65	303-11	93.15	305-7	93.65	307-3
92.16	302-4	92.66	304-0	93.16	305-8	93.66	307-3
92.17	302-4	92.67	304-0	93.17	305-8	93.67	307-3
92.18	302-5	92.68	304-1	93.18	305-8	93.68	307-4
92.19	302-5	92.69	304-1	93.19	305-9	93.69	307-4
92.20	302-6	92.70	304-1	93.20	305-9	93.70	307-5
92.21	302-6	92.71	304-2	93.21	305-9	93.71	307-5
92.22	302-7	92.72	304-2	93.22	305-10	93.72	307-6
92.23	302-7	92.73	304-2	93.23	305-10	93.73	307-6
92.24	302-7	92.74	304-3	93.24	305-11	93.74	307-6
92.25	302-8	92.75	304-3	93.25	305-11	93.75	307-7
92.26	302-8	92.76	304-4	93.26	306-0	93.76	307-7
92.27	302-8	92.77	304-4	93.27	306-0	93.77	307-7
92.28	302-9	92.78	304-5	93.28	306-0	93.78	307-8
92.29	302-9	92.79	304-5	93.29	306-1	93.79	307-8
92.30	302-10	92.80	304-5	93.30	306-1	93.80	307-9
92.31	302-10	92.81	304-6	93.31	306-1	93.81	307-9
92.32	302-11	92.82	304-6	93.32	306-2	93.82	307-10
92.33	302-11	92.83	304-6	93.33	306-2	93.83	307-10
92.34	302-11	92.84	304-7	93.34	306-3	93.84	307-10
92.35	303-0	92.85	304-7	93.35	306-3	93.85	307-11
92.36	303-0	92.86	304-8	93.36	306-3	93.86	307-11
92.37	303-0	92.87	304-8	93.37	306-4	93.87	307-11
92.38	303-1	92.88	304-9	93.38	306-4	93.88	308-0
92.39	303-1	92.89	304-9	93.39	306-4	93.89	308-0
92.40	303-2	92.90	304-9	93.40	306-5	93.90	308-1
92.41	303-2	92.91	304-10	93.41	306-5	93.91	308-1
92.42	303-2	92.92	304-10	93.42	306-6	93.92	308-2
92.43	303-3	92.93	304-10	93.43	306-6	93.93	308-2
92.44	303-3	92.94	304-11	93.44	306-7	93.94	308-2
92.45	303-3	92.95	304-11	93.45	306-7	93.95	308-3
92.46	303-4	92.96	305-0	93.46	306-7	93.96	308-3
92.47	303-4	92.97	305-0	93.47	306-8	93.97	308-3
92.48	303-5	92.98	305-1	93.48	306-8	93.98	308-4
92.49	303-5	92.99	305-1	93.49	306-8	93.99	308-4

301-10   **308-4**

94.00   95.99

Meters	Feet	Meters	Feet	Meters	Feet	Meters	Feet
94.00	308-5	94.50	310-0	95.00	311-8	95.50	313-4
94.01	308-5	94.51	310-1	95.01	311-8	95.51	313-4
94.02	308-5	94.52	310-1	95.02	311-9	95.52	313-5
94.03	308-6	94.53	310-1	95.03	311-9	95.53	313-5
94.04	308-6	94.54	310-2	95.04	311-10	95.54	313-5
94.05	308-6	94.55	310-2	95.05	311-10	95.55	313-6
94.06	308-7	94.56	310-3	95.06	311-10	95.56	313-6
94.07	308-7	94.57	310-3	95.07	311-11	95.57	313-6
94.08	308-8	94.58	310-4	95.08	311-11	95.58	313-7
94.09	308-8	94.59	310-4	95.09	311-11	95.59	313-7
94.10	308-9	94.60	310-4	95.10	312-0	95.60	313-8
94.11	308-9	94.61	310-4	95.11	312-0	95.61	313-8
94.12	308-9	94.62	310-5	95.12	312-1	95.62	313-8
94.13	308-10	94.63	310-5	95.13	312-1	95.63	313-9
94.14	308-10	94.64	310-6	95.14	312-2	95.64	313-9
94.15	308-10	94.65	310-6	95.15	312-2	95.65	313-9
94.16	308-11	94.66	310-7	95.16	312-2	95.66	313-10
94.17	308-11	94.67	310-7	95.17	312-3	95.67	313-10
94.18	309-0	94.68	310-7	95.18	312-3	95.68	313-11
94.19	309-0	94.69	310-8	95.19	312-3	95.69	313-11
94.20	309-1	94.70	310-8	95.20	312-4	95.70	314-0
94.21	309-1	94.71	310-8	95.21	312-4	95.71	314-0
94.22	309-1	94.72	310-9	95.22	312-5	95.72	314-0
94.23	309-2	94.73	310-9	95.23	312-5	95.73	314-1
94.24	309-2	94.74	310-10	95.24	312-5	95.74	314-1
94.25	309-2	94.75	310-10	95.25	312-6	95.75	314-1
94.26	309-3	94.76	310-11	95.26	312-6	95.76	314-2
94.27	309-3	94.77	310-11	95.27	312-6	95.77	314-2
94.28	309-4	94.78	310-11	95.28	312-7	95.78	314-3
94.29	309-4	94.79	311-0	95.29	312-7	95.79	314-3
94.30	309-4	94.80	311-0	95.30	312-8	95.80	314-4
94.31	309-5	94.81	311-0	95.31	312-8	95.81	314-4
94.32	309-5	94.82	311-1	95.32	312-9	95.82	314-4
94.33	309-5	94.83	311-1	95.33	312-9	95.83	314-5
94.34	309-6	94.84	311-2	95.34	312-9	95.84	314-5
94.35	309-6	94.85	311-2	95.35	312-10	95.85	314-5
94.36	309-7	94.86	311-3	95.36	312-10	95.86	314-6
94.37	309-7	94.87	311-3	95.37	312-10	95.87	314-6
94.38	309-8	94.88	311-3	95.38	312-11	95.88	314-7
94.39	309-8	94.89	311-4	95.39	312-11	95.89	314-7
94.40	309-8	94.90	311-4	95.40	313-0	95.90	314-7
94.41	309-9	94.91	311-4	95.41	313-0	95.91	314-8
94.42	309-9	94.92	311-5	95.42	313-1	95.92	314-8
94.43	309-9	94.93	311-5	95.43	313-1	95.93	314-8
94.44	309-10	94.94	311-6	95.44	313-1	95.94	314-9
94.45	309-10	94.95	311-6	95.45	313-2	95.95	314-9
94.46	309-11	94.96	311-6	95.46	313-2	95.96	314-10
94.47	309-11	94.97	311-7	95.47	313-2	95.97	314-10
94.48	310-0	94.98	311-7	95.48	313-3	95.98	314-11
94.49	310-0	94.99	311-7	95.49	313-3	95.99	314-11

308-5   **314-11**

96.00　　　　　　　　　　　　　　97.99

Meters	Feet	Meters	Feet	Meters	Feet	Meters	Feet
96.00	314-11	96.50	316-7	97.00	318-3	97.50	319-10
96.01	315-0	96.51	316-7	97.01	318-3	97.51	319-11
96.02	315-0	96.52	316-8	97.02	318-4	97.52	319-11
96.03	315-0	96.53	316-8	97.03	318-4	97.53	319-11
96.04	315-1	96.54	316-9	97.04	318-4	97.54	320-0
96.05	315-1	96.55	316-9	97.05	318-5	97.55	320-0
96.06	315-2	96.56	316-9	97.06	318-5	97.56	320-1
96.07	315-2	96.57	316-10	97.07	318-5	97.57	320-1
96.08	315-3	96.58	316-10	97.08	318-6	97.58	320-2
96.09	315-3	96.59	316-10	97.09	318-6	97.59	320-2
96.10	315-3	96.60	316-11	97.10	318-7	97.60	320-2
96.11	315-4	96.61	316-11	97.11	318-7	97.61	320-3
96.12	315-4	96.62	317-0	97.12	318-8	97.62	320-3
96.13	315-4	96.63	317-0	97.13	318-8	97.63	320-3
96.14	315-5	96.64	317-1	97.14	318-8	97.64	320-4
96.15	315-5	96.65	317-1	97.15	318-8	97.65	320-4
96.16	315-6	96.66	317-1	97.16	318-9	97.66	320-5
96.17	315-6	96.67	317-2	97.17	318-9	97.67	320-5
96.18	315-7	96.68	317-2	97.18	318-10	97.68	320-6
96.19	315-7	96.69	317-2	97.19	318-10	97.69	320-6
96.20	315-7	96.70	317-3	97.20	318-11	97.70	320-6
96.21	315-7	96.71	317-3	97.21	318-11	97.71	320-7
96.22	315-8	96.72	317-4	97.22	318-11	97.72	320-7
96.23	315-8	96.73	317-4	97.23	319-0	97.73	320-7
96.24	315-9	96.74	317-5	97.24	319-0	97.74	320-8
96.25	315-9	96.75	317-5	97.25	319-0	97.75	320-8
96.26	315-10	96.76	317-5	97.26	319-1	97.76	320-9
96.27	315-10	96.77	317-6	97.27	319-1	97.77	320-9
96.28	315-10	96.78	317-6	97.28	319-2	97.78	320-9
96.29	315-11	96.79	317-6	97.29	319-2	97.79	320-10
96.30	315-11	96.80	317-7	97.30	319-3	97.80	320-10
96.31	315-11	96.81	317-7	97.31	319-3	97.81	320-10
96.32	316-0	96.82	317-8	97.32	319-3	97.82	320-11
96.33	316-0	96.83	317-8	97.33	319-4	97.83	320-11
96.34	316-1	96.84	317-8	97.34	319-4	97.84	321-0
96.35	316-1	96.85	317-9	97.35	319-4	97.85	321-0
96.36	316-2	96.86	317-9	97.36	319-5	97.86	321-1
96.37	316-2	96.87	317-9	97.37	319-5	97.87	321-1
96.38	316-2	96.88	317-10	97.38	319-6	97.88	321-1
96.39	316-3	96.89	317-10	97.39	319-6	97.89	321-2
96.40	316-3	96.90	317-11	97.40	319-7	97.90	321-2
96.41	316-3	96.91	317-11	97.41	319-7	97.91	321-2
96.42	316-4	96.92	318-0	97.42	319-7	97.92	321-3
96.43	316-4	96.93	318-0	97.43	319-8	97.93	321-3
96.44	316-5	96.94	318-0	97.44	319-8	97.94	321-4
96.45	316-5	96.95	318-1	97.45	319-8	97.95	321-4
96.46	316-6	96.96	318-1	97.46	319-9	97.96	321-5
96.47	316-6	96.97	318-1	97.47	319-9	97.97	321-5
96.48	316-6	96.98	318-2	97.48	319-10	97.98	321-5
96.49	316-7	96.99	318-2	97.49	319-10	97.99	321-6

314-11　　　　　　　　　　　　　　**321-6**

98.00 — 99.99

Meters	Feet	Meters	Feet	Meters	Feet	Meters	Feet
98.00	321-6	98.50	323-2	99.00	324-10	99.50	326-5
98.01	321-6	98.51	323-2	99.01	324-10	99.51	326-5
98.02	321-7	98.52	323-3	99.02	324-10	99.52	326-6
98.03	321-7	98.53	323-3	99.03	324-11	99.53	326-6
98.04	321-8	98.54	323-3	99.04	324-11	99.54	326-7
98.05	321-8	98.55	323-4	99.05	324-11	99.55	326-7
98.06	321-9	98.56	323-4	99.06	325-0	99.56	326-8
98.07	321-9	98.57	323-4	99.07	325-0	99.57	326-8
98.08	321-9	98.58	323-5	99.08	325-1	99.58	326-8
98.09	321-10	98.59	323-5	99.09	325-1	99.59	326-9
98.10	321-10	98.60	323-6	99.10	325-1	99.60	326-9
98.11	321-10	98.61	323-6	99.11	325-2	99.61	326-9
98.12	321-11	98.62	323-7	99.12	325-2	99.62	326-10
98.13	321-11	98.63	323-7	99.13	325-2	99.63	326-10
98.14	322-0	98.64	323-7	99.14	325-3	99.64	326-11
98.15	322-0	98.65	323-8	99.15	325-3	99.65	326-11
98.16	322-0	98.66	323-8	99.16	325-4	99.66	327-0
98.17	322-1	98.67	323-8	99.17	325-4	99.67	327-0
98.18	322-1	98.68	323-9	99.18	325-5	99.68	327-0
98.19	322-1	98.69	323-9	99.19	325-5	99.69	327-0
98.20	322-2	98.70	323-10	99.20	325-5	99.70	327-1
98.21	322-2	98.71	323-10	99.21	325-6	99.71	327-1
98.22	322-3	98.72	323-11	99.22	325-6	99.72	327-2
98.23	322-3	98.73	323-11	99.23	325-6	99.73	327-2
98.24	322-4	98.74	323-11	99.24	325-7	99.74	327-3
98.25	322-4	98.75	323-11	99.25	325-7	99.75	327-3
98.26	322-4	98.76	324-0	99.26	325-8	99.76	327-3
98.27	322-5	98.77	324-0	99.27	325-8	99.77	327-4
98.28	322-5	98.78	324-1	99.28	325-9	99.78	327-4
98.29	322-5	98.79	324-1	99.29	325-9	99.79	327-4
98.30	322-6	98.80	324-2	99.30	325-9	99.80	327-5
98.31	322-6	98.81	324-2	99.31	325-10	99.81	327-5
98.32	322-7	98.82	324-2	99.32	325-10	99.82	327-6
98.33	322-7	98.83	324-3	99.33	325-10	99.83	327-6
98.34	322-8	98.84	324-3	99.34	325-11	99.84	327-7
98.35	322-8	98.85	324-3	99.35	325-11	99.85	327-7
98.36	322-8	98.86	324-4	99.36	326-0	99.86	327-7
98.37	322-9	98.87	324-4	99.37	326-0	99.87	327-8
98.38	322-9	98.88	324-5	99.38	326-0	99.88	327-8
98.39	322-9	98.89	324-5	99.39	326-1	99.89	327-8
98.40	322-10	98.90	324-6	99.40	326-1	99.90	327-9
98.41	322-10	98.91	324-6	99.41	326-1	99.91	327-9
98.42	322-11	98.92	324-6	99.42	326-2	99.92	327-10
98.43	322-11	98.93	324-7	99.43	326-2	99.93	327-10
98.44	322-11	98.94	324-7	99.44	326-3	99.94	327-11
98.45	323-0	98.95	324-7	99.45	326-3	99.95	327-11
98.46	323-0	98.96	324-8	99.46	326-4	99.96	327-11
98.47	323-0	98.97	324-8	99.47	326-4	99.97	328-0
98.48	323-1	98.98	324-9	99.48	326-4	99.98	328-0
98.49	323-1	98.99	324-9	99.49	326-5	99.99	328-0

100.00   101.99

Meters	Feet	Meters	Feet	Meters	Feet	Meters	Feet
100.00	328-1	100.50	329-9	101.00	331-4	101.50	333-0
100.01	328-1	100.51	329-9	101.01	331-4	101.51	333-0
100.02	328-2	100.52	329-9	101.02	331-5	101.52	333-1
100.03	328-2	100.53	329-10	101.03	331-5	101.53	333-1
100.04	328-2	100.54	329-10	101.04	331-6	101.54	333-2
100.05	328-3	100.55	329-10	101.05	331-6	101.55	333-2
100.06	328-3	100.56	329-11	101.06	331-7	101.56	333-2
100.07	328-3	100.57	329-11	101.07	331-7	101.57	333-3
100.08	328-4	100.58	330-0	101.08	331-7	101.58	333-3
100.09	328-4	100.59	330-0	101.09	331-8	101.59	333-3
100.10	328-5	100.60	330-1	101.10	331-8	101.60	333-4
100.11	328-5	100.61	330-1	101.11	331-8	101.61	333-4
100.12	328-6	100.62	330-1	101.12	331-9	101.62	333-5
100.13	328-6	100.63	330-2	101.13	331-9	101.63	333-5
100.14	328-6	100.64	330-2	101.14	331-10	101.64	333-5
100.15	328-7	100.65	330-2	101.15	331-10	101.65	333-6
100.16	328-7	100.66	330-3	101.16	331-11	101.66	333-6
100.17	328-7	100.67	330-3	101.17	331-11	101.67	333-6
100.18	328-8	100.68	330-4	101.18	331-11	101.68	333-7
100.19	328-8	100.69	330-4	101.19	332-0	101.69	333-7
100.20	328-9	100.70	330-4	101.20	332-0	101.70	333-8
100.21	328-9	100.71	330-5	101.21	332-0	101.71	333-8
100.22	328-10	100.72	330-5	101.22	332-1	101.72	333-9
100.23	328-10	100.73	330-5	101.23	332-1	101.73	333-9
100.24	328-10	100.74	330-6	101.24	332-2	101.74	333-9
100.25	328-11	100.75	330-6	101.25	332-2	101.75	333-10
100.26	328-11	100.76	330-7	101.26	332-3	101.76	333-10
100.27	328-11	100.77	330-7	101.27	332-3	101.77	333-10
100.28	329-0	100.78	330-8	101.28	332-3	101.78	333-11
100.29	329-0	100.79	330-8	101.29	332-3	101.79	333-11
100.30	329-1	100.80	330-8	101.30	332-4	101.80	334-0
100.31	329-1	100.81	330-9	101.31	332-4	101.81	334-0
100.32	329-1	100.82	330-9	101.32	332-5	101.82	334-1
100.33	329-2	100.83	330-9	101.33	332-5	101.83	334-1
100.34	329-2	100.84	330-10	101.34	332-6	101.84	334-1
100.35	329-2	100.85	330-10	101.35	332-6	101.85	334-2
100.36	329-3	100.86	330-11	101.36	332-6	101.86	334-2
100.37	329-3	100.87	330-11	101.37	332-7	101.87	334-2
100.38	329-4	100.88	331-0	101.38	332-7	101.88	334-3
100.39	329-4	100.89	331-0	101.39	332-7	101.89	334-3
100.40	329-5	100.90	331-0	101.40	332-8	101.90	334-4
100.41	329-5	100.91	331-1	101.41	332-8	101.91	334-4
100.42	329-5	100.92	331-1	101.42	332-9	101.92	334-4
100.43	329-6	100.93	331-1	101.43	332-9	101.93	334-5
100.44	329-6	100.94	331-2	101.44	332-10	101.94	334-5
100.45	329-6	100.95	331-2	101.45	332-10	101.95	334-5
100.46	329-7	100.96	331-3	101.46	332-10	101.96	334-6
100.47	329-7	100.97	331-3	101.47	332-11	101.97	334-6
100.48	329-8	100.98	331-3	101.48	332-11	101.98	334-7
100.49	329-8	100.99	331-4	101.49	332-11	101.99	334-7

328-1   **334-7**

102.00 — 103.99

Meters	Feet	Meters	Feet	Meters	Feet	Meters	Feet
102.00	334-8	102.50	336-3	103.00	337-11	103.50	339-7
102.01	334-8	**102.51**	**336-4**	103.01	337-11	103.51	339-7
102.02	334-8	102.52	336-4	103.02	338-0	103.52	339-7
102.03	334-9	102.53	336-4	103.03	338-0	103.53	339-8
102.04	334-9	102.54	336-5	103.04	338-1	103.54	339-8
102.05	334-9	102.55	336-5	103.05	338-1	103.55	339-8
102.06	334-10	102.56	336-6	103.06	338-1	103.56	339-9
102.07	334-10	102.57	336-6	103.07	338-2	103.57	339-9
102.08	334-11	102.58	336-6	103.08	338-2	103.58	339-10
102.09	334-11	102.59	336-7	103.09	338-2	103.59	339-10
102.10	335-0	102.60	336-7	103.10	338-3	103.60	339-11
102.11	335-0	102.61	336-7	103.11	338-3	103.61	339-11
102.12	335-0	102.62	336-8	103.12	338-4	103.62	339-11
102.13	335-1	102.63	336-8	103.13	338-4	103.63	340-0
102.14	335-1	102.64	336-9	103.14	338-5	103.64	340-0
102.15	335-1	102.65	336-9	103.15	338-5	103.65	340-0
102.16	335-2	102.66	336-10	103.16	338-5	103.66	340-1
102.17	335-2	102.67	336-10	103.17	338-6	103.67	340-1
102.18	335-3	102.68	336-10	103.18	338-6	103.68	340-2
102.19	335-3	102.69	336-11	103.19	338-6	103.69	340-2
102.20	335-4	102.70	336-11	103.20	338-7	103.70	340-3
102.21	335-4	102.71	336-11	103.21	338-7	103.71	340-3
102.22	335-4	102.72	337-0	103.22	338-8	103.72	340-3
102.23	335-4	102.73	337-0	103.23	338-8	103.73	340-4
102.24	335-5	102.74	337-1	103.24	338-8	103.74	340-4
102.25	335-5	102.75	337-1	103.25	338-9	103.75	340-4
102.26	335-6	102.76	337-2	103.26	338-9	103.76	340-5
102.27	335-6	102.77	337-2	103.27	338-9	103.77	340-5
102.28	335-7	102.78	337-2	103.28	338-10	103.78	340-6
102.29	335-7	102.79	337-3	103.29	338-10	103.79	340-6
102.30	335-7	102.80	337-3	103.30	338-11	103.80	340-7
102.31	335-8	102.81	337-3	103.31	338-11	103.81	340-7
102.32	335-8	102.82	337-4	103.32	339-0	103.82	340-7
102.33	335-8	102.83	337-4	103.33	339-0	103.83	340-7
102.34	335-9	102.84	337-5	103.34	339-0	103.84	340-8
102.35	335-9	102.85	337-5	103.35	339-1	103.85	340-8
102.36	335-10	102.86	337-5	103.36	339-1	103.86	340-9
102.37	335-10	102.87	337-6	103.37	339-1	103.87	340-9
102.38	335-11	102.88	337-6	103.38	339-2	103.88	340-10
102.39	335-11	102.89	337-6	103.39	339-2	103.89	340-10
102.40	335-11	102.90	337-7	103.40	339-3	103.90	340-10
102.41	336-0	102.91	337-7	103.41	339-3	103.91	340-11
102.42	336-0	102.92	337-8	103.42	339-4	103.92	340-11
102.43	336-0	102.93	337-8	103.43	339-4	103.93	340-11
102.44	336-1	102.94	337-9	103.44	339-4	103.94	341-0
102.45	336-1	102.95	337-9	103.45	339-5	103.95	341-0
102.46	336-2	102.96	337-9	103.46	339-5	103.96	341-1
102.47	336-2	102.97	337-10	103.47	339-5	103.97	341-1
102.48	336-3	102.98	337-10	103.48	339-6	103.98	341-2
102.49	336-3	102.99	337-10	103.49	339-6	103.99	341-2

334-8   **341-2**

COMBINED METRIC CONVERSION AND MULTI-EVENT SCORING TABLES

COMBINED METRIC CONVERSION AND MULTI-EVENT SCORING TABLES

These tables speed the process of determining and checking multi-event scores and aid in making the necessary conversions between metric and English.

They combine, into one easy-to-use set of figures, data from the official IAAF scoring tables and the Track & Field News metric conversion tables. They therefore eliminate the need for constant reference to two books and greatly simplify the scoring task by consolidating material.

However, these tables do not completely eliminate the need for the IAAF Scoring Table and our metric conversion tables (see pp. 8–62). Both may still be needed for marks in the very high and very low ranges, which do not appear in these abbreviated tables. And while these tables are accurate, they should not be regarded as official.

The conversion tables may also be needed to convert throwing performances which fall between the marks printed herein. For instance, in the shot, 11.26 (36-11$^{1/2}$) is 562 points and 11.28 (37-$^{1/4}$) is 563 points. Even though 11.27m does not appear in these scoring tables, it is scored as 562 points according to decathlon rules (which require one to always "round down"). But unless the user is satisfied with guessing that 11.27m is either 36-11$^{3/4}$ or 37-0, it is necessary to consult the metric conversion table to determine that it is precisely 36-11$^{3/4}$. As with the throws, running events also score the lesser number of points whenever a time falls between two point values. And in the 1500 and 800, there are no hand-time tables, so a 4:15.0 is equated to 4:15.00. Hand-time tables are provided in the 100, 400 and 110H (decathlon) and 100, 200 and 100H (heptathlon).

The complete, official IAAF scoring tables for men and women are available from Track & Field News or from the IAAF office in Monaco. See p. 187–188 for addresses.

Improved performance will yield additional points as noted. Points are approximate, as there is a variation at different levels. For example, in the men's 100, the difference between 10.40 and 10.50 is 24 points, between 11.40 and 11.50 is 21 points, and between 12.40 and 12.50 is 18 points. The points below are an "average" for national-class performers.

DECATHLON				HEPTATHLON			
100m ...... 0.1 sec.	=	23 pts.		100mH ... 0.10 sec.	=	14 pts.	
LJ .... 1 inch	=	6 pts.		HJ .... 1 cm.	=	13 pts.	
.... 5 cm.	=	12 pts.		.... 1 inch	=	25-37 pts.	
SP .... 1' (30 cm.)	=	19 pts.		SP .... 1 foot (30 cm.)	=	20 pts.	
HJ .... 1 cm.	=	9 pts.		200m ...... 0.10 sec.	=	9 pts.	
.... 1 inch	=	18-25 pts.		LJ .... 1 inch	=	8 pts.	
400m ...... 0.10 sec.	=	5 pts.		.... 5 cm.	=	15 pts.	
100mH ... 0.10 sec.	=	13 pts.		JT .... 1 foot (30 cm.)	=	6 pts.	
DT .... 1' (30 cm.)	=	6 pts.		800m ...... 1.00 sec.	=	12-14 pts.	
PV .... 1 inch	=	7 pts.					
.... 5 cm.	=	15 pts.					
JT .... 1 foot (30 cm.)	=	5 pts.					
1500m .... 1.00 sec.	=	7 pts.					

A BRIEF HISTORY OF MULTI-EVENT SCORING TABLES

As decathlon expert and author Frank Zarnowski explains in his comprehensive treatise on the men's multi, *The Decathlon*, the scoring tables have evolved along with the multi-events. At least six nations, says Zarnowski, devised tables for scoring athletic contests involving a mix of disciplines prior to the advent of the modern decathlon.

1912A: The first set specifically for the decathlon were created by Swedes to score the newly invented 10-eventer at the 1912 Olympic Games held in Stockholm. The maximum score attainable in any event was 1000 points, which an athlete could earn by equaling the Olympic record for the event in question. These tables (now known as the 1912A tables) were performance-linear, meaning that competitors gained the same number of extra points, for example, for improving from 13.0 to 12.0 in the 100m as they would for improving from 12.0 to 11.0. This defied the logical assumption, understood even at the time, that performance gains are harder to achieve at higher levels of performance. The 1912A tables also awarded fractional points, making scoring unwieldy.

1912B: A modified set of tables (1912B) adjusted to the improvements in Olympic records achieved at the 1912 Games and dispensing with the awarding of fractional points, were used through 1934.

1934: At that time, the 1934 tables, devised by a group of Finns to be performance-progressive based on subjective standards came into use. These tables allowed competitors to score as many as 1360 points per event.

1950/52: In 1950, an attempt was made to improve the 1934 tables by using statistical data, rather than subjective judgments, to plot the progressivity of the points. These tables (called 1950/52 because some minor miscalculations were righted in 1952) were so progressive that decathlon stars Rafer Johnson and C.K. Yang were each able to break World Records after 9 events.

IN 1954, a working group led by the IAAF's Axel Jörbeck created women's pentathlon tables based on principles of physics that made the running events mildly progressive and the field events mildly regressive. Impressively, these tables served acceptably well through more than a quarter of a century of vast improvement by women athletes and were merely tinkered with, not scrapped wholesale, up through 1984.

1962: Jörbeck applied the same physics principles, developed by Karl Ulbrich, to decathlon scoring. These 1962 tables were modified in the subsequent 22 years only to account for automatic timing.

IN 1985, the present men's and women's tables were devised by the IAAF to make field event scoring, like that for running events, slightly progressive. Zarnowski decries the absence of any apparent statistical or scientific basis for these tables. Once again, it seems, the multi-events are scored according to subjective judgments about the value of performances.

DECATHLON

100 (start of first day)

10.00 ... 1096	10.50 975	11.00 861	11.50 753	12.00 651	12.50 556
10.01 ... 1094	10.51 973	11.01 858	11.51 750	12.01 649	12.51 554
10.02 ... 1091	10.52 970	11.02 856	11.52 748	12.02 647	12.52 552
10.03 ... 1089	10.53 968	11.03 854	11.53 746	12.03 645	12.53 551
10.04 ... 1086	10.54 966	11.04 852	11.54 744	12.04 643	12.54 549
10.05 ... 1084	10.55 963	11.05 850	11.55 742	12.05 641	12.55 547
10.06 ... 1081	10.56 961	11.06 847	11.56 740	12.06 639	12.56 545
10.07 ... 1079	10.57 959	11.07 845	11.57 738	12.07 637	12.57 543
10.08 ... 1076	10.58 956	11.08 843	11.58 736	12.08 635	12.58 541
10.09 ... 1074	10.59 954	11.09 841	11.59 734	12.09 633	12.59 540
10.10 ... 1071	10.60 952	11.10 838	11.60 732	12.10 631	12.60 538
10.11 ... 1069	10.61 949	11.11 836	11.61 730	12.11 629	12.61 536
10.12 ... 1066	10.62 947	11.12 834	11.62 728	12.12 628	12.62 534
10.13 ... 1064	10.63 945	11.13 832	11.63 725	12.13 626	12.63 532
10.14 ... 1062	10.64 942	11.14 830	11.64 723	12.14 624	12.64 531
10.15 ... 1059	10.65 940	11.15 827	11.65 721	12.15 622	12.65 529
10.16 ... 1057	10.66 938	11.16 825	11.66 719	12.16 620	12.66 527
10.17 ... 1054	10.67 935	11.17 823	11.67 717	12.17 618	12.67 525
10.18 ... 1052	10.68 933	11.18 821	11.68 715	12.18 616	12.68 523
10.19 ... 1049	10.69 931	11.19 819	11.69 713	12.19 614	12.69 522

Hand-timed

10.20 ... 1047	10.70 929	11.20 817	11.70 711	12.20 612	10.0 1037
10.21 ... 1044	10.71 926	11.21 814	11.71 709	12.21 610	10.1 1013
10.22 ... 1042	10.72 924	11.22 812	11.72 707	12.22 608	10.2 989
10.23 ... 1040	10.73 922	11.23 810	11.73 705	12.23 606	10.3 966
10.24 ... 1037	10.74 919	11.24 808	11.74 703	12.24 605	10.4 942
10.25 ... 1035	10.75 917	11.25 806	11.75 701	12.25 603	10.5 919
10.26 ... 1032	10.76 915	11.26 804	11.76 699	12.26 601	10.6 897
10.27 ... 1030	10.77 912	11.27 801	11.77 697	12.27 599	10.7 874
10.28 ... 1028	10.78 910	11.28 799	11.78 695	12.28 597	10.8 852
10.29 ... 1025	10.79 908	11.29 797	11.79 693	12.29 595	10.9 830
10.30 ... 1023	10.80 906	11.30 795	11.80 691	12.30 593	11.0 808
10.31 ... 1020	10.81 903	11.31 793	11.81 689	12.31 591	11.1 786
10.32 ... 1018	10.82 901	11.32 791	11.82 687	12.32 589	11.2 765
10.33 ... 1016	10.83 899	11.33 789	11.83 685	12.33 588	11.3 744
10.34 ... 1013	10.84 897	11.34 786	11.84 683	12.34 586	11.4 723
10.35 ... 1011	10.85 894	11.35 784	11.85 681	12.35 584	11.5 703
10.36 ... 1008	10.86 892	11.36 782	11.86 679	12.36 582	11.6 683
10.37 ... 1006	10.87 890	11.37 780	11.87 677	12.37 580	11.7 663
10.38 ... 1004	10.88 888	11.38 778	11.88 675	12.38 578	11.8 643
10.39 ... 1001	10.89 885	11.39 776	11.89 673	12.39 576	11.9 624
10.40 999	10.90 883	11.40 774	11.90 671	12.40 574	12.0 605
10.41 996	10.91 881	11.41 771	11.91 669	12.41 573	12.1 586
10.42 994	10.92 878	11.42 769	11.92 667	12.42 571	12.2 567
10.43 992	10.93 876	11.43 767	11.93 665	12.43 569	12.3 549
10.44 989	10.94 874	11.44 765	11.94 663	12.44 567	12.4 531
10.45 987	10.95 872	11.45 763	11.95 661	12.45 565	12.5 513
10.46 985	10.96 870	11.46 761	11.96 659	12.46 563	12.6 495
10.47 982	10.97 867	11.47 759	11.97 657	12.47 562	12.7 478
10.48 980	10.98 865	11.48 757	11.98 655	12.48 560	12.8 461
10.49 977	10.99 863	11.49 755	11.99 653	12.49 558	12.9 444

DECATHLON

Long Jump

8.29 .. 1136 .. 27-2½	7.79 .. 1007 .. 25-6¾	7.29 .. 883 23-11	6.79 .. 764 .... 22-3½
8.28 .. 1133 .. 27-2	7.78 .. 1005 .. 25-6¼	7.28 .. 881 .... 23-10¾	6.78 .. 762 22-3
8.27 .. 1130 .. 27-1¾	7.77 .. 1002 .. 25-6	7.27 .. 878 .... 23-10¼	6.77 .. 760 .... 22-2½
8.26 .. 1128 .. 27-1¼	7.76 .. 1000 .. 25-5½	7.26 .. 876 23-10	6.76 .. 757 .... 22-2¼
8.25 .. 1125 .. 27-¾	7.75 .. 997 .... 25-5¼	7.25 .. 874 .... 23-9½	6.75 .. 755 .... 22-1¾
8.24 .. 1123 .. 27-½	7.74 .. 995 .... 25-4¾	7.24 .. 871 23-9	6.74 .. 753 .... 22-1½
8.23 .. 1120 .. 27-0	7.73 .. 992 .... 25-4½	7.23 .. 869 .... 23-8¾	6.73 .. 750 22-1
8.22 .. 1117 .. 26-11¾	7.72 .. 990 25-4	7.22 .. 866 .... 23-8¼	6.72 .. 748 .... 22-¾
8.21 .. 1115 .. 26-11¼	7.71 .. 987 .... 25-3½	7.21 .. 864 23-8	6.71 .. 746 .... 22-¼
8.20 .. 1112 .. 26-11	7.70 .. 985 .... 25-3¼	7.20 .. 862 .... 23-7½	6.70 .. 743 .... 21-11¾
8.19 .. 1110 .. 26-10½	7.69 .. 982 .... 25-2¾	7.19 .. 859 .... 23-7¼	6.69 .. 741 .... 21-11½
8.18 .. 1107 .. 26-10	7.68 .. 980 .... 25-2½	7.18 .. 857 .... 23-6¾	6.68 .. 739 21-11
8.17 .. 1104 .. 26-9¾	7.67 .. 977 25-2	7.17 .. 854 .... 23-6¼	6.67 .. 736 .... 21-10¾
8.16 .. 1102 .. 26-9¼	7.66 .. 975 .... 25-1¾	7.16 .. 852 23-6	6.66 .. 734 .... 21-10¼
8.15 .. 1099 .. 26-9	7.65 .. 972 .... 25-1¼	7.15 .. 850 .... 23-5½	6.65 .. 732 21-10
8.14 .. 1097 .. 26-8½	7.64 .. 970 .... 25-¾	7.14 .. 847 .... 23-5¼	6.64 .. 729 .... 21-9½
8.13 .. 1094 .. 26-8¼	7.63 .. 967 .... 25-½	7.13 .. 845 .... 23-4¾	6.63 .. 727 21-9
8.12 .. 1092 .. 26-7¾	7.62 .. 965 25-0	7.12 .. 842 .... 23-4½	6.62 .. 725 .... 21-8¾
8.11 .. 1089 .. 26-7¼	7.61 .. 962 .... 24-11¾	7.11 .. 840 23-4	6.61 .. 723 .... 21-8¼
8.10 .. 1086 .. 26-7	7.60 .. 960 .... 24-11¼	7.10 .. 838 .... 23-3½	6.60 .. 720 21-8
8.09 .. 1084 .. 26-6½	7.59 .. 957 24-11	7.09 .. 835 .... 23-3¼	6.59 .. 718 .... 21-7½
8.08 .. 1081 .. 26-6¼	7.58 .. 955 .... 24-10½	7.08 .. 833 .... 23-2¾	6.58 .. 716 .... 21-7¼
8.07 .. 1079 .. 26-5¾	7.57 .. 952 24-10	7.07 .. 830 .... 23-2½	6.57 .. 713 .... 21-6¾
8.06 .. 1076 .. 26-5½	7.56 .. 950 .... 24-9¾	7.06 .. 828 23-2	6.56 .. 711 .... 21-6¼
8.05 .. 1073 .. 26-5	7.55 .. 947 .... 24-9¼	7.05 .. 826 .... 23-1¾	6.55 .. 709 21-6
8.04 .. 1071 .. 26-4½	7.54 .. 945 24-9	7.04 .. 823 .... 23-1¼	6.54 .. 707 .... 21-5½
8.03 .. 1068 .. 26-4¼	7.53 .. 942 .... 24-8½	7.03 .. 821 .... 23-¾	6.53 .. 704 .... 21-5¼
8.02 .. 1066 .. 26-3¾	7.52 .. 940 .... 24-8¼	7.02 .. 818 .... 23-½	6.52 .. 702 .... 21-4¾
8.01 .. 1063 .. 26-3½	7.51 .. 937 .... 24-7¾	7.01 .. 816 23-0	6.51 .. 700 .... 21-4¼
8.00 .. 1061 .. 26-3	7.50 .. 935 .... 24-7¼	7.00 .. 814 .... 22-11¾	6.50 .. 697 21-4
7.99 .. 1058 .. 26-2¾	7.49 .. 932 24-7	6.99 .. 811 .... 22-11¼	6.49 .. 695 .... 21-3½
7.98 .. 1056 .. 26-2¼	7.48 .. 930 .... 24-6½	6.98 .. 809 .... 22-10¾	6.48 .. 693 .... 21-3¼
7.97 .. 1053 .. 26-1¾	7.47 .. 927 .... 24-6¼	6.97 .. 807 .... 22-10½	6.47 .. 691 .... 21-2¾
7.96 .. 1050 .. 26-1½	7.46 .. 925 .... 24-5¾	6.96 .. 804 22-10	6.46 .. 688 .... 21-2½
7.95 .. 1048 .. 26-1	7.45 .. 922 .... 24-5½	6.95 .. 802 .... 22-9¾	6.45 .. 686 21-2
7.94 .. 1045 .. 26-¾	7.44 .. 920 24-5	6.94 .. 799 .... 22-9¼	6.44 .. 684 .... 21-1½
7.93 .. 1043 .. 26-¼	7.43 .. 918 .... 24-4½	6.93 .. 797 22-9	6.43 .. 682 .... 21-1¼
7.92 .. 1040 .. 26-0	7.42 .. 915 .... 24-4¼	6.92 .. 795 .... 22-8½	6.42 .. 679 .... 21-¾
7.91 .. 1038 .. 25-11½	7.41 .. 913 .... 24-3¾	6.91 .. 792 22-8	6.41 .. 677 .... 21-½
7.90 .. 1035 .. 25-11	7.40 .. 910 .... 24-3½	6.90 .. 790 .... 22-7¾	6.40 .. 675 21-0
7.89 .. 1033 .. 25-10¾	7.39 .. 908 24-3	6.89 .. 788 .... 22-7¼	6.39 .. 673 .... 20-11¾
7.88 .. 1030 .. 25-10¼	7.38 .. 905 .... 24-2½	6.88 .. 785 22-7	6.38 .. 670 .... 20-11¼
7.87 .. 1027 .. 25-10	7.37 .. 903 .... 24-2¼	6.87 .. 783 .... 22-6½	6.37 .. 668 .... 20-10¾
7.86 .. 1025 .. 25-9½	7.36 .. 900 .... 24-1¾	6.86 .. 781 .... 22-6¼	6.36 .. 666 .... 20-10½
7.85 .. 1022 .. 25-9¼	7.35 .. 898 .... 24-1½	6.85 .. 778 .... 22-5¾	6.35 .. 664 20-10
7.84 .. 1020 .. 25-8¾	7.34 .. 896 24-1	6.84 .. 776 .... 22-5¼	6.34 .. 661 .... 20-9¾
7.83 .. 1017 .. 25-8¼	7.33 .. 893 .... 24-¾	6.83 .. 774 22-5	6.33 .. 659 .... 20-9¼
7.82 .. 1015 .. 25-8	7.32 .. 891 .... 24-¼	6.82 .. 771 .... 22-4½	6.32 .. 657 20-9
7.81 .. 1012 .. 25-7½	7.31 .. 888 .... 23-11¾	6.81 .. 769 .... 22-4¼	6.31 .. 655 .... 20-8½
7.80 .. 1010 .. 25-7¼	7.30 .. 886 .... 23-11½	6.80 .. 767 .... 22-3¾	6.30 .. 652 20-8

DECATHLON

Long Jump

6.29	650	20-7¾	5.79	542	19-0
6.28	648	20-7¼	5.78	540	18-11¾
6.27	646	20-7	5.77	537	18-11¼
6.26	644	20-6½	5.76	535	18-10¾
6.25	641	20-6¼	5.75	533	18-10½
6.24	639	20-5¾	5.74	531	18-10
6.23	637	20-5¼	5.73	529	18-9¾
6.22	635	20-5	5.72	527	18-9¼
6.21	632	20-4½	5.71	525	18-8¾
6.20	630	20-4¼	5.70	523	18-8½
6.19	628	20-3¾	5.69	521	18-8
6.18	626	20-3½	5.68	519	18-7¾
6.17	624	20-3	5.67	516	18-7¼
6.16	621	20-2½	5.66	514	18-7
6.15	619	20-2¼	5.65	512	18-6½
6.14	617	20-1¾	5.64	510	18-6
6.13	615	20-1½	5.63	508	18-5¾
6.12	613	20-1	5.62	506	18-5¼
6.11	610	20-½	5.61	504	18-5
6.10	608	20-¼	5.60	502	18-4½
6.09	606	19-11¾	5.59	500	18-4¼
6.08	604	19-11½	5.58	498	18-3¾
6.07	602	19-11	5.57	496	18-3¼
6.06	600	19-10¾	5.56	494	18-3
6.05	597	19-10¼	5.55	492	18-2½
6.04	595	19-9¾	5.54	490	18-2¼
6.03	593	19-9½	5.53	487	18-1¾
6.02	591	19-9	5.52	485	18-1½
6.01	589	19-8¾	5.51	483	18-1
6.00	587	19-8¼	5.50	481	18-½
5.99	584	19-8	5.49	479	18-¼
5.98	582	19-7½	5.48	477	17-11¾
5.97	580	19-7	5.47	475	17-11½
5.96	578	19-6¾	5.46	473	17-11
5.95	576	19-6¼	5.45	471	17-10¾
5.94	574	19-6	5.44	469	17-10¼
5.93	571	19-5½	5.43	467	17-9¾
5.92	569	19-5¼	5.42	465	17-9½
5.91	567	19-4¾	5.41	463	17-9
5.90	565	19-4¼	5.40	461	17-8¾
5.89	563	19-4	5.39	459	17-8¼
5.88	561	19-3½	5.38	457	17-8
5.87	559	19-3¼	5.37	455	17-7½
5.86	556	19-2¾	5.36	453	17-7
5.85	554	19-2½	5.35	451	17-6¾
5.84	552	19-2	5.34	449	17-6¼
5.83	550	19-1½	5.33	447	17-6
5.82	548	19-1¼	5.32	445	17-5½
5.81	546	19-¾	5.31	443	17-5¼
5.80	544	19-½	5.30	441	17-4¾

Shot

19.19	1049	62-11½	18.38	999	60-3¾
19.17	1048	62-10¾	18.37	998	60-3¼
19.15	1047	62-10	18.35	997	60-2½
19.14	1046	62-9½	18.33	996	60-1¾
19.12	1045	62-8¾	18.32	995	60-1¼
19.11	1044	62-8½	18.30	994	60-½
19.09	1043	62-7¾	18.29	993	60-¼
19.07	1042	62-6¾	18.27	992	59-11¼
19.06	1041	62-6½	18.25	991	59-10½
19.04	1040	62-5¾	18.24	990	59-10¼
19.03	1039	62-5¼	18.22	989	59-9½
19.01	1038	62-4½	18.21	988	59-9
18.99	1037	62-3¾	18.19	987	59-8¼
18.98	1036	62-3¼	18.17	986	59-7½
18.96	1035	62-2½	18.16	985	59-7
18.95	1034	62-2¼	18.14	984	59-6¼
18.93	1033	62-1¼	18.13	983	59-5¾
18.91	1032	62-½	18.11	982	59-5
18.90	1031	62-¼	18.09	981	59-4¼
18.88	1030	61-11½	18.08	980	59-4
18.87	1029	61-11	18.06	979	59-3
18.85	1028	61-10¼	18.04	978	59-2¼
18.83	1027	61-9½	18.03	977	59-2
18.82	1026	61-9	18.01	976	59-1¼
18.80	1025	61-8¼	18.00	975	59-¾
18.79	1024	61-7¾	17.98	974	59-0
18.77	1023	61-7	17.96	973	58-11¼
18.75	1022	61-6¼	17.95	972	58-10¾
18.74	1021	61-5¾	17.93	971	58-10
18.72	1020	61-5	17.92	970	58-9½
18.70	1019	61-4¼	17.90	969	58-8¾
18.69	1018	61-4	17.88	968	58-8
18.67	1017	61-3	17.87	967	58-7½
18.66	1016	61-2¾	17.85	966	58-6¾
18.64	1015	61-2	17.84	965	58-6½
18.62	1014	61-1¼	17.82	964	58-5¾
18.61	1013	61-¾	17.80	963	58-4¾
18.59	1012	61-0	17.79	962	58-4½
18.58	1011	60-11½	17.77	961	58-3¾
18.56	1010	60-10¾	17.75	960	58-3
18.54	1009	60-10	17.74	959	58-2½
18.53	1008	60-9½	17.72	958	58-1¾
18.51	1007	60-8¾	17.71	957	58-1¼
18.50	1006	60-8½	17.69	956	58-½
18.48	1005	60-7¾	17.67	955	57-11¾
18.46	1004	60-6¾	17.66	954	57-11¼
18.45	1003	60-6½	17.64	953	57-10½
18.43	1002	60-5¾	17.63	952	57-10¼
18.42	1001	60-5¼	17.61	951	57-9½
18.40	1000	60-4½	17.59	950	57-8½

DECATHLON

Shot

17.58 ... 949 . 57-8¼	16.77 ... 899 . 55-¼	15.96 ... 849 . 52-4½	15.15 ... 799 . 49-8½
17.56 ... 948 . 57-7½	16.75 ... 898 . 54-11½	15.94 ... 848 . 52-3¾	15.13 ... 798 . 49-7¾
17.55 ... 947 . 57-7	16.74 ... 897 . 54-11¼	15.93 ... 847 . 52-3¼	15.12 ... 797 . 49-7¼
17.53 ... 946 . 57-6¼	16.72 ... 896 . 54-10¼	15.91 ... 846 . 52-2½	15.10 ... 796 . 49-6½
17.51 ... 945 . 57-5½	16.71 ... 895 . 54-10	15.90 ... 845 . 52-2	15.08 ... 795 . 49-5¾
17.50 ... 944 . 57-5	16.69 ... 894 . 54-9¼	15.88 ... 844 . 52-1¼	15.07 ... 794 . 49-5½
17.48 ... 943 . 57-4¼	16.67 ... 893 . 54-8¼	15.86 ... 843 . 52-½	15.05 ... 793 . 49-4½
17.46 ... 942 . 57-3½	16.66 ... 892 . 54-8	15.85 ... 842 . 52-0	15.03 ... 792 . 49-3¾
17.45 ... 941 . 57-3	16.64 ... 891 . 54-7¼	15.83 ... 841 . 51-11¼	15.02 ... 791 . 49-3½
17.43 ... 940 . 57-2¼	16.62 ... 890 . 54-6½	15.81 ... 840 . 51-10½	15.00 ... 790 . 49-2½
17.42 ... 939 . 57-2	16.61 ... 889 . 54-6	15.80 ... 839 . 51-10	14.99 ... 789 . 49-2¼
17.40 ... 938 . 57-1	16.59 ... 888 . 54-5¼	15.78 ... 838 . 51-9¼	14.97 ... 788 . 49-1½
17.38 ... 937 . 57-¼	16.58 ... 887 . 54-4¾	15.77 ... 837 . 51-9	14.95 ... 787 . 49-¾
17.37 ... 936 . 57-0	16.56 ... 886 . 54-4	15.75 ... 836 . 51-8¼	14.94 ... 786 . 49-¼
17.35 ... 935 . 56-11¼	16.54 ... 885 . 54-3¼	15.73 ... 835 . 51-7¼	14.92 ... 785 . 48-11½
17.34 ... 934 . 56-10¾	16.53 ... 884 . 54-2¾	15.72 ... 834 . 51-7	14.90 ... 784 . 48-10¾
17.32 ... 933 . 56-10	16.51 ... 883 . 54-2	15.70 ... 833 . 51-6¼	14.89 ... 783 . 48-10¼
17.30 ... 932 . 56-9¼	16.49 ... 882 . 54-1¼	15.68 ... 832 . 51-5½	14.87 ... 782 . 48-9½
17.29 ... 931 . 56-8¾	16.48 ... 881 . 54-1	15.67 ... 831 . 51-5	14.86 ... 781 . 48-9
17.27 ... 930 . 56-8	16.46 ... 880 . 54-0	15.65 ... 830 . 51-4¼	14.84 ... 780 . 48-8¼
17.25 ... 929 . 56-7¼	16.45 ... 879 . 53-11¾	15.64 ... 829 . 51-3¾	14.82 ... 779 . 48-7½
17.24 ... 928 . 56-6¾	16.43 ... 878 . 53-11	15.62 ... 828 . 51-3	14.81 ... 778 . 48-7¼
17.22 ... 927 . 56-6	16.41 ... 877 . 53-10¼	15.60 ... 827 . 51-2¼	14.79 ... 777 . 48-6¼
17.21 ... 926 . 56-5¾	16.40 ... 876 . 53-9¾	15.59 ... 826 . 51-1¾	14.77 ... 776 . 48-5½
17.19 ... 925 . 56-4¾	16.38 ... 875 . 53-9	15.57 ... 825 . 51-1	14.76 ... 775 . 48-5¼
17.17 ... 924 . 56-4	16.37 ... 874 . 53-8½	15.55 ... 824 . 51-¼	14.74 ... 774 . 48-4½
17.16 ... 923 . 56-3¾	16.35 ... 873 . 53-7¾	15.54 ... 823 . 51-0	14.73 ... 773 . 48-4
17.14 ... 922 . 56-2¾	16.33 ... 872 . 53-7	15.52 ... 822 . 50-11	14.71 ... 772 . 48-3¼
17.13 ... 921 . 56-2½	16.32 ... 871 . 53-6½	15.51 ... 821 . 50-10¾	14.69 ... 771 . 48-2½
17.11 ... 920 . 56-1¾	16.30 ... 870 . 53-5¾	15.49 ... 820 . 50-10	14.68 ... 770 . 48-2
17.09 ... 919 . 56-1	16.28 ... 869 . 53-5	15.47 ... 819 . 50-9¼	14.66 ... 769 . 48-1¼
17.08 ... 918 . 56-½	16.27 ... 868 . 53-4½	15.46 ... 818 . 50-8¾	14.64 ... 768 . 48-½
17.06 ... 917 . 55-11¾	16.25 ... 867 . 53-3¾	15.44 ... 817 . 50-8	14.63 ... 767 . 48-0
17.04 ... 916 . 55-11	16.24 ... 866 . 53-3½	15.42 ... 816 . 50-7¼	14.61 ... 766 . 47-11¼
17.03 ... 915 . 55-10½	16.22 ... 865 . 53-2¾	15.41 ... 815 . 50-6¾	14.59 ... 765 . 47-10½
17.01 ... 914 . 55-9¾	16.20 ... 864 . 53-1¾	15.39 ... 814 . 50-6	14.58 ... 764 . 47-10
17.00 ... 913 . 55-9¼	16.19 ... 863 . 53-1½	15.38 ... 813 . 50-5½	14.56 ... 763 . 47-9¼
16.98 ... 912 . 55-8½	16.17 ... 862 . 53-¾	15.36 ... 812 . 50-4¾	14.55 ... 762 . 47-9
16.96 ... 911 . 55-7¾	16.15 ... 861 . 53-0	15.34 ... 811 . 50-4	14.53 ... 761 . 47-8
16.95 ... 910 . 55-7½	16.14 ... 860 . 52-11½	15.33 ... 810 . 50-3½	14.51 ... 760 . 47-7¼
16.93 ... 909 . 55-6½	16.12 ... 859 . 52-10¾	15.31 ... 809 . 50-2¾	14.50 ... 759 . 47-7
16.92 ... 908 . 55-6¼	16.11 ... 858 . 52-10¼	15.29 ... 808 . 50-2	14.48 ... 758 . 47-6¼
16.90 ... 907 . 55-5½	16.09 ... 857 . 52-9½	15.28 ... 807 . 50-1¾	14.46 ... 757 . 47-5¼
16.88 ... 906 . 55-4¾	16.07 ... 856 . 52-8¾	15.26 ... 806 . 50-¾	14.45 ... 756 . 47-5
16.87 ... 905 . 55-4¼	16.06 ... 855 . 52-8¼	15.25 ... 805 . 50-½	14.43 ... 755 . 47-4¼
16.85 ... 904 . 55-3½	16.04 ... 854 . 52-7½	15.23 ... 804 . 49-11¾	14.42 ... 754 . 47-3¾
16.83 ... 903 . 55-2¾	16.03 ... 853 . 52-7¼	15.21 ... 803 . 49-11	14.40 ... 753 . 47-3
16.82 ... 902 . 55-2¼	16.01 ... 852 . 52-6½	15.20 ... 802 . 49-10½	14.38 ... 752 . 47-2¼
16.80 ... 901 . 55-1½	15.99 ... 851 . 52-5½	15.18 ... 801 . 49-9¾	14.37 ... 751 . 47-1¾
16.79 ... 900 . 55-1	15.98 ... 850 . 52-5¼	15.16 ... 800 . 49-9	14.35 ... 750 . 47-1

(If the indicated distance is not listed, the next shorter distance is correct for scoring. See the regular conversion tables for unlisted marks' English equivalents.)

DECATHLON

Shot

14.33 ... 749 . 47-1/4	13.52 ... 699 . 44-41/4	12.70 ... 649 . 41-8	11.87 ... 599 . 38-111/2
14.32 ... 748 . 46-113/4	13.50 ... 698 . 44-31/2	12.68 ... 648 . 41-71/4	11.86 ... 598 . 38-11
14.30 ... 747 . 46-11	13.48 ... 697 . 44-23/4	12.66 ... 647 . 41-61/2	11.84 ... 597 . 38-101/4
14.29 ... 746 . 46-103/4	13.47 ... 696 . 44-21/2	12.65 ... 646 . 41-6	11.83 ... 596 . 38-93/4
14.27 ... 745 . 46-10	13.45 ... 695 . 44-11/2	12.63 ... 645 . 41-51/4	11.81 ... 595 . 38-9
14.25 ... 744 . 46-9	13.44 ... 694 . 44-11/4	12.62 ... 644 . 41-5	11.79 ... 594 . 38-81/4
14.24 ... 743 . 46-83/4	13.42 ... 693 . 44-1/2	12.60 ... 643 . 41-41/4	11.78 ... 593 . 38-73/4
14.22 ... 742 . 46-8	13.40 ... 692 . 43-113/4	12.58 ... 642 . 41-31/4	11.76 ... 592 . 38-7
14.20 ... 741 . 46-71/4	13.39 ... 691 . 43-111/4	12.57 ... 641 . 41-3	11.74 ... 591 . 38-61/4
14.19 ... 740 . 46-63/4	13.37 ... 690 . 43-101/2	12.55 ... 640 . 41-21/4	11.73 ... 590 . 38-6
14.17 ... 739 . 46-6	13.35 ... 689 . 43-93/4	12.53 ... 639 . 41-11/2	11.71 ... 589 . 38-5
14.15 ... 738 . 46-51/4	13.34 ... 688 . 43-91/4	12.52 ... 638 . 41-1	11.69 ... 588 . 38-41/4
14.14 ... 737 . 46-43/4	13.32 ... 687 . 43-81/2	12.50 ... 637 . 41-1/4	11.68 ... 587 . 38-4
14.12 ... 736 . 46-4	13.30 ... 686 . 43-73/4	12.48 ... 636 . 40-111/2	11.66 ... 586 . 38-31/4
14.11 ... 735 . 46-31/2	13.29 ... 685 . 43-71/4	12.47 ... 635 . 40-11	11.64 ... 585 . 38-21/4
14.09 ... 734 . 46-23/4	13.27 ... 684 . 43-61/2	12.45 ... 634 . 40-101/4	11.63 ... 584 . 38-2
14.07 ... 733 . 46-2	13.26 ... 683 . 43-6	12.43 ... 633 . 40-91/2	11.61 ... 583 . 38-11/4
14.06 ... 732 . 46-11/2	13.24 ... 682 . 43-51/4	12.42 ... 632 . 40-9	11.59 ... 582 . 38-1/4
14.04 ... 731 . 46-3/4	13.22 ... 681 . 43-41/2	12.40 ... 631 . 40-81/4	11.58 ... 581 . 38-0
14.02 ... 730 . 46-0	13.21 ... 680 . 43-41/4	12.39 ... 630 . 40-73/4	11.56 ... 580 . 37-111/4
14.01 ... 729 . 45-113/4	13.19 ... 679 . 43-31/4	12.37 ... 629 . 40-7	11.54 ... 579 . 37-101/2
13.99 ... 728 . 45-103/4	13.17 ... 678 . 43-21/2	12.35 ... 628 . 40-61/4	11.53 ... 578 . 37-10
13.97 ... 727 . 45-10	13.16 ... 677 . 43-21/4	12.34 ... 627 . 40-6	11.51 ... 577 . 37-91/4
13.96 ... 726 . 45-93/4	13.14 ... 676 . 43-11/2	12.32 ... 626 . 40-5	11.50 ... 576 . 37-83/4
13.94 ... 725 . 45-9	13.12 ... 675 . 43-1/2	12.30 ... 625 . 40-41/4	11.48 ... 575 . 37-8
13.93 ... 724 . 45-81/2	13.11 ... 674 . 43-1/4	12.29 ... 624 . 40-4	11.46 ... 574 . 37-71/4
13.91 ... 723 . 45-73/4	13.09 ... 673 . 42-111/2	12.27 ... 623 . 40-31/4	11.45 ... 573 . 37-63/4
13.89 ... 722 . 45-7	13.07 ... 672 . 42-103/4	12.25 ... 622 . 40-21/4	11.43 ... 572 . 37-6
13.88 ... 721 . 45-61/2	13.06 ... 671 . 42-101/2	12.24 ... 621 . 40-2	11.41 ... 571 . 37-51/4
13.86 ... 720 . 45-53/4	13.04 ... 670 . 42-91/2	12.22 ... 620 . 40-11/4	11.40 ... 570 . 37-5
13.84 ... 719 . 45-5	13.03 ... 669 . 42-9	12.20 ... 619 . 40-1/2	11.38 ... 569 . 37-4
13.83 ... 718 . 45-41/2	13.01 ... 668 . 42-81/4	12.19 ... 618 . 40-0	11.36 ... 568 . 37-31/4
13.81 ... 717 . 45-33/4	12.99 ... 667 . 42-71/2	12.17 ... 617 . 39-111/4	11.35 ... 567 . 37-3
13.80 ... 716 . 45-31/2	12.98 ... 666 . 42-7	12.15 ... 616 . 39-101/2	11.33 ... 566 . 37-21/4
13.78 ... 715 . 45-21/2	12.96 ... 665 . 42-61/4	12.14 ... 615 . 39-10	11.31 ... 565 . 37-11/4
13.76 ... 714 . 45-13/4	12.94 ... 664 . 42-51/2	12.12 ... 614 . 39-91/4	11.30 ... 564 . 37-1
13.75 ... 713 . 45-11/2	12.93 ... 663 . 42-51/4	12.11 ... 613 . 39-83/4	11.28 ... 563 . 37-1/4
13.73 ... 712 . 45-1/2	12.91 ... 662 . 42-41/4	12.09 ... 612 . 39-8	11.26 ... 562 . 36-111/2
13.71 ... 711 . 44-113/4	12.89 ... 661 . 42-31/2	12.07 ... 611 . 39-71/4	11.25 ... 561 . 36-11
13.70 ... 710 . 44-111/2	12.88 ... 660 . 42-31/4	12.06 ... 610 . 39-63/4	11.23 ... 560 . 36-101/4
13.68 ... 709 . 44-103/4	12.86 ... 659 . 42-21/4	12.04 ... 609 . 39-6	11.21 ... 559 . 36-91/2
13.66 ... 708 . 44-93/4	12.85 ... 658 . 42-2	12.02 ... 608 . 39-51/4	11.20 ... 558 . 36-9
13.65 ... 707 . 44-91/2	12.83 ... 657 . 42-11/4	12.01 ... 607 . 39-5	11.18 ... 557 . 36-81/4
13.63 ... 706 . 44-83/4	12.81 ... 656 . 42-1/2	11.99 ... 606 . 39-4	11.16 ... 556 . 36-71/2
13.62 ... 705 . 44-81/4	12.80 ... 655 . 42-0	11.97 ... 605 . 39-31/4	11.15 ... 555 . 36-7
13.60 ... 704 . 44-71/2	12.78 ... 654 . 41-111/4	11.96 ... 604 . 39-3	11.13 ... 554 . 36-61/4
13.58 ... 703 . 44-63/4	12.76 ... 653 . 41-101/2	11.94 ... 603 . 39-21/4	11.11 ... 553 . 36-51/2
13.57 ... 702 . 44-61/4	12.75 ... 652 . 41-10	11.92 ... 602 . 39-11/4	11.10 ... 552 . 36-5
13.55 ... 701 . 44-51/2	12.73 ... 651 . 41-91/4	11.91 ... 601 . 39-1	11.08 ... 551 . 36-41/4
13.53 ... 700 . 44-43/4	12.71 ... 650 . 41-81/2	11.89 ... 600 . 39-1/4	11.07 ... 550 . 36-4

(If the indicated distance is not listed, the next shorter distance is correct for scoring. See the regular conversion tables for unlisted marks' English equivalents.)

DECATHLON

Shot								High Jump		
11.05	549	36-3	10.22	499	33-6½	2.39	1182	7-10	1.89	705	6-2¼
11.03	548	36-2¼	10.20	498	33-5¾	2.38	1172	7-9¾	1.88	696	6-2
11.02	547	36-2	10.19	497	33-5¼	2.37	1161	7-9¼	1.87	687	6-1½
11.00	546	36-1¼	10.17	496	33-4½	2.36	1151	7-8¾	1.86	679	6-1¼
10.98	545	36-¼	10.15	495	33-3¾	2.35	1141	7-8½	1.85	670	6-¾
10.97	544	36-0	10.14	494	33-3¼	2.34	1131	7-8	1.84	661	6-½
10.95	543	35-11¼	10.12	493	33-2½	2.33	1121	7-7¾	1.83	653	6-0
10.93	542	35-10½	10.10	492	33-1¾	2.32	1111	7-7¼	1.82	644	5-11½
10.92	541	35-10	10.09	491	33-1¼	2.31	1101	7-7	1.81	636	5-11¼
10.90	540	35-9¼	10.07	490	33-½	2.30	1091	7-6½	1.80	627	5-10¾
10.88	539	35-8½	10.05	489	32-11¾	2.29	1081	7-6	1.79	619	5-10½
10.87	538	35-8	10.04	488	32-11¼	2.28	1071	7-5¾	1.78	610	5-10
10.85	537	35-7¼	10.02	487	32-10½	2.27	1061	7-5¼	1.77	602	5-9¾
10.83	536	35-6½	10.00	486	32-9¾	2.26	1051	7-5	1.76	593	5-9¼
10.82	535	35-6	9.99	485	32-9½	2.25	1041	7-4½	1.75	585	5-8¾
10.80	534	35-5¼	9.97	484	32-8½	2.24	1031	7-4¼	1.74	577	5-8½
10.78	533	35-4½	9.95	483	32-7¾	2.23	1021	7-3¾	1.73	569	5-8
10.77	532	35-4	9.94	482	32-7½	2.22	1012	7-3¼	1.72	560	5-7¾
10.75	531	35-3¼	9.92	481	32-6½	2.21	1002	7-3	1.71	552	5-7¼
10.73	530	35-2½	9.90	480	32-5¾	2.20	992	7-2½	1.70	544	5-7
10.72	529	35-2	9.89	479	32-5½	2.19	982	7-2¼	1.69	536	5-6½
10.70	528	35-1¼	9.87	478	32-4¾	2.18	973	7-1¾	1.68	528	5-6
10.68	527	35-½	9.85	477	32-3¾	2.17	963	7-1½	1.67	520	5-5¾
10.67	526	35-¼	9.84	476	32-3½	2.16	953	7-1	1.66	512	5-5¼
10.65	525	34-11¼	9.82	475	32-2¾	2.15	944	7-½	1.65	504	5-5
10.63	524	34-10½	9.80	474	32-2	2.14	934	7-¼	1.64	496	5-4½
10.62	523	34-10¼	9.79	473	32-1½	2.13	925	6-11¾	1.63	488	5-4¼
10.60	522	34-9½	9.77	472	32-¾	2.12	915	6-11½	1.62	480	5-3¾
10.58	521	34-8½	9.75	471	32-0	2.11	906	6-11	1.61	472	5-3¼
10.57	520	34-8¼	9.74	470	31-11½	2.10	896	6-10¾	1.60	464	5-3
10.55	519	34-7½	9.72	469	31-10¾	2.09	887	6-10¼	1.59	457	5-2½
10.53	518	34-6¾	9.70	468	31-10	2.08	878	6-9¾	1.58	449	5-2¼
10.52	517	34-6¼	9.69	467	31-9½	2.07	868	6-9½	1.57	441	5-1¾
10.50	516	34-5½	9.67	466	31-8¾	2.06	859	6-9	1.56	434	5-1¼
10.48	515	34-4¾	9.65	465	31-8	2.05	850	6-8¾	1.55	426	5-1
10.47	514	34-4¼	9.64	464	31-7½	2.04	840	6-8¼	1.54	419	5-½
10.45	513	34-3½	9.62	463	31-6¾	2.03	831	6-8	1.53	411	5-¼
10.43	512	34-2¾	9.60	462	31-6	2.02	822	6-7½	1.52	404	4-11¾
10.42	511	34-2¼	9.59	461	31-5¾	2.01	813	6-7	1.51	396	4-11½
10.40	510	34-1½	9.57	460	31-4¾	2.00	803	6-6¾	1.50	389	4-11
10.39	509	34-1¼	9.55	459	31-4	1.99	794	6-6¼	1.49	381	4-10½
10.37	508	34-¼	9.54	458	31-3¾	1.98	785	6-6	1.48	374	4-10¼
10.35	507	33-11½	9.52	457	31-2¾	1.97	776	6-5½	1.47	367	4-9¾
10.34	506	33-11¼	9.50	456	31-2	1.96	767	6-5	1.46	360	4-9½
10.32	505	33-10¼	9.49	455	31-1¾	1.95	758	6-4¾	1.45	352	4-9
10.30	504	33-9½	9.47	454	31-1	1.94	749	6-4¼	1.44	345	4-8¾
10.29	503	33-9¼	9.45	453	31-0	1.93	740	6-4	1.43	338	4-8¼
10.27	502	33-8½	9.44	452	30-11¾	1.92	731	6-3½	1.42	331	4-7¾
10.25	501	33-7½	9.42	451	30-11	1.91	723	6-3¼	1.41	324	4-7½
10.24	500	33-7¼	9.40	450	30-10¼	1.90	714	6-2¾	1.40	317	4-7

DECATHLON

400 (end of first day)

Time	Points	Time	Points	Time	Points	Time	Points	Time	Points	Time	Points
45.02	1059	45.99	1009	46.99	959	48.01	909	49.05	859	50.13	809
45.03	1058	46.01	1008	47.01	958	48.03	908	49.08	858	50.15	808
45.05	1057	46.03	1007	47.03	957	48.05	907	49.10	857	50.17	807
45.07	1056	46.05	1006	47.05	956	48.07	906	49.12	856	50.19	806
45.09	1055	46.07	1005	47.07	955	48.09	905	49.14	855	50.21	805
45.11	1054	46.09	1004	47.09	954	48.11	904	49.16	854	50.24	804
45.13	1053	46.11	1003	47.11	953	48.13	903	49.18	853	50.26	803
45.15	1052	46.13	1002	47.13	952	48.15	902	49.20	852	50.28	802
45.17	1051	46.15	1001	47.15	951	48.17	901	49.22	851	50.30	801
45.19	1050	46.17	1000	47.17	950	48.19	900	49.24	850	50.32	800
45.21	1049	46.19	999	47.19	949	48.22	899	49.27	849	50.35	799
45.23	1048	46.21	998	47.21	948	48.24	898	49.29	848	50.37	798
45.25	1047	46.23	997	47.23	947	48.26	897	49.31	847	50.39	797
45.27	1046	46.25	996	47.25	946	48.28	896	49.33	846	50.41	796
45.29	1045	46.27	995	47.27	945	48.30	895	49.35	845	50.43	795
45.31	1044	46.29	994	47.29	944	48.32	894	49.37	844	50.46	794
45.33	1043	46.31	993	47.31	943	48.34	893	49.39	843	50.48	793
45.34	1042	46.33	992	47.33	942	48.36	892	49.42	842	50.50	792
45.36	1041	46.35	991	47.35	941	48.38	891	49.44	841	50.52	791
45.38	1040	46.37	990	47.37	940	48.40	890	49.46	840	50.54	790
45.40	1039	46.39	989	47.39	939	48.42	889	49.48	839	50.57	789
45.42	1038	46.41	988	47.41	938	48.44	888	49.50	838	50.59	788
45.44	1037	46.43	987	47.43	937	48.46	887	49.52	837	50.61	787
45.46	1036	46.45	986	47.45	936	48.49	886	49.54	836	50.63	786
45.48	1035	46.47	985	47.47	935	48.51	885	49.57	835	50.65	785
45.50	1034	46.49	984	47.49	934	48.53	884	49.59	834	50.68	784
45.52	1033	46.51	983	47.52	933	48.55	883	49.61	833	50.70	783
45.54	1032	46.53	982	47.54	932	48.57	882	49.63	832	50.72	782
45.56	1031	46.55	981	47.56	931	48.59	881	49.65	831	50.74	781
45.58	1030	46.57	980	47.58	930	48.61	880	49.67	830	50.76	780
45.60	1029	46.59	979	47.60	929	48.63	879	49.69	829	50.79	779
45.62	1028	46.61	978	47.62	928	48.65	878	49.72	828	50.81	778
45.64	1027	46.63	977	47.64	927	48.67	877	49.74	827	50.83	777
45.66	1026	46.65	976	47.66	926	48.70	876	49.76	826	50.85	776
45.68	1025	46.67	975	47.68	925	48.72	875	49.78	825	50.87	775
45.70	1024	46.69	974	47.70	924	48.74	874	49.80	824	50.90	774
45.72	1023	46.71	973	47.72	923	48.76	873	49.82	823	50.92	773
45.73	1022	46.73	972	47.74	922	48.78	872	49.85	822	50.94	772
45.75	1021	46.75	971	47.76	921	48.80	871	49.87	821	50.96	771
45.77	1020	46.77	970	47.78	920	48.82	870	49.89	820	50.99	770
45.79	1019	46.79	969	47.80	919	48.84	869	49.91	819	51.01	769
45.81	1018	46.81	968	47.82	918	48.86	868	49.93	818	51.03	768
45.83	1017	46.83	967	47.84	917	48.88	867	49.95	817	51.05	767
45.85	1016	46.85	966	47.86	916	48.91	866	49.98	816	51.07	766
45.87	1015	46.87	965	47.88	915	48.93	865	50.00	815	51.10	765
45.89	1014	46.89	964	47.90	914	48.95	864	50.02	814	51.12	764
45.91	1013	46.91	963	47.93	913	48.97	863	50.04	813	51.14	763
45.93	1012	46.93	962	47.95	912	48.99	862	50.06	812	51.16	762
45.95	1011	46.95	961	47.97	911	49.01	861	50.08	811	51.19	761
45.97	1010	46.97	960	47.99	910	49.03	860	50.11	810	51.21	760

(If the indicated time is not listed, the next longer [slower] time is correct for scoring)

DECATHLON

400	pts	400	pts	400	pts	400	pts	Hand-timed 400			
51.23	759	52.37	709	53.54	659	54.75	609	46.0	1001	51.0	763
51.25	758	52.39	708	53.56	658	54.78	608	46.1	996	51.1	758
51.28	757	52.41	707	53.59	657	54.80	607	46.2	991	51.2	754
51.30	756	52.44	706	53.61	656	54.83	606	46.3	986	51.3	749
51.32	755	52.46	705	53.64	655	54.85	605	46.4	981	51.4	745
51.34	754	52.48	704	53.66	654	54.88	604	46.5	976	51.5	741
51.37	753	52.51	703	53.68	653	54.90	603	46.6	971	51.6	736
51.39	752	52.53	702	53.71	652	54.93	602	46.7	966	51.7	732
51.41	751	52.55	701	53.73	651	54.95	601	46.8	961	51.8	727
51.43	750	52.58	700	53.76	650	54.98	600	46.9	956	51.9	723
51.46	749	52.60	699	53.78	649	55.00	599	47.0	951	52.0	719
51.48	748	52.62	698	53.80	648	55.03	598	47.1	946	52.1	714
51.50	747	52.65	697	53.83	647	55.05	597	47.2	941	52.2	710
51.52	746	52.67	696	53.85	646	55.08	596	47.3	936	52.3	706
51.55	745	52.69	695	53.88	645	55.10	595	47.4	932	52.4	701
51.57	744	52.72	694	53.90	644	55.13	594	47.5	927	52.5	697
51.59	743	52.74	693	53.92	643	55.15	593	47.6	922	52.6	693
51.61	742	52.76	692	53.95	642	55.18	592	47.7	917	52.7	688
51.64	741	52.79	691	53.97	641	55.20	591	47.8	912	52.8	684
51.66	740	52.81	690	54.00	640	55.23	590	47.9	907	52.9	680
51.68	739	52.83	689	54.02	639	55.25	589	48.0	902	53.0	676
51.70	738	52.86	688	54.05	638	55.28	588	48.1	898	53.1	671
51.73	737	52.88	687	54.07	637	55.30	587	48.2	893	53.2	667
51.75	736	52.90	686	54.09	636	55.33	586	48.3	888	53.3	663
51.77	735	52.93	685	54.12	635	55.35	585	48.4	883	53.4	659
51.80	734	52.95	684	54.14	634	55.38	584	48.5	878	53.5	655
51.82	733	52.97	683	54.17	633	55.40	583	48.6	874	53.6	650
51.84	732	53.00	682	54.19	632	55.43	582	48.7	869	53.7	646
51.86	731	53.02	681	54.22	631	55.45	581	48.8	864	53.8	642
51.89	730	53.04	680	54.24	630	55.48	580	48.9	859	53.9	638
51.91	729	53.07	679	54.26	629	55.50	579	49.0	855	54.0	634
51.93	728	53.09	678	54.29	628	55.53	578	49.1	850	54.1	630
51.95	727	53.11	677	54.31	627	55.56	577	49.2	845	54.2	626
51.98	726	53.14	676	54.34	626	55.58	576	49.3	841	54.3	622
52.00	725	53.16	675	54.36	625	55.61	575	49.4	836	54.4	617
52.02	724	53.18	674	54.39	624	55.63	574	49.5	831	54.5	613
52.05	723	53.21	673	54.41	623	55.66	573	49.6	827	54.6	609
52.07	722	53.23	672	54.44	622	55.68	572	49.7	822	54.7	605
52.09	721	53.26	671	54.46	621	55.71	571	49.8	817	54.8	601
52.11	720	53.28	670	54.48	620	55.73	570	49.9	813	54.9	597
52.14	719	53.30	669	54.51	619	55.76	569	50.0	808	55.0	593
52.16	718	53.33	668	54.53	618	55.78	568	50.1	804	55.1	589
52.18	717	53.35	667	54.56	617	55.81	567	50.2	799	55.2	585
52.21	716	53.37	666	54.58	616	55.83	566	50.3	794	55.3	581
52.23	715	53.40	665	54.61	615	55.86	565	50.4	790	55.4	577
52.25	714	53.42	664	54.63	614	55.89	564	50.5	785	55.5	573
52.28	713	53.45	663	54.66	613	55.91	563	50.6	781	55.6	569
52.30	712	53.47	662	54.68	612	55.94	562	50.7	776	55.7	565
52.32	711	53.49	661	54.71	611	55.96	561	50.8	772	55.8	562
52.34	710	53.52	660	54.73	610	55.99	560	50.9	767	55.9	558

(If the indicated time is not listed, the next longer [slower] time is correct for scoring)

DECATHLON
110 Hurdles (start of second day)

13.50 ... 1040	14.00 975	14.50 911	15.00 850	15.50 790	16.00 733
13.51 ... 1039	14.01 973	14.51 910	15.01 848	15.51 789	16.01 732
13.52 ... 1037	14.02 972	14.52 908	15.02 847	15.52 788	16.02 730
13.53 ... 1036	14.03 971	14.53 907	15.03 846	15.53 787	16.03 729
13.54 ... 1035	14.04 969	14.54 906	15.04 845	15.54 785	16.04 728
13.55 ... 1033	14.05 968	14.55 905	15.05 843	15.55 784	16.05 727
13.56 ... 1032	14.06 967	14.56 903	15.06 842	15.56 783	16.06 726
13.57 ... 1031	14.07 965	14.57 902	15.07 841	15.57 782	16.07 725
13.58 ... 1029	14.08 964	14.58 901	15.08 840	15.58 781	16.08 724
13.59 ... 1028	14.09 963	14.59 900	15.09 839	15.59 780	16.09 723
13.60 ... 1027	14.10 962	14.60 899	15.10 837	15.60 778	16.10 722
13.61 ... 1025	14.11 960	14.61 897	15.11 836	15.61 777	16.11 720
13.62 ... 1024	14.12 959	14.62 896	15.12 835	15.62 776	16.12 719
13.63 ... 1023	14.13 958	14.63 895	15.13 834	15.63 775	16.13 718
13.64 ... 1022	14.14 957	14.64 894	15.14 833	15.64 774	16.14 717
13.65 ... 1020	14.15 955	14.65 892	15.15 831	15.65 773	16.15 716
13.66 ... 1019	14.16 954	14.66 891	15.16 830	15.66 772	16.16 715
13.67 ... 1018	14.17 953	14.67 890	15.17 829	15.67 770	16.17 714
13.68 ... 1016	14.18 951	14.68 889	15.18 828	15.68 769	16.18 713
13.69 ... 1015	14.19 950	14.69 887	15.19 827	15.69 768	16.19 711
13.70 ... 1014	14.20 949	14.70 886	15.20 825	15.70 767	16.20 710
13.71 ... 1012	14.21 948	14.71 885	15.21 824	15.71 766	16.21 709
13.72 ... 1011	14.22 946	14.72 884	15.22 823	15.72 765	16.22 708
13.73 ... 1010	14.23 945	14.73 882	15.23 822	15.73 763	16.23 707
13.74 ... 1008	14.24 944	14.74 881	15.24 821	15.74 762	16.24 706
13.75 ... 1007	14.25 942	14.75 880	15.25 820	15.75 761	16.25 705
13.76 ... 1006	14.26 941	14.76 879	15.26 818	15.76 760	16.26 704
13.77 ... 1004	14.27 940	14.77 878	15.27 817	15.77 759	16.27 703
13.78 ... 1003	14.28 939	14.78 876	15.28 816	15.78 758	16.28 702
13.79 ... 1002	14.29 937	14.79 875	15.29 815	15.79 757	16.29 700
13.80 ... 1000	14.30 936	14.80 874	15.30 814	15.80 755	16.30 699
13.81 999	14.31 935	14.81 873	15.31 812	15.81 754	16.31 698
13.82 998	14.32 934	14.82 871	15.32 811	15.82 753	16.32 697
13.83 997	14.33 932	14.83 870	15.33 810	15.83 752	16.33 696
13.84 995	14.34 931	14.84 869	15.34 809	15.84 751	16.34 695
13.85 994	14.35 930	14.85 868	15.35 808	15.85 750	16.35 694
13.86 993	14.36 929	14.86 867	15.36 807	15.86 749	16.36 693
13.87 991	14.37 927	14.87 865	15.37 805	15.87 747	16.37 692
13.88 990	14.38 926	14.88 864	15.38 804	15.88 746	16.38 691
13.89 989	14.39 925	14.89 863	15.39 803	15.89 745	16.39 689
13.90 987	14.40 924	14.90 862	15.40 802	15.90 744	16.40 688
13.91 986	14.41 922	14.91 860	15.41 801	15.91 743	16.41 687
13.92 985	14.42 921	14.92 859	15.42 799	15.92 742	16.42 686
13.93 984	14.43 920	14.93 858	15.43 798	15.93 741	16.43 685
13.94 982	14.44 918	14.94 857	15.44 797	15.94 740	16.44 684
13.95 981	14.45 917	14.95 856	15.45 796	15.95 738	16.45 683
13.96 980	14.46 916	14.96 854	15.46 795	15.96 737	16.46 682
13.97 978	14.47 915	14.97 853	15.47 794	15.97 736	16.47 681
13.98 977	14.48 913	14.98 852	15.48 792	15.98 735	16.48 680
13.99 976	14.49 912	14.99 851	15.49 791	15.99 734	16.49 679

DECATHLON

110 Hurdles			Hand-timed	Discus
16.50 677	17.00 624	17.50 573	13.0 1075	55.17 .. 979 ... 181-0
16.51 676	17.01 623	17.51 572	13.1 1061	55.12 .. 978 ... 180-10
16.52 675	17.02 622	17.52 571	13.2 1048	55.07 .. 977 ... 180-8
16.53 674	17.03 621	17.53 570	13.3 1035	55.03 .. 976 ... 180-6
16.54 673	17.04 620	17.54 569	13.4 1022	54.98 .. 975 ... 180-4
16.55 672	17.05 619	17.55 568	13.5 1008	54.93 .. 974 ... 180-2
16.56 671	17.06 618	17.56 567	13.6 995	54.88 .. 973 ... 180-1
16.57 670	17.07 617	17.57 566	13.7 982	54.84 .. 972 ... 179-11
16.58 669	17.08 616	17.58 565	13.8 969	54.79 .. 971 ... 179-9
16.59 668	17.09 615	17.59 564	13.9 957	54.74 .. 970 ... 179-7
16.60 667	17.10 614	17.60 563	14.0 944	54.69 .. 969 ... 179-5
16.61 666	17.11 613	17.61 562	14.1 931	54.65 .. 968 ... 179-3
16.62 665	17.12 612	17.62 561	14.2 918	54.60 .. 967 ... 179-1
16.63 663	17.13 611	17.63 560	14.3 906	54.55 .. 966 ... 178-11
16.64 662	17.14 610	17.64 559	14.4 894	54.50 .. 965 ... 178-10
16.65 661	17.15 609	17.65 558	14.5 881	54.46 .. 964 ... 178-8
16.66 660	17.16 608	17.66 557	14.6 869	54.41 .. 963 ... 178-6
16.67 659	17.17 607	17.67 556	14.7 857	54.36 .. 962 ... 178-4
16.68 658	17.18 606	17.68 555	14.8 845	54.31 .. 961 ... 178-2
16.69 657	17.19 605	17.69 554	14.9 833	54.27 .. 960 ... 178-0
16.70 656	17.20 604	17.70 553	15.0 821	54.22 .. 959 ... 177-11
16.71 655	17.21 603	17.71 552	15.1 809	54.17 .. 958 ... 177-8
16.72 654	17.22 602	17.72 551	15.2 797	54.12 .. 957 ... 177-7
16.73 653	17.23 600	17.73 550	15.3 785	54.07 .. 956 ... 177-4
16.74 652	17.24 599	17.74 549	15.4 774	54.03 .. 955 ... 177-3
16.75 651	17.25 598	17.75 548	15.5 762	53.98 .. 954 ... 177-1
16.76 650	17.26 597	17.76 547	15.6 751	53.93 .. 953 ... 176-11
16.77 648	17.27 596	17.77 546	15.7 740	53.88 .. 952 ... 176-9
16.78 647	17.28 595	17.78 545	15.8 728	53.84 .. 951 ... 176-8
16.79 646	17.29 594	17.79 544	15.9 717	53.79 .. 950 ... 176-5
16.80 645	17.30 593	17.80 543	16.0 706	53.74 .. 949 ... 176-4
16.81 644	17.31 592	17.81 543	16.1 695	53.69 .. 948 ... 176-1
16.82 643	17.32 591	17.82 542	16.2 684	53.65 .. 947 ... 176-0
16.83 642	17.33 590	17.83 541	16.3 673	53.60 .. 946 ... 175-10
16.84 641	17.34 589	17.84 540	16.4 662	53.55 .. 945 ... 175-8
16.85 640	17.35 588	17.85 539	16.5 652	53.50 .. 944 ... 175-6
16.86 639	17.36 587	17.86 538	16.6 641	53.46 .. 943 ... 175-5
16.87 638	17.37 586	17.87 537	16.7 631	53.41 .. 942 ... 175-2
16.88 637	17.38 585	17.88 536	16.8 620	53.36 .. 941 ... 175-1
16.89 636	17.30 584	17.09 535	16.9 610	53.31 .. 940 ... 174-11
16.90 635	17.40 583	17.90 534	17.0 599	53.26 .. 939 ... 174-9
16.91 634	17.41 582	17.91 533	17.1 589	53.22 .. 938 ... 174-7
16.92 633	17.42 581	17.92 532	17.2 579	53.17 .. 937 ... 174-5
16.93 632	17.43 580	17.93 531	17.3 569	53.12 .. 936 ... 174-3
16.94 631	17.44 579	17.94 530	17.4 559	53.07 .. 935 ... 174-1
16.95 629	17.45 578	17.95 529	17.5 549	53.03 .. 934 ... 173-11
16.96 628	17.46 577	17.96 528	17.6 540	52.98 .. 933 ... 173-10
16.97 627	17.47 576	17.97 527	17.7 530	52.93 .. 932 ... 173-8
16.98 626	17.48 575	17.98 526	17.8 520	52.88 .. 931 ... 173-6
16.99 625	17.49 574	17.99 525	17.9 511	52.84 .. 930 ... 173-4

DECATHLON
Discus

Metric	Points	Imperial		Metric	Points	Imperial		Metric	Points	Imperial		Metric	Points	Imperial
52.79	929	173-2		50.39	879	165-4		47.99	829	157-5		45.57	779	149-6
52.74	928	173-0		50.35	878	165-2		47.94	828	157-3		45.52	778	149-4
52.69	927	172-10		50.30	877	165-0		47.89	827	157-1		45.47	777	149-2
52.64	926	172-8		50.25	876	164-10		47.84	826	156-11		45.43	776	149-0
52.60	925	172-7		50.20	875	164-8		47.80	825	156-10		45.38	775	148-11
52.55	924	172-5		50.15	874	164-6		47.75	824	156-8		45.33	774	148-8
52.50	923	172-3		50.11	873	164-5		47.70	823	156-6		45.28	773	148-7
52.45	922	172-1		50.06	872	164-3		47.65	822	156-4		45.23	772	148-4
52.41	921	171-11		50.01	871	164-1		47.60	821	156-2		45.18	771	148-3
52.36	920	171-9		49.96	870	163-11		47.56	820	156-0		45.13	770	148-0
52.31	919	171-7		49.91	869	163-9		47.51	819	155-10		45.09	769	147-11
52.26	918	171-5		49.87	868	163-7		47.46	818	155-8		45.04	768	147-9
52.21	917	171-3		49.82	867	163-5		47.41	817	155-6		44.99	767	147-7
52.17	916	171-2		49.77	866	163-3		47.36	816	155-4		44.94	766	147-5
52.12	915	171-0		49.72	865	163-1		47.31	815	155-2		44.89	765	147-3
52.07	914	170-10		49.67	864	162-11		47.27	814	155-1		44.84	764	147-1
52.02	913	170-8		49.63	863	162-10		47.22	813	154-11		44.79	763	146-11
51.98	912	170-6		49.58	862	162-8		47.17	812	154-9		44.75	762	146-10
51.93	911	170-4		49.53	861	162-6		47.12	811	154-7		44.70	761	146-8
51.88	910	170-2		49.48	860	162-4		47.07	810	154-5		44.65	760	146-6
51.83	909	170-0		49.43	859	162-2		47.02	809	154-3		44.60	759	146-4
51.78	908	169-10		49.39	858	162-0		46.98	808	154-1		44.55	758	146-2
51.74	907	169-9		49.34	857	161-10		46.93	807	153-11		44.50	757	146-0
51.69	906	169-7		49.29	856	161-8		46.88	806	153-10		44.45	756	145-10
51.64	905	169-5		49.24	855	161-6		46.83	805	153-7		44.41	755	145-8
51.59	904	169-3		49.19	854	161-4		46.78	804	153-6		44.36	754	145-6
51.54	903	169-1		49.15	853	161-3		46.73	803	153-3		44.31	753	145-4
51.50	902	168-11		49.10	852	161-1		46.69	802	153-2		44.26	752	145-2
51.45	901	168-9		49.05	851	160-11		46.64	801	153-0		44.21	751	145-0
51.40	900	168-8		49.00	850	160-9		46.59	800	152-10		44.16	750	144-10
51.35	899	168-5		48.95	849	160-7		46.54	799	152-8		44.11	749	144-8
51.31	898	168-4		48.90	848	160-5		46.49	798	152-6		44.06	748	144-7
51.26	897	168-2		48.86	847	160-4		46.44	797	152-4		44.02	747	144-5
51.21	896	168-0		48.81	846	160-1		46.39	796	152-2		43.97	746	144-3
51.16	895	167-10		48.76	845	160-0		46.35	795	152-0		43.92	745	144-1
51.11	894	167-8		48.71	844	159-9		46.30	794	151-11		43.87	744	143-11
51.07	893	167-6		48.66	843	159-8		46.25	793	151-9		43.82	743	143-9
51.02	892	167-5		48.62	842	159-6		46.20	792	151-7		43.77	742	143-7
50.97	891	167-2		48.57	841	159-4		46.15	791	151-5		43.72	741	143-5
50.92	890	167-1		48.52	840	159-2		46.10	790	151-3		43.67	740	143-3
50.87	889	166-10		48.47	839	159-0		46.06	789	151-1		43.63	739	143-1
50.83	888	166-9		48.42	838	158-10		46.01	788	150-11		43.58	738	143-0
50.78	887	166-7		48.38	837	158-9		45.96	787	150-9		43.53	737	142-9
50.73	886	166-5		48.33	836	158-6		45.91	786	150-7		43.48	736	142-8
50.68	885	166-3		48.28	835	158-5		45.86	785	150-5		43.43	735	142-6
50.63	884	166-1		48.23	834	158-3		45.81	784	150-3		43.38	734	142-4
50.59	883	165-11		48.18	833	158-1		45.76	783	150-1		43.33	733	142-2
50.54	882	165-10		48.13	832	157-11		45.72	782	150-0		43.28	732	142-0
50.49	881	165-7		48.09	831	157-9		45.67	781	149-10		43.24	731	141-10
50.44	880	165-6		48.04	830	157-7		45.62	780	149-8		43.19	730	141-8

(If the indicated distance is not listed, the next shorter distance is correct for scoring. See the regular conversion tables for unlisted marks' English equivalents.)

DECATHLON

Discus

43.14	.. 729	... 141-6	40.69	.. 679	... 133-6	38.23	.. 629	... 125-5	35.74	.. 579	... 117-3
43.09	.. 728	... 141-4	40.64	.. 678	... 133-4	38.18	.. 628	... 125-3	35.69	.. 578	... 117-1
43.04	.. 727	... 141-2	40.59	.. 677	... 133-2	38.13	.. 627	... 125-1	35.64	.. 577	... 116-11
42.99	.. 726	... 141-0	40.54	.. 676	... 133-0	38.08	.. 626	... 124-11	35.59	.. 576	... 116-9
42.94	.. 725	... 140-10	40.49	.. 675	... 132-10	38.03	.. 625	... 124-9	35.54	.. 575	... 116-7
42.89	.. 724	... 140-8	40.44	.. 674	... 132-8	37.98	.. 624	... 124-7	35.49	.. 574	... 116-5
42.85	.. 723	... 140-7	40.40	.. 673	... 132-6	37.93	.. 623	... 124-5	35.44	.. 573	... 116-3
42.80	.. 722	... 140-5	40.35	.. 672	... 132-4	37.88	.. 622	... 124-3	35.39	.. 572	... 116-1
42.75	.. 721	... 140-3	40.30	.. 671	... 132-3	37.83	.. 621	... 124-1	35.35	.. 571	... 115-11
42.70	.. 720	... 140-1	40.25	.. 670	... 132-0	37.78	.. 620	... 123-11	35.30	.. 570	... 115-10
42.65	.. 719	... 139-11	40.20	.. 669	... 131-11	37.73	.. 619	... 123-9	35.25	.. 569	... 115-7
42.60	.. 718	... 139-9	40.15	.. 668	... 131-8	37.68	.. 618	... 123-7	35.20	.. 568	... 115-6
42.55	.. 717	... 139-7	40.10	.. 667	... 131-7	37.63	.. 617	... 123-5	35.15	.. 567	... 115-4
42.50	.. 716	... 139-5	40.05	.. 666	... 131-4	37.58	.. 616	... 123-3	35.10	.. 566	... 115-2
42.45	.. 715	... 139-3	40.00	.. 665	... 131-3	37.53	.. 615	... 123-1	35.05	.. 565	... 115-0
42.41	.. 714	... 139-1	39.95	.. 664	... 131-1	37.48	.. 614	... 122-11	35.00	.. 564	... 114-10
42.36	.. 713	... 139-0	39.90	.. 663	... 130-11	37.43	.. 613	... 122-9	34.95	.. 563	... 114-8
42.31	.. 712	... 138-9	39.85	.. 662	... 130-9	37.38	.. 612	... 122-8	34.90	.. 562	... 114-6
42.26	.. 711	... 138-8	39.81	.. 661	... 130-7	37.33	.. 611	... 122-5	34.85	.. 561	... 114-4
42.21	.. 710	... 138-6	39.76	.. 660	... 130-5	37.29	.. 610	... 122-4	34.80	.. 560	... 114-2
42.16	.. 709	... 138-4	39.71	.. 659	... 130-3	37.24	.. 609	... 122-2	34.75	.. 559	... 114-0
42.11	.. 708	... 138-2	39.66	.. 658	... 130-1	37.19	.. 608	... 122-0	34.70	.. 558	... 113-10
42.06	.. 707	... 138-0	39.61	.. 657	... 129-11	37.14	.. 607	... 121-10	34.65	.. 557	... 113-8
42.01	.. 706	... 137-10	39.56	.. 656	... 129-9	37.09	.. 606	... 121-8	34.60	.. 556	... 113-6
41.97	.. 705	... 137-8	39.51	.. 655	... 129-7	37.04	.. 605	... 121-6	34.55	.. 555	... 113-4
41.92	.. 704	... 137-6	39.46	.. 654	... 129-5	36.99	.. 604	... 121-4	34.50	.. 554	... 113-2
41.87	.. 703	... 137-4	39.41	.. 653	... 129-3	36.94	.. 603	... 121-2	34.45	.. 553	... 113-0
41.82	.. 702	... 137-2	39.36	.. 652	... 129-1	36.89	.. 602	... 121-0	34.40	.. 552	... 112-10
41.77	.. 701	... 137-0	39.31	.. 651	... 128-11	36.84	.. 601	... 120-10	34.35	.. 551	... 112-8
41.72	.. 700	... 136-10	39.26	.. 650	... 128-10	36.79	.. 600	... 120-8	34.30	.. 550	... 112-6
41.67	.. 699	... 136-8	39.21	.. 649	... 128-7	36.74	.. 599	... 120-6	34.25	.. 549	... 112-4
41.62	.. 698	... 136-6	39.16	.. 648	... 128-6	36.69	.. 598	... 120-4	34.20	.. 548	... 112-2
41.57	.. 697	... 136-4	39.12	.. 647	... 128-4	36.64	.. 597	... 120-2	34.15	.. 547	... 112-0
41.52	.. 696	... 136-3	39.07	.. 646	... 128-2	36.59	.. 596	... 120-0	34.10	.. 546	... 111-10
41.48	.. 695	... 136-1	39.02	.. 645	... 128-0	36.54	.. 595	... 119-10	34.05	.. 545	... 111-8
41.43	.. 694	... 135-11	38.97	.. 644	... 127-10	36.49	.. 594	... 119-8	33.99	.. 544	... 111-6
41.38	.. 693	... 135-9	38.92	.. 643	... 127-8	36.44	.. 593	... 119-7	33.94	.. 543	... 111-4
41.33	.. 692	... 135-7	38.87	.. 642	... 127-6	36.39	.. 592	... 119-4	33.89	.. 542	... 111-2
41.28	.. 691	... 135-5	38.82	.. 641	... 127-4	36.34	.. 591	... 119-3	33.84	.. 541	... 111-0
41.23	.. 690	... 135-3	38.77	.. 640	... 127-2	36.29	.. 590	... 119-0	33.79	.. 540	... 110-10
41.18	.. 689	... 135-1	38.72	.. 639	... 127-0	36.24	.. 589	... 118-11	33.74	.. 539	... 110-8
41.13	.. 688	... 134-11	38.67	.. 638	... 126-10	36.19	.. 588	... 118-8	33.69	.. 538	... 110-6
41.08	.. 687	... 134-9	38.62	.. 637	... 126-8	36.14	.. 587	... 118-7	33.64	.. 537	... 110-4
41.03	.. 686	... 134-7	38.57	.. 636	... 126-6	36.09	.. 586	... 118-5	33.59	.. 536	... 110-2
40.99	.. 685	... 134-5	38.52	.. 635	... 126-4	36.04	.. 585	... 118-3	33.54	.. 535	... 110-0
40.94	.. 684	... 134-4	38.47	.. 634	... 126-2	35.99	.. 584	... 118-1	33.49	.. 534	... 109-10
40.89	.. 683	... 134-2	38.42	.. 633	... 126-0	35.94	.. 583	... 117-11	33.44	.. 533	... 109-8
40.84	.. 682	... 134-0	38.37	.. 632	... 125-10	35.89	.. 582	... 117-9	33.39	.. 532	... 109-6
40.79	.. 681	... 133-10	38.33	.. 631	... 125-9	35.84	.. 581	... 117-7	33.34	.. 531	... 109-4
40.74	.. 680	... 133-8	38.28	.. 630	... 125-7	35.79	.. 580	... 117-5	33.29	.. 530	... 109-2

(If the indicated distance is not listed, the next shorter distance is correct for scoring. See the regular conversion tables for unlisted marks' English equivalents.)

DECATHLON

Discus

33.24	529	109-1	30.72	479	100-9
33.19	528	108-10	30.67	478	100-7
33.14	527	108-9	30.62	477	100-5
33.09	526	108-6	30.57	476	100-3
33.04	525	108-5	30.52	475	100-1
32.99	524	108-3	30.47	474	99-11
32.94	523	108-1	30.41	473	99-9
32.89	522	107-11	30.36	472	99-7
32.84	521	107-9	30.31	471	99-5
32.79	520	107-7	30.26	470	99-3
32.74	519	107-5	30.21	469	99-1
32.69	518	107-3	30.16	468	98-11
32.64	517	107-1	30.11	467	98-9
32.59	516	106-11	30.06	466	98-7
32.54	515	106-9	30.01	465	98-5
32.49	514	106-7	29.96	464	98-3
32.44	513	106-5	29.91	463	98-1
32.39	512	106-3	29.86	462	97-11
32.34	511	106-1	29.80	461	97-9
32.29	510	105-11	29.75	460	97-7
32.24	509	105-9	29.70	459	97-5
32.19	508	105-7	29.65	458	97-3
32.13	507	105-5	29.60	457	97-1
32.08	506	105-3	29.55	456	96-11
32.03	505	105-1	29.50	455	96-9
31.98	504	104-11	29.45	454	96-7
31.93	503	104-9	29.40	453	96-5
31.88	502	104-7	29.35	452	96-3
31.83	501	104-5	29.30	451	96-1
31.78	500	104-3	29.24	450	95-11
31.73	499	104-1	29.19	449	95-9
31.68	498	103-11	29.14	448	95-7
31.63	497	103-9	29.09	447	95-5
31.58	496	103-7	29.04	446	95-3
31.53	495	103-5	28.99	445	95-1
31.48	494	103-3	28.94	444	94-11
31.43	493	103-1	28.89	443	94-9
31.38	492	102-11	28.84	442	94-7
31.33	491	102-9	28.79	441	94-5
31.28	490	102-7	28.73	440	94-3
31.23	489	102-5	28.68	439	94-1
31.17	488	102-3	28.63	438	93-11
31.12	487	102-1	28.58	437	93-9
31.07	486	101-11	28.53	436	93-7
31.02	485	101-9	28.48	435	93-5
30.97	484	101-7	28.43	434	93-3
30.92	483	101-5	28.38	433	93-1
30.87	482	101-3	28.32	432	92-11
30.82	481	101-1	28.27	431	92-9
30.77	480	100-11	28.22	430	92-7

Pole Vault

5.79	1161	19-0	5.29	1001	17-4¼
5.78	1158	18-11½	5.28	998	17-3¾
5.77	1155	18-11	5.27	994	17-3½
5.76	1152	18-10¾	5.26	991	17-3
5.75	1148	18-10¼	5.25	988	17-2¾
5.74	1145	18-10	5.24	985	17-2¼
5.73	1142	18-9½	5.23	982	17-1¾
5.72	1138	18-9¼	5.22	979	17-1½
5.71	1135	18-8¾	5.21	976	17-1
5.70	1132	18-8¼	5.20	972	17-¾
5.69	1129	18-8	5.19	969	17-¼
5.68	1125	18-7½	5.18	966	17-0
5.67	1122	18-7¼	5.17	963	16-11½
5.66	1119	18-6¾	5.16	960	16-11
5.65	1116	18-6½	5.15	957	16-10¾
5.64	1112	18-6	5.14	954	16-10¼
5.63	1109	18-5½	5.13	951	16-10
5.62	1106	18-5¼	5.12	947	16-9½
5.61	1103	18-4¾	5.11	944	16-9¼
5.60	1100	18-4½	5.10	941	16-8¾
5.59	1096	18-4	5.09	938	16-8¼
5.58	1093	18-3¾	5.08	935	16-8
5.57	1090	18-3¼	5.07	932	16-7½
5.56	1087	18-2¾	5.06	929	16-7¼
5.55	1083	18-2½	5.05	926	16-6¾
5.54	1080	18-2	5.04	923	16-6½
5.53	1077	18-1¾	5.03	920	16-6
5.52	1074	18-1¼	5.02	917	16-5½
5.51	1071	18-1	5.01	913	16-5¼
5.50	1067	18-½	5.00	910	16-4¾
5.49	1064	18-0	4.99	907	16-4½
5.48	1061	17-11¾	4.98	904	16-4
5.47	1058	17-11¼	4.97	901	16-3½
5.46	1055	17-11	4.96	898	16-3¼
5.45	1051	17-10½	4.95	895	16-2¾
5.44	1048	17-10¼	4.94	892	16-2½
5.43	1045	17-9¾	4.93	889	16-2
5.42	1042	17-9¼	4.92	886	16-1¾
5.41	1039	17-9	4.91	883	16-1¼
5.40	1035	17-8½	4.90	880	16-¾
5.39	1032	17-8¼	4.89	877	16-½
5.38	1029	17-7¾	4.88	874	16-0
5.37	1026	17-7¼	4.87	871	15-11¾
5.36	1023	17-7	4.86	868	15-11¼
5.35	1020	17-6½	4.85	865	15-11
5.34	1016	17-6¼	4.84	862	15-10½
5.33	1013	17-5¾	4.83	859	15-10
5.32	1010	17-5½	4.82	856	15-9¾
5.31	1007	17-5	4.81	852	15-9¼
5.30	1004	17-4½	4.80	849	15-9

(If the indicated distance is not listed, the next shorter distance is correct for scoring. See the regular conversion tables for unlisted marks' English equivalents.)

DECATHLON

Pole Vault

Metric	Points	Imperial	Metric	Points	Imperial	Metric	Points	Imperial	Metric	Points	Imperial
4.79	846	15-8½	4.29	699	14-¾	3.79	560	12-5¼	3.29	429	10-9½
4.78	843	15-8¼	4.28	696	14-½	3.78	557	12-4¾	3.28	426	10-9
4.77	840	15-7¾	4.27	693	14-0	3.77	554	12-4½	3.27	423	10-8¾
4.76	837	15-7¼	4.26	691	13-11¾	3.76	551	12-4	3.26	421	10-8¼
4.75	834	15-7	4.25	688	13-11¼	3.75	549	12-3½	3.25	418	10-8
4.74	831	15-6½	4.24	685	13-11	3.74	546	12-3¼	3.24	416	10-7½
4.73	828	15-6¼	4.23	682	13-10½	3.73	543	12-2¾	3.23	413	10-7
4.72	825	15-5¾	4.22	679	13-10	3.72	541	12-2½	3.22	411	10-6¾
4.71	822	15-5½	4.21	676	13-9¾	3.71	538	12-2	3.21	408	10-6¼
4.70	819	15-5	4.20	673	13-9¼	3.70	535	12-1½	3.20	406	10-6
4.69	816	15-4½	4.19	671	13-9	3.69	533	12-1¼	3.19	403	10-5½
4.68	813	15-4¼	4.18	668	13-8½	3.68	530	12-¾	3.18	401	10-5¼
4.67	810	15-3¾	4.17	665	13-8¼	3.67	527	12-½	3.17	398	10-4¾
4.66	807	15-3½	4.16	662	13-7¾	3.66	525	12-0	3.16	396	10-4¼
4.65	804	15-3	4.15	659	13-7½	3.65	522	11-11¾	3.15	393	10-4
4.64	802	15-2¾	4.14	656	13-7	3.64	519	11-11¼	3.14	391	10-3½
4.63	799	15-2¼	4.13	654	13-6½	3.63	517	11-10¾	3.13	389	10-3¼
4.62	796	15-1¾	4.12	651	13-6¼	3.62	514	11-10½	3.12	386	10-2¾
4.61	793	15-1½	4.11	648	13-5¾	3.61	511	11-10	3.11	384	10-2½
4.60	790	15-1	4.10	645	13-5¼	3.60	509	11-9¾	3.10	381	10-2
4.59	787	15-¾	4.09	642	13-5	3.59	506	11-9¼	3.09	379	10-1½
4.58	784	15-¼	4.08	640	13-4½	3.58	503	11-9	3.08	376	10-1¼
4.57	781	15-0	4.07	637	13-4¼	3.57	501	11-8½	3.07	374	10-¾
4.56	778	14-11½	4.06	634	13-3¾	3.56	498	11-8	3.06	371	10-½
4.55	775	14-11	4.05	631	13-3½	3.55	496	11-7¾	3.05	369	10-0
4.54	772	14-10¾	4.04	628	13-3	3.54	493	11-7¼	3.04	367	9-11¾
4.53	769	14-10¼	4.03	626	13-2½	3.53	490	11-7	3.03	364	9-11¼
4.52	766	14-10	4.02	623	13-2¼	3.52	488	11-6½	3.02	362	9-10¾
4.51	763	14-9½	4.01	620	13-1¾	3.51	485	11-6¼	3.01	359	9-10½
4.50	760	14-9	4.00	617	13-1½	3.50	482	11-5¾	3.00	357	9-10
4.49	757	14-8¾	3.99	614	13-1	3.49	480	11-5¼	2.99	354	9-9¾
4.48	754	14-8¼	3.98	612	13-¾	3.48	477	11-5	2.98	352	9-9¼
4.47	751	14-8	3.97	609	13-¼	3.47	475	11-4½	2.97	350	9-9
4.46	748	14-7½	3.96	606	12-11¾	3.46	472	11-4¼	2.96	347	9-8½
4.45	746	14-7¼	3.95	603	12-11½	3.45	469	11-3¾	2.95	345	9-8
4.44	743	14-6¾	3.94	601	12-11	3.44	467	11-3½	2.94	342	9-7¾
4.43	740	14-6¼	3.93	598	12-10¾	3.43	464	11-3	2.93	340	9-7¼
4.42	737	14-6	3.92	595	12-10¼	3.42	462	11-2½	2.92	338	9-7
4.41	734	14-5½	3.91	592	12-10	3.41	459	11-2¼	2.91	335	9-6½
4.40	731	14-5¼	3.90	590	12-9½	3.40	457	11-1¾	2.90	333	9-6¼
4.39	728	14-4¾	3.89	587	12-9	3.39	454	11-1½	2.89	331	9-5¾
4.38	725	14-4½	3.88	584	12-8¾	3.38	451	11-1	2.88	328	9-5¼
4.37	722	14-4	3.87	581	12-8¼	3.37	449	11-¾	2.87	326	9-5
4.36	719	14-3½	3.86	579	12-8	3.36	446	11-¼	2.86	323	9-4½
4.35	716	14-3¼	3.85	576	12-7½	3.35	444	10-11¾	2.85	321	9-4¼
4.34	714	14-2¾	3.84	573	12-7¼	3.34	441	10-11½	2.84	319	9-3¾
4.33	711	14-2½	3.83	570	12-6¾	3.33	439	10-11	2.83	316	9-3¼
4.32	708	14-2	3.82	568	12-6¼	3.32	436	10-10¾	2.82	314	9-3
4.31	705	14-1¾	3.81	565	12-6	3.31	434	10-10¼	2.81	312	9-2½
4.30	702	14-1¼	3.80	562	12-5½	3.30	431	10-10	2.80	309	9-2¼

DECATHLON

Javelin

Meters	Points	Ft-In		Meters	Points	Ft-In		Meters	Points	Ft-In		Meters	Points	Ft-In
77.13	999	253-0		73.87	949	242-4		70.60	899	231-7		67.32	849	220-10
77.06	998	252-10		73.81	948	242-2		70.54	898	231-5		67.26	848	220-8
77.00	997	252-7		73.74	947	241-11		70.47	897	231-2		67.19	847	220-5
76.93	996	252-4		73.68	946	241-9		70.41	896	231-0		67.12	846	220-2
76.87	995	252-2		73.61	945	241-6		70.34	895	230-9		67.06	845	220-0
76.80	994	252-0		73.55	944	241-3		70.28	894	230-7		66.99	844	219-9
76.74	993	251-9		73.48	943	241-1		70.21	893	230-4		66.93	843	219-7
76.67	992	251-6		73.42	942	240-10		70.14	892	230-1		66.86	842	219-4
76.61	991	251-4		73.35	941	240-7		70.08	891	229-11		66.79	841	219-1
76.54	990	251-1		73.28	940	240-5		70.01	890	229-8		66.73	840	218-11
76.48	989	250-11		73.22	939	240-3		69.95	889	229-6		66.66	839	218-8
76.41	988	250-8		73.15	938	240-0		69.88	888	229-3		66.60	838	218-6
76.35	987	250-6		73.09	937	239-9		69.82	887	229-1		66.53	837	218-3
76.28	986	250-3		73.02	936	239-7		69.75	886	228-10		66.47	836	218-1
76.22	985	250-1		72.96	935	239-4		69.69	885	228-7		66.40	835	217-10
76.15	984	249-10		72.89	934	239-1		69.62	884	228-5		66.33	834	217-7
76.09	983	249-7		72.83	933	238-11		69.55	883	228-2		66.27	833	217-5
76.02	982	249-5		72.76	932	238-8		69.49	882	228-0		66.20	832	217-2
75.96	981	249-2		72.70	931	238-6		69.42	881	227-9		66.14	831	217-0
75.89	980	248-11		72.63	930	238-3		69.36	880	227-7		66.07	830	216-9
75.83	979	248-9		72.57	929	238-1		69.29	879	227-4		66.00	829	216-6
75.76	978	248-7		72.50	928	237-10		69.23	878	227-1		65.94	828	216-4
75.70	977	248-4		72.44	927	237-8		69.16	877	226-11		65.87	827	216-1
75.63	976	248-1		72.37	926	237-5		69.10	876	226-8		65.81	826	215-11
75.57	975	247-11		72.30	925	237-2		69.03	875	226-5		65.74	825	215-8
75.50	974	247-8		72.24	924	237-0		68.96	874	226-3		65.67	824	215-5
75.44	973	247-6		72.17	923	236-9		68.90	873	226-0		65.61	823	215-3
75.37	972	247-3		72.11	922	236-7		68.83	872	225-10		65.54	822	215-0
75.31	971	247-1		72.04	921	236-4		68.77	871	225-7		65.48	821	214-10
75.24	970	246-10		71.98	920	236-2		68.70	870	225-5		65.41	820	214-7
75.18	969	246-8		71.91	919	235-11		68.64	869	225-2		65.35	819	214-5
75.11	968	246-5		71.85	918	235-8		68.57	868	224-11		65.28	818	214-2
75.05	967	246-2		71.78	917	235-6		68.50	867	224-9		65.21	817	213-11
74.98	966	246-0		71.72	916	235-4		68.44	866	224-6		65.15	816	213-9
74.92	965	245-9		71.65	915	235-1		68.37	865	224-3		65.08	815	213-6
74.85	964	245-7		71.59	914	234-10		68.31	864	224-1		65.02	814	213-4
74.78	963	245-4		71.52	913	234-8		68.24	863	223-11		64.95	813	213-1
74.72	962	245-2		71.45	912	234-5		68.18	862	223-8		64.88	812	212-10
74.65	961	244-11		71.39	911	234-2		68.11	861	223-5		64.82	811	212-8
74.59	960	244-8		71.32	910	234-0		68.04	860	223-3		64.75	810	212-5
74.52	959	244-6		71.26	909	233-9		67.98	859	223-0		64.69	809	212-3
74.46	958	244-3		71.19	908	233-6		67.91	858	222-9		64.62	808	212-0
74.39	957	244-0		71.13	907	233-4		67.85	857	222-7		64.55	807	211-9
74.33	956	243-10		71.06	906	233-2		67.78	856	222-4		64.49	806	211-7
74.26	955	243-8		71.00	905	232-11		67.72	855	222-2		64.42	805	211-4
74.20	954	243-5		70.93	904	232-8		67.65	854	221-11		64.36	804	211-2
74.13	953	243-2		70.87	903	232-6		67.58	853	221-9		64.29	803	210-11
74.07	952	243-0		70.80	902	232-3		67.52	852	221-6		64.22	802	210-8
74.00	951	242-9		70.73	901	232-0		67.45	851	221-3		64.16	801	210-6
73.94	950	242-7		70.67	900	231-10		67.39	850	221-1		64.09	800	210-3

(If the indicated distance is not listed, the next shorter distance is correct for scoring. See the regular conversion tables for unlisted marks' English equivalents.)

DECATHLON

Javelin

m	pts	ft-in	m	pts	ft-in	m	pts	ft-in	m	pts	ft-in
64.02	799	210-0	60.71	749	199-2	57.39	699	188-3	54.04	649	177-3
63.96	798	209-10	60.65	748	198-11	57.32	698	188-1	53.97	648	177-0
63.89	797	209-7	60.58	747	198-9	57.25	697	187-10	53.90	647	176-10
63.83	796	209-5	60.51	746	198-6	57.18	696	187-7	53.84	646	176-8
63.76	795	209-2	60.45	745	198-4	57.12	695	187-5	53.77	645	176-5
63.69	794	208-11	60.38	744	198-1	57.05	694	187-2	53.70	644	176-2
63.63	793	208-9	60.31	743	197-10	56.98	693	186-11	53.64	643	176-0
63.56	792	208-6	60.25	742	197-8	56.92	692	186-9	53.57	642	175-9
63.50	791	208-4	60.18	741	197-5	56.85	691	186-6	53.50	641	175-6
63.43	790	208-1	60.12	740	197-3	56.78	690	186-3	53.43	640	175-3
63.36	789	207-10	60.05	739	197-0	56.72	689	186-1	53.37	639	175-1
63.30	788	207-8	59.98	738	196-9	56.65	688	185-10	53.30	638	174-10
63.23	787	207-5	59.92	737	196-7	56.58	687	185-7	53.23	637	174-7
63.17	786	207-3	59.85	736	196-4	56.52	686	185-5	53.17	636	174-5
63.10	785	207-0	59.78	735	196-1	56.45	685	185-2	53.10	635	174-2
63.03	784	206-9	59.72	734	195-11	56.38	684	185-0	53.03	634	173-11
62.97	783	206-7	59.65	733	195-8	56.32	683	184-9	52.96	633	173-9
62.90	782	206-4	59.58	732	195-6	56.25	682	184-6	52.90	632	173-7
62.83	781	206-1	59.52	731	195-3	56.18	681	184-4	52.83	631	173-4
62.77	780	205-11	59.45	730	195-0	56.12	680	184-1	52.76	630	173-1
62.70	779	205-8	59.38	729	194-10	56.05	679	183-10	52.70	629	172-11
62.64	778	205-6	59.32	728	194-7	55.98	678	183-8	52.63	628	172-8
62.57	777	205-3	59.25	727	194-4	55.92	677	183-5	52.56	627	172-5
62.50	776	205-1	59.18	726	194-2	55.85	676	183-3	52.49	626	172-2
62.44	775	204-10	59.12	725	193-11	55.78	675	183-0	52.43	625	172-0
62.37	774	204-7	59.05	724	193-8	55.71	674	182-9	52.36	624	171-9
62.30	773	204-5	58.98	723	193-6	55.65	673	182-7	52.29	623	171-6
62.24	772	204-2	58.92	722	193-4	55.58	672	182-4	52.22	622	171-4
62.17	771	203-11	58.85	721	193-1	55.51	671	182-1	52.16	621	171-1
62.11	770	203-9	58.78	720	192-10	55.45	670	181-11	52.09	620	170-10
62.04	769	203-6	58.72	719	192-8	55.38	669	181-8	52.02	619	170-8
61.97	768	203-3	58.65	718	192-5	55.31	668	181-5	51.96	618	170-6
61.91	767	203-1	58.59	717	192-2	55.25	667	181-3	51.89	617	170-3
61.84	766	202-11	58.52	716	192-0	55.18	666	181-0	51.82	616	170-0
61.77	765	202-8	58.45	715	191-9	55.11	665	180-9	51.75	615	169-9
61.71	764	202-5	58.39	714	191-7	55.04	664	180-7	51.69	614	169-7
61.64	763	202-3	58.32	713	191-4	54.98	663	180-4	51.62	613	169-4
61.58	762	202-0	58.25	712	191-1	54.91	662	180-2	51.55	612	169-1
61.51	761	201-9	58.19	711	190-11	54.84	661	179-11	51.48	611	168-11
61.44	760	201-7	58.12	710	190-8	54.78	660	179-9	51.42	610	168-8
61.38	759	201-4	58.05	709	190-5	54.71	659	179-6	51.35	609	168-5
61.31	758	201-1	57.99	708	190-3	54.64	658	179-3	51.28	608	168-3
61.24	757	200-11	57.92	707	190-0	54.58	657	179-1	51.21	607	168-0
61.18	756	200-9	57.85	706	189-9	54.51	656	178-10	51.15	606	167-9
61.11	755	200-6	57.79	705	189-7	54.44	655	178-7	51.08	605	167-7
61.05	754	200-3	57.72	704	189-4	54.37	654	178-4	51.01	604	167-4
60.98	753	200-1	57.65	703	189-1	54.31	653	178-2	50.94	603	167-1
60.91	752	199-10	57.59	702	188-11	54.24	652	177-11	50.88	602	166-11
60.85	751	199-7	57.52	701	188-8	54.17	651	177-8	50.81	601	166-8
60.78	750	199-5	57.45	700	188-6	54.11	650	177-6	50.74	600	166-6

(If the indicated distance is not listed, the next shorter distance is correct for scoring. See the regular conversion tables for unlisted marks' English equivalents.)

DECATHLON

Javelin

50.67	599	166-3	47.29	549	155-2	43.88	499	143-11	40.45	449	132-8
50.61	598	166-0	47.22	548	154-11	43.81	498	143-8	40.38	448	132-6
50.54	597	165-10	47.15	547	154-8	43.74	497	143-6	40.31	447	132-3
50.47	596	165-7	47.08	546	154-5	43.67	496	143-3	40.24	446	132-0
50.40	595	165-4	47.02	545	154-3	43.61	495	143-1	40.17	445	131-9
50.34	594	165-2	46.95	544	154-0	43.54	494	142-10	40.10	444	131-7
50.27	593	164-11	46.88	543	153-10	43.47	493	142-7	40.03	443	131-4
50.20	592	164-8	46.81	542	153-7	43.40	492	142-5	39.96	442	131-1
50.13	591	164-5	46.74	541	153-4	43.33	491	142-2	39.89	441	130-10
50.07	590	164-3	46.68	540	153-2	43.26	490	141-11	39.82	440	130-8
50.00	589	164-0	46.61	539	152-11	43.19	489	141-8	39.75	439	130-5
49.93	588	163-9	46.54	538	152-8	43.13	488	141-6	39.69	438	130-2
49.86	587	163-7	46.47	537	152-5	43.06	487	141-3	39.62	437	130-0
49.80	586	163-5	46.40	536	152-3	42.99	486	141-0	39.55	436	129-9
49.73	585	163-2	46.34	535	152-0	42.92	485	140-10	39.48	435	129-6
49.66	584	162-11	46.27	534	151-9	42.85	484	140-7	39.41	434	129-3
49.59	583	162-8	46.20	533	151-7	42.78	483	140-4	39.34	433	129-1
49.53	582	162-6	46.13	532	151-4	42.71	482	140-1	39.27	432	128-10
49.46	581	162-3	46.06	531	151-1	42.65	481	139-11	39.20	431	128-7
49.39	580	162-0	46.00	530	150-11	42.58	480	139-8	39.13	430	128-4
49.32	579	161-10	45.93	529	150-8	42.51	479	139-5	39.06	429	128-2
49.25	578	161-7	45.86	528	150-5	42.44	478	139-3	38.99	428	127-11
49.19	577	161-4	45.79	527	150-2	42.37	477	139-0	38.93	427	127-8
49.12	576	161-2	45.72	526	150-0	42.30	476	138-9	38.86	426	127-6
49.05	575	160-11	45.65	525	149-9	42.23	475	138-6	38.79	425	127-3
48.98	574	160-8	45.59	524	149-7	42.17	474	138-4	38.72	424	127-0
48.92	573	160-6	45.52	523	149-4	42.10	473	138-1	38.65	423	126-9
48.85	572	160-3	45.45	522	149-1	42.03	472	137-10	38.58	422	126-7
48.78	571	160-0	45.38	521	148-11	41.96	471	137-8	38.51	421	126-4
48.71	570	159-9	45.31	520	148-8	41.89	470	137-5	38.44	420	126-1
48.65	569	159-7	45.25	519	148-5	41.82	469	137-2	38.37	419	125-10
48.58	568	159-4	45.18	518	148-3	41.75	468	136-11	38.30	418	125-8
48.51	567	159-2	45.11	517	148-0	41.68	467	136-9	38.23	417	125-5
48.44	566	158-11	45.04	516	147-9	41.62	466	136-6	38.16	416	125-2
48.37	565	158-8	44.97	515	147-6	41.55	465	136-4	38.09	415	124-11
48.31	564	158-6	44.90	514	147-4	41.48	464	136-1	38.02	414	124-9
48.24	563	158-3	44.84	513	147-1	41.41	463	135-10	37.95	413	124-6
48.17	562	158-0	44.77	512	146-10	41.34	462	135-7	37.89	412	124-3
48.10	561	157-10	44.70	511	146-8	41.27	461	135-4	37.82	411	124-1
48.04	560	157-7	44.63	510	146-5	41.20	460	135-2	37.75	410	123-10
47.97	559	157-4	44.56	509	146-2	41.13	459	134-11	37.68	409	123-7
47.90	558	157-2	44.49	508	145-11	41.07	458	134-9	37.61	408	123-4
47.83	557	156-11	44.43	507	145-9	41.00	457	134-6	37.54	407	123-2
47.76	556	156-8	44.36	506	145-6	40.93	456	134-3	37.47	406	122-11
47.70	555	156-6	44.29	505	145-3	40.86	455	134-1	37.40	405	122-8
47.63	554	156-3	44.22	504	145-1	40.79	454	133-10	37.33	404	122-5
47.56	553	156-0	44.15	503	144-10	40.72	453	133-7	37.26	403	122-3
47.49	552	155-9	44.08	502	144-7	40.65	452	133-4	37.19	402	122-0
47.42	551	155-7	44.02	501	144-5	40.58	451	133-2	37.12	401	121-9
47.36	550	155-4	43.95	500	144-2	40.51	450	132-11	37.05	400	121-6

(If the indicated distance is not listed, the next shorter distance is correct for scoring. See the regular conversion tables for unlisted marks' English equivalents.)

DECATHLON

1500

3:53.93 999	4:00.66 949	4:07.56 899	4:14.64 849	4:21.92 799
3:54.06 998	4:00.80 948	4:07.70 898	4:14.79 848	4:22.06 798
3:54.19 997	4:00.93 947	4:07.84 897	4:14.93 847	4:22.21 797
3:54.33 996	4:01.07 946	4:07.98 896	4:15.07 846	4:22.36 796
3:54.46 995	4:01.21 945	4:08.12 895	4:15.22 845	4:22.51 795
3:54.59 994	4:01.34 944	4:08.26 894	4:15.36 844	4:22.65 794
3:54.73 993	4:01.48 943	4:08.40 893	4:15.50 843	4:22.80 793
3:54.86 992	4:01.62 942	4:08.54 892	4:15.65 842	4:22.95 792
3:54.99 991	4:01.75 941	4:08.68 891	4:15.79 841	4:23.10 791
3:55.13 990	4:01.89 940	4:08.82 890	4:15.94 840	4:23.25 790
3:55.26 989	4:02.03 939	4:08.96 889	4:16.08 839	4:23.40 789
3:55.39 988	4:02.17 938	4:09.10 888	4:16.23 838	4:23.54 788
3:55.53 987	4:02.30 937	4:09.24 887	4:16.37 837	4:23.69 787
3:55.66 986	4:02.44 936	4:09.39 886	4:16.51 836	4:23.84 786
3:55.80 985	4:02.58 935	4:09.53 885	4:16.66 835	4:23.99 785
3:55.93 984	4:02.71 934	4:09.67 884	4:16.80 834	4:24.14 784
3:56.06 983	4:02.85 933	4:09.81 883	4:16.95 833	4:24.29 783
3:56.20 982	4:02.99 932	4:09.95 882	4:17.09 832	4:24.44 782
3:56.33 981	4:03.13 931	4:10.09 881	4:17.24 831	4:24.59 781
3:56.47 980	4:03.26 930	4:10.23 880	4:17.38 830	4:24.73 780
3:56.60 979	4:03.40 929	4:10.37 879	4:17.53 829	4:24.88 779
3:56.74 978	4:03.54 928	4:10.51 878	4:17.67 828	4:25.03 778
3:56.87 977	4:03.68 927	4:10.65 877	4:17.82 827	4:25.18 777
3:57.00 976	4:03.81 926	4:10.80 876	4:17.96 826	4:25.33 776
3:57.14 975	4:03.95 925	4:10.94 875	4:18.11 825	4:25.48 775
3:57.27 974	4:04.09 924	4:11.08 874	4:18.25 824	4:25.63 774
3:57.41 973	4:04.23 923	4:11.22 873	4:18.40 823	4:25.78 773
3:57.54 972	4:04.37 922	4:11.36 872	4:18.54 822	4:25.93 772
3:57.68 971	4:04.51 921	4:11.50 871	4:18.69 821	4:26.08 771
3:57.81 970	4:04.64 920	4:11.65 870	4:18.84 820	4:26.23 770
3:57.95 969	4:04.78 919	4:11.79 869	4:18.98 819	4:26.38 769
3:58.08 968	4:04.92 918	4:11.93 868	4:19.13 818	4:26.53 768
3:58.22 967	4:05.06 917	4:12.07 867	4:19.27 817	4:26.68 767
3:58.35 966	4:05.20 916	4:12.21 866	4:19.42 816	4:26.83 766
3:58.49 965	4:05.34 915	4:12.36 865	4:19.57 815	4:26.98 765
3:58.62 964	4:05.47 914	4:12.50 864	4:19.71 814	4:27.13 764
3:58.76 963	4:05.61 913	4:12.64 863	4:19.86 813	4:27.28 763
3:58.90 962	4:05.75 912	4:12.78 862	4:20.01 812	4:27.43 762
3:59.03 961	4:05.89 911	4:12.93 861	4:20.15 811	4:27.58 761
3:59.17 960	4:06.03 910	4:13.07 860	4:20.30 810	4:27.74 760
3:59.30 959	4:06.17 909	4:13.21 859	4:20.44 809	4:27.89 759
3:59.44 958	4:06.31 908	4:13.35 858	4:20.59 808	4:28.04 758
3:59.57 957	4:06.45 907	4:13.50 857	4:20.74 807	4:28.19 757
3:59.71 956	4:06.59 906	4:13.64 856	4:20.89 806	4:28.34 756
3:59.85 955	4:06.73 905	4:13.78 855	4:21.03 805	4:28.49 755
3:59.98 954	4:06.86 904	4:13.93 854	4:21.18 804	4:28.64 754
4:00.12 953	4:07.00 903	4:14.07 853	4:21.33 803	4:28.79 753
4:00.25 952	4:07.14 902	4:14.21 852	4:21.47 802	4:28.95 752
4:00.39 951	4:07.28 901	4:14.36 851	4:21.62 801	4:29.10 751
4:00.53 950	4:07.42 900	4:14.50 850	4:21.77 800	4:29.25 750

(If the indicated time is not listed, the next longer [slower] time is correct for scoring)

DECATHLON

1500

Time	Pts	Time	Pts	Time	Pts	Time	Pts	Time	Pts
4:29.40	749	4:37.12	699	4:45.10	649	4:53.36	599	5:01.95	549
4:29.55	748	4:37.28	698	4:45.26	648	4:53.53	598	5:02.13	548
4:29.71	747	4:37.44	697	4:45.42	647	4:53.70	597	5:02.31	547
4:29.86	746	4:37.59	696	4:45.59	646	4:53.87	596	5:02.48	546
4:30.01	745	4:37.75	695	4:45.75	645	4:54.04	595	5:02.66	545
4:30.16	744	4:37.91	694	4:45.91	644	4:54.21	594	5:02.83	544
4:30.32	743	4:38.06	693	4:46.08	643	4:54.38	593	5:03.01	543
4:30.47	742	4:38.22	692	4:46.24	642	4:54.55	592	5:03.18	542
4:30.62	741	4:38.38	691	4:46.40	641	4:54.72	591	5:03.36	541
4:30.77	740	4:38.54	690	4:46.57	640	4:54.89	590	5:03.54	540
4:30.93	739	4:38.70	689	4:46.73	639	4:55.06	589	5:03.71	539
4:31.08	738	4:38.85	688	4:46.89	638	4:55.23	588	5:03.89	538
4:31.23	737	4:39.01	687	4:47.06	637	4:55.40	587	5:04.07	537
4:31.39	736	4:39.17	686	4:47.22	636	4:55.57	586	5:04.25	536
4:31.54	735	4:39.33	685	4:47.38	635	4:55.74	585	5:04.42	535
4:31.69	734	4:39.49	684	4:47.55	634	4:55.91	584	5:04.60	534
4:31.85	733	4:39.65	683	4:47.71	633	4:56.08	583	5:04.78	533
4:32.00	732	4:39.80	682	4:47.88	632	4:56.25	582	5:04.96	532
4:32.15	731	4:39.96	681	4:48.04	631	4:56.42	581	5:05.13	531
4:32.31	730	4:40.12	680	4:48.20	630	4:56.59	580	5:05.31	530
4:32.46	729	4:40.28	679	4:48.37	629	4:56.76	579	5:05.49	529
4:32.61	728	4:40.44	678	4:48.53	628	4:56.93	578	5:05.67	528
4:32.77	727	4:40.60	677	4:48.70	627	4:57.10	577	5:05.85	527
4:32.92	726	4:40.76	676	4:48.86	626	4:57.27	576	5:06.03	526
4:33.08	725	4:40.92	675	4:49.03	625	4:57.44	575	5:06.20	525
4:33.23	724	4:41.08	674	4:49.19	624	4:57.62	574	5:06.38	524
4:33.39	723	4:41.24	673	4:49.36	623	4:57.79	573	5:06.56	523
4:33.54	722	4:41.40	672	4:49.52	622	4:57.96	572	5:06.74	522
4:33.69	721	4:41.56	671	4:49.69	621	4:58.13	571	5:06.92	521
4:33.85	720	4:41.72	670	4:49.86	620	4:58.30	570	5:07.10	520
4:34.00	719	4:41.88	669	4:50.02	619	4:58.48	569	5:07.28	519
4:34.16	718	4:42.04	668	4:50.19	618	4:58.65	568	5:07.46	518
4:34.31	717	4:42.20	667	4:50.35	617	4:58.82	567	5:07.64	517
4:34.47	716	4:42.36	666	4:50.52	616	4:58.99	566	5:07.82	516
4:34.62	715	4:42.52	665	4:50.69	615	4:59.17	565	5:08.00	515
4:34.78	714	4:42.68	664	4:50.85	614	4:59.34	564	5:08.18	514
4:34.94	713	4:42.84	663	4:51.02	613	4:59.51	563	5:08.36	513
4:35.09	712	4:43.00	662	4:51.19	612	4:59.69	562	5:08.54	512
4:35.25	711	4:43.16	661	4:51.35	611	4:59.86	561	5:08.73	511
4:35.40	710	4:43.32	660	4:51.52	610	5:00.03	560	5:08.91	510
4:35.56	709	4:43.48	659	4:51.69	609	5:00.21	559	5:09.09	509
4:35.71	708	4:43.64	658	4:51.85	608	5:00.38	558	5:09.27	508
4:35.87	707	4:43.80	657	4:52.02	607	5:00.56	557	5:09.45	507
4:36.03	706	4:43.97	656	4:52.19	606	5:00.73	556	5:09.63	506
4:36.18	705	4:44.13	655	4:52.36	605	5:00.90	555	5:09.82	505
4:36.34	704	4:44.29	654	4:52.52	604	5:01.08	554	5:10.00	504
4:36.49	703	4:44.45	653	4:52.69	603	5:01.25	553	5:10.18	503
4:36.65	702	4:44.61	652	4:52.86	602	5:01.43	552	5:10.36	502
4:36.81	701	4:44.77	651	4:53.03	601	5:01.60	551	5:10.55	501
4:36.96	700	4:44.94	650	4:53.20	600	5:01.78	550	5:10.73	500

(If the indicated time is not listed, the next longer [slower] time is correct for scoring)

DECATHLON

1500

Time	Pts	Time	Pts	Time	Pts	Time	Pts	Time	Pts
5:10.91	499	5:20.29	449	5:30.16	399	5:40.62	349	5:51.80	299
5:11.09	498	5:20.48	448	5:30.37	398	5:40.84	348	5:52.03	298
5:11.28	497	5:20.68	447	5:30.57	397	5:41.06	347	5:52.26	297
5:11.46	496	5:20.87	446	5:30.77	396	5:41.27	346	5:52.50	296
5:11.64	495	5:21.06	445	5:30.98	395	5:41.49	345	5:52.73	295
5:11.83	494	5:21.25	444	5:31.18	394	5:41.71	344	5:52.96	294
5:12.01	493	5:21.45	443	5:31.39	393	5:41.93	343	5:53.20	293
5:12.20	492	5:21.64	442	5:31.59	392	5:42.14	342	5:53.43	292
5:12.38	491	5:21.84	441	5:31.80	391	5:42.36	341	5:53.67	291
5:12.57	490	5:22.03	440	5:32.00	390	5:42.58	340	5:53.90	290
5:12.75	489	5:22.22	439	5:32.21	389	5:42.80	339	5:54.14	289
5:12.94	488	5:22.42	438	5:32.41	388	5:43.02	338	5:54.37	288
5:13.12	487	5:22.61	437	5:32.62	387	5:43.24	337	5:54.61	287
5:13.31	486	5:22.81	436	5:32.82	386	5:43.46	336	5:54.84	286
5:13.49	485	5:23.00	435	5:33.03	385	5:43.68	335	5:55.08	285
5:13.68	484	5:23.20	434	5:33.24	384	5:43.90	334	5:55.32	284
5:13.86	483	5:23.39	433	5:33.44	383	5:44.12	333	5:55.56	283
5:14.05	482	5:23.59	432	5:33.65	382	5:44.34	332	5:55.79	282
5:14.24	481	5:23.78	431	5:33.86	381	5:44.56	331	5:56.03	281
5:14.42	480	5:23.98	430	5:34.06	380	5:44.78	330	5:56.27	280
5:14.61	479	5:24.18	429	5:34.27	379	5:45.00	329	5:56.51	279
5:14.80	478	5:24.37	428	5:34.48	378	5:45.22	328	5:56.75	278
5:14.98	477	5:24.57	427	5:34.69	377	5:45.44	327	5:56.99	277
5:15.17	476	5:24.77	426	5:34.90	376	5:45.67	326	5:57.23	276
5:15.36	475	5:24.96	425	5:35.11	375	5:45.89	325	5:57.47	275
5:15.54	474	5:25.16	424	5:35.31	374	5:46.11	324	5:57.71	274
5:15.73	473	5:25.36	423	5:35.52	373	5:46.34	323	5:57.95	273
5:15.92	472	5:25.56	422	5:35.73	372	5:46.56	322	5:58.19	272
5:16.11	471	5:25.75	421	5:35.94	371	5:46.78	321	5:58.44	271
5:16.30	470	5:25.95	420	5:36.15	370	5:47.01	320	5:58.68	270
5:16.48	469	5:26.15	419	5:36.36	369	5:47.23	319	5:58.92	269
5:16.67	468	5:26.35	418	5:36.57	368	5:47.46	318	5:59.16	268
5:16.86	467	5:26.55	417	5:36.78	367	5:47.68	317	5:59.41	267
5:17.05	466	5:26.75	416	5:37.00	366	5:47.91	316	5:59.65	266
5:17.24	465	5:26.95	415	5:37.21	365	5:48.14	315	5:59.90	265
5:17.43	464	5:27.15	414	5:37.42	364	5:48.36	314	6:00.14	264
5:17.62	463	5:27.34	413	5:37.63	363	5:48.59	313	6:00.39	263
5:17.81	462	5:27.54	412	5:37.84	362	5:48.82	312	6:00.63	262
5:18.00	461	5:27.75	411	5:38.05	361	5:49.04	311	6:00.88	261
5:18.19	460	5:27.95	410	5:38.27	360	5:49.27	310	6:01.13	260
5:18.38	459	5:28.15	409	5:38.48	359	5:49.50	309	6:01.38	259
5:18.57	458	5:28.35	408	5:38.69	358	5:49.73	308	6:01.62	258
5:18.76	457	5:28.55	407	5:38.91	357	5:49.96	307	6:01.87	257
5:18.95	456	5:28.75	406	5:39.12	356	5:50.19	306	6:02.12	256
5:19.14	455	5:28.95	405	5:39.33	355	5:50.42	305	6:02.37	255
5:19.33	454	5:29.15	404	5:39.55	354	5:50.65	304	6:02.62	254
5:19.52	453	5:29.35	403	5:39.76	353	5:50.88	303	6:02.87	253
5:19.71	452	5:29.56	402	5:39.98	352	5:51.11	302	6:03.12	252
5:19.91	451	5:29.76	401	5:40.19	351	5:51.34	301	6:03.37	251
5:20.10	450	5:29.96	400	5:40.41	350	5:51.57	300	6:03.62	250

(If the indicated time is not listed, the next longer [slower] time is correct for scoring)

INDOOR SUPPLEMENT

60m   **1000m**

60m				1000m	
6.40 1107	6.90 918	7.40 745	7.90 589	2:29.08 999	2:33.36 949
6.41 1103	6.91 915	7.41 742	7.91 586	2:29.17 998	2:33.45 948
6.42 1099	6.92 911	7.42 739	7.92 583	2:29.25 997	2:33.54 947
6.43 1095	6.93 907	7.43 736	7.93 580	2:29.34 996	2:33.62 946
6.44 1091	6.94 904	7.44 732	7.94 577	2:29.42 995	2:33.71 945
6.45 1087	6.95 900	7.45 729	7.95 574	2:29.51 994	2:33.80 944
6.46 1083	6.96 897	7.46 726	7.96 571	2:29.59 993	2:33.89 943
6.47 1079	6.97 893	7.47 723	7.97 568	2:29.68 992	2:33.97 942
6.48 1076	6.98 889	7.48 719	7.98 565	2:29.76 991	2:34.06 941
6.49 1072	6.99 886	7.49 716	7.99 563	2:29.85 990	2:34.15 940
6.50 1068	7.00 882	7.50 713	8.00 560	2:29.93 989	2:34.23 939
6.51 1064	7.01 879	7.51 710	8.01 557	2:30.02 988	2:34.32 938
6.52 1060	7.02 875	7.52 706	8.02 554	2:30.10 987	2:34.41 937
6.53 1056	7.03 872	7.53 703	8.03 551	2:30.19 986	2:34.49 936
6.54 1052	7.04 868	7.54 700	8.04 548	2:30.27 985	2:34.58 935
6.55 1049	7.05 865	7.55 697	8.05 545	2:30.36 984	2:34.67 934
6.56 1045	7.06 861	7.56 694	8.06 542	2:30.44 983	2:34.76 933
6.57 1041	7.07 858	7.57 690	8.07 540	2:30.53 982	2:34.84 932
6.58 1037	7.08 854	7.58 687	8.08 537	2:30.61 981	2:34.93 931
6.59 1033	7.09 851	7.59 684	8.09 534	2:30.70 980	2:35.02 930
6.60 1029	7.10 847	7.60 681	8.10 531	2:30.78 979	2:35.11 929
6.61 1026	7.11 844	7.61 678	8.11 528	2:30.87 978	2:35.19 928
6.62 1022	7.12 840	7.62 675	8.12 525	2:30.95 977	2:35.28 927
6.63 1018	7.13 837	7.63 671	**Hand-timed**	2:31.04 976	2:35.37 926
6.64 1014	7.14 833	7.64 668	6.4 1014	2:31.13 975	2:35.46 925
6.65 1010	7.15 830	7.65 665	6.5 977	2:31.21 974	2:35.54 924
6.66 1007	7.16 826	7.66 662	6.6 940	2:31.30 973	2:35.63 923
6.67 1003	7.17 823	7.67 659	6.7 904	2:31.38 972	2:35.72 922
6.68 999	7.18 819	7.68 656	6.8 868	2:31.47 971	2:35.81 921
6.69 995	7.19 816	7.69 653	6.9 833	2:31.55 970	2:35.90 920
6.70 992	7.20 813	7.70 650	7.0 799	2:31.64 969	2:35.98 919
6.71 988	7.21 809	7.71 646	7.1 765	2:31.73 968	2:36.07 918
6.72 984	7.22 806	7.72 643	7.2 732	2:31.81 967	2:36.16 917
6.73 980	7.23 802	7.73 640	7.3 700	2:31.90 966	2:36.25 916
6.74 977	7.24 799	7.74 637	7.4 668	2:31.98 965	2:36.34 915
6.75 973	7.25 796	7.75 634	7.5 637	2:32.07 964	2:36.42 914
6.76 969	7.26 792	7.76 631	7.6 607	2:32.16 963	2:36.51 913
6.77 966	7.27 789	7.77 628	7.7 577	2:32.24 962	2:36.60 912
6.78 962	7.28 785	7.78 625	7.8 548	2:32.33 961	2:36.69 911
6.79 958	7.29 782	7.79 622	7.9 520	2:32.41 960	2:36.78 910
6.80 955	7.30 779	7.80 619	8.0 492	2:32.50 959	2:36.87 909
6.81 951	7.31 775	7.81 616	8.1 465	2:32.59 958	2:36.95 908
6.82 947	7.32 772	7.82 613	8.2 439	2:32.67 957	2:37.04 907
6.83 944	7.33 769	7.83 610	8.3 413	2:32.76 956	2:37.13 906
6.84 940	7.34 765	7.84 607	8.4 388	2:32.85 955	2:37.22 905
6.85 936	7.35 762	7.85 604	8.5 364	2:32.93 954	2:37.31 904
6.86 933	7.36 759	7.86 601	8.6 340	2:33.02 953	2:37.40 903
6.87 929	7.37 755	7.87 598	8.7 318	2:33.11 952	2:37.48 902
6.88 925	7.38 752	7.88 595	8.8 295	2:33.19 951	2:37.57 901
6.89 922	7.39 749	7.89 592	8.9 274	2:33.28 950	2:37.66 900

(These supplemental pages relate to the indoor men's pentathlon and heptathlon. Score the long jump, shot and pole vault in the indoor multis using the regular decathlon tables.)

INDOOR SUPPLEMENT

1000m

Time	Score	Time	Score	Time	Score	Time	Score	Time	Score
2:37.75	899	2:42.25	849	2:46.87	799	2:51.63	749	2:56.54	699
2:37.84	898	2:42.34	848	2:46.97	798	2:51.73	748	2:56.64	698
2:37.93	897	2:42.43	847	2:47.06	797	2:51.83	747	2:56.74	697
2:38.02	896	2:42.53	846	2:47.16	796	2:51.92	746	2:56.84	696
2:38.11	895	2:42.62	845	2:47.25	795	2:52.02	745	2:56.94	695
2:38.20	894	2:42.71	844	2:47.34	794	2:52.12	744	2:57.04	694
2:38.29	893	2:42.80	843	2:47.44	793	2:52.21	743	2:57.14	693
2:38.37	892	2:42.89	842	2:47.53	792	2:52.31	742	2:57.24	692
2:38.46	891	2:42.98	841	2:47.63	791	2:52.41	741	2:57.34	691
2:38.55	890	2:43.07	840	2:47.72	790	2:52.51	740	2:57.44	690
2:38.64	889	2:43.17	839	2:47.82	789	2:52.60	739	2:57.54	689
2:38.73	888	2:43.26	838	2:47.91	788	2:52.70	738	2:57.64	688
2:38.82	887	2:43.35	837	2:48.00	787	2:52.80	737	2:57.74	687
2:38.91	886	2:43.44	836	2:48.10	786	2:52.89	736	2:57.84	686
2:39.00	885	2:43.53	835	2:48.19	785	2:52.99	735	2:57.94	685
2:39.09	884	2:43.62	834	2:48.29	784	2:53.09	734	2:58.04	684
2:39.18	883	2:43.72	833	2:48.38	783	2:53.19	733	2:58.14	683
2:39.27	882	2:43.81	832	2:48.48	782	2:53.28	732	2:58.25	682
2:39.36	881	2:43.90	831	2:48.57	781	2:53.38	731	2:58.35	681
2:39.45	880	2:43.99	830	2:48.67	780	2:53.48	730	2:58.45	680
2:39.54	879	2:44.09	829	2:48.76	779	2:53.58	729	2:58.55	679
2:39.63	878	2:44.18	828	2:48.86	778	2:53.68	728	2:58.65	678
2:39.72	877	2:44.27	827	2:48.95	777	2:53.77	727	2:58.75	677
2:39.81	876	2:44.36	826	2:49.05	776	2:53.87	726	2:58.85	676
2:39.90	875	2:44.45	825	2:49.14	775	2:53.97	725	2:58.95	675
2:39.99	874	2:44.55	824	2:49.24	774	2:54.07	724	2:59.05	674
2:40.08	873	2:44.64	823	2:49.33	773	2:54.17	723	2:59.16	673
2:40.17	872	2:44.73	822	2:49.43	772	2:54.26	722	2:59.26	672
2:40.26	871	2:44.82	821	2:49.52	771	2:54.36	721	2:59.36	671
2:40.35	870	2:44.92	820	2:49.62	770	2:54.46	720	2:59.46	670
2:40.44	869	2:45.01	819	2:49.71	769	2:54.56	719	2:59.56	669
2:40.53	868	2:45.10	818	2:49.81	768	2:54.66	718	2:59.66	668
2:40.62	867	2:45.20	817	2:49.90	767	2:54.76	717	2:59.77	667
2:40.71	866	2:45.29	816	2:50.00	766	2:54.85	716	2:59.87	666
2:40.80	865	2:45.38	815	2:50.10	765	2:54.95	715	2:59.97	665
2:40.89	864	2:45.47	814	2:50.19	764	2:55.05	714	3:00.07	664
2:40.98	863	2:45.57	813	2:50.29	763	2:55.15	713	3:00.17	663
2:41.07	862	2:45.66	812	2:50.38	762	2:55.25	712	3:00.28	662
2:41.16	861	2:45.75	811	2:50.48	761	2:55.35	711	3:00.38	661
2:41.25	860	2:45.85	810	2:50.57	760	2:55.45	710	3:00.48	660
2:41.34	859	2:45.94	809	2:50.67	759	2:55.55	709	3:00.58	659
2:41.43	858	2:46.03	808	2:50.77	758	2:55.65	708	3:00.69	658
2:41.52	857	2:46.13	807	2:50.86	757	2:55.74	707	3:00.79	657
2:41.61	856	2:46.22	806	2:50.96	756	2:55.84	706	3:00.89	656
2:41.70	855	2:46.31	805	2:51.05	755	2:55.94	705	3:00.99	655
2:41.80	854	2:46.41	804	2:51.15	754	2:56.04	704	3:01.10	654
2:41.89	853	2:46.50	803	2:51.25	753	2:56.14	703	3:01.20	653
2:41.98	852	2:46.59	802	2:51.34	752	2:56.24	702	3:01.30	652
2:42.07	851	2:46.69	801	2:51.44	751	2:56.34	701	3:01.40	651
2:42.16	850	2:46.78	800	2:51.54	750	2:56.44	700	3:01.51	650

(If the indicated time is not listed, the next longer [slower] time is correct for scoring)

INDOOR SUPPLEMENT

1000m

Time	Pts	Time	Pts	Time	Pts
3:01.61	649	3:06.87	599	3:12.32	549
3:01.71	648	3:06.97	598	3:12.44	548
3:01.82	647	3:07.08	597	3:12.55	547
3:01.92	646	3:07.19	596	3:12.66	546
3:02.02	645	3:07.29	595	3:12.77	545
3:02.13	644	3:07.40	594	3:12.88	544
3:02.23	643	3:07.51	593	3:13.00	543
3:02.34	642	3:07.62	592	3:13.11	542
3:02.44	641	3:07.72	591	3:13.22	541
3:02.54	640	3:07.83	590	3:13.33	540
3:02.65	639	3:07.94	589	3:13.44	539
3:02.75	638	3:08.05	588	3:13.56	538
3:02.85	637	3:08.16	587	3:13.67	537
3:02.96	636	3:08.26	586	3:13.78	536
3:03.06	635	3:08.37	585	3:13.89	535
3:03.17	634	3:08.48	584	3:14.01	534
3:03.27	633	3:08.59	583	3:14.12	533
3:03.38	632	3:08.70	582	3:14.23	532
3:03.48	631	3:08.81	581	3:14.35	531
3:03.58	630	3:08.91	580	3:14.46	530
3:03.69	629	3:09.02	579	3:14.57	529
3:03.79	628	3:09.13	578	3:14.69	528
3:03.90	627	3:09.24	577	3:14.80	527
3:04.00	626	3:09.35	576	3:14.91	526
3:04.11	625	3:09.46	575	3:15.03	525
3:04.21	624	3:09.57	574	3:15.14	524
3:04.32	623	3:09.68	573	3:15.25	523
3:04.42	622	3:09.79	572	3:15.37	522
3:04.53	621	3:09.90	571	3:15.48	521
3:04.63	620	3:10.00	570	3:15.60	520
3:04.74	619	3:10.11	569	3:15.71	519
3:04.85	618	3:10.22	568	3:15.83	518
3:04.95	617	3:10.33	567	3:15.94	517
3:05.06	616	3:10.44	566	3:16.05	516
3:05.16	615	3:10.55	565	3:16.17	515
3:05.27	614	3:10.66	564	3:16.28	514
3:05.37	613	3:10.77	563	3:16.40	513
3:05.48	612	3:10.88	562	3:16.51	512
3:05.59	611	3:10.99	561	3:16.63	511
3:05.69	610	3:11.10	560	3:16.74	510
3:05.80	609	3:11.22	559	3:16.86	509
3:05.90	608	3:11.33	558	3:16.97	508
3:06.01	607	3:11.44	557	3:17.09	507
3:06.12	606	3:11.55	556	3:17.21	506
3:06.22	605	3:11.66	555	3:17.32	505
3:06.33	604	3:11.77	554	3:17.44	504
3:06.44	603	3:11.88	553	3:17.55	503
3:06.54	602	3:11.99	552	3:17.67	502
3:06.65	601	3:12.10	551	3:17.79	501
3:06.76	600	3:12.21	550	3:17.90	500

60 Hurdles

Time	Pts	Time	Pts
7.70	1059	8.20	932
7.71	1056	8.21	930
7.72	1053	8.22	927
7.73	1051	8.23	925
7.74	1048	8.24	922
7.75	1046	8.25	920
7.76	1043	8.26	917
7.77	1040	8.27	915
7.78	1038	8.28	913
7.79	1035	8.29	910
7.80	1033	8.30	908
7.81	1030	8.31	905
7.82	1028	8.32	903
7.83	1025	8.33	900
7.84	1022	8.34	898
7.85	1020	8.35	896
7.86	1017	8.36	893
7.87	1015	8.37	891
7.88	1012	8.38	888
7.89	1010	8.39	886
7.90	1007	8.40	884
7.91	1005	8.41	881
7.92	1002	8.42	879
7.93	999	8.43	877
7.94	997	8.44	874
7.95	994	8.45	872
7.96	992	8.46	869
7.97	989	8.47	867
7.98	987	8.48	865
7.99	984	8.49	862
8.00	982	8.50	860
8.01	979	8.51	858
8.02	977	8.52	855
8.03	974	8.53	853
8.04	972	8.54	851
8.05	969	8.55	848
8.06	967	8.56	846
8.07	964	8.57	843
8.08	962	8.58	841
8.09	959	8.59	839
8.10	957	8.60	836
8.11	954	8.61	834
8.12	952	8.62	832
8.13	949	8.63	829
8.14	947	8.64	827
8.15	944	8.65	825
8.16	942	8.66	823
8.17	939	8.67	820
8.18	937	8.68	818
8.19	935	8.69	816

(If the indicated time is not listed, the next longer [slower] time is correct for scoring)

INDOOR SUPPLEMENT

60 Hurdles / 55 Hurdles

60 Hurdles				55 Hurdles		
8.70 813	9.20 702	9.70 599	7.10 1100	7.60 957	8.10 824
8.71 811	9.21 700	9.71 597	7.11 1097	7.61 954	8.11 821
8.72 809	9.22 698	9.72 595	7.12 1094	7.62 951	8.12 818
8.73 806	9.23 696	9.73 593	7.13 1091	7.63 949	8.13 816
8.74 804	9.24 694	9.74 591	7.14 1088	7.64 946	8.14 813
8.75 802	9.25 692	9.75 589	7.15 1085	7.65 943	8.15 811
8.76 800	9.26 690	9.76 587	7.16 1082	7.66 940	8.16 808
8.77 797	9.27 687	9.77 585	7.17 1079	7.67 938	8.17 806
8.78 795	9.28 685	9.78 583	7.18 1076	7.68 935	8.18 803
8.79 793	9.29 683	9.79 581	7.19 1074	7.69 932	8.19 801
8.80 791	9.30 681	9.80 579	7.20 1071	7.70 930	8.20 798
8.81 788	9.31 679	9.81 578	7.21 1068	7.71 927	8.21 796
8.82 786	9.32 677	9.82 576	7.22 1065	7.72 924	8.22 793
8.83 784	9.33 675	9.83 574	7.23 1062	7.73 921	8.23 790
8.84 781	9.34 673	9.84 572	7.24 1059	7.74 919	8.24 788
8.85 779	9.35 671	9.85 570	7.25 1056	7.75 916	8.25 785
8.86 777	9.36 668	9.86 568	7.26 1053	7.76 913	8.26 783
8.87 775	9.37 666	9.87 566	7.27 1050	7.77 911	8.27 780
8.88 772	9.38 664	9.88 564	7.28 1047	7.78 908	8.28 778
8.89 770	9.39 662	9.89 562	7.29 1045	7.79 905	8.29 775
8.90 768	9.40 660	9.90 560	7.30 1042	7.80 902	8.30 773
8.91 766	9.41 658	9.91 558	7.31 1039	7.81 900	8.31 770
8.92 764	9.42 656	9.92 556	7.32 1036	7.82 897	8.32 768
8.93 761	9.43 654	9.93 554	7.33 1033	7.83 894	8.33 765
8.94 759	9.44 652	9.94 552	7.34 1030	7.84 892	8.34 763
8.95 757	9.45 650	9.95 551	7.35 1027	7.85 889	8.35 760
8.96 755	9.46 648	**Hand-timed**	7.36 1024	7.86 886	8.36 758
8.97 752	9.47 646	7.7 997	7.37 1022	7.87 884	8.37 756
8.98 750	9.48 644	7.8 972	7.38 1019	7.88 881	8.38 753
8.99 748	9.49 642	7.9 947	7.39 1016	7.89 878	8.39 751
9.00 746	9.50 639	8.0 922	7.40 1013	7.90 876	8.40 748
9.01 744	9.51 637	8.1 898	7.41 1010	7.91 873	8.41 746
9.02 741	9.52 635	8.2 874	7.42 1007	7.92 870	8.42 743
9.03 739	9.53 633	8.3 851	7.43 1005	7.93 868	8.43 741
9.04 737	9.54 631	8.4 827	7.44 1002	7.94 865	8.44 738
9.05 735	9.55 629	8.5 804	7.45 999	7.95 863	8.45 736
9.06 733	9.56 627	8.6 781	7.46 996	7.96 860	8.46 733
9.07 730	9.57 625	8.7 759	7.47 993	7.97 857	8.47 731
9.08 728	9.58 623	8.8 737	7.48 990	7.98 855	8.48 729
9.09 726	9.59 621	8.9 715	7.49 988	7.99 852	8.49 726
9.10 724	9.60 619	9.0 694	7.50 985	8.00 849	8.50 724
9.11 722	9.61 617	9.1 673	7.51 982	8.01 847	8.51 721
9.12 720	9.62 615	9.2 652	7.52 979	8.02 844	8.52 719
9.13 717	9.63 613	9.3 631	7.53 976	8.03 842	8.53 717
9.14 715	9.64 611	9.4 611	7.54 974	8.04 839	8.54 714
9.15 713	9.65 609	9.5 591	7.55 971	8.05 836	8.55 712
9.16 711	9.66 607	9.6 572	7.56 968	8.06 834	8.56 709
9.17 709	9.67 605	9.7 552	7.57 965	8.07 831	8.57 707
9.18 707	9.68 603	9.8 533	7.58 963	8.08 829	8.58 705
9.19 704	9.69 601	9.9 515	7.59 960	8.09 826	8.59 702

(Note: These tables for the 55-meter hurdles—run occasionally in U.S. indoor multis in place of the international-standard 60-meter hurdles—were developed by the IAAF.)

INDOOR SUPPLEMENT

55 Hurdles

Time	Pts	Time	Pts
8.60	700	8.85	641
8.61	697	8.86	639
8.62	695	8.87	637
8.63	693	8.88	635
8.64	690	8.89	632
8.65	688	8.90	630
8.66	686	8.91	628
8.67	683	8.92	626
8.68	681	8.93	623
8.69	678	8.94	621
8.70	676	8.95	619
8.71	674	8.96	617
8.72	671	8.97	614
8.73	669	8.98	612
8.74	667	8.99	610
8.75	664	9.00	608
8.76	662	9.01	605
8.77	660	9.02	603
8.78	658	9.03	601
8.79	655	9.04	599
8.80	653	9.05	597
8.81	651	9.06	594
8.82	648	9.07	592
8.83	646	9.08	590
8.84	644	9.09	588

Time	Pts
9.10	586
9.11	583
9.12	581
9.13	579
9.14	577
9.15	575
9.16	573
9.17	570
9.18	568
9.19	566
9.20	564
9.21	562
9.22	560
9.23	558
9.24	555
9.25	553
9.26	551
9.27	549
9.28	547
9.29	545
9.30	543
9.31	541
9.32	539
9.33	536
9.34	534

Hand-timed

Time	Pts
7.0	1059
7.1	1030
7.2	1002
7.3	974
7.4	946
7.5	919
7.6	892
7.7	865
7.8	839
7.9	813
8.0	788
8.1	763
8.2	738
8.3	714
8.4	690
8.5	667
8.6	644
8.7	621
8.8	599
8.9	577
9.0	555
9.1	534
9.2	514
9.3	493

55m

Time	Pts	Time	Pts	Time	Pts	Time	Pts
6.00	1097	6.50	896	7.00	715	7.50	551
6.01	1092	6.51	893	7.01	711	7.51	548
6.02	1088	6.52	889	7.02	708	7.52	545
6.03	1084	6.53	885	7.03	704	7.53	542
6.04	1080	6.54	881	7.04	701	7.54	539
6.05	1076	6.55	877	7.05	697	7.55	536
6.06	1072	6.56	874	7.06	694	7.56	533
6.07	1067	6.57	870	7.07	691	7.57	530
6.08	1063	6.58	866	7.08	687	7.58	527
6.09	1059	6.59	862	7.09	684	7.59	524
6.10	1055	6.60	859	7.10	680	7.60	521
6.11	1051	6.61	855	7.11	677	7.61	518
6.12	1047	6.62	851	7.12	674	7.62	515
6.13	1043	6.63	847	7.13	670	7.63	512
6.14	1039	6.64	844	7.14	667	7.64	509
6.15	1035	6.65	840	7.15	664	7.65	506
6.16	1031	6.66	836	7.16	660	7.66	503
6.17	1026	6.67	833	7.17	657	7.67	500
6.18	1022	6.68	829	7.18	654	7.68	497
6.19	1018	6.69	825	7.19	650	7.69	494
6.20	1014	6.70	822	7.20	647	7.70	492
6.21	1010	6.71	818	7.21	644	7.71	489
6.22	1006	6.72	814	7.22	641	7.72	486
6.23	1002	6.73	811	7.23	637	7.73	483
6.24	998	6.74	807	7.24	634	7.74	480
6.25	994	6.75	803	7.25	631	7.75	477
6.26	990	6.76	800	7.26	627	7.76	474
6.27	986	6.77	796	7.27	624	7.77	471
6.28	982	6.78	792	7.28	621		
6.29	978	6.79	789	7.29	618		
6.30	974	6.80	785	7.30	614		
6.31	970	6.81	782	7.31	611		
6.32	966	6.82	778	7.32	608		
6.33	962	6.83	774	7.33	605		
6.34	959	6.84	771	7.34	602		
6.35	955	6.85	767	7.35	598		
6.36	951	6.86	764	7.36	595		
6.37	947	6.87	760	7.37	592		
6.38	943	6.88	757	7.38	589		
6.39	939	6.89	753	7.39	586		
6.40	935	6.90	750	7.40	583		
6.41	931	6.91	746	7.41	579		
6.42	927	6.92	742	7.42	576		
6.43	923	6.93	739	7.43	573		
6.44	920	6.94	735	7.44	570		
6.45	916	6.95	732	7.45	567		
6.46	912	6.96	729	7.46	564		
6.47	908	6.97	725	7.47	561		
6.48	904	6.98	722	7.48	558		
6.49	900	6.99	718	7.49	555		

Hand-timed

Time	Pts
6.0	998
6.1	959
6.2	920
6.3	881
6.4	844
6.5	807
6.6	771
6.7	735
6.8	701
6.9	667
7.0	634
7.1	602
7.2	570
7.3	539
7.4	509
7.5	480
7.6	451
7.7	424
7.8	397
7.9	371
8.0	345

(Note: These 55-meter dash tables were developed by the IAAF.)

WOMEN'S COMBINED MULTI-EVENT METRIC CONVERSION & SCORING TABLES

HEPTATHLON

100 Hurdles (start of first day)

Time	Points	Time	Points	Time	Points	Time	Points	Time	Points	Time	Points	Time	Points
12.50	1201	13.00	1124	13.50	1050	14.00	978	14.50	909	15.00	842		
12.51	1199	13.01	1123	13.51	1049	14.01	977	14.51	907	15.01	840		
12.52	1198	13.02	1121	13.52	1047	14.02	976	14.52	906	15.02	839		
12.53	1196	13.03	1120	13.53	1046	14.03	974	14.53	905	15.03	838		
12.54	1195	13.04	1118	13.54	1044	14.04	973	14.54	903	15.04	836		
12.55	1193	13.05	1117	13.55	1043	14.05	971	14.55	902	15.05	835		
12.56	1192	13.06	1115	13.56	1041	14.06	970	14.56	901	15.06	834		
12.57	1190	13.07	1114	13.57	1040	14.07	968	14.57	899	15.07	832		
12.58	1189	13.08	1112	13.58	1039	14.08	967	14.58	898	15.08	831		
12.59	1187	13.09	1111	13.59	1037	14.09	966	14.59	897	15.09	830		
12.60	1185	13.10	1109	13.60	1036	14.10	964	14.60	895	15.10	828		
12.61	1184	13.11	1108	13.61	1034	14.11	963	14.61	894	15.11	827		
12.62	1182	13.12	1106	13.62	1033	14.12	961	14.62	892	15.12	826		
12.63	1181	13.13	1105	13.63	1031	14.13	960	14.63	891	15.13	825		
12.64	1179	13.14	1103	13.64	1030	14.14	959	14.64	890	15.14	823		
12.65	1178	13.15	1102	13.65	1028	14.15	957	14.65	888	15.15	822		
12.66	1176	13.16	1100	13.66	1027	14.16	956	14.66	887	15.16	821		
12.67	1175	13.17	1099	13.67	1026	14.17	954	14.67	886	15.17	819		
12.68	1173	13.18	1097	13.68	1024	14.18	953	14.68	884	15.18	818		
12.69	1172	13.19	1096	13.69	1023	14.19	952	14.69	883	15.19	817		
12.70	1170	13.20	1094	13.70	1021	14.20	950	14.70	882	15.20	815		
12.71	1168	13.21	1093	13.71	1020	14.21	949	14.71	880	15.21	814		
12.72	1167	13.22	1091	13.72	1018	14.22	947	14.72	879	15.22	813		
12.73	1165	13.23	1090	13.73	1017	14.23	946	14.73	878	15.23	811		
12.74	1164	13.24	1089	13.74	1015	14.24	945	14.74	876	15.24	810		
12.75	1162	13.25	1087	13.75	1014	14.25	943	14.75	875	15.25	809		
12.76	1161	13.26	1086	13.76	1013	14.26	942	14.76	874	15.26	808		
12.77	1159	13.27	1084	13.77	1011	14.27	941	14.77	872	15.27	806		
12.78	1158	13.28	1083	13.78	1010	14.28	939	14.78	871	15.28	805		
12.79	1156	13.29	1081	13.79	1008	14.29	938	14.79	870	15.29	804		
12.80	1155	13.30	1080	13.80	1007	14.30	936	14.80	868	15.30	802		
12.81	1153	13.31	1078	13.81	1005	14.31	935	14.81	867	15.31	801		
12.82	1152	13.32	1077	13.82	1004	14.32	934	14.82	866	15.32	800		
12.83	1150	13.33	1075	13.83	1003	14.33	932	14.83	864	15.33	799		
12.84	1149	13.34	1074	13.84	1001	14.34	931	14.84	863	15.34	797		
12.85	1147	13.35	1072	13.85	1000	14.35	929	14.85	862	15.35	796		
12.86	1146	13.36	1071	13.86	998	14.36	928	14.86	860	15.36	795		
12.87	1144	13.37	1069	13.87	997	14.37	927	14.87	859	15.37	793		
12.88	1143	13.38	1068	13.88	995	14.38	925	14.88	858	15.38	792		
12.89	1141	13.39	1066	13.89	994	14.39	924	14.89	856	15.39	791		
12.90	1140	13.40	1065	13.90	993	14.40	923	14.90	855	15.40	790		
12.91	1138	13.41	1063	13.91	991	14.41	921	14.91	854	15.41	788		
12.92	1136	13.42	1062	13.92	990	14.42	920	14.92	852	15.42	787		
12.93	1135	13.43	1060	13.93	988	14.43	918	14.93	851	15.43	786		
12.94	1133	13.44	1059	13.94	987	14.44	917	14.94	850	15.44	784		
12.95	1132	13.45	1058	13.95	985	14.45	916	14.95	848	15.45	783		
12.96	1130	13.46	1056	13.96	984	14.46	914	14.96	847	15.46	782		
12.97	1129	13.47	1055	13.97	983	14.47	913	14.97	846	15.47	781		
12.98	1127	13.48	1053	13.98	981	14.48	912	14.98	844	15.48	779		
12.99	1126	13.49	1052	13.99	980	14.49	910	14.99	843	15.49	778		

HEPTATHLON

						100 Hurdles
						Hand-timed
15.50 777	16.00 714	16.50 654	17.00 596	17.50 541	13.0 1089
15.51 775	16.01 713	16.51 653	17.01 595	17.51 540	13.1 1074
15.52 774	16.02 712	16.52 652	17.02 594	17.52 539	13.2 1059
15.53 773	16.03 711	16.53 651	17.03 593	17.53 538	13.3 1044
15.54 772	16.04 709	16.54 649	17.04 592	17.54 537	13.4 1030
15.55 770	16.05 708	16.55 648	17.05 591	17.55 536	13.5 1015
15.56 769	16.06 707	16.56 647	17.06 590	17.56 535	13.6 1001
15.57 768	16.07 706	16.57 646	17.07 589	17.57 534	13.7 987
15.58 767	16.08 704	16.58 645	17.08 587	17.58 533	13.8 973
15.59 765	16.09 703	16.59 644	17.09 586	17.59 532	13.9 959
15.60 764	16.10 702	16.60 642	17.10 585	17.60 530	14.0 945
15.61 763	16.11 701	16.61 641	17.11 584	17.61 529	14.1 931
15.62 762	16.12 700	16.62 640	17.12 583	17.62 528	14.2 917
15.63 760	16.13 698	16.63 639	17.13 582	17.63 527	14.3 903
15.64 759	16.14 697	16.64 638	17.14 581	17.64 526	14.4 890
15.65 758	16.15 696	16.65 637	17.15 580	17.65 525	14.5 876
15.66 756	16.16 695	16.66 635	17.16 579	17.66 524	14.6 863
15.67 755	16.17 694	16.67 634	17.17 577	17.67 523	14.7 850
15.68 754	16.18 692	16.68 633	17.18 576	17.68 522	14.8 836
15.69 753	16.19 691	16.69 632	17.19 575	17.69 521	14.9 823
15.70 751	16.20 690	16.70 631	17.20 574	17.70 520	15.0 810
15.71 750	16.21 689	16.71 630	17.21 573	17.71 519	15.1 797
15.72 749	16.22 688	16.72 628	17.22 572	17.72 518	15.2 784
15.73 748	16.23 686	16.73 627	17.23 571	17.73 517	15.3 772
15.74 746	16.24 685	16.74 626	17.24 570	17.74 516	15.4 759
15.75 745	16.25 684	16.75 625	17.25 569	17.75 515	15.5 746
15.76 744	16.26 683	16.76 624	17.26 567	17.76 513	15.6 734
15.77 743	16.27 682	16.77 623	17.27 566	17.77 512	15.7 722
15.78 741	16.28 680	16.78 622	17.28 565	17.78 511	15.8 709
15.79 740	16.29 679	16.79 620	17.29 564	17.79 510	15.9 697
15.80 739	16.30 678	16.80 619	17.30 563	17.80 509	16.0 685
15.81 738	16.31 677	16.81 618	17.31 562	17.81 508	16.1 673
15.82 736	16.32 676	16.82 617	17.32 561	17.82 507	16.2 661
15.83 735	16.33 674	16.83 616	17.33 560	17.83 506	16.3 649
15.84 734	16.34 673	16.84 615	17.34 559	17.84 505	16.4 638
15.85 733	16.35 672	16.85 614	17.35 558	17.85 504	16.5 626
15.86 732	16.36 671	16.86 612	17.36 556	17.86 503	16.6 615
15.87 730	16.37 670	16.87 611	17.37 555	17.87 502	16.7 603
15.88 729	16.38 668	16.88 610	17.38 554	17.88 501	16.8 592
15.89 728	16.39 667	16.89 609	17.39 553	17.89 500	16.9 581
15.90 727	16.40 666	16.90 608	17.40 552	17.90 499	17.0 570
15.91 725	16.41 665	16.91 607	17.41 551	17.91 498	17.1 559
15.92 724	16.42 664	16.92 606	17.42 550	17.92 497	17.2 548
15.93 723	16.43 662	16.93 604	17.43 549	17.93 496	17.3 537
15.94 722	16.44 661	16.94 603	17.44 548	17.94 495	17.4 526
15.95 720	16.45 660	16.95 602	17.45 547	17.95 494	17.5 516
15.96 719	16.46 659	16.96 601	17.46 546	17.96 493	17.6 505
15.97 718	16.47 658	16.97 600	17.47 544	17.97 492	17.7 495
15.98 717	16.48 657	16.98 599	17.48 543	17.98 491	17.8 484
15.99 715	16.49 655	16.99 598	17.49 542	17.99 489	17.9 474

HEPTATHLON

High Jump

2.09	1359	6-10¼	1.59	724	5-2½			
2.08	1345	6-9¾	1.58	712	5-2¼			
2.07	1332	6-9½	1.57	701	5-1¾			
2.06	1318	6-9	1.56	689	5-1½			
2.05	1305	6-8¾	1.55	678	5-1			
2.04	1291	6-8¼	1.54	666	5-½			
2.03	1278	6-8	1.53	655	5-¼			
2.02	1264	6-7½	1.52	644	4-11¾			
2.01	1251	6-7	1.51	632	4-11½			
2.00	1237	6-6¾	1.50	621	4-11			
1.99	1224	6-6¼	1.49	610	4-10½			
1.98	1211	6-6	1.48	599	4-10¼			
1.97	1198	6-5½	1.47	588	4-9¾			
1.96	1184	6-5	1.46	577	4-9½			
1.95	1171	6-4¾	1.45	566	4-9			
1.94	1158	6-4¼	1.44	555	4-8¾			
1.93	1145	6-4	1.43	544	4-8¼			
1.92	1132	6-3½	1.42	534	4-7¾			
1.91	1119	6-3¼	1.41	523	4-7½			
1.90	1106	6-2¾	1.40	512	4-7			
1.89	1093	6-2¼	1.39	502	4-6¾			
1.88	1080	6-2	1.38	491	4-6¼			
1.87	1067	6-1½	1.37	481	4-6			
1.86	1054	6-1¼	1.36	470	4-5½			
1.85	1041	6-¾	1.35	460	4-5			
1.84	1029	6-½	1.34	449	4-4¾			
1.83	1016	6-0	1.33	439	4-4¼			
1.82	1003	5-11½	1.32	429	4-4			
1.81	991	5-11¼	1.31	419	4-3½			
1.80	978	5-10¾	1.30	409	4-3¼			
1.79	966	5-10½	1.29	399	4-2¾			
1.78	953	5-10	1.28	389	4-2¼			
1.77	941	5-9¾	1.27	379	4-2			
1.76	928	5-9¼	1.26	369	4-1½			
1.75	916	5-8¾	1.25	359	4-1¼			
1.74	903	5-8½	1.24	350	4-¾			
1.73	891	5-8	1.23	340	4-½			
1.72	879	5-7¾	1.22	331	4-0			
1.71	867	5-7¼	1.21	321	3-11½			
1.70	855	5-7	1.20	312	3-11¼			
1.69	842	5-6½	1.19	302	3-10¾			
1.68	830	5-6	1.18	293	3-10½			
1.67	818	5-5¾	1.17	284	3-10			
1.66	806	5-5¼	1.16	275	3-9½			
1.65	795	5-5	1.15	266	3-9¼			
1.64	783	5-4½	1.14	257	3-8¾			
1.63	771	5-4¼	1.13	248	3-8½			
1.62	759	5-3¾	1.12	239	3-8			
1.61	747	5-3¼	1.11	231	3-7¾			
1.60	736	5-3	1.10	222	3-7¼			

Shot

17.50	1029	57-5	16.75	979	54-11½
17.48	1028	57-4¼	16.74	978	54-11¼
17.47	1027	57-3¾	16.73	977	54-10¾
17.45	1026	57-3	16.71	976	54-10
17.44	1025	57-2¾	16.70	975	54-9½
17.42	1024	57-2	16.68	974	54-8¾
17.41	1023	57-1½	16.67	973	54-8¼
17.39	1022	57-¾	16.65	972	54-7½
17.38	1021	57-¼	16.64	971	54-7¼
17.36	1020	56-11½	16.62	970	54-6½
17.35	1019	56-11¼	16.61	969	54-6
17.33	1018	56-10¼	16.59	968	54-5¼
17.32	1017	56-10	16.58	967	54-4¾
17.30	1016	56-9½	16.56	966	54-4
17.29	1015	56-8¾	16.55	965	54-3¾
17.27	1014	56-8	16.53	964	54-2¾
17.26	1013	56-7½	16.52	963	54-2½
17.24	1012	56-6¾	16.50	962	54-1¾
17.23	1011	56-6½	16.49	961	54-1¼
17.21	1010	56-5¾	16.47	960	54-½
17.20	1009	56-5¼	16.46	959	54-0
17.18	1008	56-4½	16.44	958	53-11¼
17.17	1007	56-4	16.43	957	53-11
17.16	1006	56-3¾	16.41	956	53-10¼
17.14	1005	56-2¾	16.40	955	53-9¾
17.13	1004	56-2½	16.38	954	53-9
17.11	1003	56-1¾	16.37	953	53-8½
17.10	1002	56-1¼	16.35	952	53-7¾
17.08	1001	56-½	16.34	951	53-7½
17.07	1000	56-0	16.32	950	53-6½
17.05	999	55-11¼	16.31	949	53-6¼
17.04	998	55-11	16.29	948	53-5½
17.02	997	55-10¼	16.28	947	53-5
17.01	996	55-9¾	16.26	946	53-4¼
16.99	995	55-9	16.25	945	53-3¾
16.98	994	55-8½	16.24	944	53-3½
16.96	993	55-7¾	16.22	943	53-2¾
16.95	992	55-7½	16.21	942	53-2¼
16.93	991	55-6½	16.19	941	53-1½
16.92	990	55-6¼	16.18	940	53-1
16.90	989	55-5½	16.16	939	53-¼
16.89	988	55-5	16.15	938	53-0
16.87	987	55-4¼	16.13	937	52-11
16.86	986	55-3¾	16.12	936	52-10¾
16.84	985	55-3	16.10	935	52-10
16.83	984	55-2¾	16.09	934	52-9½
16.81	983	55-2	16.07	933	52-8¾
16.80	982	55-1½	16.06	932	52-8¼
16.78	981	55-¾	16.04	931	52-7½
16.77	980	55-¼	16.03	930	52-7¼

HEPTATHLON

Shot

16.01 ... 929 .... 52-6½	15.27 ... 879 .... 50-1¼	14.52 ... 829 .... 47-7¾	13.77 ... 779 .... 45-2¼
16.00 ... 928 52-6	15.25 ... 878 .... 50-½	14.51 ... 828 .... 47-7¼	13.76 ... 778 .... 45-1¾
15.98 ... 927 .... 52-5¼	15.24 ... 877 50-0	14.49 ... 827 .... 47-6½	13.74 ... 777 45-1
15.97 ... 926 .... 52-4¾	15.22 ... 876 .... 49-11¼	14.48 ... 826 .... 47-6¼	13.73 ... 776 .... 45-½
15.95 ... 925 52-4	15.21 ... 875 49-11	14.46 ... 825 .... 47-5¼	13.71 ... 775 .... 44-11¾
15.94 ... 924 .... 52-3¾	15.19 ... 874 49-10	14.45 ... 824 47-5	13.70 ... 774 .... 44-11½
15.92 ... 923 .... 52-2¾	15.18 ... 873 .... 49-9¾	14.43 ... 823 .... 47-4¼	13.68 ... 773 .... 44-10¾
15.91 ... 922 .... 52-2½	15.16 ... 872 49-9	14.42 ... 822 .... 47-3¾	13.67 ... 772 .... 44-10¼
15.89 ... 921 .... 52-1¾	15.15 ... 871 .... 49-8½	14.40 ... 821 47-3	13.65 ... 771 .... 44-9½
15.88 ... 920 .... 52-1¼	15.13 ... 870 .... 49-7¾	14.39 ... 820 .... 47-2½	13.64 ... 770 44-9
15.86 ... 919 .... 52-½	15.12 ... 869 .... 49-7¼	14.37 ... 819 .... 47-1¾	13.62 ... 769 .... 44-8¼
15.85 ... 918 52-0	15.10 ... 868 .... 49-6½	14.36 ... 818 .... 47-1½	13.61 ... 768 44-8
15.83 ... 917 .... 51-11¼	15.09 ... 867 .... 49-6¼	14.34 ... 817 .... 47-¾	13.59 ... 767 44-7
15.82 ... 916 51-11	15.07 ... 866 .... 49-5½	14.33 ... 816 .... 47-¼	13.58 ... 766 .... 44-6¾
15.80 ... 915 51-10	15.06 ... 865 49-5	14.31 ... 815 .... 46-11½	13.56 ... 765 44-6
15.79 ... 914 .... 51-9¾	15.04 ... 864 .... 49-4¼	14.30 ... 814 46-11	13.55 ... 764 .... 44-5½
15.77 ... 913 51-9	15.03 ... 863 .... 49-3¾	14.28 ... 813 .... 46-10¼	13.53 ... 763 .... 44-4¾
15.76 ... 912 .... 51-8½	15.01 ... 862 49-3	14.27 ... 812 46-10	13.52 ... 762 .... 44-4¼
15.74 ... 911 .... 51-7¾	15.00 ... 861 .... 49-2½	14.25 ... 811 46-9	13.50 ... 761 .... 44-3½
15.73 ... 910 .... 51-7¼	14.98 ... 860 .... 49-1¾	14.24 ... 810 .... 46-8¾	13.49 ... 760 .... 44-3¼
15.71 ... 909 .... 51-6½	14.97 ... 859 .... 49-1½	14.22 ... 809 46-8	13.47 ... 759 .... 44-2½
15.70 ... 908 .... 51-6¼	14.95 ... 858 .... 49-¾	14.21 ... 808 .... 46-7½	13.46 ... 758 44-2
15.68 ... 907 .... 51-5½	14.94 ... 857 .... 49-¼	14.19 ... 807 .... 46-6¾	13.44 ... 757 .... 44-1¼
15.67 ... 906 51-5	14.92 ... 856 .... 48-11½	14.18 ... 806 .... 46-6¼	13.43 ... 756 .... 44-¾
15.66 ... 905 .... 51-4½	14.91 ... 855 48-11	14.16 ... 805 .... 46-5½	13.41 ... 755 44-0
15.64 ... 904 .... 51-3¾	14.89 ... 854 .... 48-10¼	14.15 ... 804 .... 46-5¼	13.40 ... 754 .... 43-11¾
15.63 ... 903 .... 51-3½	14.88 ... 853 48-10	14.13 ... 803 .... 46-4¼	13.38 ... 753 .... 43-10¾
15.61 ... 902 .... 51-2¾	14.86 ... 852 48-9	14.12 ... 802 46-4	13.37 ... 752 .... 43-10½
15.60 ... 901 .... 51-2¼	14.85 ... 851 .... 48-8¾	14.10 ... 801 .... 46-3¼	13.35 ... 751 .... 43-9¾
15.58 ... 900 .... 51-1½	14.83 ... 850 48-8	14.09 ... 800 .... 46-2¾	13.34 ... 750 .... 43-9¼
15.57 ... 899 51-1	14.82 ... 849 .... 48-7½	14.07 ... 799 46-2	13.32 ... 749 .... 43-8½
15.55 ... 898 .... 51-¼	14.80 ... 848 .... 48-6¾	14.06 ... 798 .... 46-1½	13.31 ... 748 43-8
15.54 ... 897 51-0	14.79 ... 847 .... 48-6¼	14.04 ... 797 .... 46-¾	13.29 ... 747 .... 43-7¼
15.52 ... 896 50-11	14.78 ... 846 48-6	14.03 ... 796 .... 46-½	13.28 ... 746 43-7
15.51 ... 895 .... 50-10¾	14.76 ... 845 .... 48-5¼	14.01 ... 795 .... 45-11¾	13.26 ... 745 43-6
15.49 ... 894 50-10	14.75 ... 844 .... 48-4¾	14.00 ... 794 .... 45-11¼	13.25 ... 744 .... 43-5¾
15.48 ... 893 .... 50-9½	14.73 ... 843 48-4	13.98 ... 793 .... 45-10½	13.23 ... 743 43-5
15.46 ... 892 .... 50-8¾	14.72 ... 842 .... 48-3½	13.97 ... 792 45-10	13.22 ... 742 .... 43-4½
15.45 ... 891 .... 50-8¼	14.70 ... 841 .... 48-2¾	13.95 ... 791 .... 45-9¼	13.20 ... 741 .... 43-3¾
15.43 ... 890 .... 50-7½	14.69 ... 840 .... 48-2½	13.94 ... 790 45-9	13.19 ... 740 .... 43-3¼
15.42 ... 889 .... 50-7¼	14.67 ... 839 .... 48-1¾	13.92 ... 789 45-8	13.17 ... 739 .... 43-2½
15.40 ... 888 .... 50-6¼	14.66 ... 838 .... 48-1¼	13.91 ... 788 .... 45-7¾	13.16 ... 738 .... 43-2¼
15.39 ... 887 50-6	14.64 ... 837 .... 48-½	13.89 ... 787 45-7	13.14 ... 737 .... 43-1½
15.37 ... 886 .... 50-5¼	14.63 ... 836 48-0	13.88 ... 786 .... 45-6½	13.13 ... 736 43-1
15.36 ... 885 .... 50-4¾	14.61 ... 835 .... 47-11¼	13.86 ... 785 .... 45-5¾	13.11 ... 735 .... 43-¼
15.34 ... 884 50-4	14.60 ... 834 .... 47-10¾	13.85 ... 784 .... 45-5¼	13.10 ... 734 .... 42-11¾
15.33 ... 883 .... 50-3½	14.58 ... 833 47-10	13.83 ... 783 .... 45-4½	13.08 ... 733 42-11
15.31 ... 882 .... 50-2¾	14.57 ... 832 .... 47-9¾	13.82 ... 782 .... 45-4¼	13.07 ... 732 .... 42-10¾
15.30 ... 881 .... 50-2½	14.55 ... 831 47-9	13.80 ... 781 .... 45-3½	13.05 ... 731 .... 42-9¾
15.28 ... 880 .... 50-1¾	14.54 ... 830 .... 47-8½	13.79 ... 780 45-3	13.04 ... 730 .... 42-9½

(If the indicated distance is not listed, the next shorter distance is correct for scoring. See the regular conversion tables for unlisted marks' English equivalents.)

HEPTATHLON

Shot

Metric	Points	Imperial	Metric	Points	Imperial	Metric	Points	Imperial	Metric	Points	Imperial
13.02	729	42-8¾	12.27	679	40-3¼	11.51	629	37-9¼	10.75	579	35-3¼
13.01	728	42-8¼	12.25	678	40-2¼	11.50	628	37-8¾	10.74	578	35-3
12.99	727	42-7½	12.24	677	40-2	11.48	627	37-8	10.72	577	35-2
12.98	726	42-7	12.22	676	40-1¼	11.47	626	37-7¾	10.71	576	35-1¾
12.96	725	42-6¼	12.21	675	40-¾	11.45	625	37-6¾	10.69	575	35-1
12.95	724	42-6	12.19	674	40-0	11.44	624	37-6½	10.68	574	35-½
12.93	723	42-5¼	12.18	673	39-11½	11.42	623	37-5¾	10.66	573	34-11¾
12.92	722	42-4¾	12.16	672	39-10¾	11.41	622	37-5¼	10.65	572	34-11¼
12.90	721	42-4	12.15	671	39-10½	11.39	621	37-4½	10.63	571	34-10½
12.89	720	42-3½	12.13	670	39-9¾	11.38	620	37-4	10.62	570	34-10¼
12.87	719	42-2¾	12.12	669	39-9¼	11.36	619	37-3¼	10.60	569	34-9½
12.86	718	42-2¼	12.10	668	39-8½	11.34	618	37-2½	10.59	568	34-9
12.84	717	42-1½	12.09	667	39-8	11.33	617	37-2¼	10.57	567	34-8¼
12.83	716	42-1¼	12.07	666	39-7¼	11.31	616	37-1¼	10.55	566	34-7½
12.81	715	42-½	12.06	665	39-6¾	11.30	615	37-1	10.54	565	34-7
12.80	714	42-0	12.04	664	39-6	11.28	614	37-¼	10.52	564	34-6¼
12.78	713	41-11¼	12.03	663	39-5¾	11.27	613	36-11¾	10.51	563	34-5¾
12.77	712	41-10¾	12.01	662	39-5	11.25	612	36-11	10.49	562	34-5
12.75	711	41-10	12.00	661	39-4½	11.24	611	36-10½	10.48	561	34-4¾
12.74	710	41-9¾	11.98	660	39-3¾	11.22	610	36-9¾	10.46	560	34-4
12.72	709	41-8¾	11.97	659	39-3¼	11.21	609	36-9½	10.45	559	34-3½
12.71	708	41-8½	11.95	658	39-2½	11.19	608	36-8½	10.43	558	34-2¾
12.69	707	41-7¾	11.94	657	39-2¼	11.18	607	36-8¼	10.42	557	34-2¼
12.67	706	41-7	11.92	656	39-1¼	11.16	606	36-7½	10.40	556	34-1½
12.66	705	41-6½	11.91	655	39-1	11.15	605	36-7	10.39	555	34-1¼
12.64	704	41-5¾	11.89	654	39-¼	11.13	604	36-6¼	10.37	554	34-¼
12.63	703	41-5¼	11.87	653	38-11½	11.12	603	36-5¾	10.36	553	34-0
12.61	702	41-4½	11.86	652	38-11	11.10	602	36-5	10.34	552	33-11¼
12.60	701	41-4¼	11.84	651	38-10¼	11.09	601	36-4¾	10.33	551	33-10¾
12.58	700	41-3¼	11.83	650	38-9¾	11.07	600	36-4	10.31	550	33-10
12.57	699	41-3	11.81	649	38-9	11.06	599	36-3½	10.30	549	33-9½
12.55	698	41-2¼	11.80	648	38-8¾	11.04	598	36-2¾	10.28	548	33-8¾
12.54	697	41-1¾	11.78	647	38-7¾	11.03	597	36-2¼	10.27	547	33-8½
12.52	696	41-1	11.77	646	38-7½	11.01	596	36-1½	10.25	546	33-7½
12.51	695	41-½	11.75	645	38-6¾	11.00	595	36-1¼	10.23	545	33-6¾
12.49	694	40-11¾	11.74	644	38-6¼	10.98	594	36-¼	10.22	544	33-6½
12.48	693	40-11½	11.72	643	38-5½	10.97	593	36-0	10.20	543	33-5¾
12.46	692	40-10½	11.71	642	38-5	10.95	592	35-11¼	10.19	542	33-5¼
12.45	691	40-10¼	11.69	641	38-4¼	10.93	591	35-10½	10.17	541	33-4½
12.43	690	40-9½	11.68	640	38-4	10.92	590	35-10	10.16	540	33-4
12.42	689	40-9	11.66	639	38-3¼	10.90	589	35-9¼	10.14	539	33-3¼
12.40	688	40-8¼	11.65	638	38-2¾	10.89	588	35-8¾	10.13	538	33-3
12.39	687	40-7¾	11.63	637	38-2	10.87	587	35-8	10.11	537	33-2
12.37	686	40-7	11.62	636	38-1½	10.86	586	35-7¾	10.10	536	33-1¾
12.36	685	40-6¾	11.60	635	38-¾	10.84	585	35-6¾	10.08	535	33-1
12.34	684	40-6	11.59	634	38-¼	10.83	584	35-6½	10.07	534	33-½
12.33	683	40-5½	11.57	633	37-11½	10.81	583	35-5¾	10.05	533	32-11¾
12.31	682	40-4¾	11.56	632	37-11¼	10.80	582	35-5¼	10.04	532	32-11¼
12.30	681	40-4¼	11.54	631	37-10½	10.78	581	35-4½	10.02	531	32-10½
12.28	680	40-3½	11.53	630	37-10	10.77	580	35-4	10.01	530	32-10¼

(If the indicated distance is not listed, the next shorter distance is correct for scoring. See the regular conversion tables for unlisted marks' English equivalents.)

HEPTATHLON

Shot | 200 (end of first day)

Shot							
9.99 .... 529 .... 32-9½	9.22 .... 479 30-3	22.50 ... 1129	23.00 ... 1079	23.50 ... 1029
9.98 .... 528 32-9	9.21 .... 478 .... 30-2¾	22.51 ... 1128	23.01 ... 1078	23.51 ... 1028
9.96 .... 527 .... 32-8¼	9.19 .... 477 30-2	22.52 ... 1127	23.02 ... 1077	23.52 ... 1027
9.94 .... 526 .... 32-7½	9.18 .... 476 .... 30-1½	22.53 ... 1126	23.03 ... 1076	23.53 ... 1026
9.93 .... 525 32-7	9.16 .... 475 .... 30-¾	22.54 ... 1125	23.04 ... 1075	23.54 ... 1025
9.91 .... 524 .... 32-6¼	9.15 .... 474 .... 30-¼	22.55 ... 1124	23.05 ... 1074	23.55 ... 1024
9.90 .... 523 .... 32-5¾	9.13 .... 473 .... 29-11½	22.56 ... 1123	23.06 ... 1073	23.56 ... 1023
9.88 .... 522 32-5	9.12 .... 472 .... 29-11¼	22.57 ... 1122	23.07 ... 1072	23.57 ... 1022
9.87 .... 521 .... 32-4¾	9.10 .... 471 .... 29-10¼	22.58 ... 1121	23.08 ... 1071	23.58 ... 1021
9.85 .... 520 .... 32-3¾	9.09 .... 470 29-10	22.59 ... 1120	23.09 ... 1070	23.59 ... 1020
9.84 .... 519 .... 32-3½	9.07 .... 469 .... 29-9¼	22.60 ... 1119	23.10 ... 1069	23.60 ... 1019
9.82 .... 518 .... 32-2¾	9.06 .... 468 .... 29-8¾	22.61 ... 1118	23.11 ... 1068	23.61 ... 1018
9.81 .... 517 .... 32-2¼	9.04 .... 467 29-8	22.62 ... 1117	23.12 ... 1067	23.62 ... 1017
9.79 .... 516 .... 32-1½	9.03 .... 466 .... 29-7½	22.63 ... 1116	23.13 ... 1066	23.63 ... 1017
9.78 .... 515 32-1	9.01 .... 465 .... 29-6¾	22.64 ... 1115	23.14 ... 1065	23.64 ... 1016
9.76 .... 514 .... 32-¼	8.99 .... 464 29-6	22.65 ... 1114	23.15 ... 1064	23.65 ... 1015
9.75 .... 513 32-0	8.98 .... 463 .... 29-5½	22.66 ... 1113	23.16 ... 1063	23.66 ... 1014
9.73 .... 512 .... 31-11¼	8.96 .... 462 .... 29-4¾	22.67 ... 1112	23.17 ... 1062	23.67 ... 1013
9.72 .... 511 .... 31-10¾	8.95 .... 461 .... 29-4½	22.68 ... 1111	23.18 ... 1061	23.68 ... 1012
9.70 .... 510 31-10	8.93 .... 460 .... 29-3¾	22.69 ... 1110	23.19 ... 1060	23.69 ... 1011
9.68 .... 509 .... 31-9¼	8.92 .... 459 .... 29-3¼	22.70 ... 1109	23.20 ... 1059	23.70 ... 1010
9.67 .... 508 .... 31-8¾	8.90 .... 458 .... 29-2½	22.71 ... 1108	23.21 ... 1058	23.71 ... 1009
9.65 .... 507 31-8	8.89 .... 457 29-2	22.72 ... 1107	23.22 ... 1057	23.72 ... 1008
9.64 .... 506 .... 31-7½	8.87 .... 456 .... 29-1¼	22.73 ... 1106	23.23 ... 1056	23.73 ... 1007
9.62 .... 505 .... 31-6¾	8.86 .... 455 29-1	22.74 ... 1105	23.24 ... 1055	23.74 ... 1006
9.61 .... 504 .... 31-6½	8.84 .... 454 29-0	22.75 ... 1104	23.25 ... 1054	23.75 ... 1005
9.59 .... 503 .... 31-5¾	8.83 .... 453 .... 28-11¾	22.76 ... 1103	23.26 ... 1053	23.76 ... 1004
9.58 .... 502 .... 31-5¼	8.81 .... 452 28-11	22.77 ... 1102	23.27 ... 1052	23.77 ... 1003
9.56 .... 501 .... 31-4½	8.79 .... 451 .... 28-10¼	22.78 ... 1101	23.28 ... 1051	23.78 ... 1002
9.55 .... 500 31-4	8.78 .... 450 .... 28-9¾	22.79 ... 1100	23.29 ... 1050	23.79 ... 1001
9.53 .... 499 .... 31-3¼	8.76 .... 449 28-9	22.80 ... 1099	23.30 ... 1049	23.80 ... 1000
9.52 .... 498 .... 31-2¾	8.75 .... 448 .... 28-8½	22.81 ... 1098	23.31 ... 1048	23.81 999
9.50 .... 497 31-2	8.73 .... 447 .... 28-7¾	22.82 ... 1097	23.32 ... 1047	23.82 998
9.49 .... 496 .... 31-1¾	8.72 .... 446 .... 28-7½	22.83 ... 1096	23.33 ... 1046	23.83 997
9.47 .... 495 31-1	8.70 .... 445 .... 28-6½	22.84 ... 1095	23.34 ... 1045	23.84 996
9.45 .... 494 31-0	8.69 .... 444 .... 28-6¼	22.85 ... 1094	23.35 ... 1044	23.85 995
9.44 .... 493 .... 30-11¾	8.67 .... 443 .... 28-5½	22.86 ... 1093	23.36 ... 1043	23.86 994
9.42 .... 492 30-11	8.66 .... 442 28-5	22.87 ... 1092	23.37 ... 1042	23.87 993
9.41 .... 491 .... 30-10½	8.64 .... 441 .... 28-4¼	22.88 ... 1091	23.38 ... 1041	23.88 992
9.39 .... 490 .... 30-9¾	8.62 .... 440 .... 28-3½	22.89 ... 1090	23.39 ... 1040	23.89 991
9.38 .... 489 .... 30-9¼	8.61 .... 439 28-3	22.90 ... 1089	23.40 ... 1039	23.90 990
9.36 .... 488 .... 30-8½	8.59 .... 438 .... 28-2¼	22.91 ... 1088	23.41 ... 1038	23.91 989
9.35 .... 487 .... 30-8¼	8.58 .... 437 .... 28-1¾	22.92 ... 1087	23.42 ... 1037	23.92 988
9.33 .... 486 .... 30-7½	8.56 .... 436 28-1	22.93 ... 1086	23.43 ... 1036	23.93 987
9.32 .... 485 30-7	8.55 .... 435 .... 28-¾	22.94 ... 1085	23.44 ... 1035	23.94 986
9.30 .... 484 .... 30-6¼	8.53 .... 434 28-0	22.95 ... 1084	23.45 ... 1034	23.95 986
9.29 .... 483 .... 30-5¾	8.52 .... 433 .... 27-11½	22.96 ... 1083	23.46 ... 1033	23.96 985
9.27 .... 482 30-5	8.50 .... 432 .... 27-10¾	22.97 ... 1082	23.47 ... 1032	23.97 984
9.26 .... 481 .... 30-4¾	8.49 .... 431 .... 27-10¼	22.98 ... 1081	23.48 ... 1031	23.98 983
9.24 .... 480 .... 30-3¾	8.47 .... 430 .... 27-9½	22.99 ... 1080	23.49 ... 1030	23.99 982

HEPTATHLON

200 (end of first day)

24.00 981	24.50 933	25.00 887	25.50 841	26.00 797	26.50 754
24.01 980	24.51 932	25.01 886	25.51 841	26.01 796	26.51 753
24.02 979	24.52 931	25.02 885	25.52 840	26.02 795	26.52 752
24.03 978	24.53 930	25.03 884	25.53 839	26.03 795	26.53 751
24.04 977	24.54 929	25.04 883	25.54 838	26.04 794	26.54 751
24.05 976	24.55 929	25.05 882	25.55 837	26.05 793	26.55 750
24.06 975	24.56 928	25.06 881	25.56 836	26.06 792	26.56 749
24.07 974	24.57 927	25.07 880	25.57 835	26.07 791	26.57 748
24.08 973	24.58 926	25.08 879	25.58 834	26.08 790	26.58 747
24.09 972	24.59 925	25.09 879	25.59 833	26.09 789	26.59 746
24.10 971	24.60 924	25.10 878	25.60 833	26.10 788	26.60 745
24.11 970	24.61 923	25.11 877	25.61 832	26.11 788	26.61 745
24.12 969	24.62 922	25.12 876	25.62 831	26.12 787	26.62 744
24.13 968	24.63 921	25.13 875	25.63 830	26.13 786	26.63 743
24.14 967	24.64 920	25.14 874	25.64 829	26.14 785	26.64 742
24.15 966	24.65 919	25.15 873	25.65 828	26.15 784	26.65 741
24.16 965	24.66 918	25.16 872	25.66 827	26.16 783	26.66 740
24.17 964	24.67 917	25.17 871	25.67 826	26.17 782	26.67 740
24.18 963	24.68 916	25.18 870	25.68 825	26.18 781	26.68 739
24.19 963	24.69 915	25.19 869	25.69 824	26.19 781	26.69 738
24.20 962	24.70 915	25.20 869	25.70 824	26.20 780	26.70 737
24.21 961	24.71 914	25.21 868	25.71 823	26.21 779	26.71 736
24.22 960	24.72 913	25.22 867	25.72 822	26.22 778	26.72 735
24.23 959	24.73 912	25.23 866	25.73 821	26.23 777	26.73 734
24.24 958	24.74 911	25.24 865	25.74 820	26.24 776	26.74 734
24.25 957	24.75 910	25.25 864	25.75 819	26.25 775	26.75 733
24.26 956	24.76 909	25.26 863	25.76 818	26.26 775	26.76 732
24.27 955	24.77 908	25.27 862	25.77 817	26.27 774	26.77 731
24.28 954	24.78 907	25.28 861	25.78 817	26.28 773	26.78 730
24.29 953	24.79 906	25.29 860	25.79 816	26.29 772	26.79 729
24.30 952	24.80 905	25.30 859	25.80 815	26.30 771	26.80 729
24.31 951	24.81 904	25.31 859	25.81 814	26.31 770	26.81 728
24.32 950	24.82 903	25.32 858	25.82 813	26.32 769	26.82 727
24.33 949	24.83 902	25.33 857	25.83 812	26.33 769	26.83 726
24.34 948	24.84 902	25.34 856	25.84 811	26.34 768	26.84 725
24.35 947	24.85 901	25.35 855	25.85 810	26.35 767	26.85 724
24.36 946	24.86 900	25.36 854	25.86 809	26.36 766	26.86 724
24.37 945	24.87 899	25.37 853	25.87 809	26.37 765	26.87 723
24.38 945	24.88 898	25.38 852	25.88 808	26.38 764	26.88 722
24.39 944	24.89 897	25.39 851	25.89 807	26.39 763	26.89 721
24.40 943	24.90 896	25.40 850	25.90 806	26.40 763	26.90 720
24.41 942	24.91 895	25.41 850	25.91 805	26.41 762	26.91 719
24.42 941	24.92 894	25.42 849	25.92 804	26.42 761	26.92 718
24.43 940	24.93 893	25.43 848	25.93 803	26.43 760	26.93 718
24.44 939	24.94 892	25.44 847	25.94 802	26.44 759	26.94 717
24.45 938	24.95 891	25.45 846	25.95 802	26.45 758	26.95 716
24.46 937	24.96 890	25.46 845	25.96 801	26.46 757	26.96 715
24.47 936	24.97 890	25.47 844	25.97 800	26.47 757	26.97 714
24.48 935	24.98 889	25.48 843	25.98 799	26.48 756	26.98 713
24.49 934	24.99 888	25.49 842	25.99 798	26.49 755	26.99 713

HEPTATHLON

200 (end first day)

27.00	712	27.50	671
27.01	711	27.51	670
27.02	710	27.52	669
27.03	709	27.53	668
27.04	708	27.54	668
27.05	708	27.55	667
27.06	707	27.56	666
27.07	706	27.57	665
27.08	705	27.58	664
27.09	704	27.59	664
27.10	704	27.60	663
27.11	703	27.61	662
27.12	702	27.62	661
27.13	701	27.63	660
27.14	700	27.64	659
27.15	699	27.65	659
27.16	699	27.66	658
27.17	698	27.67	657
27.18	697	27.68	656
27.19	696	27.69	655
27.20	695	27.70	655
27.21	694	27.71	654
27.22	694	27.72	653
27.23	693	27.73	652
27.24	692	27.74	651
27.25	691	27.75	651
27.26	690	27.76	650
27.27	690	27.77	649
27.28	689	27.78	648
27.29	688	27.79	647
27.30	687	27.80	647
27.31	686	27.81	646
27.32	685	27.82	645
27.33	685	27.83	644
27.34	684	27.84	643
27.35	683	27.85	643
27.36	682	27.86	642
27.37	681	27.87	641
27.38	681	27.88	640
27.39	680	27.89	640
27.40	679	27.90	639
27.41	678	27.91	638
27.42	677	27.92	637
27.43	676	27.93	636
27.44	676	27.94	636
27.45	675	27.95	635
27.46	674	27.96	634
27.47	673	27.97	633
27.48	672	27.98	632
27.49	672	27.99	632

Hand-timed

23.0	1055
23.1	1045
23.2	1035
23.3	1025
23.4	1016
23.5	1006
23.6	996
23.7	986
23.8	977
23.9	967
24.0	958
24.1	948
24.2	939
24.3	929
24.4	920
24.5	911
24.6	902
24.7	892
24.8	883
24.9	874
25.0	865
25.1	856
25.2	847
25.3	838
25.4	829
25.5	820
25.6	811
25.7	802
25.8	794
25.9	785
26.0	776
26.1	768
26.2	759
26.3	751
26.4	742
26.5	734
26.6	725
26.7	717
26.8	708
26.9	700
27.0	692
27.1	684
27.2	676
27.3	668
27.4	659
27.5	651
27.6	643
27.7	636
27.8	628
27.9	620

Long Jump (start day 2)

7.49	1341	24-7	6.99	1169	22-11¼
7.48	1337	24-6½	6.98	1165	22-10¾
7.47	1334	24-6¼	6.97	1162	22-10½
7.46	1330	24-5¾	6.96	1159	22-10
7.45	1327	24-5½	6.95	1155	22-9¾
7.44	1323	24-5	6.94	1152	22-9¼
7.43	1320	24-4½	6.93	1149	22-9
7.42	1316	24-4¼	6.92	1145	22-8½
7.41	1313	24-3¾	6.91	1142	22-8
7.40	1309	24-3½	6.90	1139	22-7¾
7.39	1306	24-3	6.89	1135	22-7¼
7.38	1302	24-2½	6.88	1132	22-7
7.37	1299	24-2¼	6.87	1129	22-6½
7.36	1296	24-1¾	6.86	1125	22-6¼
7.35	1292	24-1½	6.85	1122	22-5¾
7.34	1289	24-1	6.84	1119	22-5¼
7.33	1285	24-¾	6.83	1115	22-5
7.32	1282	24-¼	6.82	1112	22-4½
7.31	1278	23-11¾	6.81	1109	22-4¼
7.30	1275	23-11½	6.80	1105	22-3¾
7.29	1271	23-11	6.79	1102	22-3½
7.28	1268	23-10¾	6.78	1099	22-3
7.27	1264	23-10¼	6.77	1095	22-2½
7.26	1261	23-10	6.76	1092	22-2¼
7.25	1257	23-9½	6.75	1089	22-1¾
7.24	1254	23-9	6.74	1085	22-1½
7.23	1251	23-8¾	6.73	1082	22-1
7.22	1247	23-8¼	6.72	1079	22-¾
7.21	1244	23-8	6.71	1076	22-¼
7.20	1240	23-7½	6.70	1072	21-11¾
7.19	1237	23-7¼	6.69	1069	21-11½
7.18	1233	23-6¾	6.68	1066	21-11
7.17	1230	23-6¼	6.67	1062	21-10¾
7.16	1227	23-6	6.66	1059	21-10¼
7.15	1223	23-5½	6.65	1056	21-10
7.14	1220	23-5¼	6.64	1053	21-9½
7.13	1216	23-4¾	6.63	1049	21-9
7.12	1213	23-4½	6.62	1046	21-8¾
7.11	1210	23-4	6.61	1043	21-8¼
7.10	1206	23-3½	6.60	1040	21-8
7.09	1203	23-3¼	6.59	1036	21-7½
7.08	1199	23-2¾	6.58	1033	21-7¼
7.07	1196	23-2½	6.57	1030	21-6¾
7.06	1193	23-2	6.56	1027	21-6¼
7.05	1189	23-1¾	6.55	1023	21-6
7.04	1186	23-1¼	6.54	1020	21-5½
7.03	1182	23-¾	6.53	1017	21-5¼
7.02	1179	23-½	6.52	1014	21-4¾
7.01	1176	23-0	6.51	1010	21-4¼
7.00	1172	22-11¾	6.50	1007	21-4

HEPTATHLON

Long Jump

6.49 .. 1004 .. 21-3½	5.99 .. 846 19-8	5.49 .. 697 .... 18-¼	4.99 .. 557 .... 16-4½
6.48 .. 1001 .. 21-3¼	5.98 .. 843 .... 19-7½	5.48 .. 694 .... 17-11¾	4.98 .. 554 .... 16-4¼
6.47 .. 997 .... 21-2¾	5.97 .. 840 19-7	5.47 .. 691 .... 17-11½	4.97 .. 551 .... 16-3¾
6.46 .. 994 .... 21-2½	5.96 .. 837 .... 19-6¾	5.46 .. 688 17-11	4.96 .. 548 .... 16-3¼
6.45 .. 991 21-2	5.95 .. 834 .... 19-6¼	5.45 .. 686 .... 17-10¾	4.95 .. 546 16-3
6.44 .. 988 .... 21-1½	5.94 .. 831 19-6	5.44 .. 683 .... 17-10¼	4.94 .. 543 .... 16-2½
6.43 .. 985 .... 21-1¼	5.93 .. 828 .... 19-5½	5.43 .. 680 .... 17-9¾	4.93 .. 540 .... 16-2¼
6.42 .. 981 .... 21-¾	5.92 .. 825 .... 19-5¼	5.42 .. 677 .... 17-9½	4.92 .. 538 .... 16-1¾
6.41 .. 978 .... 21-½	5.91 .. 822 .... 19-4¾	5.41 .. 674 17-9	4.91 .. 535 .... 16-1½
6.40 .. 975 21-0	5.90 .. 819 .... 19-4¼	5.40 .. 671 .... 17-8¾	4.90 .. 532 16-1
6.39 .. 972 .... 20-11¾	5.89 .. 816 19-4	5.39 .. 668 .... 17-8¼	4.89 .. 530 .... 16-½
6.38 .. 969 .... 20-11¼	5.88 .. 813 .... 19-3½	5.38 .. 665 17-8	4.88 .. 527 .... 16-¼
6.37 .. 965 .... 20-10¾	5.87 .. 810 .... 19-3¼	5.37 .. 663 .... 17-7½	4.87 .. 524 .... 15-11¾
6.36 .. 962 .... 20-10½	5.86 .. 807 .... 19-2¾	5.36 .. 660 17-7	4.86 .. 522 .... 15-11½
6.35 .. 959 20-10	5.85 .. 804 .... 19-2½	5.35 .. 657 .... 17-6¾	4.85 .. 519 15-11
6.34 .. 956 .... 20-9¾	5.84 .. 801 19-2	5.34 .. 654 .... 17-6¼	4.84 .. 516 .... 15-10½
6.33 .. 953 .... 20-9¼	5.83 .. 798 .... 19-1½	5.33 .. 651 17-6	4.83 .. 514 .... 15-10¼
6.32 .. 949 20-9	5.82 .. 795 .... 19-1¼	5.32 .. 648 .... 17-5½	4.82 .. 511 .... 15-9¾
6.31 .. 946 .... 20-8½	5.81 .. 792 .... 19-¾	5.31 .. 645 .... 17-5¼	4.81 .. 508 .... 15-9½
6.30 .. 943 20-8	5.80 .. 789 .... 19-½	5.30 .. 643 .... 17-4¾	4.80 .. 506 15-9
6.29 .. 940 .... 20-7¾	5.79 .. 786 19-0	5.29 .. 640 .... 17-4¼	4.79 .. 503 .... 15-8¾
6.28 .. 937 .... 20-7¼	5.78 .. 783 .... 18-11¾	5.28 .. 637 17-4	4.78 .. 500 .... 15-8¼
6.27 .. 934 20-7	5.77 .. 780 .... 18-11¼	5.27 .. 634 .... 17-3½	4.77 .. 498 .... 15-7¾
6.26 .. 930 .... 20-6½	5.76 .. 777 .... 18-10¾	5.26 .. 631 .... 17-3¼	4.76 .. 495 .... 15-7½
6.25 .. 927 .... 20-6¼	5.75 .. 774 .... 18-10½	5.25 .. 628 .... 17-2¾	4.75 .. 492 15-7
6.24 .. 924 .... 20-5¾	5.74 .. 771 18-10	5.24 .. 626 .... 17-2¼	4.74 .. 490 .... 15-6¾
6.23 .. 921 .... 20-5¼	5.73 .. 768 .... 18-9¾	5.23 .. 623 17-2	4.73 .. 487 .... 15-6¼
6.22 .. 918 20-5	5.72 .. 765 .... 18-9¼	5.22 .. 620 .... 17-1½	4.72 .. 485 15-6
6.21 .. 915 .... 20-4½	5.71 .. 762 .... 18-8¾	5.21 .. 617 .... 17-1¼	4.71 .. 482 .... 15-5½
6.20 .. 912 .... 20-4¼	5.70 .. 759 .... 18-8½	5.20 .. 614 .... 17-¾	4.70 .. 479 15-5
6.19 .. 908 .... 20-3¾	5.69 .. 756 18-8	5.19 .. 612 .... 17-½	4.69 .. 477 .... 15-4¾
6.18 .. 905 .... 20-3½	5.68 .. 753 .... 18-7¾	5.18 .. 609 17-0	4.68 .. 474 .... 15-4¼
6.17 .. 902 20-3	5.67 .. 750 .... 18-7¼	5.17 .. 606 .... 16-11½	4.67 .. 472 15-4
6.16 .. 899 .... 20-2½	5.66 .. 747 18-7	5.16 .. 603 .... 16-11¼	4.66 .. 469 .... 15-3½
6.15 .. 896 .... 20-2¼	5.65 .. 744 .... 18-6½	5.15 .. 601 .... 16-10¾	4.65 .. 466 .... 15-3¼
6.14 .. 893 .... 20-1¾	5.64 .. 741 18-6	5.14 .. 598 .... 16-10½	4.64 .. 464 .... 15-2¾
6.13 .. 890 .... 20-1½	5.63 .. 738 .... 18-5¾	5.13 .. 595 16-10	4.63 .. 461 .... 15-2¼
6.12 .. 887 20-1	5.62 .. 735 .... 18-5¼	5.12 .. 592 .... 16-9¾	4.62 .. 459 15-2
6.11 .. 883 .... 20-½	5.61 .. 732 18-5	5.11 .. 589 .... 16-9¼	4.61 .. 456 .... 15-1½
6.10 .. 880 .... 20-¼	5.60 .. 729 .... 18-4½	5.10 .. 587 .... 16-8¾	4.60 .. 454 .... 15-1¼
6.09 .. 877 .... 19-11¾	5.59 .. 726 .... 18-4¼	5.09 .. 584 .... 16-8½	4.59 .. 451 .... 15-¾
6.08 .. 874 .... 19-11½	5.58 .. 723 .... 18-3¾	5.08 .. 581 16-8	4.58 .. 448 .... 15-½
6.07 .. 871 19-11	5.57 .. 720 .... 18-3¼	5.07 .. 578 .... 16-7¾	4.57 .. 446 15-0
6.06 .. 868 .... 19-10¾	5.56 .. 717 18-3	5.06 .. 576 .... 16-7¼	4.56 .. 443 .... 14-11½
6.05 .. 865 .... 19-10¼	5.55 .. 715 .... 18-2½	5.05 .. 573 16-7	4.55 .. 441 .... 14-11¼
6.04 .. 862 .... 19-9¾	5.54 .. 712 .... 18-2¼	5.04 .. 570 .... 16-6½	4.54 .. 438 .... 14-10¾
6.03 .. 859 .... 19-9½	5.53 .. 709 .... 18-1¾	5.03 .. 567 16-6	4.53 .. 436 .... 14-10½
6.02 .. 856 19-9	5.52 .. 706 .... 18-1½	5.02 .. 565 .... 16-5¾	4.52 .. 433 14-10
6.01 .. 853 .... 19-8¾	5.51 .. 703 18-1	5.01 .. 562 .... 16-5¼	4.51 .. 431 .... 14-9¾
6.00 .. 850 .... 19-8¼	5.50 .. 700 .... 18-½	5.00 .. 559 16-5	4.50 .. 428 .... 14-9¼

HEPTATHLON

Javelin

62.25 .. 1099 .. 204-2	59.69 .. 1049 .. 195-10	57.13 .. 999 187-5	54.56 .. 949 179-0
62.20 .. 1098 .. 204-1	59.64 .. 1048 .. 195-8	57.08 .. 998 187-3	54.51 .. 948 178-10
62.15 .. 1097 .. 203-11	59.59 .. 1047 .. 195-6	57.02 .. 997 187-1	54.46 .. 947 178-8
62.10 .. 1096 .. 203-9	59.54 .. 1046 .. 195-4	56.97 .. 996 186-11	54.40 .. 946 178-6
62.04 .. 1095 .. 203-6	59.49 .. 1045 .. 195-2	56.92 .. 995 186-9	54.35 .. 945 178-3
61.99 .. 1094 .. 203-4	59.43 .. 1044 .. 194-11	56.87 .. 994 186-7	54.30 .. 944 178-2
61.94 .. 1093 .. 203-2	59.38 .. 1043 .. 194-10	56.82 .. 993 186-5	54.25 .. 943 178-0
61.89 .. 1092 .. 203-0	59.33 .. 1042 .. 194-8	56.77 .. 992 186-3	54.20 .. 942 177-10
61.84 .. 1091 .. 202-11	59.28 .. 1041 .. 194-6	56.72 .. 991 186-1	54.15 .. 941 177-8
61.79 .. 1090 .. 202-8	59.23 .. 1040 .. 194-4	56.66 .. 990 185-11	54.10 .. 940 177-6
61.74 .. 1089 .. 202-7	59.18 .. 1039 .. 194-2	56.61 .. 989 185-8	54.04 .. 939 177-3
61.69 .. 1088 .. 202-4	59.13 .. 1038 .. 194-0	56.56 .. 988 185-7	53.99 .. 938 177-1
61.64 .. 1087 .. 202-3	59.08 .. 1037 .. 193-10	56.51 .. 987 185-4	53.94 .. 937 177-0
61.58 .. 1086 .. 202-0	59.02 .. 1036 .. 193-8	56.46 .. 986 185-3	53.89 .. 936 176-9
61.53 .. 1085 .. 201-10	58.97 .. 1035 .. 193-5	56.41 .. 985 185-1	53.84 .. 935 176-8
61.48 .. 1084 .. 201-8	58.92 .. 1034 .. 193-4	56.36 .. 984 184-11	53.79 .. 934 176-5
61.43 .. 1083 .. 201-6	58.87 .. 1033 .. 193-1	56.31 .. 983 184-9	53.74 .. 933 176-4
61.38 .. 1082 .. 201-4	58.82 .. 1032 .. 193-0	56.25 .. 982 184-6	53.68 .. 932 176-1
61.33 .. 1081 .. 201-2	58.77 .. 1031 .. 192-9	56.20 .. 981 184-4	53.63 .. 931 175-11
61.28 .. 1080 .. 201-0	58.72 .. 1030 .. 192-8	56.15 .. 980 184-2	53.58 .. 930 175-9
61.23 .. 1079 .. 200-10	58.67 .. 1029 .. 192-6	56.10 .. 979 184-1	53.53 .. 929 175-7
61.18 .. 1078 .. 200-9	58.61 .. 1028 .. 192-3	56.05 .. 978 183-10	53.48 .. 928 175-5
61.12 .. 1077 .. 200-6	58.56 .. 1027 .. 192-1	56.00 .. 977 183-9	53.43 .. 927 175-3
61.07 .. 1076 .. 200-4	58.51 .. 1026 .. 191-11	55.95 .. 976 183-6	53.37 .. 926 175-1
61.02 .. 1075 .. 200-2	58.46 .. 1025 .. 191-9	55.89 .. 975 183-4	53.32 .. 925 174-11
60.97 .. 1074 .. 200-0	58.41 .. 1024 .. 191-7	55.84 .. 974 183-2	53.27 .. 924 174-9
60.92 .. 1073 .. 199-10	58.36 .. 1023 .. 191-6	55.79 .. 973 183-0	53.22 .. 923 174-7
60.87 .. 1072 .. 199-8	58.31 .. 1022 .. 191-3	55.74 .. 972 182-10	53.17 .. 922 174-5
60.82 .. 1071 .. 199-6	58.26 .. 1021 .. 191-2	55.69 .. 971 182-8	53.12 .. 921 174-3
60.77 .. 1070 .. 199-4	58.20 .. 1020 .. 190-11	55.64 .. 970 182-6	53.07 .. 920 174-1
60.71 .. 1069 .. 199-2	58.15 .. 1019 .. 190-9	55.59 .. 969 182-4	53.01 .. 919 173-11
60.66 .. 1068 .. 199-0	58.10 .. 1018 .. 190-7	55.53 .. 968 182-2	52.96 .. 918 173-9
60.61 .. 1067 .. 198-10	58.05 .. 1017 .. 190-5	55.48 .. 967 182-0	52.91 .. 917 173-7
60.56 .. 1066 .. 198-8	58.00 .. 1016 .. 190-3	55.43 .. 966 181-10	52.86 .. 916 173-5
60.51 .. 1065 .. 198-6	57.95 .. 1015 .. 190-1	55.38 .. 965 181-8	52.81 .. 915 173-3
60.46 .. 1064 .. 198-4	57.90 .. 1014 .. 189-11	55.33 .. 964 181-6	52.76 .. 914 173-1
60.41 .. 1063 .. 198-2	57.85 .. 1013 .. 189-9	55.28 .. 963 181-4	52.71 .. 913 172-11
60.36 .. 1062 .. 198-0	57.79 .. 1012 .. 189-7	55.23 .. 962 181-2	52.65 .. 912 172-9
60.31 .. 1061 .. 197-10	57.74 .. 1011 .. 189-5	55.18 .. 961 181-0	52.60 .. 911 172-7
60.25 .. 1060 .. 197-8	57.69 .. 1010 .. 189-3	55.12 .. 960 180-10	52.55 .. 910 172-5
60.20 .. 1059 .. 197-6	57.64 .. 1009 .. 189-1	55.07 .. 959 180-8	52.50 .. 909 172-3
60.15 .. 1058 .. 197-4	57.59 .. 1008 .. 188-11	55.02 .. 958 180-6	52.45 .. 908 172-1
60.10 .. 1057 .. 197-2	57.54 .. 1007 .. 188-9	54.97 .. 957 180-4	52.40 .. 907 171-11
60.05 .. 1056 .. 197-0	57.49 .. 1006 .. 188-7	54.92 .. 956 180-2	52.34 .. 906 171-9
60.00 .. 1055 .. 196-10	57.43 .. 1005 .. 188-5	54.87 .. 955 180-0	52.29 .. 905 171-6
59.95 .. 1054 .. 196-8	57.38 .. 1004 .. 188-3	54.82 .. 954 179-10	52.24 .. 904 171-5
59.90 .. 1053 .. 196-6	57.33 .. 1003 .. 188-1	54.76 .. 953 179-8	52.19 .. 903 171-2
59.84 .. 1052 .. 196-4	57.28 .. 1002 .. 187-11	54.71 .. 952 179-6	52.14 .. 902 171-1
59.79 .. 1051 .. 196-2	57.23 .. 1001 .. 187-9	54.66 .. 951 179-4	52.09 .. 901 170-10
59.74 .. 1050 .. 196-0	57.18 .. 1000 .. 187-7	54.61 .. 950 179-2	52.04 .. 900 170-9

(If the indicated distance is not listed, the next shorter distance is correct for scoring. See the regular conversion tables for unlisted marks' English equivalents.)

HEPTATHLON

Javelin

51.98 .. 899 170-6	49.40 .. 849 162-1	46.82 .. 799 153-7	44.23 .. 749 145-1
51.93 .. 898 170-4	49.35 .. 848 161-11	46.77 .. 798 153-5	44.18 .. 748 144-11
51.88 .. 897 170-2	49.30 .. 847 161-9	46.72 .. 797 153-3	44.12 .. 747 144-9
51.83 .. 896 170-0	49.25 .. 846 161-7	46.66 .. 796 153-1	44.07 .. 746 144-7
51.78 .. 895 169-10	49.20 .. 845 161-5	46.61 .. 795 152-11	44.02 .. 745 144-5
51.73 .. 894 169-8	49.15 .. 844 161-3	46.56 .. 794 152-9	43.97 .. 744 144-3
51.68 .. 893 169-7	49.10 .. 843 161-1	46.51 .. 793 152-7	43.92 .. 743 144-1
51.62 .. 892 169-4	49.04 .. 842 160-11	46.46 .. 792 152-5	43.86 .. 742 143-11
51.57 .. 891 169-2	48.99 .. 841 160-8	46.41 .. 791 152-3	43.81 .. 741 143-8
51.52 .. 890 169-0	48.94 .. 840 160-7	46.35 .. 790 152-0	43.76 .. 740 143-7
51.47 .. 889 168-10	48.89 .. 839 160-4	46.30 .. 789 151-11	43.71 .. 739 143-5
51.42 .. 888 168-8	48.84 .. 838 160-3	46.25 .. 788 151-9	43.66 .. 738 143-3
51.37 .. 887 168-6	48.79 .. 837 160-1	46.20 .. 787 151-7	43.61 .. 737 143-1
51.31 .. 886 168-4	48.73 .. 836 159-10	46.15 .. 786 151-5	43.55 .. 736 142-10
51.26 .. 885 168-2	48.68 .. 835 159-8	46.09 .. 785 151-2	43.50 .. 735 142-8
51.21 .. 884 168-0	48.63 .. 834 159-6	46.04 .. 784 151-0	43.45 .. 734 142-6
51.16 .. 883 167-10	48.58 .. 833 159-4	45.99 .. 783 150-10	43.40 .. 733 142-5
51.11 .. 882 167-8	48.53 .. 832 159-2	45.94 .. 782 150-9	43.35 .. 732 142-2
51.06 .. 881 167-6	48.47 .. 831 159-0	45.89 .. 781 150-6	43.29 .. 731 142-0
51.00 .. 880 167-4	48.42 .. 830 158-10	45.84 .. 780 150-5	43.24 .. 730 141-10
50.95 .. 879 167-2	48.37 .. 829 158-8	45.78 .. 779 150-2	43.19 .. 729 141-8
50.90 .. 878 167-0	48.32 .. 828 158-6	45.73 .. 778 150-0	43.14 .. 728 141-6
50.85 .. 877 166-10	48.27 .. 827 158-4	45.68 .. 777 149-10	43.09 .. 727 141-4
50.80 .. 876 166-8	48.22 .. 826 158-2	45.63 .. 776 149-8	43.03 .. 726 141-2
50.75 .. 875 166-6	48.16 .. 825 158-0	45.58 .. 775 149-6	42.98 .. 725 141-0
50.70 .. 874 166-4	48.11 .. 824 157-10	45.52 .. 774 149-4	42.93 .. 724 140-10
50.64 .. 873 166-2	48.06 .. 823 157-8	45.47 .. 773 149-2	42.88 .. 723 140-8
50.59 .. 872 165-11	48.01 .. 822 157-6	45.42 .. 772 149-0	42.83 .. 722 140-6
50.54 .. 871 165-10	47.96 .. 821 157-4	45.37 .. 771 148-10	42.77 .. 721 140-4
50.49 .. 870 165-7	47.91 .. 820 157-2	45.32 .. 770 148-8	42.72 .. 720 140-2
50.44 .. 869 165-6	47.85 .. 819 157-0	45.27 .. 769 148-6	42.67 .. 719 140-0
50.39 .. 868 165-4	47.80 .. 818 156-10	45.21 .. 768 148-4	42.62 .. 718 139-10
50.33 .. 867 165-1	47.75 .. 817 156-8	45.16 .. 767 148-2	42.57 .. 717 139-8
50.28 .. 866 164-11	47.70 .. 816 156-6	45.11 .. 766 148-0	42.51 .. 716 139-5
50.23 .. 865 164-9	47.65 .. 815 156-4	45.06 .. 765 147-10	42.46 .. 715 139-4
50.18 .. 864 164-7	47.60 .. 814 156-2	45.01 .. 764 147-8	42.41 .. 714 139-1
50.13 .. 863 164-5	47.54 .. 813 156-0	44.95 .. 763 147-5	42.36 .. 713 139-0
50.08 .. 862 164-4	47.49 .. 812 155-9	44.90 .. 762 147-4	42.31 .. 712 138-9
50.02 .. 861 164-1	47.44 .. 811 155-8	44.85 .. 761 147-1	42.25 .. 711 138-7
49.97 .. 860 163-11	47.39 .. 810 155-5	44.80 .. 760 147-0	42.20 .. 710 138-5
49.92 .. 859 163-9	47.34 .. 809 155-4	44.75 .. 759 146-10	42.15 .. 709 138-3
49.87 .. 858 163-7	47.29 .. 808 155-2	44.70 .. 758 146-8	42.10 .. 708 138-1
49.82 .. 857 163-5	47.23 .. 807 154-11	44.64 .. 757 146-5	42.05 .. 707 137-11
49.77 .. 856 163-3	47.18 .. 806 154-9	44.59 .. 756 146-3	41.99 .. 706 137-9
49.71 .. 855 163-1	47.13 .. 805 154-7	44.54 .. 755 146-1	41.94 .. 705 137-7
49.66 .. 854 162-11	47.08 .. 804 154-5	44.49 .. 754 145-11	41.89 .. 704 137-5
49.61 .. 853 162-9	47.03 .. 803 154-3	44.44 .. 753 145-9	41.84 .. 703 137-3
49.56 .. 852 162-7	46.98 .. 802 154-1	44.38 .. 752 145-7	41.79 .. 702 137-1
49.51 .. 851 162-5	46.92 .. 801 153-11	44.33 .. 751 145-5	41.73 .. 701 136-11
49.46 .. 850 162-3	46.87 .. 800 153-9	44.28 .. 750 145-3	41.68 .. 700 136-9

(If the indicated distance is not listed, the next shorter distance is correct for scoring. See the regular conversion tables for unlisted marks' English equivalents.)

HEPTATHLON

Javelin

Meters	Points	Ft-In	Meters	Points	Ft-In	Meters	Points	Ft-In	Meters	Points	Ft-In
41.63	699	136-7	39.02	649	128-0	36.41	599	119-5	33.79	549	110-10
41.58	698	136-5	38.97	648	127-10	36.36	598	119-3	33.74	548	110-8
41.53	697	136-3	38.92	647	127-8	36.31	597	119-1	33.69	547	110-6
41.47	696	136-0	38.87	646	127-6	36.25	596	118-11	33.63	546	110-4
41.42	695	135-11	38.82	645	127-4	36.20	595	118-9	33.58	545	110-2
41.37	694	135-8	38.76	644	127-2	36.15	594	118-7	33.53	544	110-0
41.32	693	135-7	38.71	643	127-0	36.10	593	118-5	33.48	543	109-10
41.27	692	135-4	38.66	642	126-10	36.05	592	118-3	33.42	542	109-8
41.21	691	135-2	38.61	641	126-8	35.99	591	118-1	33.37	541	109-5
41.16	690	135-0	38.56	640	126-6	35.94	590	117-11	33.32	540	109-4
41.11	689	134-10	38.50	639	126-4	35.89	589	117-9	33.27	539	109-2
41.06	688	134-8	38.45	638	126-1	35.84	588	117-7	33.21	538	108-11
41.01	687	134-6	38.40	637	126-0	35.78	587	117-5	33.16	537	108-9
40.95	686	134-4	38.35	636	125-10	35.73	586	117-2	33.11	536	108-7
40.90	685	134-2	38.29	635	125-7	35.68	585	117-1	33.05	535	108-5
40.85	684	134-0	38.24	634	125-5	35.63	584	116-10	33.00	534	108-3
40.80	683	133-10	38.19	633	125-3	35.57	583	116-8	32.95	533	108-1
40.75	682	133-8	38.14	632	125-1	35.52	582	116-6	32.90	532	107-11
40.69	681	133-6	38.09	631	124-11	35.47	581	116-4	32.84	531	107-9
40.64	680	133-4	38.03	630	124-9	35.42	580	116-2	32.79	530	107-7
40.59	679	133-2	37.98	629	124-7	35.36	579	116-0	32.74	529	107-5
40.54	678	133-0	37.93	628	124-5	35.31	578	115-10	32.69	528	107-3
40.48	677	132-10	37.88	627	124-3	35.26	577	115-8	32.63	527	107-0
40.43	676	132-7	37.82	626	124-1	35.21	576	115-6	32.58	526	106-11
40.38	675	132-6	37.77	625	123-11	35.15	575	115-4	32.53	525	106-8
40.33	674	132-3	37.72	624	123-9	35.10	574	115-2	32.48	524	106-7
40.28	673	132-2	37.67	623	123-7	35.05	573	115-0	32.42	523	106-4
40.22	672	131-11	37.61	622	123-4	35.00	572	114-10	32.37	522	106-2
40.17	671	131-9	37.56	621	123-3	34.94	571	114-7	32.32	521	106-0
40.12	670	131-7	37.51	620	123-0	34.89	570	114-5	32.27	520	105-10
40.07	669	131-5	37.46	619	122-11	34.84	569	114-4	32.21	519	105-8
40.02	668	131-3	37.41	618	122-9	34.79	568	114-1	32.16	518	105-6
39.96	667	131-1	37.35	617	122-6	34.74	567	114-0	32.11	517	105-4
39.91	666	130-11	37.30	616	122-4	34.68	566	113-9	32.06	516	105-2
39.86	665	130-9	37.25	615	122-2	34.63	565	113-7	32.00	515	105-0
39.81	664	130-7	37.20	614	122-0	34.58	564	113-5	31.95	514	104-10
39.76	663	130-5	37.14	613	121-10	34.53	563	113-3	31.90	513	104-8
39.70	662	130-3	37.09	612	121-8	34.47	562	113-1	31.84	512	104-5
39.65	661	130-1	37.04	611	121-6	34.42	561	112-11	31.79	511	104-3
39.60	660	129-11	36.99	610	121-4	34.37	560	112-9	31.74	510	104-1
39.55	659	129-9	36.94	609	121-2	34.32	559	112-7	31.69	509	103-11
39.49	658	129-6	36.88	608	121-0	34.26	558	112-5	31.63	508	103-9
39.44	657	129-5	36.83	607	120-10	34.21	557	112-3	31.58	507	103-7
39.39	656	129-2	36.78	606	120-8	34.16	556	112-1	31.53	506	103-5
39.34	655	129-1	36.73	605	120-6	34.11	555	111-11	31.48	505	103-3
39.29	654	128-11	36.67	604	120-3	34.05	554	111-8	31.42	504	103-1
39.23	653	128-8	36.62	603	120-2	34.00	553	111-6	31.37	503	102-11
39.18	652	128-6	36.57	602	119-11	33.95	552	111-4	31.32	502	102-9
39.13	651	128-4	36.52	601	119-10	33.90	551	111-3	31.27	501	102-7
39.08	650	128-2	36.46	600	119-7	33.84	550	111-0	31.21	500	102-4

(If the indicated distance is not listed, the next shorter distance is correct for scoring. See the regular conversion tables for unlisted marks' English equivalents.)

HEPTATHLON

Javelin

31.16	499	102-3	28.52	449	93-7	25.87	399	84-10	23.20	349	76-1
31.11	498	102-0	28.47	448	93-5	25.81	398	84-8	23.15	348	75-11
31.05	497	101-10	28.41	447	93-2	25.76	397	84-6	23.09	347	75-9
31.00	496	101-8	28.36	446	93-0	25.71	396	84-4	23.04	346	75-7
30.95	495	101-6	28.31	445	92-10	25.65	395	84-2	22.99	345	75-5
30.90	494	101-4	28.25	444	92-8	25.60	394	84-0	22.93	344	75-2
30.84	493	101-2	28.20	443	92-6	25.55	393	83-10	22.88	343	75-1
30.79	492	101-0	28.15	442	92-4	25.49	392	83-7	22.83	342	74-11
30.74	491	100-10	28.10	441	92-2	25.44	391	83-5	22.77	341	74-8
30.69	490	100-8	28.04	440	92-0	25.39	390	83-3	22.72	340	74-6
30.63	489	100-6	27.99	439	91-10	25.33	389	83-1	22.67	339	74-4
30.58	488	100-4	27.94	438	91-8	25.28	388	82-11	22.61	338	74-2
30.53	487	100-2	27.88	437	91-6	25.23	387	82-9	22.56	337	74-0
30.47	486	99-11	27.83	436	91-3	25.18	386	82-7	22.51	336	73-10
30.42	485	99-10	27.78	435	91-2	25.12	385	82-5	22.45	335	73-8
30.37	484	99-7	27.72	434	90-11	25.07	384	82-3	22.40	334	73-6
30.32	483	99-6	27.67	433	90-9	25.02	383	82-1	22.35	333	73-4
30.26	482	99-3	27.62	432	90-7	24.96	382	81-11	22.29	332	73-1
30.21	481	99-1	27.57	431	90-5	24.91	381	81-8	22.24	331	72-11
30.16	480	98-11	27.51	430	90-3	24.86	380	81-7	22.19	330	72-9
30.10	479	98-9	27.46	429	90-1	24.80	379	81-4	22.13	329	72-7
30.05	478	98-7	27.41	428	89-11	24.75	378	81-2	22.08	328	72-5
30.00	477	98-5	27.35	427	89-8	24.70	377	81-0	22.02	327	72-3
29.95	476	98-3	27.30	426	89-7	24.64	376	80-10	21.97	326	72-1
29.89	475	98-0	27.25	425	89-5	24.59	375	80-8	21.92	325	71-11
29.84	474	97-11	27.19	424	89-2	24.54	374	80-6	21.86	324	71-9
29.79	473	97-9	27.14	423	89-0	24.48	373	80-4	21.81	323	71-6
29.74	472	97-7	27.09	422	88-10	24.43	372	80-2	21.76	322	71-5
29.68	471	97-4	27.04	421	88-8	24.38	371	80-0	21.70	321	71-2
29.63	470	97-2	26.98	420	88-6	24.32	370	79-9	21.65	320	71-0
29.58	469	97-0	26.93	419	88-4	24.27	369	79-7	21.60	319	70-10
29.52	468	96-10	26.88	418	88-2	24.22	368	79-5	21.54	318	70-8
29.47	467	96-8	26.82	417	88-0	24.16	367	79-3	21.49	317	70-6
29.42	466	96-6	26.77	416	87-10	24.11	366	79-1	21.43	316	70-3
29.37	465	96-4	26.72	415	87-8	24.06	365	78-11	21.38	315	70-2
29.31	464	96-2	26.66	414	87-5	24.00	364	78-9	21.33	314	69-11
29.26	463	96-0	26.61	413	87-3	23.95	363	78-7	21.27	313	69-9
29.21	462	95-10	26.56	412	87-2	23.90	362	78-5	21.22	312	69-7
29.15	461	95-7	26.50	411	86-11	23.84	361	78-2	21.17	311	69-5
29.10	460	95-6	26.45	410	86-9	23.79	360	78-0	21.11	310	69-3
29.05	459	95-3	26.40	409	86-7	23.74	359	77-11	21.06	309	69-1
29.00	458	95-2	26.35	408	86-5	23.68	358	77-8	21.01	308	68-11
28.94	457	94-11	26.29	407	86-3	23.63	357	77-6	20.95	307	68-8
28.89	456	94-9	26.24	406	86-1	23.58	356	77-4	20.90	306	68-7
28.84	455	94-7	26.19	405	85-11	23.52	355	77-2	20.84	305	68-4
28.78	454	94-5	26.13	404	85-8	23.47	354	77-0	20.79	304	68-2
28.73	453	94-3	26.08	403	85-7	23.42	353	76-10	20.74	303	68-0
28.68	452	94-1	26.03	402	85-4	23.36	352	76-8	20.68	302	67-10
28.62	451	93-11	25.97	401	85-2	23.31	351	76-5	20.63	301	67-8
28.57	450	93-8	25.92	400	85-0	23.26	350	76-4	20.58	300	67-6

HEPTATHLON

800

Time	Pts	Time	Pts	Time	Pts	Time	Pts	Time	Pts
2:01.12	1099	2:04.37	1049	2:07.70	999	2:11.10	949	2:14.59	899
2:01.19	1098	2:04.44	1048	2:07.77	998	2:11.17	948	2:14.66	898
2:01.25	1097	2:04.51	1047	2:07.83	997	2:11.24	947	2:14.73	897
2:01.32	1096	2:04.57	1046	2:07.90	996	2:11.31	946	2:14.80	896
2:01.38	1095	2:04.64	1045	2:07.97	995	2:11.38	945	2:14.87	895
2:01.45	1094	2:04.70	1044	2:08.03	994	2:11.45	944	2:14.94	894
2:01.51	1093	2:04.77	1043	2:08.10	993	2:11.51	943	2:15.01	893
2:01.57	1092	2:04.83	1042	2:08.17	992	2:11.58	942	2:15.08	892
2:01.64	1091	2:04.90	1041	2:08.24	991	2:11.65	941	2:15.15	891
2:01.70	1090	2:04.97	1040	2:08.30	990	2:11.72	940	2:15.23	890
2:01.77	1089	2:05.03	1039	2:08.37	989	2:11.79	939	2:15.30	889
2:01.83	1088	2:05.10	1038	2:08.44	988	2:11.86	938	2:15.37	888
2:01.90	1087	2:05.16	1037	2:08.51	987	2:11.93	937	2:15.44	887
2:01.96	1086	2:05.23	1036	2:08.57	986	2:12.00	936	2:15.51	886
2:02.03	1085	2:05.30	1035	2:08.64	985	2:12.07	935	2:15.58	885
2:02.09	1084	2:05.36	1034	2:08.71	984	2:12.14	934	2:15.65	884
2:02.16	1083	2:05.43	1033	2:08.78	983	2:12.21	933	2:15.72	883
2:02.22	1082	2:05.50	1032	2:08.85	982	2:12.28	932	2:15.79	882
2:02.29	1081	2:05.56	1031	2:08.91	981	2:12.35	931	2:15.87	881
2:02.35	1080	2:05.63	1030	2:08.98	980	2:12.42	930	2:15.94	880
2:02.42	1079	2:05.69	1029	2:09.05	979	2:12.49	929	2:16.01	879
2:02.48	1078	2:05.76	1028	2:09.12	978	2:12.55	928	2:16.08	878
2:02.55	1077	2:05.83	1027	2:09.19	977	2:12.62	927	2:16.15	877
2:02.61	1076	2:05.89	1026	2:09.25	976	2:12.69	926	2:16.22	876
2:02.68	1075	2:05.96	1025	2:09.32	975	2:12.76	925	2:16.29	875
2:02.74	1074	2:06.03	1024	2:09.39	974	2:12.83	924	2:16.37	874
2:02.81	1073	2:06.09	1023	2:09.46	973	2:12.90	923	2:16.44	873
2:02.87	1072	2:06.16	1022	2:09.53	972	2:12.97	922	2:16.51	872
2:02.94	1071	2:06.23	1021	2:09.59	971	2:13.04	921	2:16.58	871
2:03.00	1070	2:06.29	1020	2:09.66	970	2:13.11	920	2:16.65	870
2:03.07	1069	2:06.36	1019	2:09.73	969	2:13.18	919	2:16.72	869
2:03.13	1068	2:06.43	1018	2:09.80	968	2:13.25	918	2:16.80	868
2:03.20	1067	2:06.49	1017	2:09.87	967	2:13.32	917	2:16.87	867
2:03.26	1066	2:06.56	1016	2:09.93	966	2:13.39	916	2:16.94	866
2:03.33	1065	2:06.63	1015	2:10.00	965	2:13.46	915	2:17.01	865
2:03.39	1064	2:06.69	1014	2:10.07	964	2:13.53	914	2:17.08	864
2:03.46	1063	2:06.76	1013	2:10.14	963	2:13.60	913	2:17.16	863
2:03.52	1062	2:06.83	1012	2:10.21	962	2:13.67	912	2:17.23	862
2:03.59	1061	2:06.89	1011	2:10.28	961	2:13.74	911	2:17.30	861
2:03.65	1060	2:06.96	1010	2:10.35	960	2:13.81	910	2:17.37	860
2:03.72	1059	2:07.03	1009	2:10.41	959	2:13.88	909	2:17.44	859
2:03.78	1058	2:07.09	1008	2:10.48	958	2:13.95	908	2:17.52	858
2:03.85	1057	2:07.16	1007	2:10.55	957	2:14.02	907	2:17.59	857
2:03.91	1056	2:07.23	1006	2:10.62	956	2:14.09	906	2:17.66	856
2:03.98	1055	2:07.30	1005	2:10.69	955	2:14.17	905	2:17.73	855
2:04.05	1054	2:07.36	1004	2:10.76	954	2:14.24	904	2:17.81	854
2:04.11	1053	2:07.43	1003	2:10.83	953	2:14.31	903	2:17.88	853
2:04.18	1052	2:07.50	1002	2:10.89	952	2:14.38	902	2:17.95	852
2:04.24	1051	2:07.56	1001	2:10.96	951	2:14.45	901	2:18.02	851
2:04.31	1050	2:07.63	1000	2:11.03	950	2:14.52	900	2:18.10	850

(If the indicated time is not listed, the next longer [slower] time is correct for scoring)

HEPTATHLON

800

Time	Points	Time	Points	Time	Points	Time	Points	Time	Points
2:18.17	849	2:21.85	799	2:25.64	749	2:29.55	699	2:33.59	649
2:18.24	848	2:21.92	798	2:25.71	748	2:29.63	698	2:33.67	648
2:18.31	847	2:22.00	797	2:25.79	747	2:29.71	697	2:33.75	647
2:18.39	846	2:22.07	796	2:25.87	746	2:29.79	696	2:33.84	646
2:18.46	845	2:22.15	795	2:25.95	745	2:29.87	695	2:33.92	645
2:18.53	844	2:22.22	794	2:26.02	744	2:29.95	694	2:34.00	644
2:18.60	843	2:22.30	793	2:26.10	743	2:30.03	693	2:34.09	643
2:18.68	842	2:22.37	792	2:26.18	742	2:30.10	692	2:34.17	642
2:18.75	841	2:22.45	791	2:26.25	741	2:30.18	691	2:34.25	641
2:18.82	840	2:22.52	790	2:26.33	740	2:30.26	690	2:34.33	640
2:18.90	839	2:22.60	789	2:26.41	739	2:30.34	689	2:34.42	639
2:18.97	838	2:22.67	788	2:26.49	738	2:30.42	688	2:34.50	638
2:19.04	837	2:22.75	787	2:26.56	737	2:30.50	687	2:34.58	637
2:19.11	836	2:22.82	786	2:26.64	736	2:30.58	686	2:34.67	636
2:19.19	835	2:22.90	785	2:26.72	735	2:30.67	685	2:34.75	635
2:19.26	834	2:22.97	784	2:26.80	734	2:30.75	684	2:34.83	634
2:19.33	833	2:23.05	783	2:26.87	733	2:30.83	683	2:34.91	633
2:19.41	832	2:23.12	782	2:26.95	732	2:30.91	682	2:35.00	632
2:19.48	831	2:23.20	781	2:27.03	731	2:30.99	681	2:35.08	631
2:19.55	830	2:23.27	780	2:27.11	730	2:31.07	680	2:35.16	630
2:19.63	829	2:23.35	779	2:27.19	729	2:31.15	679	2:35.25	629
2:19.70	828	2:23.43	778	2:27.26	728	2:31.23	678	2:35.33	628
2:19.77	827	2:23.50	777	2:27.34	727	2:31.31	677	2:35.42	627
2:19.85	826	2:23.58	776	2:27.42	726	2:31.39	676	2:35.50	626
2:19.92	825	2:23.65	775	2:27.50	725	2:31.47	675	2:35.58	625
2:20.00	824	2:23.73	774	2:27.58	724	2:31.55	674	2:35.67	624
2:20.07	823	2:23.80	773	2:27.65	723	2:31.63	673	2:35.75	623
2:20.14	822	2:23.88	772	2:27.73	722	2:31.71	672	2:35.83	622
2:20.22	821	2:23.96	771	2:27.81	721	2:31.79	671	2:35.92	621
2:20.29	820	2:24.03	770	2:27.89	720	2:31.88	670	2:36.00	620
2:20.36	819	2:24.11	769	2:27.97	719	2:31.96	669	2:36.09	619
2:20.44	818	2:24.18	768	2:28.05	718	2:32.04	668	2:36.17	618
2:20.51	817	2:24.26	767	2:28.13	717	2:32.12	667	2:36.25	617
2:20.59	816	2:24.34	766	2:28.20	716	2:32.20	666	2:36.34	616
2:20.66	815	2:24.41	765	2:28.28	715	2:32.28	665	2:36.42	615
2:20.73	814	2:24.49	764	2:28.36	714	2:32.36	664	2:36.51	614
2:20.81	813	2:24.56	763	2:28.44	713	2:32.44	663	2:36.59	613
2:20.88	812	2:24.64	762	2:28.52	712	2:32.53	662	2:36.68	612
2:20.96	811	2:24.72	761	2:28.60	711	2:32.61	661	2:36.76	611
2:21.03	810	2:24.79	760	2:28.68	710	2:32.69	660	2:36.85	610
2:21.10	809	2:24.87	759	2:28.76	709	2:32.77	659	2:36.93	609
2:21.18	808	2:24.95	758	2:28.83	708	2:32.85	658	2:37.02	608
2:21.25	807	2:25.02	757	2:28.91	707	2:32.93	657	2:37.10	607
2:21.33	806	2:25.10	756	2:28.99	706	2:33.02	656	2:37.19	606
2:21.40	805	2:25.18	755	2:29.07	705	2:33.10	655	2:37.27	605
2:21.48	804	2:25.25	754	2:29.15	704	2:33.18	654	2:37.36	604
2:21.55	803	2:25.33	753	2:29.23	703	2:33.26	653	2:37.44	603
2:21.62	802	2:25.41	752	2:29.31	702	2:33.34	652	2:37.53	602
2:21.70	801	2:25.48	751	2:29.39	701	2:33.43	651	2:37.61	601
2:21.77	800	2:25.56	750	2:29.47	700	2:33.51	650	2:37.70	600

(If the indicated time is not listed, the next longer [slower] time is correct for scoring)

HEPTATHLON

800

Time	Pts	Time	Pts	Time	Pts	Time	Pts	Time	Pts
2:37.78	599	2:42.14	549	2:46.69	499	2:51.46	449	2:56.48	399
2:37.87	598	2:42.23	548	2:46.78	498	2:51.56	448	2:56.59	398
2:37.95	597	2:42.32	547	2:46.88	497	2:51.65	447	2:56.69	397
2:38.04	596	2:42.41	546	2:46.97	496	2:51.75	446	2:56.79	396
2:38.12	595	2:42.50	545	2:47.06	495	2:51.85	445	2:56.90	395
2:38.21	594	2:42.59	544	2:47.16	494	2:51.95	444	2:57.00	394
2:38.30	593	2:42.68	543	2:47.25	493	2:52.05	443	2:57.10	393
2:38.38	592	2:42.77	542	2:47.34	492	2:52.14	442	2:57.21	392
2:38.47	591	2:42.86	541	2:47.44	491	2:52.24	441	2:57.31	391
2:38.55	590	2:42.94	540	2:47.53	490	2:52.34	440	2:57.42	390
2:38.64	589	2:43.03	539	2:47.62	489	2:52.44	439	2:57.52	389
2:38.73	588	2:43.12	538	2:47.72	488	2:52.54	438	2:57.63	388
2:38.81	587	2:43.21	537	2:47.81	487	2:52.64	437	2:57.73	387
2:38.90	586	2:43.30	536	2:47.91	486	2:52.74	436	2:57.84	386
2:38.98	585	2:43.39	535	2:48.00	485	2:52.84	435	2:57.94	385
2:39.07	584	2:43.48	534	2:48.10	484	2:52.94	434	2:58.05	384
2:39.16	583	2:43.57	533	2:48.19	483	2:53.04	433	2:58.15	383
2:39.24	582	2:43.66	532	2:48.28	482	2:53.14	432	2:58.26	382
2:39.33	581	2:43.76	531	2:48.38	481	2:53.23	431	2:58.36	381
2:39.42	580	2:43.85	530	2:48.47	480	2:53.33	430	2:58.47	380
2:39.50	579	2:43.94	529	2:48.57	479	2:53.43	429	2:58.57	379
2:39.59	578	2:44.03	528	2:48.66	478	2:53.53	428	2:58.68	378
2:39.68	577	2:44.12	527	2:48.76	477	2:53.63	427	2:58.79	377
2:39.76	576	2:44.21	526	2:48.85	476	2:53.73	426	2:58.89	376
2:39.85	575	2:44.30	525	2:48.95	475	2:53.83	425	2:59.00	375
2:39.94	574	2:44.39	524	2:49.04	474	2:53.94	424	2:59.10	374
2:40.03	573	2:44.48	523	2:49.14	473	2:54.04	423	2:59.21	373
2:40.11	572	2:44.57	522	2:49.24	472	2:54.14	422	2:59.32	372
2:40.20	571	2:44.66	521	2:49.33	471	2:54.24	421	2:59.42	371
2:40.29	570	2:44.75	520	2:49.43	470	2:54.34	420	2:59.53	370
2:40.38	569	2:44.85	519	2:49.52	469	2:54.44	419	2:59.64	369
2:40.46	568	2:44.94	518	2:49.62	468	2:54.54	418	2:59.75	368
2:40.55	567	2:45.03	517	2:49.71	467	2:54.64	417	2:59.85	367
2:40.64	566	2:45.12	516	2:49.81	466	2:54.74	416	2:59.96	366
2:40.73	565	2:45.21	515	2:49.91	465	2:54.84	415	3:00.07	365
2:40.81	564	2:45.30	514	2:50.00	464	2:54.95	414	3:00.18	364
2:40.90	563	2:45.40	513	2:50.10	463	2:55.05	413	3:00.28	363
2:40.99	562	2:45.49	512	2:50.20	462	2:55.15	412	3:00.39	362
2:41.08	561	2:45.58	511	2:50.29	461	2:55.25	411	3:00.50	361
2:41.17	560	2:45.67	510	2:50.39	460	2:55.35	410	3:00.61	360
2:41.25	559	2:45.76	509	2:50.49	459	2:55.45	409	3:00.72	359
2:41.34	558	2:45.86	508	2:50.58	458	2:55.56	408	3:00.83	358
2:41.43	557	2:45.95	507	2:50.68	457	2:55.66	407	3:00.93	357
2:41.52	556	2:46.04	506	2:50.78	456	2:55.76	406	3:01.04	356
2:41.61	555	2:46.13	505	2:50.87	455	2:55.86	405	3:01.15	355
2:41.70	554	2:46.23	504	2:50.97	454	2:55.97	404	3:01.26	354
2:41.79	553	2:46.32	503	2:51.07	453	2:56.07	403	3:01.37	353
2:41.87	552	2:46.41	502	2:51.17	452	2:56.17	402	3:01.48	352
2:41.96	551	2:46.50	501	2:51.26	451	2:56.28	401	3:01.59	351
2:42.05	550	2:46.60	500	2:51.36	450	2:56.38	400	3:01.70	350

(If the indicated time is not listed, the next longer [slower] time is correct for scoring)

INDOOR SUPPLEMENT

60 Hurdles

Time	Score	Time	Score	Time	Score	Time	Score	Time	Score	Time	Score
7.50	1247	8.00	1130	8.50	1017	9.00	910	9.50	808	10.00	712
7.51	1245	8.01	1127	8.51	1015	9.01	908	9.51	806	10.01	710
7.52	1243	8.02	1125	8.52	1013	9.02	906	9.52	804	10.02	708
7.53	1240	8.03	1123	8.53	1010	9.03	904	9.53	802	10.03	706
7.54	1238	8.04	1120	8.54	1008	9.04	902	9.54	800	10.04	705
7.55	1235	8.05	1118	8.55	1006	9.05	900	9.55	798	10.05	703
7.56	1233	8.06	1116	8.56	1004	9.06	897	9.56	796	10.06	701
7.57	1231	8.07	1113	8.57	1002	9.07	895	9.57	794	10.07	699
7.58	1228	8.08	1111	8.58	1000	9.08	893	9.58	792	10.08	697
7.59	1226	8.09	1109	8.59	997	9.09	891	9.59	791	10.09	695
7.60	1223	8.10	1107	8.60	995	9.10	889	9.60	789	10.10	693
7.61	1221	8.11	1104	8.61	993	9.11	887	9.61	787	10.11	692
7.62	1219	8.12	1102	8.62	991	9.12	885	9.62	785	10.12	690
7.63	1216	8.13	1100	8.63	989	9.13	883	9.63	783	10.13	688
7.64	1214	8.14	1098	8.64	987	9.14	881	9.64	781	10.14	686
7.65	1212	8.15	1095	8.65	984	9.15	879	9.65	779	10.15	684
7.66	1209	8.16	1093	8.66	982	9.16	877	9.66	777	10.16	682
7.67	1207	8.17	1091	8.67	980	9.17	875	9.67	775	10.17	681
7.68	1204	8.18	1088	8.68	978	9.18	873	9.68	773	10.18	679
7.69	1202	8.19	1086	8.69	976	9.19	871	9.69	771	10.19	677
7.70	1200	8.20	1084	8.70	974	9.20	869	9.70	769	10.20	675
7.71	1197	8.21	1082	8.71	971	9.21	867	9.71	767	10.21	673
7.72	1195	8.22	1079	8.72	969	9.22	865	9.72	765	10.22	672
7.73	1193	8.23	1077	8.73	967	9.23	862	9.73	763	10.23	670
7.74	1190	8.24	1075	8.74	965	9.24	860	9.74	761	10.24	668
7.75	1188	8.25	1073	8.75	963	9.25	858	9.75	759	10.25	666
7.76	1185	8.26	1070	8.76	961	9.26	856	9.76	758	10.26	664
7.77	1183	8.27	1068	8.77	959	9.27	854	9.77	756	10.27	662
7.78	1181	8.28	1066	8.78	956	9.28	852	9.78	754	10.28	661
7.79	1178	8.29	1064	8.79	954	9.29	850	9.79	752	10.29	659
7.80	1176	8.30	1061	8.80	952	9.30	848	9.80	750	10.30	657
7.81	1174	8.31	1059	8.81	950	9.31	846	9.81	748	10.31	655
7.82	1171	8.32	1057	8.82	948	9.32	844	9.82	746	10.32	653
7.83	1169	8.33	1055	8.83	946	9.33	842	9.83	744	10.33	652
7.84	1167	8.34	1052	8.84	944	9.34	840	9.84	742	10.34	650
7.85	1164	8.35	1050	8.85	941	9.35	838	9.85	740	10.35	648
7.86	1162	8.36	1048	8.86	939	9.36	836	9.86	738	10.36	646
7.87	1160	8.37	1046	8.87	937	9.37	834	9.87	737	10.37	644
7.88	1157	8.38	1044	8.88	935	9.38	832	9.88	735	10.38	643
7.89	1155	8.39	1041	8.89	933	9.39	830	9.89	733	10.39	641
7.90	1153	8.40	1039	8.90	931	9.40	828	9.90	731	10.40	639
7.91	1150	8.41	1037	8.91	929	9.41	826	9.91	729	10.41	637
7.92	1148	8.42	1035	8.92	927	9.42	824	9.92	727	10.42	636
7.93	1146	8.43	1032	8.93	925	9.43	822	9.93	725	10.43	634
7.94	1143	8.44	1030	8.94	922	9.44	820	9.94	723	10.44	632
7.95	1141	8.45	1028	8.95	920	9.45	818	9.95	721	10.45	630
7.96	1139	8.46	1026	8.96	918	9.46	816	9.96	720	10.46	629
7.97	1136	8.47	1024	8.97	916	9.47	814	9.97	718	10.47	627
7.98	1134	8.48	1021	8.98	914	9.48	812	9.98	716	10.48	625
7.99	1132	8.49	1019	8.99	912	9.49	810	9.99	714	10.49	623

(These supplemental pages relate to the indoor women's pentathlon. Score the high jump, shot and long jump in the indoor multi using the regular heptathlon tables.)

INDOOR SUPPLEMENT

60 Hurdles

Time	Pts	Time	Pts	Time	Pts
10.50	621	11.00	537	11.50	457
10.51	620	11.01	535	11.51	456
10.52	618	11.02	533	11.52	454
10.53	616	11.03	532	11.53	453
10.54	614	11.04	530	11.54	451
10.55	613	11.05	528	11.55	450
10.56	611	11.06	527	11.56	448
10.57	609	11.07	525	11.57	447
10.58	607	11.08	523	11.58	445
10.59	606	11.09	522	11.59	444
				Hand-timed	
10.60	604	11.10	520	7.7	1143
10.61	602	11.11	519	7.8	1120
10.62	601	11.12	517	7.9	1098
10.63	599	11.13	515	8.0	1075
10.64	597	11.14	514	8.1	1052
10.65	595	11.15	512	8.2	1030
10.66	594	11.16	511	8.3	1008
10.67	592	11.17	509	8.4	987
10.68	590	11.18	507	8.5	965
10.69	589	11.19	506	8.6	944
10.70	587	11.20	504	8.7	922
10.71	585	11.21	503	8.8	902
10.72	583	11.22	501	8.9	881
10.73	582	11.23	499	9.0	860
10.74	580	11.24	498	9.1	840
10.75	578	11.25	496	9.2	820
10.76	577	11.26	495	9.3	800
10.77	575	11.27	493	9.4	781
10.78	573	11.28	491	9.5	761
10.79	571	11.29	490	9.6	742
10.80	570	11.30	488	9.7	723
10.81	568	11.31	487	9.8	705
10.82	566	11.32	485	9.9	686
10.83	565	11.33	484	10.0	668
10.84	563	11.34	482	10.1	650
10.85	561	11.35	480	10.2	632
10.86	560	11.36	479	10.3	614
10.87	558	11.37	477	10.4	597
10.88	556	11.38	476	10.5	580
10.89	555	11.39	474	10.6	563
10.90	553	11.40	473	10.7	546
10.91	551	11.41	471	10.8	530
10.92	550	11.42	470	10.9	514
10.93	548	11.43	468	11.0	498
10.94	546	11.44	466	11.1	482
10.95	545	11.45	465	11.2	466
10.96	543	11.46	463	11.3	451
10.97	541	11.47	462	11.4	436
10.98	540	11.48	460	11.5	421
10.99	538	11.49	459	11.6	407

55 Hurdles

Time	Pts	Time	Pts	Time	Pts
7.00	1299	7.50	1162	8.00	1032
7.01	1296	7.51	1159	8.01	1030
7.02	1293	7.52	1157	8.02	1027
7.03	1290	7.53	1154	8.03	1025
7.04	1287	7.54	1151	8.04	1022
7.05	1285	7.55	1149	8.05	1019
7.06	1282	7.56	1146	8.06	1017
7.07	1279	7.57	1143	8.07	1014
7.08	1276	7.58	1141	8.08	1012
7.09	1274	7.59	1138	8.09	1009
7.10	1271	7.60	1135	8.10	1007
7.11	1268	7.61	1133	8.11	1004
7.12	1265	7.62	1130	8.12	1002
7.13	1262	7.63	1127	8.13	999
7.14	1260	7.64	1125	8.14	997
7.15	1257	7.65	1122	8.15	994
7.16	1254	7.66	1120	8.16	992
7.17	1251	7.67	1117	8.17	990
7.18	1249	7.68	1114	8.18	987
7.19	1246	7.69	1112	8.19	985
7.20	1243	7.70	1109	8.20	982
7.21	1240	7.71	1107	8.21	980
7.22	1238	7.72	1104	8.22	977
7.23	1235	7.73	1101	8.23	975
7.24	1232	7.74	1099	8.24	972
7.25	1229	7.75	1096	8.25	970
7.26	1227	7.76	1094	8.26	967
7.27	1224	7.77	1091	8.27	965
7.28	1221	7.78	1088	8.28	962
7.29	1218	7.79	1086	8.29	960
7.30	1216	7.80	1083	8.30	958
7.31	1213	7.81	1081	8.31	955
7.32	1210	7.82	1078	8.32	953
7.33	1208	7.83	1075	8.33	950
7.34	1205	7.84	1073	8.34	948
7.35	1202	7.85	1070	8.35	945
7.36	1199	7.86	1068	8.36	943
7.37	1197	7.87	1065	8.37	941
7.38	1194	7.88	1063	8.38	938
7.39	1191	7.89	1060	8.39	936
7.40	1189	7.90	1057	8.40	933
7.41	1186	7.91	1055	8.41	931
7.42	1183	7.92	1052	8.42	928
7.43	1181	7.93	1050	8.43	926
7.44	1178	7.94	1047	8.44	924
7.45	1175	7.95	1045	8.45	921
7.46	1173	7.96	1042	8.46	919
7.47	1170	7.97	1040	8.47	916
7.48	1167	7.98	1037	8.48	914
7.49	1165	7.99	1035	8.49	912

INDOOR SUPPLEMENT

55 Hurdles

Time	Pts	Time	Pts	Time	Pts	Time	Pts	Time	Pts
8.50	909	9.00	794	9.50	685	10.00	584	10.50	490
8.51	907	9.01	791	9.51	683	10.01	582	10.51	488
8.52	905	9.02	789	9.52	681	10.02	580	10.52	487
8.53	902	9.03	787	9.53	679	10.03	578	10.53	485
8.54	900	9.04	785	9.54	677	10.04	576	10.54	483
8.55	897	9.05	782	9.55	675	10.05	574	10.55	481
8.56	895	9.06	780	9.56	673	10.06	572	10.56	479
8.57	893	9.07	778	9.57	671	10.07	570	10.57	478
8.58	890	9.08	776	9.58	668	10.08	568	10.58	476
8.59	888	9.09	774	9.59	666	10.09	567	10.59	474
8.60	886	9.10	771	9.60	664	10.10	565	10.60	472
8.61	883	9.11	769	9.61	662	10.11	563	10.61	471
8.62	881	9.12	767	9.62	660	10.12	561	10.62	469
8.63	879	9.13	765	9.63	658	10.13	559	10.63	467
8.64	876	9.14	763	9.64	656	10.14	557	10.64	465
8.65	874	9.15	760	9.65	654	10.15	555	10.65	464
8.66	871	9.16	758	9.66	652	10.16	553	10.66	462
8.67	869	9.17	756	9.67	650	10.17	551	10.67	460
8.68	867	9.18	754	9.68	648	10.18	549	10.68	458
8.69	864	9.19	752	9.69	646	10.19	547	10.69	457
8.70	862	9.20	749	9.70	644	10.20	546	10.70	455
8.71	860	9.21	747	9.71	642	10.21	544	10.71	453
8.72	858	9.22	745	9.72	640	10.22	542	10.72	451
8.73	855	9.23	743	9.73	638	10.23	540	10.73	450
8.74	853	9.24	741	9.74	636	10.24	538	10.74	448
8.75	851	9.25	738	9.75	634	10.25	536	10.75	446
8.76	848	9.26	736	9.76	632	10.26	534	10.76	444
8.77	846	9.27	734	9.77	630	10.27	532	10.77	443
8.78	844	9.28	732	9.78	628	10.28	531	10.78	441
8.79	841	9.29	730	9.79	626	10.29	529	10.79	439
8.80	839	9.30	728	9.80	624	10.30	527	10.80	438
8.81	837	9.31	725	9.81	622	10.31	525	10.81	436
8.82	834	9.32	723	9.82	620	10.32	523	10.82	434
8.83	832	9.33	721	9.83	618	10.33	521	10.83	432
8.84	830	9.34	719	9.84	616	10.34	519	10.84	431
8.85	828	9.35	717	9.85	614	10.35	518	10.85	429
8.86	825	9.36	715	9.86	612	10.36	516	10.86	427
8.87	823	9.37	713	9.87	610	10.37	514	10.87	426
8.88	821	9.38	711	9.88	608	10.38	512	10.88	424
8.89	818	9.39	708	9.89	606	10.39	510	10.89	422
8.90	816	9.40	706	9.90	604	10.40	508	10.90	421
8.91	814	9.41	704	9.91	602	10.41	507	10.91	419
8.92	812	9.42	702	9.92	600	10.42	505	10.92	417
8.93	809	9.43	700	9.93	598	10.43	503	10.93	416
8.94	807	9.44	698	9.94	596	10.44	501	10.94	414
8.95	805	9.45	696	9.95	594	10.45	499	10.95	412
8.96	803	9.46	694	9.96	592	10.46	497	10.96	411
8.97	800	9.47	691	9.97	590	10.47	496	10.97	409
8.98	798	9.48	689	9.98	588	10.48	494	10.98	407
8.99	796	9.49	687	9.99	586	10.49	492	10.99	406

55 Hurdles Hand-timed

Time	Pts
7.0	1232
7.1	1205
7.2	1178
7.3	1151
7.4	1125
7.5	1099
7.6	1073
7.7	1047
7.8	1022
7.9	997
8.0	972
8.1	948
8.2	924
8.3	900
8.4	876
8.5	853
8.6	830
8.7	807
8.8	785
8.9	763
9.0	741
9.1	719
9.2	698
9.3	677
9.4	656
9.5	636
9.6	616
9.7	596
9.8	576
9.9	557
10.0	538
10.1	519
10.2	501
10.3	483
10.4	465
10.5	448
10.6	431
10.7	414
10.8	397
10.9	381

Supplemental Events For Women's Decathlon

In 2004, with an eye towards eventual parity with the men's event, the IAAF began recognizing an official World Record in the women's decathlon. The new event has failed to gain any traction, however, generating strong negative reaction from both both athletes and coaches. There are many who now think that acceptance of the decathlon as a championship event for women is not in the foreseeable future. There is a difference in order of events. For the men, the standard order is Day 1: 100, LJ, SP, HJ, 400; Day 2: 110H, DT, PV, JT, 1500. The field event days are reversed for the women, however, with the discus, pole vault and javelin on Day 1, the long jump, shot put, and high jump on Day 2. This is so that the Women's and Men's Decathlon can be more easily conducted on the same days at the same venue. Oh, we should modify the statement that it's the same 10 events: for the women, of course, it is women's implements and the 100m hurdles.

The following pages include scoring tables and metric conversions for the five new multi events for women. The five events that were part of the Heptathlon were the 100 hurdles, high jump, shot put, long jump, and javelin. Scores and conversions for those events will be found in the Heptathlon pages. The following pages cover the 100 meters, 400 meters, 1500 meters, pole vault and discus.

WOMEN'S DECA SUPPLEMENT

100

11.10.....1132	11.30.....1091	11.50.....1050	11.70.....1011	11.90......972	12.10......933		
11.11.....1130	11.31.....1089	11.51.....1048	11.71.....1009	11.91......970	12.11......931		
11.12.....1128	11.32.....1087	11.52.....1046	11.72.....1007	11.92......968	12.12......929		
11.13.....1125	11.33.....1085	11.53.....1044	11.73.....1005	11.93......966	12.13......928		
11.14.....1123	11.34.....1082	11.54.....1042	11.74.....1003	11.94......964	12.14......926		
11.15.....1121	11.35.....1080	11.55.....1040	11.75.....1001	11.95......962	12.15......924		
11.16.....1119	11.36.....1078	11.56.....1038	11.76......999	11.96......960	12.16......922		
11.17.....1117	11.37.....1076	11.57.....1036	11.77......997	11.97......958	12.17......920		
11.18.....1115	11.38.....1074	11.58.....1034	11.78......995	11.98......956	12.18......918		
11.19.....1113	11.39.....1072	11.59.....1032	11.79......993	11.99......954	12.19......916		
11.20.....1111	11.40.....1070	11.60.....1030	11.80......991	12.00......952	12.20......914		
11.21.....1109	11.41.....1068	11.61.....1028	11.81......989	12.01......950	12.21......912		
11.22.....1107	11.42.....1066	11.62.....1026	11.82......987	12.02......948	12.22......911		
11.23.....1105	11.43.....1064	11.63.....1024	11.83......985	12.03......947	12.23......909		
11.24.....1103	11.44.....1062	11.64.....1022	11.84......983	12.04......945	12.24......907		
11.25.....1101	11.45.....1060	11.65.....1020	11.85......981	12.05......943	12.25......905		
11.26.....1099	11.46.....1058	11.66.....1018	11.86......979	12.06......941	12.26......903		
11.27.....1097	11.47.....1056	11.67.....1016	11.87......977	12.07......939	12.27......901		
11.28.....1095	11.48.....1054	11.68.....1014	11.88......975	12.08......937	12.28......899		
11.29.....1093	11.49.....1052	11.69.....1012	11.89......973	12.09......935	12.29......897		

100

12.30 896	12.80 805	13.30 718
12.31 894	12.81 803	13.31 716
12.32 892	12.82 801	13.32 715
12.33 890	12.83 799	13.33 713
12.34 888	12.84 797	13.34 711
12.35 886	12.85 796	13.35 709
12.36 884	12.86 794	13.36 708
12.37 883	12.87 792	13.37 706
12.38 881	12.88 790	13.38 704
12.39 879	12.89 789	13.39 703
12.40 877	12.90 787	13.40 701
12.41 875	12.91 785	13.41 699
12.42 873	12.92 783	13.42 698
12.43 871	12.93 782	13.43 696
12.44 870	12.94 780	13.44 694
12.45 868	12.95 778	13.45 693
12.46 866	12.96 776	13.46 691
12.47 864	12.97 775	13.47 689
12.48 862	12.98 773	13.48 688
12.49 860	12.99 771	13.49 686
12.50 859	13.00 769	13.50 684
12.51 857	13.01 768	13.51 683
12.52 855	13.02 766	13.52 681
12.53 853	13.03 764	13.53 680
12.54 851	13.04 762	13.54 678
12.55 850	13.05 761	13.55 676
12.56 848	13.06 759	13.56 675
12.57 846	13.07 757	13.57 673
12.58 844	13.08 755	13.58 671
12.59 842	13.09 754	13.59 670
12.60 840	13.10 752	13.60 668
12.61 839	13.11 750	13.61 666
12.62 837	13.12 749	13.62 665
12.63 835	13.13 747	13.63 663
12.64 833	13.14 745	13.64 661
12.65 831	13.15 743	13.65 660
12.66 830	13.16 742	13.66 658
12.67 828	13.17 740	13.67 657
12.68 826	13.18 738	13.68 655
12.69 824	13.19 737	13.69 653
12.70 822	13.20 735	13.70 652
12.71 821	13.21 733	13.71 650
12.72 819	13.22 731	13.72 649
12.73 817	13.23 730	13.73 647
12.74 815	13.24 728	13.74 645
12.75 813	13.25 726	13.75 644
12.76 812	13.26 725	13.76 642
12.77 810	13.27 723	13.77 640
12.78 808	13.28 721	13.78 639
12.79 806	13.29 720	13.79 637

Hand-timed 100 & 400

11.0 1103	54.0 951	59.0 734
11.1 1082	54.1 946	59.1 730
11.2 1062	54.2 942	59.2 726
11.3 1042	54.3 937	59.3 722
11.4 1022	54.4 932	59.4 718
11.5 1003	54.5 928	59.5 714
11.6 983	54.6 923	59.6 710
11.7 964	54.7 919	59.7 706
11.8 945	54.8 914	59.8 702
11.9 926	54.9 910	59.9 698
	55.0 905	60.0 694
12.0 907		
12.1 888	55.1 901	60.1 690
12.2 870	55.2 896	60.2 686
12.3 851	55.3 892	60.3 682
12.4 833	55.4 888	60.4 678
12.5 815	55.5 883	60.5 674
12.6 797	55.6 879	60.6 670
12.7 780	55.7 874	60.7 666
12.8 762	55.8 870	60.8 662
12.9 745	55.9 865	60.9 658
13.0 728	56.0 861	61.0 654
13.1 711	56.1 857	61.1 650
13.2 694	56.2 852	61.2 647
13.3 678	56.3 848	61.3 643
13.4 661	56.4 844	61.4 639
13.5 645	56.5 839	61.5 635
13.6 629	56.6 835	61.6 631
13.7 613	56.7 831	61.7 627
13.8 598	56.8 826	61.8 624
13.9 582	56.9 822	61.9 620

Hand 400

52.0 1044	57.0 818	62.0 616
52.1 1040	57.1 813	62.1 612
52.2 1035	57.2 809	62.2 609
52.3 1030	57.3 805	62.3 605
52.4 1025	57.4 801	62.4 601
52.5 1021	57.5 796	62.5 597
52.6 1016	57.6 792	62.6 594
52.7 1011	57.7 788	62.7 590
52.8 1006	57.8 784	62.8 586
52.9 1002	57.9 780	62.9 583
53.0 997	58.0 775	63.0 579
53.1 992	58.1 771	63.1 575
53.2 988	58.2 767	63.2 572
53.3 983	58.3 763	63.3 568
53.4 978	58.4 759	63.4 564
53.5 974	58.5 755	63.5 561
53.6 969	58.6 750	63.6 557
53.7 965	58.7 746	63.7 553
53.8 960	58.8 742	63.8 550
53.9 955	58.9 738	63.9 546

WOMEN'S DECA SUPPLEMENT

400

Time	Pts	Time	Pts	Time	Pts	Time	Pts	Time	Pts	Time	Pts	Time	Pts	Time	Pts
52.05	1049	53.10	999	54.18	949	55.29	899	56.42	849	57.58	799				
52.07	1048	53.13	998	54.21	948	55.31	898	56.44	848	57.61	798				
52.09	1047	53.15	997	54.23	947	55.33	897	56.47	847	57.63	797				
52.11	1046	53.17	996	54.25	946	55.36	896	56.49	846	57.66	796				
52.13	1045	53.19	995	54.27	945	55.38	895	56.51	845	57.68	795				
52.15	1044	53.21	994	54.29	944	55.40	894	56.54	844	57.70	794				
52.17	1043	53.23	993	54.31	943	55.42	893	56.56	843	57.73	793				
52.20	1042	53.25	992	54.34	942	55.45	892	56.58	842	57.75	792				
52.22	1041	53.28	991	54.36	941	55.47	891	56.61	841	57.77	791				
52.24	1040	53.30	990	54.38	940	55.49	890	56.63	840	57.80	790				
52.26	1039	53.32	989	54.40	939	55.51	889	56.65	839	57.82	789				
52.28	1038	53.34	988	54.42	938	55.54	888	56.67	838	57.85	788				
52.30	1037	53.36	987	54.45	937	55.56	887	56.70	837	57.87	787				
52.32	1036	53.38	986	54.47	936	55.58	886	56.72	836	57.89	786				
52.34	1035	53.40	985	54.49	935	55.60	885	56.74	835	57.92	785				
52.36	1034	53.43	984	54.51	934	55.63	884	56.77	834	57.94	784				
52.38	1033	53.45	983	54.53	933	55.65	883	56.79	833	57.96	783				
52.40	1032	53.47	982	54.56	932	55.67	882	56.81	832	57.99	782				
52.43	1031	53.49	981	54.58	931	55.69	881	56.84	831	58.01	781				
52.45	1030	53.51	980	54.60	930	55.72	880	56.86	830	58.04	780				
52.47	1029	53.53	979	54.62	929	55.74	879	56.88	829	58.06	779				
52.49	1028	53.55	978	54.64	928	55.76	878	56.91	828	58.08	778				
52.51	1027	53.58	977	54.67	927	55.78	877	56.93	827	58.11	777				
52.53	1026	53.60	976	54.69	926	55.81	876	56.95	826	58.13	776				
52.55	1025	53.62	975	54.71	925	55.83	875	56.98	825	58.15	775				
52.57	1024	53.64	974	54.73	924	55.85	874	57.00	824	58.18	774				
52.59	1023	53.66	973	54.75	923	55.87	873	57.02	823	58.20	773				
52.62	1022	53.68	972	54.78	922	55.90	872	57.05	822	58.23	772				
52.64	1021	53.71	971	54.80	921	55.92	871	57.07	821	58.25	771				
52.66	1020	53.73	970	54.82	920	55.94	870	57.09	820	58.27	770				
52.68	1019	53.75	969	54.84	919	55.96	869	57.12	819	58.30	769				
52.70	1018	53.77	968	54.87	918	55.99	868	57.14	818	58.32	768				
52.72	1017	53.79	967	54.89	917	56.01	867	57.16	817	58.35	767				
52.74	1016	53.81	966	54.91	916	56.03	866	57.19	816	58.37	766				
52.76	1015	53.84	965	54.93	915	56.06	865	57.21	815	58.39	765				
52.79	1014	53.86	964	54.95	914	56.08	864	57.23	814	58.42	764				
52.81	1013	53.88	963	54.98	913	56.10	863	57.26	813	58.44	763				
52.83	1012	53.90	962	55.00	912	56.12	862	57.28	812	58.47	762				
52.85	1011	53.92	961	55.02	911	56.15	861	57.30	811	58.49	761				
52.07	1010	53.94	960	55.04	910	56.17	860	57.33	810	58.52	760				
52.89	1009	53.97	959	55.07	909	56.19	859	57.35	809	58.54	759				
52.91	1008	53.99	958	55.09	908	56.22	858	57.37	808	58.56	758				
52.93	1007	54.01	957	55.11	907	56.24	857	57.40	807	58.59	757				
52.95	1006	54.03	956	55.13	906	56.26	856	57.42	806	58.61	756				
52.98	1005	54.05	955	55.15	905	56.28	855	57.44	805	58.64	755				
53.00	1004	54.07	954	55.18	904	56.31	854	57.47	804	58.66	754				
53.02	1003	54.10	953	55.20	903	56.33	853	57.49	803	58.68	753				
53.04	1002	54.12	952	55.22	902	56.35	852	57.51	802	58.71	752				
53.06	1001	54.14	951	55.24	901	56.38	851	57.54	801	58.73	751				
53.08	1000	54.16	950	55.27	900	56.40	850	57.56	800	58.76	750				

WOMEN'S DECA SUPPLEMENT

400

58.78 749	60.01 699	61.29 649
58.81 748	60.04 698	61.31 648
58.83 747	60.06 697	61.34 647
58.85 746	60.09 696	61.36 646
58.88 745	60.11 695	61.39 645
58.90 744	60.14 694	61.42 644
58.93 743	60.16 693	61.44 643
58.95 742	60.19 692	61.47 642
58.98 741	60.21 691	61.49 641
59.00 740	60.24 690	61.52 640
59.02 739	60.27 689	61.55 639
59.05 738	60.29 688	61.57 638
59.07 737	60.32 687	61.60 637
59.10 736	60.34 686	61.62 636
59.12 735	60.37 685	61.65 635
59.15 734	60.39 684	61.68 634
59.17 733	60.42 683	61.70 633
59.20 732	60.44 682	61.73 632
59.22 731	60.47 681	61.76 631
59.25 730	60.49 680	61.78 630
59.27 729	60.52 679	61.81 629
59.29 728	60.54 678	61.83 628
59.32 727	60.57 677	61.86 627
59.34 726	60.59 676	61.89 626
59.37 725	60.62 675	61.91 625
59.39 724	60.64 674	61.94 624
59.42 723	60.67 673	61.97 623
59.44 722	60.70 672	61.99 622
59.47 721	60.72 671	62.02 621
59.49 720	60.75 670	62.05 620
59.52 719	60.77 669	62.07 619
59.54 718	60.80 668	62.10 618
59.57 717	60.82 667	62.12 617
59.59 716	60.85 666	62.15 616
59.62 715	60.87 665	62.18 615
59.64 714	60.90 664	62.20 614
59.66 713	60.93 663	62.23 613
59.69 712	60.95 662	62.26 612
59.71 711	60.98 661	62.28 611
59.74 710	61.00 660	62.31 610
59.76 709	61.03 659	62.34 609
59.79 708	61.05 658	62.36 608
59.81 707	61.08 657	62.39 607
59.84 706	61.11 656	62.42 606
59.86 705	61.13 655	62.44 605
59.89 704	61.16 654	62.47 604
59.91 703	61.18 653	62.50 603
59.94 702	61.21 652	62.52 602
59.96 701	61.23 651	62.55 601
59.99 700	61.26 650	62.58 600

1500

4:15.06 ... 1149	4:21.60 ... 1099
4:15.19 ... 1148	4:21.74 ... 1098
4:15.32 ... 1147	4:21.87 ... 1097
4:15.45 ... 1146	4:22.00 ... 1096
4:15.58 ... 1145	4:22.13 ... 1095
4:15.71 ... 1144	4:22.27 ... 1094
4:15.84 ... 1143	4:22.40 ... 1093
4:15.97 ... 1142	4:22.53 ... 1092
4:16.10 ... 1141	4:22.66 ... 1091
4:16.23 ... 1140	4:22.80 ... 1090
4:16.36 ... 1139	4:22.93 ... 1089
4:16.49 ... 1138	4:23.06 ... 1088
4:16.62 ... 1137	4:23.20 ... 1087
4:16.75 ... 1136	4:23.33 ... 1086
4:16.88 ... 1135	4:23.46 ... 1085
4:17.01 ... 1134	4:23.60 ... 1084
4:17.14 ... 1133	4:23.73 ... 1083
4:17.27 ... 1132	4:23.86 ... 1082
4:17.40 ... 1131	4:24.00 ... 1081
4:17.53 ... 1130	4:24.13 ... 1080
4:17.66 ... 1129	4:24.26 ... 1079
4:17.79 ... 1128	4:24.40 ... 1078
4:17.92 ... 1127	4:24.53 ... 1077
4:18.05 ... 1126	4:24.66 ... 1076
4:18.18 ... 1125	4:24.80 ... 1075
4:18.31 ... 1124	4:24.93 ... 1074
4:18.44 ... 1123	4:25.06 ... 1073
4:18.58 ... 1122	4:25.20 ... 1072
4:18.71 ... 1121	4:25.33 ... 1071
4:18.84 ... 1120	4:25.47 ... 1070
4:18.97 ... 1119	4:25.60 ... 1069
4:19.10 ... 1118	4:25.73 ... 1068
4:19.23 ... 1117	4:25.87 ... 1067
4:19.36 ... 1116	4:26.00 ... 1066
4:19.49 ... 1115	4:26.14 ... 1065
4:19.63 ... 1114	4:26.27 ... 1064
4:19.76 ... 1113	4:26.41 ... 1063
4:19.89 ... 1112	4:26.54 ... 1062
4:20.02 ... 1111	4:26.67 ... 1061
4:20.15 ... 1110	4:26.81 ... 1060
4:20.28 ... 1109	4:26.94 ... 1059
4:20.42 ... 1108	4:27.08 ... 1058
4:20.55 ... 1107	4:27.21 ... 1057
4:20.68 ... 1106	4:27.35 ... 1056
4:20.81 ... 1105	4:27.48 ... 1055
4:20.94 ... 1104	4:27.62 ... 1054
4:21.08 ... 1103	4:27.75 ... 1053
4:21.21 ... 1102	4:27.89 ... 1052
4:21.34 ... 1101	4:28.02 ... 1051
4:21.47 ... 1100	4:28.16 ... 1050

WOMEN'S DECA SUPPLEMENT
1500

Time	Pts	Time	Pts	Time	Pts	Time	Pts	Time	Pts	Time	Pts
4:28.29	1049	4:35.13	999	4:42.13	949	4:49.31	899	4:56.67	849		
4:28.43	1048	4:35.27	998	4:42.27	948	4:49.45	898	4:56.82	848		
4:28.56	1047	4:35.41	997	4:42.42	947	4:49.60	897	4:56.97	847		
4:28.70	1046	4:35.55	996	4:42.56	946	4:49.75	896	4:57.12	846		
4:28.83	1045	4:35.69	995	4:42.70	945	4:49.89	895	4:57.27	845		
4:28.97	1044	4:35.82	994	4:42.84	944	4:50.04	894	4:57.42	844		
4:29.11	1043	4:35.96	993	4:42.98	943	4:50.18	893	4:57.57	843		
4:29.24	1042	4:36.10	992	4:43.13	942	4:50.33	892	4:57.72	842		
4:29.38	1041	4:36.24	991	4:43.27	941	4:50.47	891	4:57.87	841		
4:29.51	1040	4:36.38	990	4:43.41	940	4:50.62	890	4:58.02	840		
4:29.65	1039	4:36.52	989	4:43.55	939	4:50.77	889	4:58.17	839		
4:29.78	1038	4:36.66	988	4:43.70	938	4:50.91	888	4:58.32	838		
4:29.92	1037	4:36.80	987	4:43.84	937	4:51.06	887	4:58.47	837		
4:30.06	1036	4:36.94	986	4:43.98	936	4:51.21	886	4:58.62	836		
4:30.19	1035	4:37.08	985	4:44.12	935	4:51.35	885	4:58.77	835		
4:30.33	1034	4:37.21	984	4:44.27	934	4:51.50	884	4:58.92	834		
4:30.46	1033	4:37.35	983	4:44.41	933	4:51.64	883	4:59.07	833		
4:30.60	1032	4:37.49	982	4:44.55	932	4:51.79	882	4:59.22	832		
4:30.74	1031	4:37.63	981	4:44.70	931	4:51.94	881	4:59.38	831		
4:30.87	1030	4:37.77	980	4:44.84	930	4:52.08	880	4:59.53	830		
4:31.01	1029	4:37.91	979	4:44.98	929	4:52.23	879	4:59.68	829		
4:31.15	1028	4:38.05	978	4:45.12	928	4:52.38	878	4:59.83	828		
4:31.28	1027	4:38.19	977	4:45.27	927	4:52.53	877	4:59.98	827		
4:31.42	1026	4:38.33	976	4:45.41	926	4:52.67	876	5:00.13	826		
4:31.56	1025	4:38.47	975	4:45.55	925	4:52.82	875	5:00.28	825		
4:31.69	1024	4:38.61	974	4:45.70	924	4:52.97	874	5:00.43	824		
4:31.83	1023	4:38.75	973	4:45.84	923	4:53.11	873	5:00.58	823		
4:31.97	1022	4:38.89	972	4:45.99	922	4:53.26	872	5:00.74	822		
4:32.10	1021	4:39.03	971	4:46.13	921	4:53.41	871	5:00.89	821		
4:32.24	1020	4:39.17	970	4:46.27	920	4:53.56	870	5:01.04	820		
4:32.38	1019	4:39.31	969	4:46.42	919	4:53.70	869	5:01.19	819		
4:32.51	1018	4:39.45	968	4:46.56	918	4:53.85	868	5:01.34	818		
4:32.65	1017	4:39.59	967	4:46.70	917	4:54.00	867	5:01.50	817		
4:32.79	1016	4:39.73	966	4:46.85	916	4:54.15	866	5:01.65	816		
4:32.93	1015	4:39.87	965	4:46.99	915	4:54.30	865	5:01.80	815		
4:33.06	1014	4:40.01	964	4:47.14	914	4:54.44	864	5:01.95	814		
4:33.20	1013	4:40.16	963	4:47.28	913	4:54.59	863	5:02.10	813		
4:33.34	1012	4:40.30	962	4:47.43	912	4:54.74	862	5:02.26	812		
4:33.48	1011	4:40.44	961	4:47.57	911	4:54.89	861	5:02.41	811		
4:33.61	1010	4:40.58	960	4:47.71	910	4:55.04	860	5:02.56	810		
4:33.75	1009	4:40.72	959	4:47.86	909	4:55.19	859	5:02.71	809		
4:33.89	1008	4:40.86	958	4:48.00	908	4:55.33	858	5:02.87	808		
4:34.03	1007	4:41.00	957	4:48.15	907	4:55.48	857	5:03.02	807		
4:34.16	1006	4:41.14	956	4:48.29	906	4:55.63	856	5:03.17	806		
4:34.30	1005	4:41.28	955	4:48.44	905	4:55.78	855	5:03.33	805		
4:34.44	1004	4:41.43	954	4:48.58	904	4:55.93	854	5:03.48	804		
4:34.58	1003	4:41.57	953	4:48.73	903	4:56.08	853	5:03.63	803		
4:34.72	1002	4:41.71	952	4:48.87	902	4:56.23	852	5:03.79	802		
4:34.85	1001	4:41.85	951	4:49.02	901	4:56.38	851	5:03.94	801		
4:34.99	1000	4:41.99	950	4:49.16	900	4:56.53	850	5:04.09	800		

WOMEN'S DECA SUPPLEMENT
1500

5:04.25 799	5:12.04 749	5:20.09 699	5:28.41 649	5:37.03 599
5:04.40 798	5:12.20 748	5:20.25 698	5:28.58 648	5:37.21 598
5:04.55 797	5:12.36 747	5:20.41 697	5:28.75 647	5:37.38 597
5:04.71 796	5:12.52 746	5:20.58 696	5:28.91 646	5:37.56 596
5:04.86 795	5:12.68 745	5:20.74 695	5:29.08 645	5:37.74 595
5:05.02 794	5:12.84 744	5:20.91 694	5:29.25 644	5:37.91 594
5:05.17 793	5:12.99 743	5:21.07 693	5:29.42 643	5:38.09 593
5:05.32 792	5:13.15 742	5:21.24 692	5:29.59 642	5:38.26 592
5:05.48 791	5:13.31 741	5:21.40 691	5:29.76 641	5:38.44 591
5:05.63 790	5:13.47 740	5:21.56 690	5:29.94 640	5:38.62 590
5:05.79 789	5:13.63 739	5:21.73 689	5:30.11 639	5:38.80 589
5:05.94 788	5:13.79 738	5:21.89 688	5:30.28 638	5:38.97 588
5:06.10 787	5:13.95 737	5:22.06 687	5:30.45 637	5:39.15 587
5:06.25 786	5:14.11 736	5:22.22 686	5:30.62 636	5:39.33 586
5:06.41 785	5:14.27 735	5:22.39 685	5:30.79 635	5:39.51 585
5:06.56 784	5:14.43 734	5:22.55 684	5:30.96 634	5:39.68 584
5:06.72 783	5:14.59 733	5:22.72 683	5:31.13 633	5:39.86 583
5:06.87 782	5:14.75 732	5:22.88 682	5:31.30 632	5:40.04 582
5:07.03 781	5:14.91 731	5:23.05 681	5:31.47 631	5:40.22 581
5:07.18 780	5:15.07 730	5:23.21 680	5:31.65 630	5:40.40 580
5:07.34 779	5:15.23 729	5:23.38 679	5:31.82 629	5:40.57 579
5:07.49 778	5:15.39 728	5:23.55 678	5:31.99 628	5:40.75 578
5:07.65 777	5:15.55 727	5:23.71 677	5:32.16 627	5:40.93 577
5:07.80 776	5:15.71 726	5:23.88 676	5:32.33 626	5:41.11 576
5:07.96 775	5:15.87 725	5:24.04 675	5:32.51 625	5:41.29 575
5:08.12 774	5:16.03 724	5:24.21 674	5:32.68 624	5:41.47 574
5:08.27 773	5:16.19 723	5:24.38 673	5:32.85 623	5:41.65 573
5:08.43 772	5:16.35 722	5:24.54 672	5:33.02 622	5:41.83 572
5:08.58 771	5:16.52 721	5:24.71 671	5:33.20 621	5:42.01 571
5:08.74 770	5:16.68 720	5:24.88 670	5:33.37 620	5:42.19 570
5:08.90 769	5:16.84 719	5:25.04 669	5:33.54 619	5:42.37 569
5:09.05 768	5:17.00 718	5:25.21 668	5:33.72 618	5:42.55 568
5:09.21 767	5:17.16 717	5:25.38 667	5:33.89 617	5:42.73 567
5:09.37 766	5:17.32 716	5:25.55 666	5:34.06 616	5:42.91 566
5:09.52 765	5:17.48 715	5:25.71 665	5:34.24 615	5:43.09 565
5:09.68 764	5:17.65 714	5:25.88 664	5:34.41 614	5:43.27 564
5:09.84 763	5:17.81 713	5:26.05 663	5:34.58 613	5:43.45 563
5:09.99 762	5:17.97 712	5:26.22 662	5:34.76 612	5:43.63 562
5:10.15 761	5:18.13 711	5:26.38 661	5:34.93 611	5:43.81 561
5:10.31 760	5:18.30 710	5:26.55 660	5:35.11 610	5:43.99 560
5:10.46 759	5:18.46 709	5:26.72 659	5:35.28 609	5:44.18 559
5:10.62 758	5:18.62 708	5:26.89 658	5:35.45 608	5:44.36 558
5:10.78 757	5:18.78 707	5:27.06 657	5:35.63 607	5:44.54 557
5:10.94 756	5:18.95 706	5:27.22 656	5:35.80 606	5:44.72 556
5:11.09 755	5:19.11 705	5:27.39 655	5:35.98 605	5:44.90 555
5:11.25 754	5:19.27 704	5:27.56 654	5:36.15 604	5:45.09 554
5:11.41 753	5:19.43 703	5:27.73 653	5:36.33 603	5:45.27 553
5:11.57 752	5:19.60 702	5:27.90 652	5:36.50 602	5:45.45 552
5:11.73 751	5:19.76 701	5:28.07 651	5:36.68 601	5:45.63 551
5:11.88 750	5:19.92 700	5:28.24 650	5:36.86 600	5:45.82 550

WOMEN'S DECATHLON

1500

5:46.00 549	5:55.36 499		
5:46.18 548	5:55.55 498		
5:46.37 547	5:55.74 497		
5:46.55 546	5:55.94 496		
5:46.73 545	5:56.13 495		
5:46.92 544	5:56.32 494		
5:47.10 543	5:56.51 493		
5:47.29 542	5:56.70 492		
5:47.47 541	5:56.90 491		
5:47.65 540	5:57.09 490		
5:47.84 539	5:57.28 489		
5:48.02 538	5:57.48 488		
5:48.21 537	5:57.67 487		
5:48.39 536	5:57.86 486		
5:48.58 535	5:58.06 485		
5:48.76 534	5:58.25 484		
5:48.95 533	5:58.45 483		
5:49.14 532	5:58.64 482		
5:49.32 531	5:58.84 481		
5:49.51 530	5:59.03 480		
5:49.69 529	5:59.23 479		
5:49.88 528	5:59.42 478		
5:50.07 527	5:59.62 477		
5:50.25 526	5:59.81 476		
5:50.44 525	6:00.01 475		
5:50.63 524	6:00.20 474		
5:50.81 523	6:00.40 473		
5:51.00 522	6:00.60 472		
5:51.19 521	6:00.79 471		
5:51.38 520	6:00.99 470		
5:51.57 519	6:01.19 469		
5:51.75 518	6:01.38 468		
5:51.94 517	6:01.58 467		
5:52.13 516	6:01.78 466		
5:52.32 515	6:01.98 465		
5:52.51 514	6:02.18 464		
5:52.70 513	6:02.37 463		
5:52.89 512	6:02.57 462		
5:53.07 511	6:02.77 461		
5:53.26 510	6:02.97 460		
5:53.45 509	6:03.17 459		
5:53.64 508	6:03.37 458		
5:53.83 507	6:03.57 457		
5:54.02 506	6:03.77 456		
5:54.21 505	6:03.97 455		
5:54.40 504	6:04.17 454		
5:54.60 503	6:04.37 453		
5:54.79 502	6:04.57 452		
5:54.98 501	6:04.77 451		
5:55.17 500	6:04.97 450		

Pole Vault

4.69 .. 1288 .. 15-4$^{1}/_{2}$	4.19 .. 1058 .. 13-9
4.68 .. 1284 .. 15-4$^{1}/_{4}$	4.18 .. 1054 .. 13-8$^{1}/_{2}$
4.67 .. 1279 .. 15-3$^{3}/_{4}$	4.17 .. 1049 .. 13-8$^{1}/_{4}$
4.66 .. 1274 .. 15-3$^{1}/_{2}$	4.16 .. 1045 .. 13-7$^{3}/_{4}$
4.65 .. 1269 .. 15-3	4.15 .. 1040 .. 13-7$^{1}/_{4}$
4.64 .. 1265 .. 15-2$^{3}/_{4}$	4.14 .. 1036 .. 13-7
4.63 .. 1260 .. 15-2$^{1}/_{4}$	4.13 .. 1031 .. 13-6$^{1}/_{2}$
4.62 .. 1255 .. 15-1$^{3}/_{4}$	4.12 .. 1027 .. 13-6$^{1}/_{4}$
4.61 .. 1251 .. 15-1$^{1}/_{2}$	4.11 .. 1023 .. 13-5$^{3}/_{4}$
4.60 .. 1246 .. 15-1	4.10 .. 1018 .. 13-5$^{1}/_{4}$
4.59 .. 1241 .. 15-$^{3}/_{4}$	4.09 .. 1014 .. 13-5
4.58 .. 1237 .. 15-$^{1}/_{4}$	4.08 .. 1009 .. 13-4$^{1}/_{2}$
4.57 .. 1232 .. 14-11$^{3}/_{4}$	4.07 .. 1005 .. 13-4$^{1}/_{4}$
4.56 .. 1227 .. 14-11$^{1}/_{2}$	4.06 .. 1000 .. 13-3$^{3}/_{4}$
4.55 .. 1223 .. 14-11	4.05 .. 996 .. 13-3$^{1}/_{2}$
4.54 .. 1218 .. 14-10$^{3}/_{4}$	4.04 .. 992 .. 13-3
4.53 .. 1213 .. 14-10$^{1}/_{4}$	4.03 .. 987 .. 13-2$^{1}/_{2}$
4.52 .. 1209 .. 14-10	4.02 .. 983 .. 13-2$^{1}/_{4}$
4.51 .. 1204 .. 14-9$^{1}/_{2}$	4.01 .. 978 .. 13-1$^{3}/_{4}$
4.50 .. 1199 .. 14-9	4.00 .. 974 .. 13-1$^{1}/_{2}$
4.49 .. 1195 .. 14-8$^{3}/_{4}$	3.99 .. 970 .. 13-1
4.48 .. 1190 .. 14-8$^{1}/_{4}$	3.98 .. 965 .. 13-$^{3}/_{4}$
4.47 .. 1186 .. 14-8	3.97 .. 961 .. 13-$^{1}/_{4}$
4.46 .. 1181 .. 14-7$^{1}/_{2}$	3.96 .. 957 .. 12-11$^{3}/_{4}$
4.45 .. 1176 .. 14-7$^{1}/_{4}$	3.95 .. 952 .. 12-11$^{1}/_{2}$
4.44 .. 1172 .. 14-6$^{3}/_{4}$	3.94 .. 948 .. 12-11
4.43 .. 1167 .. 14-6$^{1}/_{4}$	3.93 .. 943 .. 12-10$^{3}/_{4}$
4.42 .. 1163 .. 14-6	3.92 .. 939 .. 12-10$^{1}/_{4}$
4.41 .. 1158 .. 14-5$^{1}/_{2}$	3.91 .. 935 .. 12-10
4.40 .. 1153 .. 14-5$^{1}/_{4}$	3.90 .. 930 .. 12-9$^{1}/_{2}$
4.39 .. 1149 .. 14-4$^{3}/_{4}$	3.89 .. 926 .. 12-9
4.38 .. 1144 .. 14-4$^{1}/_{2}$	3.88 .. 922 .. 12-8$^{3}/_{4}$
4.37 .. 1140 .. 14-4	3.87 .. 917 .. 12-8$^{1}/_{4}$
4.36 .. 1135 .. 14-3$^{1}/_{2}$	3.86 .. 913 .. 12-8
4.35 .. 1131 .. 14-3$^{1}/_{4}$	3.85 .. 909 .. 12-7$^{1}/_{2}$
4.34 .. 1126 .. 14-2$^{3}/_{4}$	3.84 .. 905 .. 12-7$^{1}/_{4}$
4.33 .. 1121 .. 14-2$^{1}/_{2}$	3.83 .. 900 .. 12-6$^{3}/_{4}$
4.32 .. 1117 .. 14-2	3.82 .. 896 .. 12-6$^{1}/_{4}$
4.31 .. 1112 .. 14-1$^{3}/_{4}$	3.81 .. 892 .. 12-6
4.30 .. 1108 .. 14-1$^{1}/_{4}$	3.80 .. 887 .. 12-5$^{1}/_{2}$
4.29 .. 1103 .. 14-$^{3}/_{4}$	3.79 .. 883 .. 12-5$^{1}/_{4}$
4.28 .. 1099 .. 14-$^{1}/_{2}$	3.78 .. 879 .. 12-4$^{3}/_{4}$
4.27 .. 1094 .. 14-0	3.77 .. 875 .. 12-4$^{1}/_{2}$
4.26 .. 1090 .. 13-11$^{3}/_{4}$	3.76 .. 870 .. 12-4
4.25 .. 1085 .. 13-11$^{1}/_{4}$	3.75 .. 866 .. 12-3$^{1}/_{2}$
4.24 .. 1081 .. 13-11	3.74 .. 862 .. 12-3$^{1}/_{4}$
4.23 .. 1076 .. 13-10$^{1}/_{2}$	3.73 .. 858 .. 12-2$^{3}/_{4}$
4.22 .. 1072 .. 13-10	3.72 .. 853 .. 12-2$^{1}/_{2}$
4.21 .. 1067 .. 13-9$^{3}/_{4}$	3.71 .. 849 .. 12-2
4.20 .. 1063 .. 13-9$^{1}/_{4}$	3.70 .. 845 .. 12-1$^{1}/_{2}$

WOMEN'S DECATHLON

Pole Vault

Meters	Points	Ft-In	Meters	Points	Ft-In	Meters	Points	Ft-In	Meters	Points	Ft-In
3.69	841	12-1¼	3.19	637	10-5½	2.69	449	8-9¾	2.19	279	7-2¼
3.68	836	12-¾	3.18	633	10-5¼	2.68	445	8-9½	2.18	276	7-1¾
3.67	832	12-½	3.17	629	10-4¾	2.67	441	8-9	2.17	273	7-1½
3.66	828	12-0	3.16	625	10-4¼	2.66	438	8-8¾	2.16	270	7-1
3.65	824	11-11¾	3.15	621	10-4	2.65	434	8-8¼	2.15	267	7-½
3.64	820	11-11¼	3.14	617	10-3½	2.64	431	8-8	2.14	263	7-¼
3.63	815	11-10¾	3.13	613	10-3¼	2.63	427	8-7½	2.13	260	6-11¾
3.62	811	11-10½	3.12	609	10-2¾	2.62	424	8-7	2.12	257	6-11½
3.61	807	11-10	3.11	605	10-2½	2.61	420	8-6¾	2.11	254	6-11
3.60	803	11-9¾	3.10	602	10-2	2.60	417	8-6¼	2.10	251	6-10¾
3.59	799	11-9¼	3.09	598	10-1½	2.59	413	8-6	2.09	248	6-10¼
3.58	795	11-9	3.08	594	10-1¼	2.58	410	8-5½	2.08	245	6-9¾
3.57	790	11-8½	3.07	590	10-¾	2.57	406	8-5¼	2.07	242	6-9½
3.56	786	11-8	3.06	586	10-½	2.56	403	8-4¾	2.06	239	6-9
3.55	782	11-7¾	3.05	582	10-0	2.55	399	8-4¼	2.05	236	6-8¾
3.54	778	11-7¼	3.04	579	9-11¾	2.54	396	8-4	2.04	233	6-8¼
3.53	774	11-7	3.03	575	9-11¼	2.53	392	8-3½	2.03	230	6-7¾
3.52	770	11-6½	3.02	571	9-10¾	2.52	389	8-3¼	2.02	227	6-7½
3.51	766	11-6¼	3.01	567	9-10½	2.51	385	8-2¾	2.01	224	6-7
3.50	761	11-5¾	3.00	563	9-10	2.50	382	8-2½	2.00	221	6-6¾
3.49	757	11-5¼	2.99	559	9-9¾	2.49	378	8-2	1.99	218	6-6¼
3.48	753	11-5	2.98	556	9-9¼	2.48	375	8-1½	1.98	215	6-6
3.47	749	11-4½	2.97	552	9-9	2.47	372	8-1¼	1.97	212	6-5½
3.46	745	11-4¼	2.96	548	9-8½	2.46	368	8-¾	1.96	209	6-5
3.45	741	11-3¾	2.95	544	9-8	2.45	365	8-½	1.95	206	6-4¾
3.44	737	11-3½	2.94	541	9-7¾	2.44	361	8-0	1.94	203	6-4¼
3.43	733	11-3	2.93	537	9-7¼	2.43	358	7-11½	1.93	200	6-4
3.42	729	11-2½	2.92	533	9-7	2.42	355	7-11¼	1.92	197	6-3½
3.41	725	11-2¼	2.91	529	9-6½	2.41	351	7-10¾	1.91	194	6-3¼
3.40	721	11-1¾	2.90	526	9-6¼	2.40	348	7-10½	1.90	191	6-2¾
3.39	717	11-1½	2.89	522	9-5¾	2.39	344	7-10	1.89	188	6-2¼
3.38	712	11-1	2.88	518	9-5¼	2.38	341	7-9¾	1.88	186	6-2
3.37	708	11-¾	2.87	514	9-5	2.37	338	7-9¼	1.87	183	6-1½
3.36	704	11-¼	2.86	511	9-4½	2.36	334	7-8¾	1.86	180	6-1¼
3.35	700	10-11¾	2.85	507	9-4½	2.35	331	7-8½	1.85	177	6-¾
3.34	696	10-11½	2.84	503	9-3¾	2.34	328	7-8	1.84	174	6-½
3.33	692	10-11	2.83	500	9-3¼	2.33	325	7-7¾	1.83	171	6-0
3.32	688	10-10¾	2.82	496	9-3	2.32	321	7-7¼	1.82	169	5-11½
3.31	684	10-10¼	2.81	492	9-2½	2.31	318	7-7	1.81	166	5-11¼
3.30	680	10-9¾	2.80	488	9-2¼	2.30	315	7-6½	1.80	163	5-10¾
3.29	676	10-9½	2.79	485	9-1¾	2.29	311	7-6	1.79	160	5-10½
3.28	672	10-9	2.78	481	9-1½	2.28	308	7-5¾	1.78	158	5-10
3.27	668	10-8¾	2.77	478	9-1	2.27	305	7-5¼	1.77	155	5-9¾
3.26	664	10-8¼	2.76	474	9-½	2.26	302	7-5	1.76	152	5-9¼
3.25	660	10-8	2.75	470	9-¼	2.25	298	7-4½	1.75	149	5-8¾
3.24	656	10-7½	2.74	467	8-11¾	2.24	295	7-4¼	1.74	147	5-8½
3.23	652	10-7	2.73	463	8-11½	2.23	292	7-3¾	1.73	144	5-8
3.22	649	10-6¾	2.72	459	8-11	2.22	289	7-3¼	1.72	141	5-7¾
3.21	645	10-6¼	2.71	456	8-10¾	2.21	286	7-3	1.71	139	5-7¼
3.20	641	10-6	2.70	452	8-10¼	2.20	282	7-2½	1.70	136	5-7

WOMEN'S DECA SUPPLEMENT
Discus

62.26	.. 1099 ..	204-3	59.80	.. 1049 ..	196-2	57.34	.. 999	188-1	54.86	.. 949	180-0
62.21	.. 1098 ..	204-1	59.75	.. 1048 ..	196-0	57.29	.. 998	187-11	54.81	.. 948	179-10
62.16	.. 1097 ..	203-11	59.71	.. 1047 ..	195-10	57.24	.. 997	187-9	54.76	.. 947	179-8
62.11	.. 1096 ..	203-9	59.66	.. 1046 ..	195-9	57.19	.. 996	187-7	54.71	.. 946	179-6
62.06	.. 1095 ..	203-7	59.61	.. 1045 ..	195-7	57.14	.. 995	187-5	54.66	.. 945	179-4
62.01	.. 1094 ..	203-5	59.56	.. 1044 ..	195-5	57.09	.. 994	187-3	54.61	.. 944	179-2
61.97	.. 1093 ..	203-3	59.51	.. 1043 ..	195-3	57.04	.. 993	187-2	54.56	.. 943	179-0
61.92	.. 1092 ..	203-2	59.46	.. 1042 ..	195-1	56.99	.. 992	186-11	54.51	.. 942	178-10
61.87	.. 1091 ..	203-0	59.41	.. 1041 ..	194-11	56.94	.. 991	186-10	54.46	.. 941	178-8
61.82	.. 1090 ..	202-10	59.36	.. 1040 ..	194-9	56.89	.. 990	186-7	54.41	.. 940	178-6
61.77	.. 1089 ..	202-8	59.31	.. 1039 ..	194-7	56.84	.. 989	186-6	54.36	.. 939	178-4
61.72	.. 1088 ..	202-6	59.26	.. 1038 ..	194-5	56.79	.. 988	186-4	54.31	.. 938	178-2
61.67	.. 1087 ..	202-4	59.21	.. 1037 ..	194-3	56.74	.. 987	186-2	54.26	.. 937	178-0
61.62	.. 1086 ..	202-2	59.16	.. 1036 ..	194-1	56.69	.. 986	186-0	54.21	.. 936	177-10
61.57	.. 1085 ..	202-0	59.11	.. 1035 ..	193-11	56.64	.. 985	185-10	54.16	.. 935	177-8
61.52	.. 1084 ..	201-10	59.07	.. 1034 ..	193-9	56.60	.. 984	185-8	54.11	.. 934	177-6
61.48	.. 1083 ..	201-8	59.02	.. 1033 ..	193-8	56.55	.. 983	185-6	54.06	.. 933	177-4
61.43	.. 1082 ..	201-6	58.97	.. 1032 ..	193-5	56.50	.. 982	185-4	54.01	.. 932	177-2
61.38	.. 1081 ..	201-4	58.92	.. 1031 ..	193-4	56.45	.. 981	185-2	53.96	.. 931	177-0
61.33	.. 1080 ..	201-2	58.87	.. 1030 ..	193-1	56.40	.. 980	185-0	53.91	.. 930	176-10
61.28	.. 1079 ..	201-0	58.82	.. 1029 ..	193-0	56.35	.. 979	184-10	53.86	.. 929	176-8
61.23	.. 1078 ..	200-10	58.77	.. 1028 ..	192-9	56.30	.. 978	184-8	53.82	.. 928	176-7
61.18	.. 1077 ..	200-9	58.72	.. 1027 ..	192-8	56.25	.. 977	184-6	53.77	.. 927	176-5
61.13	.. 1076 ..	200-6	58.67	.. 1026 ..	192-6	56.20	.. 976	184-4	53.72	.. 926	176-3
61.08	.. 1075 ..	200-5	58.62	.. 1025 ..	192-4	56.15	.. 975	184-2	53.67	.. 925	176-1
61.03	.. 1074 ..	200-2	58.57	.. 1024 ..	192-2	56.10	.. 974	184-1	53.62	.. 924	175-11
60.98	.. 1073 ..	200-1	58.52	.. 1023 ..	192-0	56.05	.. 973	183-10	53.57	.. 923	175-9
60.93	.. 1072 ..	199-11	58.47	.. 1022 ..	191-10	56.00	.. 972	183-9	53.52	.. 922	175-7
60.89	.. 1071 ..	199-9	58.42	.. 1021 ..	191-8	55.95	.. 971	183-6	53.47	.. 921	175-5
60.84	.. 1070 ..	199-7	58.37	.. 1020 ..	191-6	55.90	.. 970	183-5	53.42	.. 920	175-3
60.79	.. 1069 ..	199-5	58.33	.. 1019 ..	191-4	55.85	.. 969	183-3	53.37	.. 919	175-1
60.74	.. 1068 ..	199-3	58.28	.. 1018 ..	191-2	55.80	.. 968	183-1	53.32	.. 918	174-11
60.69	.. 1067 ..	199-1	58.23	.. 1017 ..	191-0	55.75	.. 967	182-11	53.27	.. 917	174-9
60.64	.. 1066 ..	198-11	58.18	.. 1016 ..	190-10	55.70	.. 966	182-9	53.22	.. 916	174-7
60.59	.. 1065 ..	198-9	58.13	.. 1015 ..	190-8	55.65	.. 965	182-7	53.17	.. 915	174-5
60.54	.. 1064 ..	198-7	58.08	.. 1014 ..	190-7	55.60	.. 964	182-5	53.12	.. 914	174-3
60.49	.. 1063 ..	198-5	58.03	.. 1013 ..	190-4	55.55	.. 963	182-3	53.07	.. 913	174-1
60.44	.. 1062 ..	198-3	57.98	.. 1012 ..	190-3	55.50	.. 962	182-1	53.02	.. 912	173-11
60.39	.. 1061 ..	198-1	57.93	.. 1011 ..	190-0	55.46	.. 961	181-11	52.97	.. 911	173-9
60.35	.. 1060 ..	198-0	57.88	.. 1010 ..	189-11	55.41	.. 960	181-9	52.92	.. 910	173-7
60.30	.. 1059 ..	197-10	57.83	.. 1009 ..	189-8	55.36	.. 959	181-7	52.87	.. 909	173-5
60.25	.. 1058 ..	197-8	57.78	.. 1008 ..	189-7	55.31	.. 958	181-5	52.82	.. 908	173-3
60.20	.. 1057 ..	197-6	57.73	.. 1007 ..	189-5	55.26	.. 957	181-3	52.77	.. 907	173-1
60.15	.. 1056 ..	197-4	57.68	.. 1006 ..	189-3	55.21	.. 956	181-1	52.72	.. 906	172-11
60.10	.. 1055 ..	197-2	57.63	.. 1005 ..	189-1	55.16	.. 955	181-0	52.67	.. 905	172-9
60.05	.. 1054 ..	197-0	57.58	.. 1004 ..	188-11	55.11	.. 954	180-9	52.62	.. 904	172-8
60.00	.. 1053 ..	196-10	57.54	.. 1003 ..	188-9	55.06	.. 953	180-8	52.57	.. 903	172-5
59.95	.. 1052 ..	196-8	57.49	.. 1002 ..	188-7	55.01	.. 952	180-5	52.52	.. 902	172-4
59.90	.. 1051 ..	196-6	57.44	.. 1001 ..	188-5	54.96	.. 951	180-4	52.47	.. 901	172-1
59.85	.. 1050 ..	196-4	57.39	.. 1000 ..	188-3	54.91	.. 950	180-2	52.42	.. 900	172-0

WOMEN'S DECA SUPPLEMENT
Discus

52.37 .. 899 171-10	49.87 .. 849 163-7	47.35 .. 799 155-4	44.82 .. 749 147-0
52.32 .. 898 171-8	49.82 .. 848 163-5	47.30 .. 798 155-2	44.77 .. 748 146-10
52.27 .. 897 171-6	49.77 .. 847 163-3	47.25 .. 797 155-0	44.72 .. 747 146-9
52.22 .. 896 171-4	49.72 .. 846 163-1	47.20 .. 796 154-10	44.67 .. 746 146-6
52.17 .. 895 171-2	49.67 .. 845 162-11	47.15 .. 795 154-8	44.62 .. 745 146-5
52.12 .. 894 171-0	49.62 .. 844 162-9	47.10 .. 794 154-6	44.57 .. 744 146-2
52.07 .. 893 170-10	49.57 .. 843 162-7	47.05 .. 793 154-4	44.52 .. 743 146-1
52.02 .. 892 170-8	49.52 .. 842 162-5	47.00 .. 792 154-2	44.47 .. 742 145-10
51.97 .. 891 170-6	49.47 .. 841 162-3	46.95 .. 791 154-0	44.42 .. 741 145-9
51.92 .. 890 170-4	49.42 .. 840 162-2	46.90 .. 790 153-10	44.36 .. 740 145-6
51.87 .. 889 170-2	49.37 .. 839 161-11	46.85 .. 789 153-8	44.31 .. 739 145-4
51.82 .. 888 170-0	49.31 .. 838 161-9	46.80 .. 788 153-6	44.26 .. 738 145-2
51.77 .. 887 169-10	49.26 .. 837 161-7	46.75 .. 787 153-4	44.21 .. 737 145-0
51.72 .. 886 169-8	49.21 .. 836 161-5	46.70 .. 786 153-2	44.16 .. 736 144-10
51.67 .. 885 169-6	49.16 .. 835 161-3	46.64 .. 785 153-0	44.11 .. 735 144-8
51.62 .. 884 169-4	49.11 .. 834 161-1	46.59 .. 784 152-10	44.06 .. 734 144-7
51.57 .. 883 169-2	49.06 .. 833 160-11	46.54 .. 783 152-8	44.01 .. 733 144-4
51.52 .. 882 169-0	49.01 .. 832 160-9	46.49 .. 782 152-6	43.96 .. 732 144-3
51.47 .. 881 168-10	48.96 .. 831 160-7	46.44 .. 781 152-4	43.91 .. 731 144-0
51.42 .. 880 168-8	48.91 .. 830 160-5	46.39 .. 780 152-2	43.86 .. 730 143-11
51.37 .. 879 168-6	48.86 .. 829 160-4	46.34 .. 779 152-0	43.80 .. 729 143-8
51.32 .. 878 168-4	48.81 .. 828 160-1	46.29 .. 778 151-10	43.75 .. 728 143-6
51.27 .. 877 168-2	48.76 .. 827 160-0	46.24 .. 777 151-8	43.70 .. 727 143-4
51.22 .. 876 168-0	48.71 .. 826 159-9	46.19 .. 776 151-6	43.65 .. 726 143-2
51.17 .. 875 167-10	48.66 .. 825 159-8	46.14 .. 775 151-4	43.60 .. 725 143-0
51.12 .. 874 167-8	48.61 .. 824 159-5	46.09 .. 774 151-2	43.55 .. 724 142-10
51.07 .. 873 167-6	48.56 .. 823 159-4	46.04 .. 773 151-0	43.50 .. 723 142-8
51.02 .. 872 167-5	48.51 .. 822 159-2	45.99 .. 772 150-10	43.45 .. 722 142-6
50.97 .. 871 167-2	48.46 .. 821 159-0	45.94 .. 771 150-9	43.40 .. 721 142-5
50.92 .. 870 167-1	48.41 .. 820 158-10	45.89 .. 770 150-6	43.35 .. 720 142-2
50.87 .. 869 166-10	48.36 .. 819 158-8	45.84 .. 769 150-5	43.30 .. 719 142-1
50.82 .. 868 166-9	48.31 .. 818 158-6	45.78 .. 768 150-2	43.24 .. 718 141-10
50.77 .. 867 166-7	48.26 .. 817 158-4	45.73 .. 767 150-0	43.19 .. 717 141-8
50.72 .. 866 166-5	48.21 .. 816 158-2	45.68 .. 766 149-10	43.14 .. 716 141-6
50.67 .. 865 166-3	48.16 .. 815 158-0	45.63 .. 765 149-8	43.09 .. 715 141-4
50.62 .. 864 166-1	48.11 .. 814 157-10	45.58 .. 764 149-6	43.04 .. 714 141-2
50.57 .. 863 165-11	48.06 .. 813 157-8	45.53 .. 763 149-4	42.99 .. 713 141-0
50.52 .. 862 165-9	48.01 .. 812 157-6	45.48 .. 762 149-2	42.94 .. 712 140-10
50.47 .. 861 165-7	47.96 .. 811 157-4	45.43 .. 761 149-0	42.89 .. 711 140-8
50.42 .. 860 165-5	47.91 .. 810 157-2	45.38 .. 760 148-11	42.84 .. 710 140-7
50.37 .. 859 165-3	47.86 .. 809 157-0	45.33 .. 759 148-8	42.79 .. 709 140-4
50.32 .. 858 165-1	47.81 .. 808 156-10	45.28 .. 758 148-7	42.74 .. 708 140-3
50.27 .. 857 164-11	47.75 .. 807 156-8	45.23 .. 757 148-4	42.68 .. 707 140-0
50.22 .. 856 164-9	47.70 .. 806 156-6	45.18 .. 756 148-3	42.63 .. 706 139-10
50.17 .. 855 164-7	47.65 .. 805 156-4	45.13 .. 755 148-0	42.58 .. 705 139-8
50.12 .. 854 164-5	47.60 .. 804 156-2	45.07 .. 754 147-10	42.53 .. 704 139-6
50.07 .. 853 164-3	47.55 .. 803 156-0	45.02 .. 753 147-8	42.48 .. 703 139-4
50.02 .. 852 164-1	47.50 .. 802 155-10	44.97 .. 752 147-6	42.43 .. 702 139-2
49.97 .. 851 163-11	47.45 .. 801 155-8	44.92 .. 751 147-4	42.38 .. 701 139-0
49.92 .. 850 163-9	47.40 .. 800 155-6	44.87 .. 750 147-2	42.33 .. 700 138-10

WOMEN'S DECA SUPPLEMENT
Discus

42.28	..	699	....	138-8	39.71	..	649	....	130-3	37.13	..	599	....	121-10	34.53	..	549	....	113-3

42.28 .. 699 138-8   39.71 .. 649 130-3   37.13 .. 599 121-10   34.53 .. 549 113-3
42.22 .. 698 138-6   39.66 .. 648 130-1   37.08 .. 598 121-8   34.48 .. 548 113-1
42.17 .. 697 138-4   39.61 .. 647 129-11   37.03 .. 597 121-6   34.43 .. 547 112-11
42.12 .. 696 138-2   39.56 .. 646 129-9   36.98 .. 596 121-4   34.38 .. 546 112-9
42.07 .. 695 138-0   39.51 .. 645 129-7   36.93 .. 595 121-2   34.32 .. 545 112-7
42.02 .. 694 137-10   39.46 .. 644 129-5   36.87 .. 594 120-11   34.27 .. 544 112-5
41.97 .. 693 137-8   39.40 .. 643 129-3   36.82 .. 593 120-9   34.22 .. 543 112-3
41.92 .. 692 137-6   39.35 .. 642 129-1   36.77 .. 592 120-7   34.17 .. 542 112-1
41.87 .. 691 137-4   39.30 .. 641 128-11   36.72 .. 591 120-6   34.12 .. 541 111-11
41.82 .. 690 137-2   39.25 .. 640 128-9   36.67 .. 590 120-3   34.06 .. 540 111-9

41.76 .. 689 137-0   39.20 .. 639 128-7   36.61 .. 589 120-1   34.01 .. 539 111-7
41.71 .. 688 136-10   39.15 .. 638 128-5   36.56 .. 588 119-11   33.96 .. 538 111-5
41.66 .. 687 136-8   39.10 .. 637 128-3   36.51 .. 587 119-9   33.91 .. 537 111-3
41.61 .. 686 136-6   39.04 .. 636 128-1   36.46 .. 586 119-7   33.85 .. 536 111-0
41.56 .. 685 136-4   38.99 .. 635 127-11   36.41 .. 585 119-5   33.80 .. 535 110-11
41.51 .. 684 136-2   38.94 .. 634 127-9   36.36 .. 584 119-3   33.75 .. 534 110-8
41.46 .. 683 136-0   38.89 .. 633 127-7   36.30 .. 583 119-1   33.70 .. 533 110-7
41.41 .. 682 135-10   38.84 .. 632 127-5   36.25 .. 582 118-11   33.64 .. 532 110-4
41.36 .. 681 135-8   38.79 .. 631 127-3   36.20 .. 581 118-9   33.59 .. 531 110-2
41.30 .. 680 135-6   38.74 .. 630 127-1   36.15 .. 580 118-7   33.54 .. 530 110-0

41.25 .. 679 135-4   38.68 .. 629 126-11   36.10 .. 579 118-5   33.49 .. 529 109-10
41.20 .. 678 135-2   38.63 .. 628 126-9   36.04 .. 578 118-3   33.43 .. 528 109-8
41.15 .. 677 135-0   38.58 .. 627 126-7   35.99 .. 577 118-1   33.38 .. 527 109-6
41.10 .. 676 134-10   38.53 .. 626 126-5   35.94 .. 576 117-11   33.33 .. 526 109-4
41.05 .. 675 134-8   38.48 .. 625 126-3   35.89 .. 575 117-9   33.28 .. 525 109-2
41.00 .. 674 134-6   38.43 .. 624 126-1   35.84 .. 574 117-7   33.23 .. 524 109-0
40.95 .. 673 134-4   38.37 .. 623 125-10   35.78 .. 573 117-5   33.17 .. 523 108-10
40.89 .. 672 134-2   38.32 .. 622 125-9   35.73 .. 572 117-2   33.12 .. 522 108-8
40.84 .. 671 134-0   38.27 .. 621 125-6   35.68 .. 571 117-1   33.07 .. 521 108-6
40.79 .. 670 133-10   38.22 .. 620 125-5   35.63 .. 570 116-10   33.02 .. 520 108-4

40.74 .. 669 133-8   38.17 .. 619 125-2   35.58 .. 569 116-9   32.96 .. 519 108-2
40.69 .. 668 133-6   38.12 .. 618 125-1   35.52 .. 568 116-6   32.91 .. 518 107-11
40.64 .. 667 133-4   38.06 .. 617 124-10   35.47 .. 567 116-4   32.86 .. 517 107-10
40.59 .. 666 133-2   38.01 .. 616 124-8   35.42 .. 566 116-2   32.81 .. 516 107-7
40.54 .. 665 133-0   37.96 .. 615 124-6   35.37 .. 565 116-0   32.75 .. 515 107-5
40.48 .. 664 132-10   37.91 .. 614 124-4   35.32 .. 564 115-10   32.70 .. 514 107-3
40.43 .. 663 132-7   37.86 .. 613 124-2   35.26 .. 563 115-8   32.65 .. 513 107-1
40.38 .. 662 132-6   37.81 .. 612 124-0   35.21 .. 562 115-6   32.60 .. 512 106-11
40.33 .. 661 132-3   37.75 .. 611 123-10   35.16 .. 561 115-4   32.54 .. 511 106-9
40.28 .. 660 132-2   37.70 .. 610 123-8   35.11 .. 560 115-2   32.49 .. 510 106-7

40.23 .. 659 132-0   37.65 .. 609 123-6   35.05 .. 559 115-0   32.44 .. 509 106-5
40.18 .. 658 131-10   37.60 .. 608 123-4   35.00 .. 558 114-10   32.39 .. 508 106-3
40.12 .. 657 131-7   37.55 .. 607 123-2   34.95 .. 557 114-8   32.33 .. 507 106-1
40.07 .. 656 131-5   37.50 .. 606 123-0   34.90 .. 556 114-6   32.28 .. 506 105-11
40.02 .. 655 131-3   37.44 .. 605 122-10   34.85 .. 555 114-4   32.23 .. 505 105-9
39.97 .. 654 131-1   37.39 .. 604 122-8   34.79 .. 554 114-1   32.17 .. 504 105-6
39.92 .. 653 131-0   37.34 .. 603 122-6   34.74 .. 553 114-0   32.12 .. 503 105-4
39.87 .. 652 130-9   37.29 .. 602 122-4   34.69 .. 552 113-9   32.07 .. 502 105-2
39.82 .. 651 130-8   37.24 .. 601 122-2   34.64 .. 551 113-8   32.02 .. 501 105-1
39.76 .. 650 130-5   37.19 .. 600 122-0   34.59 .. 550 113-6   31.96 .. 500 104-10

WOMEN'S DECA SUPPLEMENT

Discus

31.91 .. 499 104-8	29.27 .. 449 96-0	26.59 .. 399 87-3	23.89 .. 349 78-4	
31.86 .. 498 104-6	29.21 .. 448 95-10	26.54 .. 398 87-1	23.84 .. 348 78-2	
31.81 .. 497 104-4	29.16 .. 447 95-8	26.49 .. 397 86-11	23.78 .. 347 78-0	
31.75 .. 496 104-2	29.11 .. 446 95-6	26.43 .. 396 86-8	23.73 .. 346 77-10	
31.70 .. 495 104-0	29.05 .. 445 95-3	26.38 .. 395 86-6	23.67 .. 345 77-8	
31.65 .. 494 103-10	29.00 .. 444 95-2	26.32 .. 394 86-4	23.62 .. 344 77-6	
31.60 .. 493 103-8	28.95 .. 443 94-11	26.27 .. 393 86-2	23.56 .. 343 77-3	
31.54 .. 492 103-6	28.89 .. 442 94-9	26.22 .. 392 86-0	23.51 .. 342 77-1	
31.49 .. 491 103-3	28.84 .. 441 94-7	26.16 .. 391 85-10	23.45 .. 341 76-11	
31.44 .. 490 103-2	28.79 .. 440 94-5	26.11 .. 390 85-8	23.40 .. 340 76-9	
31.38 .. 489 102-11	28.73 .. 439 94-3	26.06 .. 389 85-6	23.35 .. 339 76-7	
31.33 .. 488 102-9	28.68 .. 438 94-1	26.00 .. 388 85-4	23.29 .. 338 76-5	
31.28 .. 487 102-7	28.63 .. 437 93-11	25.95 .. 387 85-1	23.24 .. 337 76-3	
31.23 .. 486 102-5	28.57 .. 436 93-8	25.89 .. 386 84-11	23.18 .. 336 76-0	
31.17 .. 485 102-3	28.52 .. 435 93-7	25.84 .. 385 84-9	23.13 .. 335 75-10	
31.12 .. 484 102-1	28.47 .. 434 93-5	25.79 .. 384 84-7	23.07 .. 334 75-8	
31.07 .. 483 101-11	28.41 .. 433 93-2	25.73 .. 383 84-5	23.02 .. 333 75-6	
31.02 .. 482 101-9	28.36 .. 432 93-0	25.68 .. 382 84-3	22.96 .. 332 75-4	
30.96 .. 481 101-7	28.31 .. 431 92-10	25.62 .. 381 84-1	22.91 .. 331 75-2	
30.91 .. 480 101-5	28.25 .. 430 92-8	25.57 .. 380 83-10	22.85 .. 330 74-11	
30.86 .. 479 101-3	28.20 .. 429 92-6	25.52 .. 379 83-9	22.80 .. 329 74-10	
30.80 .. 478 101-0	28.15 .. 428 92-4	25.46 .. 378 83-6	22.74 .. 328 74-7	
30.75 .. 477 100-10	28.09 .. 427 92-2	25.41 .. 377 83-4	22.69 .. 327 74-5	
30.70 .. 476 100-9	28.04 .. 426 92-0	25.35 .. 376 83-2	22.64 .. 326 74-3	
30.64 .. 475 100-6	27.99 .. 425 91-10	25.30 .. 375 83-0	22.58 .. 325 74-1	
30.59 .. 474 100-4	27.93 .. 424 91-7	25.25 .. 374 82-10	22.53 .. 324 73-11	
30.54 .. 473 100-2	27.88 .. 423 91-6	25.19 .. 373 82-7	22.47 .. 323 73-8	
30.49 .. 472 100-0	27.83 .. 422 91-3	25.14 .. 372 82-6	22.42 .. 322 73-7	
30.43 .. 471 99-10	27.77 .. 421 91-1	25.08 .. 371 82-3	22.36 .. 321 73-4	
30.38 .. 470 99-8	27.72 .. 420 90-11	25.03 .. 370 82-1	22.31 .. 320 73-2	
30.33 .. 469 99-6	27.67 .. 419 90-9	24.98 .. 369 81-11	22.25 .. 319 73-0	
30.27 .. 468 99-3	27.61 .. 418 90-7	24.92 .. 368 81-9	22.20 .. 318 72-10	
30.22 .. 467 99-2	27.56 .. 417 90-5	24.87 .. 367 81-7	22.14 .. 317 72-8	
30.17 .. 466 98-11	27.51 .. 416 90-3	24.81 .. 366 81-4	22.09 .. 316 72-5	
30.12 .. 465 98-10	27.45 .. 415 90-0	24.76 .. 365 81-3	22.03 .. 315 72-3	
30.06 .. 464 98-7	27.40 .. 414 89-11	24.70 .. 364 81-0	21.98 .. 314 72-1	
30.01 .. 463 98-5	27.34 .. 413 89-8	24.65 .. 363 80-10	21.92 .. 313 71-11	
29.96 .. 462 98-3	27.29 .. 412 89-6	24.60 .. 362 80-8	21.87 .. 312 71-9	
29.90 .. 461 98-1	27.24 .. 411 89-4	24.54 .. 361 80-6	21.81 .. 311 71-6	
29.85 .. 460 97-11	27.18 .. 410 89-2	24.49 .. 360 80-4	21.76 .. 310 71-5	
29.80 .. 459 97-9	27.13 .. 409 89-0	24.43 .. 359 80-2	21.70 .. 309 71-2	
29.74 .. 458 97-7	27.08 .. 408 88-10	24.38 .. 358 80-0	21.65 .. 308 71-0	
29.69 .. 457 97-5	27.02 .. 407 88-8	24.33 .. 357 79-10	21.59 .. 307 70-10	
29.64 .. 456 97-3	26.97 .. 406 88-6	24.27 .. 356 79-7	21.54 .. 306 70-8	
29.58 .. 455 97-0	26.92 .. 405 88-4	24.22 .. 355 79-5	21.48 .. 305 70-6	
29.53 .. 454 96-10	26.86 .. 404 88-1	24.16 .. 354 79-3	21.43 .. 304 70-3	
29.48 .. 453 96-9	26.81 .. 403 87-11	24.11 .. 353 79-1	21.37 .. 303 70-1	
29.43 .. 452 96-6	26.75 .. 402 87-9	24.05 .. 352 78-11	21.32 .. 302 69-11	
29.37 .. 451 96-4	26.70 .. 401 87-7	24.00 .. 351 78-9	21.26 .. 301 69-9	
29.32 .. 450 96-2	26.65 .. 400 87-5	23.94 .. 350 78-6	21.21 .. 300 69-7	

RULES, EQUIPMENT & SPECTATOR AIDS

RULES OF TRACK & FIELD

Track & field competition in the United States takes place under at least four different sets of rules. The national high school federation provides rules for competition limited to high schoolers. Major college competition is run under National Collegiate Athletic Association (NCAA) rules. Open competition in the U.S. uses rules of USA Track & Field (USATF), while international meets are conducted under rules of the International Association of Athletics Federations (IAAF). Wording varies considerably except for USATF and IAAF language, but the intent of the rules is very much the same with very few exceptions.

Specifications, such as weight of implements and heights of hurdles, often vary between men and women and sometimes are different in high school. Details are found on page 130 and 131.

THE START is made from behind a straight line for straightaway races or from a curved line when races are run around a curve and runners are not in lanes. For races up to and including the 400m, blocks and a crouch start must be used with both hands on the ground. Blocks may not be used for other distances. For distances of 400m or less, including the first leg of relays, the starting commands are "on your marks" and "set," followed by the gun. For longer races the command is "on your marks" followed by the gun. Under IAAF rules this command applies for races longer than 400m. With USATF, it is more than 440y outdoors and more than 600y indoors. NCAA rules say 800m and longer, indoors and out.

In 2010, the IAAF finally adopted a no-false-start rule, in which any athlete(s) *responsible for a false start* will be disqualified. U.S. colleges and high schools have had a no-false-start rule for several years, and now international track & field is on the same page. In Combined Events, however, one false start shall result in the athlete(s) being warned but not disqualified. Any athlete(s) subsequently responsible for a false start will incur disqualification from that specific event. There is no minimum or maximum time to hold runners in the set position; the gun shall be fired after all runners are steady.

THE FINISH is the vertical plane of the nearer edge of the finish line. Runners are placed in the order in which their torsos reach that plane, the torso being defined as any part of the body except the head, neck, arms and legs. It is not necessary to cross the finish line, only to reach it. No tape is used when timing is automatic. Occasionally such a tape is used for promotional purposes, at which time the tape is properly placed just beyond the finish line where it won't interfere with operation of the timing device.

THE OUTDOOR TRACK should not be less than 400m around. Measurement of the track is taken 30cm outward from the curb. If there is no curb, the measurement is 20cm outward. The track must not be banked.

RUNNING is counterclockwise on races around curves. Runners stay in lanes all the way for races of 400m or less. They remain in lanes around the first curve in an 800m race. A runner may be disqualified if he jostles, runs across, or obstructs another competitor so as to impede progress of the other runner. Under IAAF rules (rarely enforced), the slightest step on the inside lane is cause for disqualification. Under NCAA rules, the referee should disqualify a runner only when he is judged to have made two consecutive steps with the left foot on or over the line.

HURDLES must require a force of at least 8lb (3.6kg) to be overturned. A hurdler shall be disqualified if he trails a foot or leg alongside any hurdle; if he jumps a hurdle not in his lane; or if he deliberately knocks down any hurdle.

STEEPLECHASE laps are not standard as the water jump may be constructed either inside or outside the track. There is a varying distance from the start of the event to the finish line and no barriers are included. Once the finish line is reached, there are then seven full laps, each with four barriers and a water jump, which is the 4th jump of each lap. A runner may jump or vault over barriers or may place his feet on them but shall be disqualified if he runs around a barrier or water jump.

RELAY exchanges take place in a 20m long passing zone. The passing of the baton is completed the moment it is solely in the hands of the receiving runner and it is the location of the baton, and not of the runner, that determines whether the baton has been passed within the zone or not. A baton passed outside the zone means disqualification. In the 4 x 100 and 4 x 200 relays the receiving runner may start running 10m before the zone. A dropped baton must be recovered only by the runner dropping it. The 4 x 400 is run in lanes around three turns except when there are only two or three teams.

WALKING requires unbroken contact with the ground at all times. The leg must be straightened (not bent at the knee) for at least one moment during each step, and the supporting leg must be straight in the vertically upright position. A competitor may be cautioned when in danger of non-compliance but is not entitled to a second caution for the same offense. A competitor shall be disqualified when three judges have warned the walker that his mode of progression failed to comply with the rules.

HIGH JUMP AND POLE VAULT competitors are disqualified after three consecutive failures at any height or heights. They may commence jumping at any height in the progression and may jump or pass any height. They may not jump at a height at which they have passed. They are credited with their highest clearance, including any made in jumping off a tie.

Under IAAF or USATF rules, the bar should never be raised less than 2cm in the high jump and 5cm in the pole vault, unless there is only one competitor remaining. The increment of raising the bar should never be increased during the competition unless only one competitor remains. NCAA rules recommend that the bar be raised in 5cm increments but never less than 3cm.

HIGH JUMP failures are charged if the bar is knocked off or if the jumper touches the ground or pit beyond the plane of the uprights without first clearing the bar. Jumpers must take off from one foot.

POLE VAULT failures are charged if the bar is knocked off and for leaving the ground for the purpose of making a vault without subsequently clearing the bar; or if, after leaving the ground, the vaulter places his lower hand above his upper hand or moves his upper hand (climbing); or if, before taking off, the vaulter touches with any part of his body or pole the ground or pit beyond the vertical plane of the stopboard. A failure is also charged if the vaulter steadies or replaces the bar with his hand ("Volzing").

If the pole breaks, another vault is allowed. Vaulters may put substances on their poles or hands in order to improve the grip. The uprights may be moved 80cm in the direction of the landing pit. The pole may not be touched by anyone unless it is falling away from the bar. Poles may be made of any smooth material.

LONG JUMP AND TRIPLE JUMP failures are called if the jumper steps over the foul line on the takeoff stride. Under NCAA rules, a jumper is judged to have stepped over the line if the takeoff foot (shoe) extends beyond the takeoff board. Under USATF and IAAF rules, the foot must touch the ground beyond the foul line for a foul to be called. A putty-like substance, usually plasticine, is spread directly beyond the board and is used by judges as an aid in determining if the ground was touched beyond the board. Fouls may also be called if any part of the body or shoe(s) touches the ground outside the landing area closer to the takeoff line than where the jumper has made contact within the landing area, or if the jumper takes off outside of the runway, walks back through the landing area or uses weights or grips. A long jumper may not somersault.

THE THROWS. No device of any kind is permitted, and tape may be used on hands only to cover an open wound. In the hammer throw, individual fingers may be taped. Belts are permitted but only hammer throwers may wear gloves. It is permissible to put a substance on the hands but not on the shoes or circles.

THE SHOT PUT is performed from the shoulder with only one hand. At the start, the shot shall be in close proximity to the chin, and the hand shall not be dropped below this position in the act of putting. The shot must not be brought behind the line of the shoulders. The putter may touch the inside of the stopboard and of the metal band forming the circle. It is a foul if the athlete touches ground outside the circle, touches the top of the circle or stopboard, or improperly releases the shot. The putter may interrupt a trial, lay the shot down and start over. The thrower must leave from the back half of the circle. IAAF rules ban "cartwheeling techniques" and officials at other levels have interpreted such techniques to violate the requirement that the shot not drop below shoulder level during the throw.

THE DISCUS THROW must commence from a stationary position. The thrower may touch the inside of the circle, but it is a foul if he touches the ground outside the circle, touches the top of the circle, improperly releases the discus, or fails to exit from the back half of the circle. The thrower may interrupt a throw and start over.

THE HAMMER THROW commences from a stationary position in which the head of the hammer may be on the ground inside or outside the circle. The hammer may touch the ground during turns. It is a foul if the thrower touches the ground outside the circle or the top of the circle, or exits from the front half of the circle. He may interrupt a throw and start over. Measurement is made to where the head first touched.

JAVELIN THROW rules require the javelin to be held by the grip. It must be thrown over the shoulder or upper part of the body and must not be slung or hurled. Non-orthodox styles are not permitted. It is a foul if the thrower touches the ground beyond the foul line or if the tip of the head does not strike the ground before any other part of the javelin. At no time until the javelin has been thrown may the thrower completely turn around so that his or her back is toward the throwing area. The javelin must be constructed of metal or "of some other homogeneous" material, and a metal head terminating in a sharp point must be fixed to it.

TIE-BREAKING in the throws, long jump and triple jump: If two or more competitors have identical best marks, the higher place is awarded to the competitor with the second best mark. If the tie remains, the third best mark, etc.

IN HIGH JUMP AND POLE VAULT, if two or more have made the same highest height, the higher place goes to the competitor with the fewest misses at the highest height cleared. If the tie remains, the higher place goes to the one with the fewest total misses in the competition. If the tie remains for first place, there is a jump-off; if the tie is for another place, the tie stands.

IN THE JUMP-OFF FOR FIRST PLACE, the competitors are given one additional jump at the lowest height above the height of the tie which any of the tied jumpers missed. If all jumpers fail at that height, the bar shall be lowered (2cm in the high jump, 5cm in the vault, and under high school rules 1in), and one attempt given to each jumper. If the jumpers are successful and a tie remains, the bar is raised (2cm/5cm, and 1in under HS rules) and one attempt given. The bar is adjusted (raised or lowered) after each attempt until a decision is reached.

IN THE MULTI EVENTS, if two competitors finish the competition with the same number of points, the winner shall be the competitor who has beaten the other competitor in more events. If this does not resolve the tie, the winner shall be the athlete who has scored the highest number of points in any one event. Ties for all places shall be settled in this manner.

MULTI OR COMBINED EVENTS involve slightly different competition rules. One false start is permitted before disqualification. Records are allowed in the multis if the average of the wind readings from all wind-affected events does not exceed 2.0 mps. Only three tries are allowed in the long jump and throws. A competitor who does not start each event is disqualified and shall not be considered in the results.

MEASUREMENTS are made in meters only under IAAF, USATF and NCAA rules, and conversions to feet and inches are unofficial. High school rules permit either imperial or metric measurement. Measurements may be made with a steel or fiberglass tape or bar, or with an approved scientific device. Measurements by fiberglass tape are not accepted for record purposes. Measurements are recorded to the nearest lesser centimeter. Under high school rules measurements to the nearest lesser quarter-inch are acceptable.

DOPING is strictly forbidden and is defined as the use by or distribution to an athlete of certain substances which could artificially improve the athlete's physical or mental condition with the result being enhanced performance. A long and ever-lengthening list of specific substances is included in the rules.

FIELD EVENT TIME LIMITS

	No. athletes left in competition	High Jump	Pole Vault	Other
USATF & IAAF	4+	1 min	1 min	1 min
	2–3	1.5 mins	2 mins	1 min
	1	3 mins	5 mins	n/a
	Consecutive attempts	2 mins	3 mins	2 mins
		High Jump	Pole Vault	Other
USATF & IAAF Multis	4+	1 min	1 min	1 min
	2–3	1.5 mins	2 mins	1 min
	1	2 mins	3 mins	n/a
	Consecutive attempts	2 mins	3 mins	2 mins
		High Jump	Pole Vault	Other
NCAA	4+	1 min	1 min	1 min
	2–3	2 mins	3 mins	1 min
	1	4 mins	5 mins	n/a
	Consecutive attempts	2 mins	3 mins	n/a
		High Jump	Pole Vault	Other
NCAA Multis	4+	1 min	1 min	1 min
	2–3	2 mins	3 mins	1 min
	1	2 mins	3 mins	n/a
	Consecutive attempts	2 mins	3 mins	n/a
		High Jump	Pole Vault	Other
High School	4+	1 min	1.5 mins	1 min
	2–3	3 mins	4 mins	1 min
	1	5 mins	6 mins	1 min
	Consecutive attempts	n/a	n/a	n/a

"Consecutive attempts" are back-to-back tries by one athlete due to others passing or having already cleared the height.

HURDLES SPECIFICATIONS

	Men 110m	Men 400m†	Women 100m	Women 400m†	Men Indoor 50/55/60m	Women Ind 50/55/60m
No. hurdles	10	10	10	10	4/5/5	4/5/5
Height	42in (1.067m) HS/Jr:39in (99cm) Youth: 36in	36in (0.914m) Youth: 33in	33in (0.84m*) 33in* Youth: 30in	30in (0.762m) 30in	42in (1.067m) 39in 36in	33in (0.84m) 33in 30in
Start to hurdle	15y (13.72m)	45m (147'9")	13m (42'8")	45m (147'9")	15y (13.72m)	13m (42'8")
Between hurdles	10y (9.14m)	35m (114'9")	8.5m (27'11")	35m (114'9")	10y (9.14m)	8.5m (27'11")
To finish	46'0" (14.02m)	40m (131'3")	10.5m (34'6")	40m (131'3")	8.86m/4.72m/9.72m	11.5m/8m/13m

* In a few states high school girls use 30in.
† Most high schools run 300m, 36in intermediates or 30in lows for boys, 30in for girls, with 45m to the first hurdle, 35m between hurdles, 10m to finish, and 8 hurdles.

STEEPLECHASE:
In the final seven full laps there are 28 hurdle jumps (4 each lap) (18 hurdle jumps for 2000m steeple); 36in (0.914m) high for men, 30in (0.762m) for women; placed an even distance apart from each other with 30cm of the top bar extending into the infield. 7 water jumps (1 each lap) (5 water jumps for 2000m); pit, 12ft (3.66m) long, 2-3½ft (70cm) deep at barrier, slanting to zero depth 12ft beyond barrier.

OTHER TRACK & JUMPS EQUIPMENT SPECS

SHOES: limited to 11 spikes and 11 spike positions.
BATON: 1ft (30cm) maximum; 1¾oz (50g) minimum.
LJ & TJ TAKEOFF BOARDS: 4ft (1.22m) long, 8in (200mm) wide.
CROSSBARS: High jump, 13'1½" (4m) long, 4.4lbs (2kg) maximum. Pole vault, 14'9¼" (4.5m) long, 5lbs (2.25kg) maximum. Maximum length of pegs on which PV crossbar rests under IAAF and USATF rules is 55mm. IAAF and USATF rules require semi-circular or "D"-shaped bar ends with just one flat side for both HJ and PV.

THROWING EVENT SPECIFICATIONS

	International, USATF, College	Junior Men	HS Boys	Youth Boys	Women/Girls	Youth Girls
SHOT:						
Weight	7.26kg (16lb)	6kg (13.23lb)	5.443kg (12lb)	5kg (11.03lb)	4kg (8.82lb)	3kg (6.7lb)
Diameter	110–130mm	105–125mm	98–117mm	100–120mm	95–110mm	85-110mm
	(4³⁄₈" to 5¹⁄₈")	(4¹⁄₈" to 4¹⁵⁄₁₆")	(3⁷⁄₈" to 4⁵⁄₈")	(3¹⁵⁄₁₆" to 4³⁄₄")	(3³⁄₄" to 4³⁄₈")	(3³⁄₈" to 4³⁄₈")
DISCUS:						
Weight	2kg (4.41lb)	1.75kg (3.86lb)	1.62kg (3.58lb)	1.5kg (3.31lb)	1kg (2.21lb)	1kg (2.21lb)
Diameter	219mm (8⁵⁄₈")	210mm (8¹⁄₄")	209mm (8¹⁄₄")	200mm (7⁷⁄₈")	180mm (7¹⁄₈")	180mm (7¹⁄₈")
HAMMER:						
Weight	7.26kg (16lb)	6kg (13.23lb)	5.44kg (12lb)	5kg (11.03lb)	4kg (8.82lb)	3kg (6.7lb)
Diameter	110–130mm	105–125mm	117mm (4⁵⁄₈") max	100–120mm	95–110mm	85-100mm
Length	1175–1215mm	1175–1215mm	1175–1215mm	1165–1200mm	1160–1195mm	1195mm max
	(3'10¹⁄₄" to 3'11³⁄₄")	(3'10¹⁄₄" to 3'11³⁄₄")	(3'10¹⁄₄" to 3'11³⁄₄")	(3'9⁷⁄₈" to 3'11¹⁄₄")	(3'9⁵⁄₈" to 3'11")	(3'11")
JAVELIN:						
Weight	800g (1.77lb)	800g (1.77lb)	800g (1.77lb)	700g (1.55lb)	600g (1.33lb)	500g (1.10lb)
Length	260–270cm	260–270cm	260–270cm	230–240cm	220–230cm	200-210cm
	(8'6¹⁄₄"–8'10¹⁄₄")	(8'6¹⁄₄"–8'10¹⁄₄")	(8'6¹⁄₄"–8'10¹⁄₄")	(7'6³⁄₄"–7'10¹⁄₂")	(7'2¹⁄₂"-7'6¹⁄₂")	(6'6³⁄₄"-6'10³⁄₄")
WEIGHT (thrown indoors):						
Weight	15.88kg (35lb)	n/a	11.34kg (25lb)	n/a	9.08kg (20lb)	n/a
Diameter	145mm–165mm		130–150mm		120mm–140mm	
Length	40.64cm (16in) max		40.64cm (16in) max		40.64cm (16in) max	

SECTORS: shot,discus,hammer & weight 34.92°; javelin 29°. (HS shot 65.5°; discus & hammer 60° [34.92° for all OK at discretion of meet games committees in most states]; javelin 29°)

CIRCLES: shot,hammer & weight 213.5cm (7ft) ±5mm; discus 250cm (8'2¹⁄₂").

WORLD RECORDS

World Records are approved by the president and the general secretary of the IAAF acting together. If there is any question, it will be passed to the IAAF Council. They must be made in bona fide competition. Records will be accepted when made in heats or qualifying, in deciding ties, or in the multi-events. World Records can now be set indoors or outdoors, but when the IAAF changed its rules to permit this, they did not retroactively recognize previous indoor performances as World Records. Therefore, as of this writing the World Indoor Record in the men's pole vault remains higher than the World Record. World Indoor Records, of course, can only be set indoors. Athletes under the age of 20 on December 31 in the year of competition are considered Juniors and are qualified to set official World Junior Records. Records may not be made in mixed-sex competition.

Records at more than one distance can be set in a single race, but the record breaker must finish the full distance. Records must be made on a track and one lap of the track must not be longer than 440y except in the steeplechase. In the 100, 200, 100/110 hurdles, long jump and triple jump, the wind velocity in the direction of the running may not average more than 2mps. The wind is measured for 10 seconds in the 100 and 200, 13 in the hurdles, and 5 in the long jump and triple jump. Measurements must be made with a steel tape or an approved scientific apparatus. Relay records may be made only by teams composed of citizens of a single country.

World Records are approved for the following events only:

MEN: Automatic timing only: 100, 200, 400, 110H, 400H, 4 x 100 relay. Automatic or hand timing: 800; 1000; 1500; 1 mile; 2000; 3000; 3000 steeplechase; 5000; 10,000; 20,000; 1 hour; 25,000; 30,000; the 4 x 200, 4 x 400, 4 x 800 and 4 x 1500 relays; decathlon (timing can be hand, auto or a mix of the two); and walks (on the track) of 20K, 30K and 50K.

Field events: high jump, pole vault, long jump, triple jump, shot put, discus throw, hammer throw and javelin throw and decathlon.

Road events: 10K, 15K, 20K, half-marathon, 25K, 30K, marathon, 100K, road relay (42.195K), and walks of 20K and 50K.

WOMEN: Automatic timing only: 100, 200, 400, 100H, 400H, 4 x 100 relay. Automatic or hand timing: 800; 1000; 1500; 1 mile; 2000; 3000; 3000 steeplechase; 5000; 10,000; 1 hour; 20,000; 25,000; 30,000; the 4 x 200, 4 x 400, 4 x 800 relays; heptathlon (timing can be hand, auto or a mix of the two), decathlon, and walks (on the track) of 5K, 10K, and 20K.

Field events: high jump, pole vault, long jump, triple jump, shot put, discus throw, hammer throw and javelin throw.

Road events: 10K, 15K, 20K, half-marathon, 25K, 30K, marathon, 100K, road relay (42.195K), and 20K walk.

WORLD INDOOR RECORDS are approved only for the following events.

MEN: Automatic timing only: 50, 60, 200, 400, 50 hurdles, 60 hurdles. Automatic or hand timing: 800, 1000, 1500, 1 mile, 3000, 5000, 5000 walk, and the 4 x 200, 4 x 400 and 4 x 800 relays.

Field events: high jump, pole vault, long jump, triple jump, shot put, heptathlon and decathlon.

WOMEN: Automatic timing only: 50, 60, 200, 400, 50 hurdles, 60 hurdles. Automatic or hand timing. 800, 1000, 1500, 1 mile, 3000, 5000, 5000 walk, and the 4 x 200, 4 x 400 and 4 x 800 relays.

Field events: high jump, pole vault, long jump, triple jump, shot put, pentathlon.

TIMING

Two types of timing exist—hand timing (HT) and automatic timing (AT)—the latter in some cases needlessly referred to as fully automatic timing (FAT). Hand timing involves starting and stopping the timing device by hand. Automatic timing involves starting and stopping the device automatically. This is done by linking the starting gun to a camera that records both the finish and elapsed time. The firing of the gun starts the device, and the finish is recorded digitally by a camera. The resulting image is then read to determine the placing and time.

Starting the timer by hand and stopping it automatically, or vice versa, is an unacceptable procedure and is not allowed for any sort of time, official or statistical.

Under international and U.S. rules, AT times are taken and recorded in 100ths of a second for all races up to and including the 10,000m. All track races longer than 10,000m must be recorded to the longer 10th of a second

(58:09.32 becomes 58:09.4). Races not run entirely on the track must be timed to the longer full second (2:08:33.12 becomes 2:08.34).

HT marks in track races are recorded only in 10ths. If timed with a stopwatch that displays 100ths, *all* times must be read to the longer 10th (10.11 becomes 10.2). First place must be timed by three watches. If two or more watches agree, that is the official time. If all three disagree, the middle time is official. If only two times are taken and they disagree, the slower time is used.

Timing begins when the flash of the gun is sighted and ends when the timer reacts to the first part of the torso reaching the finish line. The torso is the body excluding the head and neck, arms and legs, feet and hands.

HAND TIMING VERSUS AUTOMATIC TIMING: Especially in short races, times taken by hand generally are 0.1-0.2 shorter (faster) than AT. **Although good hand timing should produce a time identical to the AT,** this is difficult. The rule of thumb used for conversions of all races less than one full lap is to add 0.24 to the HT. For races of one lap or longer, the accepted standard is to add 0.14 to the HT. The 0.24 and 0.14 differentials apply for *good* hand timing. Unfortunately, as we get farther and farther away from having trained hand timers, the differentials are growing.

AUTOMATIC TIMING

Automatic timing involves a system linking the starting gun to a photo-timing mechanism. Upon impact of the gun hammer on the cartridge or the heat of the flash, an electronic impulse is transmitted by cable to the timer and activates it. All delayed reaction inherent in hand-timing is eliminated. Such systems simultaneously record the finish of the runners with an open-lensed camera aimed parallel to the plane of the finish line and the elapsed time. The data are stored on a computer hard drive. By focusing on the finish line, the camera is able to record everything that passes the plane of the finish line and simultaneously juxtapose the recorded time as part of the image, allowing for an accurate record of the true time (time line).

The photo is read by aligning a cursor on the computer screen image with the leading portion of the runner's torso. The point at which the cursor also intersects the time line displayed parallel to the horizontal axis of the image indicates the time. The time line is marked in 1/100th of a second increments, with tie-breaking possible to 1/1000th of a second. If the cursor intersects the time line between 100ths, the longer time shall be read.

HOW TO:

TIME RELAY LEGS. Time the baton when it passes the middle of the exchange zone, no matter which runner is carrying it. This method assures that each leg is the same distance.

When the first $1^1/_2$ laps of a 4 x 400m relay is run in lanes, the first exchange takes place in staggered zones. If the middle of this exchange zone is not clearly marked, or if the marking is not readily identifiable, remember this: the middle of the zone is the same place as a half-lap stagger (i.e., the 800 start line); also half the distance between the start-finish line and the one-lap stagger; also one-third of the distance from the start-finish line to the $1^1/_2$ lap stagger start for the 4 x 400m relay. Exchanges 1-2-3 are timed at the start-finish line. Lane one makes all exchanges on the start-finish line.

KEEP SCORE IN A MULTI-EVENT. Allow two vertical ruled columns for each decathlete. Use two horizontal lines for each event after the first. Show the marks, metrically and in feet-inches for field events, in the left hand column. Show the points of the event on the upper line of the right hand column and the running score for all events on the lower line of the right column. This facilitates addition as well as comparison between athletes.

	S. Sausage	
100	11.1	780
LJ	7.06m/23-2	832
points after 2 events		1612
SP	13.26m/43-6	683
points after 3 events		2295

PROJECT MULTI-EVENT SCORES. Final totals in a decathlon can be projected rather closely if you have the point total after each event for a previous representative performance by the athlete in question. Supposing Sam Sausage has 3822 points at the end of the first day. In his last meet he had 3766 points and ended with 7234. Compare 3822 with 3766 and learn that Sam is performing at 101.5% of his former pace. Multiply 1.015 times the former total of 7234 to get 7342, a projection of what Sam's performance will be if he continues to perform at this same higher level.

PROJECT FINAL TIMES DURING A RACE. How often have you heard an announcer or fan say something like, "The time at the mile is 4:25, and if he keeps up this pace he'll run an 8:50 two mile"? That's usually wrong because few races are run at an even pace from the beginning. For instance, this pace might be 63, 66, 68, 68 for 4:25. A useful way to predict the final time is to assume the runner has settled into a 68 pace, having run two in a row. Add 4:32 (4 x 68) to 4:25 and get a projected time of 8:57. If the runner has a kick you can subtract some time from the last lap. If the fifth lap should drop off to 70, for a clocking of 5:35, the projection then would be 3 more laps at 70 for a final of 9:05. Handy tables for final time projection based on even pace are found on pages 149–162.

PROJECT FINAL TIMES IN A STEEPLECHASE OR ANY OTHER RACE NOT STARTING AND FINISHING AT THE SAME PLACE. Use the above method, but take lap times on the finish line.

EFFECT OF RUNNING WIDE ON A CURVE

Running a foot farther from the curb than necessary adds an extra 1.90m (6 ft, 3 in) per 400m. A runner who is 2ft farther will cover an additional 15.3m (17y) in a mile run. Rounded to the nearest foot:

	200m	400m	800m	1600m	3000m	5000m
1ft out	3ft	6ft	13ft	25ft	47ft	78ft
2ft out	6ft	13ft	25ft	50ft	94ft	156ft
3ft out	9ft	19ft	38ft	75ft	140ft	234ft
4ft out	13ft	25ft	50ft	100ft	187ft	312ft

An easy to remember rule of thumb: Multiply the additional distance from the curb by 3 to obtain extra distance run on each curve. For instance, 3ft out from the curb will cost 9ft per turn—9ft for 200m, 18ft for 400, etc.

Here is the same chart with a metric orientation A runner who is half a meter farther from the curb than necessary will cover nearly 12m of extra distance in a 5000m race.

	200m	400m	800m	1600m	3000m	5000m
0.5m out	0.475	0.95	1.9	3.8	7.125	11.875
1m out	0.95	1.9	3.8	7.6	14.25	23.75
2m out	1.425	2.85	5.7	11.4	21.375	35.625
2.5m out	1.9	3.8	7.6	15.2	28.5	47.5

EFFECT OF WIND AND ALTITUDE

How do wind and altitude help or hinder an athlete? We know—scientifically and empirically—that an aiding wind and/or increased elevation help people to run faster and jump higher/farther.

WIND

The effect of moving air is clear in the 100: a tailwind makes you run faster, a headwind makes you run slower. Straightaway hurdlers, on the other hand, may be pushed too close to the barrier by a tailwind and thus be forced to chop their strides, compromising all-important rhythm. Wind can also help on the straight portion of a 200, but the effect on the curved portion of the race is not measured. If it were, it would be totally impractical, if not impossible, to determine the amount of aid imparted.

In races involving one or more laps, with the relative wind direction shifting from back to side to front, one might suspect that the effect of the wind could balance out. It doesn't, however, say scientists who have considered the physics involved. Wind is generally both a physical and mental detriment in races that circle the track.

All jumpers can obviously benefit from tailwinds (high jumpers less than vaulters and long/triplers), but only if they are still able to hit their marks prior to takeoff.

Quartering winds (coming in from the right for a right-handed thrower) can help immensely in the discus. Certain tailwinds could help the javelin (as configured since 1986) to go farther. But the amount of wind cannot be measured for the javelin and discus, nor the degree of assistance determined. Wind does not materially affect the hammer or shot.

ALTITUDE

Lowered air resistance, like a tailwind, certainly produces better marks in the sprints, hurdles, relays and jumps. The 800 seems to be no worse than even, perhaps beneficial to some). Among the altitude-born and raised, even the 1500 might be a wash. In the longer runs and walks the net result is unquestionably a slowing.

CALCULATING WIND/ALTITUDE TIMES IN THE 100

Of great interest to many who follow the sport is figuring out what a time in the 100 is worth if you convert the wind and altitude to zero. Use the tables on the next 4 pages to calculate the approximate effect. Simply plot the wind speed (vertical) against the closest altitude (horizontal) and add/subtract that number from the real time. Calculations for events other than the 100 are not feasible.

The tables were generated by exercise physiologist Jesús Dapena (with help from calculations by mathematician Nicholas Linthorne). One pair is based on a typical man running 10.10 and the other pair on a typical woman running 10.90. The adjustment factors are approximately valid throughout the range of world-class times. Men and women have separate tables because different base times are used and the average height/weight is different.

THE ALTITUDE CALCULATIONS

A list of altitudes of major competition sites worldwide is listed on pp. 142–144. This section has undergone a complete overhaul since the last edition of the *BGB*. Previously, the "official" height of the city was used. Now, thanks to the marvels of modern technology (think Google Earth) and many months of research, track nut Charles Shaffer has been able to provide figures for most sites which reflect actual stadium altitudes (generally with ±10m of accuracy).

MEN'S AIDING WIND/ALTITUDE CHART
(table shows time to add in 100ths of a second)

alt(m)	0	200	400	600	800	1000	1200	1400	1600	1800	2000	2200	2400
wind (m/s)	0 ft	656ft	1312ft	1969ft	2625ft	3281ft	3937ft	4593ft	5249ft	5906ft	6562ft	7218ft	7874ft
0.0	.00	.01	.01	.02	.03	.03	.04	.04	.05	.05	.06	.06	.07
0.1	.01	.01	.02	.02	.03	.04	.04	.05	.05	.06	.06	.07	.07
0.2	.01	.02	.02	.03	.03	.04	.05	.05	.06	.06	.07	.07	.08
0.3	.02	.02	.03	.03	.04	.05	.05	.06	.06	.07	.07	.08	.08
0.4	.02	.03	.03	.04	.04	.05	.06	.06	.07	.07	.08	.08	.09
0.5	.03	.03	.04	.04	.05	.05	.06	.06	.07	.08	.08	.08	.09
0.6	.03	.04	.04	.05	.05	.06	.06	.07	.07	.08	.08	.09	.09
0.7	.04	.04	.05	.05	.06	.06	.07	.07	.08	.08	.09	.09	.10
0.8	.04	.05	.05	.06	.06	.07	.07	.08	.08	.09	.09	.10	.10
0.9	.05	.05	.06	.06	.07	.07	.08	.08	.09	.09	.10	.10	.10
1.0	.05	.06	.06	.07	.07	.08	.08	.09	.09	.10	.10	.10	.11
1.1	.06	.06	.07	.07	.08	.08	.09	.09	.09	.10	.10	.11	.11
1.2	.06	.07	.07	.08	.08	.09	.09	.09	.10	.10	.11	.11	.12
1.3	.07	.07	.08	.08	.08	.09	.09	.10	.10	.11	.11	.12	.12
1.4	.07	.08	.08	.08	.09	.09	.10	.10	.11	.11	.11	.12	.12
1.5	.07	.08	.08	.09	.09	.10	.10	.11	.11	.11	.12	.12	.13
1.6	.08	.08	.09	.09	.10	.10	.11	.11	.11	.12	.12	.13	.13
1.7	.08	.09	.09	.10	.10	.11	.11	.11	.12	.12	.13	.13	.13
1.8	.09	.09	.10	.10	.11	.11	.11	.12	.12	.13	.13	.13	.14
1.9	.09	.10	.10	.11	.11	.11	.12	.12	.13	.13	.13	.14	.14
2.0	.10	.10	.11	.11	.11	.12	.12	.13	.13	.13	.14	.14	.14
2.1	.10	.11	.11	.11	.12	.12	.13	.13	.13	.14	.14	.14	.15
2.2	.11	.11	.11	.12	.12	.13	.13	.13	.14	.14	.14	.15	.15
2.3	.11	.11	.12	.12	.13	.13	.13	.14	.14	.14	.15	.15	.15
2.4	.11	.12	.12	.13	.13	.13	.14	.14	.14	.15	.15	.15	.16
2.5	.12	.12	.13	.13	.13	.14	.14	.14	.15	.15	.15	.16	.16
2.6	.12	.13	.13	.13	.14	.14	.14	.15	.15	.15	.16	.16	.16
2.7	.13	.13	.13	.14	.14	.14	.15	.15	.15	.16	.16	.16	.17
2.8	.13	.13	.14	.14	.14	.15	.15	.15	.16	.16	.16	.17	.17
2.9	.13	.14	.14	.14	.15	.15	.15	.16	.16	.16	.17	.17	.17
3.0	.14	.14	.14	.15	.15	.15	.16	.16	.16	.17	.17	.17	.17
3.1	.14	.15	.15	.15	.15	.16	.16	.16	.17	.17	.17	.17	.18
3.2	.15	.15	.15	.15	.16	.16	.16	.17	.17	.17	.17	.18	.18
3.3	.15	.15	.16	.16	.16	.16	.17	.17	.17	.18	.18	.18	.18
3.4	.15	.16	.16	.16	.16	.17	.17	.17	.18	.18	.18	.18	.19
3.5	.16	.16	.16	.17	.17	.17	.17	.18	.18	.18	.18	.19	.19
3.6	.16	.16	.17	.17	.17	.17	.18	.18	.18	.18	.19	.19	.19
3.7	.16	.17	.17	.17	.17	.18	.18	.18	.18	.19	.19	.19	.19
3.8	.17	.17	.17	.18	.18	.18	.18	.18	.19	.19	.19	.19	.20
3.9	.17	.17	.18	.18	.18	.18	.19	.19	.19	.19	.19	.20	.20
4.0	.17	.18	.18	.18	.18	.19	.19	.19	.19	.20	.20	.20	.20
4.1	.18	.18	.18	.18	.19	.19	.19	.19	.20	.20	.20	.20	.20
4.2	.18	.18	.19	.19	.19	.19	.19	.20	.20	.20	.20	.20	.21
4.3	.18	.19	.19	.19	.19	.19	.20	.20	.20	.20	.21	.21	.21
4.4	.19	.19	.19	.19	.20	.20	.20	.20	.20	.21	.21	.21	.21
4.5	.19	.19	.19	.20	.20	.20	.20	.20	.21	.21	.21	.21	.21
4.6	.19	.20	.20	.20	.20	.20	.21	.21	.21	.21	.21	.21	.22
4.7	.20	.20	.20	.20	.20	.21	.21	.21	.21	.21	.21	.22	.22
4.8	.20	.20	.20	.20	.21	.21	.21	.21	.21	.22	.22	.22	.22
4.9	.20	.20	.21	.21	.21	.21	.21	.21	.22	.22	.22	.22	.22
5.0	.20	.21	.21	.21	.21	.21	.22	.22	.22	.22	.22	.22	.22

MEN'S NEGATIVE WIND/ALTITUDE CHART
(table shows time to subtract in 100ths of a second)

alt(m)	0	200	400	600	800	1000	1200	1400	1600	1800	2000	2200	2400
wind (m/s)	0ft	656ft	1312ft	1969ft	2625ft	3281ft	3937ft	4593ft	5249ft	5906ft	6562ft	7218ft	7874ft
0.0	.00	.01	.01	.02	.03	.03	.04	.04	.05	.05	.06	.06	.07
-0.1	-.01	.00	.01	.01	.02	.03	.03	.04	.04	.05	.05	.06	.07
-0.2	-.01	.00	.00	.01	.02	.02	.03	.03	.04	.04	.05	.06	.06
-0.3	-.02	-.01	.00	.00	.01	.02	.02	.03	.03	.04	.05	.05	.06
-0.4	-.02	-.01	-.01	.00	.01	.01	.02	.02	.03	.04	.04	.05	.05
-0.5	-.03	-.02	-.01	-.01	.00	.01	.01	.02	.03	.03	.04	.04	.05
-0.6	-.03	-.03	-.02	-.01	-.01	.00	.01	.01	.02	.03	.03	.04	.04
-0.7	-.04	-.03	-.02	-.02	-.01	.00	.00	.01	.02	.02	.03	.03	.04
-0.8	-.04	-.04	-.03	-.02	-.02	-.01	.00	.00	.01	.02	.02	.03	.04
-0.9	-.05	-.04	-.04	-.03	-.02	-.01	-.01	.00	.01	.01	.02	.03	.03
-1.0	-.06	-.05	-.04	-.03	-.03	-.02	-.01	-.01	.00	.01	.01	.02	.03
-1.1	-.06	-.05	-.05	-.04	-.03	-.02	-.02	-.01	.00	.00	.01	.02	.02
-1.2	-.07	-.06	-.05	-.04	-.04	-.03	-.02	-.02	-.01	.00	.01	.01	.02
-1.3	-.07	-.07	-.06	-.05	-.04	-.04	-.03	-.02	-.01	-.01	.00	.01	.01
-1.4	-.08	-.07	-.06	-.06	-.05	-.04	-.03	-.03	-.02	-.01	.00	.00	.01
-1.5	-.09	-.08	-.07	-.06	-.05	-.05	-.04	-.03	-.02	-.02	-.01	.00	.00
-1.6	-.09	-.08	-.08	-.07	-.06	-.05	-.04	-.04	-.03	-.02	-.01	-.01	.00
-1.7	-.10	-.09	-.08	-.07	-.07	-.06	-.05	-.04	-.03	-.03	-.02	.01	-.01
-1.8	-.10	-.10	-.09	-.08	-.07	-.06	-.05	-.05	-.04	-.03	-.02	.02	-.01
-1.9	-.11	-.10	-.09	-.08	-.08	-.07	-.06	-.05	-.04	-.04	-.03	.02	-.01
-2.0	-.12	-.11	-.10	-.09	-.08	-.07	-.07	-.06	-.05	-.04	-.03	.03	-.02
-2.1	-.12	-.11	-.11	-.10	-.09	-.08	-.07	-.06	-.06	-.05	-.04	.03	-.02
-2.2	-.13	-.12	-.11	-.10	-.09	-.09	-.08	-.07	-.06	-.05	-.04	.04	-.03
-2.3	-.14	-.13	-.12	-.11	-.10	-.09	-.08	-.07	-.07	-.06	-.05	.04	-.03
-2.4	-.14	-.13	-.12	-.12	-.11	-.10	-.09	-.08	-.07	-.06	-.06	.05	-.04
-2.5	-.15	-.14	-.13	-.12	-.11	-.10	-.09	-.09	-.08	-.07	-.06	.05	-.04
-2.6	-.16	-.15	-.14	-.13	-.12	-.11	-.10	-.09	-.08	-.07	-.07	.06	-.05
-2.7	-.16	-.15	-.14	-.13	-.12	-.12	-.11	-.10	-.09	-.08	-.07	.06	-.05
-2.8	-.17	-.16	-.15	-.14	-.13	-.12	-.11	-.10	-.09	-.08	-.08	.07	-.06
-2.9	-.18	-.17	-.16	-.15	-.14	-.13	-.12	-.11	-.10	-.09	-.08	.07	-.06
-3.0	-.18	-.17	-.16	-.15	-.14	-.13	-.12	-.11	-.11	-.10	-.09	.08	-.07
-3.1	-.19	-.18	-.17	-.16	-.15	-.14	-.13	-.12	-.11	-.10	-.09	.08	-.08
-3.2	-.20	-.19	-.18	-.17	-.16	-.15	-.14	-.13	-.12	-.11	-.10	.09	-.08
-3.3	-.20	-.19	-.18	-.17	-.16	-.15	-.14	-.13	-.12	-.11	-.10	.09	-.09
-3.4	-.21	-.20	-.19	-.18	-.17	-.16	-.15	-.14	-.13	-.12	-.11	.10	-.09
-3.5	-.22	-.21	-.20	-.19	-.18	-.16	-.15	-.14	-.13	-.12	-.12	.11	-.1
-3.6	-.23	-.21	-.20	-.19	-.18	-.17	-.16	-.15	-.14	-.13	-.12	.11	-.1
-3.7	-.23	-.22	-.21	-.20	-.19	-.18	-.17	-.16	-.15	-.14	-.13	.12	-.11
-3.8	-.24	-.23	-.22	-.21	-.19	-.18	-.17	-.16	-.15	-.14	-.13	.12	-.11
-3.9	-.25	-.24	-.22	-.21	-.20	-.19	-.18	-.17	-.16	-.15	-.14	.13	-.12
-4.0	-.26	-.24	-.23	-.22	-.21	-.20	-.19	-.18	-.16	-.15	-.14	.13	-.12
-4.1	-.26	-.25	-.24	-.23	-.22	-.20	-.19	-.18	-.17	-.16	-.15	.14	-.13
-4.2	-.27	-.26	-.25	-.23	-.22	-.21	-.20	-.19	-.18	-.17	-.16	.15	-.14
-4.3	-.28	-.27	-.25	-.24	-.23	-.22	-.21	-.19	-.18	-.17	-.16	.15	-.14
-4.4	-.29	-.27	-.26	-.25	-.24	-.22	-.21	-.20	-.19	-.18	-.17	.16	-.15
-4.5	-.29	-.28	-.27	-.25	-.24	-.23	-.22	-.21	-.20	-.19	-.17	.16	-.15
-4.6	-.3	-.29	-.27	-.26	-.25	-.24	-.23	-.21	-.20	-.19	-.18	.17	-.16
-4.7	-.31	-.29	-.28	-.27	-.26	-.24	-.23	-.22	-.21	-.20	-.19	.18	-.16
-4.8	-.32	-.3	-.29	-.28	-.26	-.25	-.24	-.23	-.22	-.20	-.19	.18	-.17
-4.9	-.32	-.31	-.3	-.28	-.27	-.26	-.25	-.23	-.22	-.21	-.20	.19	-.18
-5.0	-.33	-.32	-.3	-.29	-.28	-.27	-.25	-.24	-.23	-.22	-.21	.19	-.18

WOMEN'S AIDING WIND/ALTITUDE CHART
(table shows time to add in 100ths of a second)

alt(m)	0	200	400	600	800	1000	1200	1400	1600	1800	2000	2200	2400
wind (m/s)	0ft	656ft	1312ft	1969ft	2625ft	3281ft	3937ft	4593ft	5249ft	5906ft	6562ft	7218ft	7874ft
0.0	.00	.01	.01	.02	.03	.03	.04	.05	.05	.06	.07	.07	.08
0.1	.01	.01	.02	.03	.03	.04	.05	.05	.06	.06	.07	.08	.08
0.2	.01	.02	.03	.03	.04	.05	.05	.06	.06	.07	.08	.08	.09
0.3	.02	.03	.03	.04	.04	.05	.06	.06	.07	.07	.08	.09	.09
0.4	.02	.03	.04	.04	.05	.06	.06	.07	.07	.08	.08	.09	.10
0.5	.03	.04	.04	.05	.06	.06	.07	.07	.08	.08	.09	.09	.10
0.6	.04	.04	.05	.06	.06	.07	.07	.08	.08	.09	.09	.10	.10
0.7	.04	.05	.05	.06	.07	.07	.08	.08	.09	.09	.10	.10	.11
0.8	.05	.05	.06	.07	.07	.08	.08	.09	.09	.10	.10	.11	.11
0.9	.05	.06	.07	.07	.08	.08	.09	.09	.10	.10	.11	.11	.12
1.0	.06	.07	.07	.08	.08	.09	.09	.10	.10	.11	.11	.12	.12
1.1	.07	.07	.08	.08	.09	.09	.10	.10	.11	.11	.12	.12	.13
1.2	.07	.08	.08	.09	.09	.10	.10	.11	.11	.12	.12	.13	.13
1.3	.08	.08	.09	.09	.10	.10	.11	.11	.12	.12	.13	.13	.13
1.4	.08	.09	.09	.10	.10	.11	.11	.12	.12	.13	.13	.13	.14
1.5	.09	.09	.10	.10	.11	.11	.12	.12	.13	.13	.13	.14	.14
1.6	.09	.10	.10	.11	.11	.12	.12	.13	.13	.13	.14	.14	.15
1.7	.10	.10	.11	.11	.12	.12	.13	.13	.13	.14	.14	.15	.15
1.8	.10	.11	.11	.12	.12	.13	.13	.14	.14	.14	.15	.15	.16
1.9	.11	.11	.12	.12	.13	.13	.14	.14	.14	.15	.15	.16	.16
2.0	.11	.12	.12	.13	.13	.14	.14	.14	.15	.15	.16	.16	.16
2.1	.12	.12	.13	.13	.14	.14	.14	.15	.15	.16	.16	.16	.17
2.2	.12	.13	.13	.14	.14	.14	.15	.15	.16	.16	.16	.17	.17
2.3	.13	.13	.14	.14	.14	.15	.15	.16	.16	.16	.17	.17	.17
2.4	.13	.14	.14	.14	.15	.15	.16	.16	.16	.17	.17	.17	.18
2.5	.14	.14	.15	.15	.15	.16	.16	.16	.17	.17	.17	.18	.18
2.6	.14	.15	.15	.15	.16	.16	.17	.17	.17	.18	.18	.18	.18
2.7	.15	.15	.15	.16	.16	.17	.17	.17	.18	.18	.18	.19	.19
2.8	.15	.16	.16	.16	.17	.17	.17	.18	.18	.18	.19	.19	.19
2.9	.16	.16	.16	.17	.17	.17	.18	.18	.18	.19	.19	.19	.20
3.0	.16	.16	.17	.17	.17	.18	.18	.18	.19	.19	.19	.20	.20
3.1	.17	.17	.17	.18	.18	.18	.18	.19	.19	.19	.20	.20	.20
3.2	.17	.17	.18	.18	.18	.19	.19	.19	.19	.20	.20	.20	.21
3.3	.17	.18	.18	.18	.19	.19	.19	.20	.20	.20	.20	.21	.21
3.4	.18	.18	.18	.19	.19	.19	.20	.20	.20	.20	.21	.21	.21
3.5	.18	.19	.19	.19	.19	.20	.20	.20	.20	.21	.21	.21	.21
3.6	.19	.19	.19	.19	.20	.20	.20	.21	.21	.21	.21	.22	.22
3.7	.19	.19	.20	.20	.20	.20	.21	.21	.21	.21	.22	.22	.22
3.8	.19	.20	.20	.20	.20	.21	.21	.21	.21	.22	.22	.22	.22
3.9	.20	.20	.20	.21	.21	.21	.21	.22	.22	.22	.22	.22	.23
4.0	.20	.20	.21	.21	.21	.21	.22	.22	.22	.22	.23	.23	.23
4.1	.21	.21	.21	.21	.22	.22	.22	.22	.23	.23	.23	.23	.23
4.2	.21	.21	.21	.22	.22	.22	.22	.23	.23	.23	.23	.23	.24
4.3	.21	.22	.22	.22	.22	.22	.23	.23	.23	.23	.23	.24	.24
4.4	.22	.22	.22	.22	.23	.23	.23	.23	.23	.24	.24	.24	.24
4.5	.22	.22	.22	.23	.23	.23	.23	.23	.24	.24	.24	.24	.24
4.6	.22	.23	.23	.23	.23	.23	.24	.24	.24	.24	.24	.24	.25
4.7	.23	.23	.23	.23	.23	.24	.24	.24	.24	.25	.25	.25	.25
4.8	.23	.23	.23	.24	.24	.24	.24	.24	.25	.25	.25	.25	.25
4.9	.23	.24	.24	.24	.24	.24	.25	.25	.25	.25	.25	.25	.25
5.0	.24	.24	.24	.24	.24	.25	.25	.25	.25	.25	.25	.25	.26

WOMEN'S NEGATIVE WIND/ALTITUDE CHART
(table shows time to subtract in 100ths of a second)

alt(m)	0	200	400	600	800	1000	1200	1400	1600	1800	2000	2200	2400
wind (m/s)	0ft	656ft	1312ft	1969ft	2625ft	3281ft	3937ft	4593ft	5249ft	5906ft	6562ft	7218ft	7874ft
0.0	.00	.01	.01	.02	.03	.03	.04	.05	.05	.06	.07	.07	.08
-0.1	-.01	.00	.01	.01	.02	.03	.03	.04	.05	.05	.06	.07	.07
-0.2	-.01	-.01	.00	.01	.02	.02	.03	.04	.04	.05	.05	.06	.07
-0.3	-.02	-.01	.00	.00	.01	.02	.02	.03	.04	.04	.05	.06	.06
-0.4	-.03	-.02	-.01	.00	.00	.01	.02	.02	.03	.04	.04	.05	.06
-0.5	-.03	-.02	-.02	-.01	.00	.01	.01	.02	.03	.03	.04	.05	.05
-0.6	-.04	-.03	-.02	-.02	-.01	.00	.01	.01	.02	.03	.03	.04	.05
-0.7	-.05	-.04	-.03	-.02	-.01	-.01	.00	.01	.01	.02	.03	.04	.04
-0.8	-.05	-.04	-.04	-.03	-.02	-.01	-.01	.00	.01	.02	.02	.03	.04
-0.9	-.06	-.05	-.04	-.03	-.03	-.02	-.01	.00	.00	.01	.02	.02	.03
-1.0	-.07	-.06	-.05	-.04	-.03	-.03	-.02	-.01	.00	.00	.01	.02	.03
-1.1	-.07	-.06	-.06	-.05	-.04	-.03	-.02	-.02	-.01	.00	.01	.01	.02
-1.2	-.08	-.07	-.06	-.05	-.05	-.04	-.03	-.02	-.01	-.01	.00	.01	.02
-1.3	-.09	-.08	-.07	-.06	-.05	-.04	-.04	-.03	-.02	-.01	.00	.00	.01
-1.4	-.09	-.09	-.08	-.07	-.06	-.05	-.04	-.03	-.03	-.02	-.01	.00	.00
-1.5	-.10	-.09	-.08	-.07	-.07	-.06	-.05	-.04	-.03	-.02	-.02	-.01	.00
-1.6	-.11	-.10	-.09	-.08	-.07	-.06	-.05	-.05	-.04	-.03	-.02	-.01	-.01
-1.7	-.12	-.11	-.10	-.09	-.08	-.07	-.06	-.05	-.04	-.04	-.03	-.02	-.01
-1.8	-.12	-.11	-.10	-.10	-.09	-.08	-.07	-.06	-.05	-.04	-.03	-.03	-.02
-1.9	-.13	-.12	-.11	-.10	-.09	-.08	-.07	-.07	-.06	-.05	-.04	-.03	-.02
-2.0	-.14	-.13	-.12	-.11	-.10	-.09	-.08	-.07	-.06	-.05	-.05	-.04	-.03
-2.1	-.15	-.14	-.13	-.12	-.11	-.10	-.09	-.08	-.07	-.06	-.05	-.04	-.04
-2.2	-.15	-.14	-.13	-.12	-.11	-.10	-.09	-.09	-.08	-.07	-.06	-.05	-.04
-2.3	-.16	-.15	-.14	-.13	-.12	-.11	-.10	-.09	-.08	-.07	-.06	-.06	-.05
-2.4	-.17	-.16	-.15	-.14	-.13	-.12	-.11	-.10	-.09	-.08	-.07	-.06	-.05
-2.5	-.18	-.17	-.16	-.15	-.14	-.12	-.11	-.11	-.10	-.09	-.08	-.07	-.06
-2.6	-.19	-.17	-.16	-.15	-.14	-.13	-.12	-.11	-.10	-.09	-.08	-.07	-.06
-2.7	-.19	-.18	-.17	-.16	-.15	-.14	-.13	-.12	-.11	-.10	-.09	-.08	-.07
-2.8	-.20	-.19	-.18	-.17	-.16	-.15	-.14	-.13	-.12	-.11	-.10	-.09	-.08
-2.9	-.21	-.20	-.19	-.18	-.16	-.15	-.14	-.13	-.12	-.11	-.10	-.09	-.08
-3.0	-.22	-.21	-.19	-.18	-.17	-.16	-.15	-.14	-.13	-.12	-.11	-.10	-.09
-3.1	-.23	-.21	-.20	-.19	-.18	-.17	-.16	-.15	-.14	-.13	-.12	-.11	-.10
-3.2	-.23	-.22	-.21	-.20	-.19	-.18	-.16	-.15	-.14	-.13	-.12	-.11	-.10
-3.3	-.24	-.23	-.22	-.21	-.19	-.18	-.17	-.16	-.15	-.14	-.13	-.12	-.11
-3.4	-.25	-.24	-.23	-.21	-.20	-.19	-.18	-.17	-.16	-.15	-.14	-.12	-.11
-3.5	-.26	-.25	-.23	-.22	-.21	-.20	-.19	-.18	-.16	-.15	-.14	-.13	-.12
-3.6	-.27	-.26	-.24	-.23	-.22	-.21	-.19	-.18	-.17	-.16	-.15	-.14	-.13
-3.7	-.28	-.26	-.25	-.24	-.23	-.21	-.20	-.19	-.18	-.17	-.16	-.14	-.13
-3.8	-.29	-.27	-.26	-.25	-.23	-.22	-.21	-.20	-.19	-.17	-.16	-.15	-.14
-3.9	-.29	-.28	-.27	-.25	-.24	-.23	-.22	-.20	-.19	-.18	-.17	-.16	-.15
-4.0	-.30	-.29	-.28	-.26	-.25	-.24	-.22	-.21	-.20	-.19	-.18	-.17	-.15
-4.1	-.31	-.30	-.28	-.27	-.26	-.24	-.23	-.22	-.21	-.20	-.18	-.17	-.16
-4.2	-.32	-.31	-.29	-.28	-.27	-.25	-.24	-.23	-.21	-.20	-.19	-.18	-.17
-4.3	-.33	-.32	-.30	-.29	-.27	-.26	-.25	-.23	-.22	-.21	-.20	-.19	-.17
-4.4	-.34	-.32	-.31	-.30	-.28	-.27	-.26	-.24	-.23	-.22	-.21	-.19	-.18
-4.5	-.35	-.33	-.32	-.30	-.29	-.28	-.26	-.25	-.24	-.22	-.21	-.20	-.19
-4.6	-.36	-.34	-.33	-.31	-.30	-.29	-.27	-.26	-.25	-.23	-.22	-.21	-.20
-4.7	-.37	-.35	-.34	-.32	-.31	-.29	-.28	-.27	-.25	-.24	-.23	-.21	-.20
-4.8	-.38	-.36	-.34	-.33	-.32	-.30	-.29	-.27	-.26	-.25	-.23	-.22	-.21
-4.9	-.38	-.37	-.35	-.34	-.32	-.31	-.30	-.28	-.27	-.25	-.24	-.23	-.22
-5.0	-.39	-.38	-.36	-.35	-.33	-.32	-.30	-.29	-.28	-.26	-.25	-.24	-.22

ALTITUDES OF SELECTED CITIES

(first column is elevation in meters, second is elevation in feet; * = altitude not pegged to a specific track, but to "official" figure for city as a whole)

UNITED STATES

City	Meters	Feet
Air Force Acad.	2132	6994
Albuquerque	1564	5130
(Indoor)	1513	4964
Ames	299	982
Ann Arbor	253	830
Athens	219	718
Atlanta	276	905
Auburn	183	600
Austin	180	591
Bakersfield	208	683
Baton Rouge	7	23
Beaverton	60	196
Berkeley	66	216
Blacksburg	625	2051
Bloomington	247	812
Boise	823	2701
Boston	3	10
Boulder	1604	5261
Buffalo	182	596
Carson	19	61
Champaign	232	760
Chapel Hill	132	432
Charlottesville	170	559
Chicago	181	594
Chula Vista	163	534
Cincinnati	247	811
Clemson	190	623
Clermont	58	191
Cleveland	210	690
College Park	49	162
College Station	102	334
Colorado Springs	1858	6095
Columbia (Mo)	217	712
Columbia (SC)	60	198
Columbus	226	740
Dallas	177	581
Denver*	1609	5279
Des Moines	278	913
Durham	103	338
East Lansing	257	843
Echo Summit	2276	7401
El Paso	1194	3916
Eugene	137	448
Fayetteville	391	1284
Flagstaff	2102	6896
Ft. Collins	1524	5001
Ft. Worth	206	675
Fresno	103	337
Gainesville	43	141
Greensboro	235	771
Gresham	94	307
Honolulu	4	14
Houston	12	39
Indianapolis	209	687
Iowa City	198	650
Jonesboro	84	277
Johnson City	513	1684
Knoxville	279	914
Laramie	2212	7256
Las Vegas	623	2045
Lawrence	275	902
Lexington	302	992
Lincoln	353	1157
Logan	1430	4691
Los Angeles	55	181
Louisville	142	465
Lubbock	981	3218
Madison	262	861
Manhattan	336	1103
Miami	2	6
Minneapolis	254	832
Miramar	1	4
Modesto	26	86
Moscow	796	2612
Nampa	764	2508
New Orleans	SL	SL
New York City	6	19
Norman	353	1157
Odessa*	881	2890
Ogden	1458	4784
Omaha	348	1142
Orlando	29	96
Philadelphia	6	19
Phoenix*	330	1082
Pittsburgh	333	1094
Pocatello	1373	4503
Portland	127	418
Princeton	32	105
Provo	1411	4628
Pullman	772	2532
Raleigh	102	334
Reno	1408	4621
Richmond	61	201
Sacramento	12	40
Salt Lake City	1469	4820
San Angelo	581	1905
San Antonio	302	990
San Diego	138	452
San José	44	143
Seattle	10	33
Spokane	579	1900
Stanford	20	64
State College	336	1102
Stillwater	284	933
Tallahassee	20	66
Tempe	351	1151
Terre Haute	150	491
Tucson	747	2450
Tuscaloosa	66	217
Waco	145	476
Walnut	223	733
West Lafayette	189	620
Westwood	118	388

WORLD

City		
Abidjan	12	41
Abuja	481	1579
Accra	23	75
Addis Ababa	2349	7706
Algiers	236	774
Almaty	830	2724
Amsterdam	3	9
Ancona	40	131
Ankara	854	2801
Annecy	451	1480
Antwerp	2	7
Århus	19	62
Athens	172	563
Auckland	19	62
Bacau	160	524
Baku	20	65
Banská Bystrica	351	1150
Barcelona	87	286
Barquisimeto	551	1808
Beijing	48	159
Belém	28	91
Belgrade	110	362
Bergen	180	589
Berlin	66	215
Bern	556	1823
Birmingham	107	351
Bloemfontein	1389	4558
Bogotá	2550	8365
Brasschaat	15	48
Bratislava	136	446
Brisbane	94	308
Brno	206	676
Brussels	60	196
Bryansk	199	653
Bucharest	77	253
Budapest	110	360
Burnaby	122	400
Bydgoszcz	52	172
Cairo	46	151
Calgary	1100	3609
Cali	968	3177
Canberra	623	2043
Cape Town	13	42
Caracas	864	2836
Casablanca	27	89
Celje	225	738
Chaniá	14	45
Chelyabinsk	248	814
Chemnitz	325	1067
Chengdu	500	1641
Chorzów	281	923
Christchurch	1	3
Cologne	66	217
Copenhagen	9	30
Cork	20	66
Cottbus	80	263
Daegu	112	366
Dakar	22	73
Davos	1534	5034
Delhi	219	717
Doha	4	14
Donets'k	209	685
Dortmund	107	350
Dresden	115	377
Dublin	52	171
Durban	7	22
Düsseldorf	36	118
Eberstadt	198	649
Edinburgh	30	97
Edmonton	652	2140
Eldoret	2115	6938
Erfurt	214	703
Florence	52	170
Font-Romeu	1834	6018
Formia	27	90
Frankfurt	113	371
Freeport	5	17
Fukuoka	52	170
Fürth	313	1028
Gateshead	32	106
Geneva	386	1265
Genoa	6	21
Ghent	7	23
Germiston	1633	5357
Glasgow	37	123
Göteborg	5	17
Götzis	412	1352
Grenoble	223	732
Grosseto	10	33
Guadalajara	1559	5115
Hamburg	25	83
Hamilton (Ber)	42	137
Hamilton (Ont)	90	295
Hannover	55	179
Havana	36	117
Helsinki	10	32
Hengelo	21	69
Heusden-Zolder	40	131
Innsbruck	575	1886
Iráklio	6	20
İstanbul	85	279
İzmir	3	11
Jablonec	548	1798
Jena	147	483
Jerez	42	138
Johannesburg	1722	5649
Kampala	1192	3912
Kasarani	1612	5288
Katowice*	284	932
Kaunas	74	244
Kazan	55	182
Kyyiv	134	438
Kingston	93	305
Kisumu	1151	3777
Kobe	114	374
Koblenz	67	220
Krasnodar	25	82
Krugersdorp	1703	5586
Kuala Lumpur	57	186
La Coruña	24	78
La Paz	3598	11,804
Lagos	12	38

Lausanne .... 599 .. 1965	Oulu 1 3	Sofia .... 547 .. 1794
Leipzig 106 348	Oviedo 232 762	Split 9 28
Leuven 29 96	Paris* 60 197	Stara Zagora 281 923
Liévin 48 156	Perth 11 35	Stellenbosch 122 400
Linz .... 321 .. 1054	Pescara 2 7	Stockholm 28 92
Lisbon 50 165	Pireás* .... SL ...... SL	Stuttgart 225 738
Ljubljana 301 988	Plovdiv 167 547	Sudbury 274 900
London (Oly St) ... 14 45	Pt. Elizabeth 70 230	Sydney 30 98
London (C Pal) 70 231	Port-of-Spain 10 33	Szombathely 213 700
Lucerne .... 455 .. 1492	Potchefstroom . 1349 .. 4425	Talence 27 89
Luxembourg .... 316 .. 1037	Potsdam 33 109	Tallinn 25 81
Lyon 184 605	Prague 228 749	Tampere 80 261
Madrid .... 696 .. 2282	Pretoria .... 1313 .. 4308	Tangier 82 268
Maebashi 121 397	Rabat 51 166	Tartu 67 219
Mainz 125 411	Réthymno 173 567	Tashkent .... 450 .. 1475
Malmö 9 30	Reykjavík 9 30	Tblisi .... 421 .. 1380
Manaus* 60 197	Rieti .... 387 .. 1269	Tel Aviv 15 48
Manchester 57 188	Riga 15 49	Thessaloníki 55 182
Marrakech* .... 466 .. 1528	Rio de Janiero 30 97	Tokyo 28 92
Melbourne 17 56	Rome 34 113	Toluca .... 2691 .. 8829
Mexico City ...... 2294 .. 7526	Rotterdam .... SL ...... SL	Toronto 114 373
Milan 122 399	Rovereto 174 571	Tula 202 662
Minsk 201 658	St.-Denis 60 196	Turin 263 863
Mito* 30 100	St. Petersburg* 20 66	Turku 23 74
Monaco 6 20	Salamanca .... 810 .. 2657	Valencia 54 177
Moncton 15 49	San Juan 3 10	Valparaíso 44 144
Monterrey .... 532 .. 1744	San Sebastián* .... SL ...... SL	Vancouver* 60 197
Montréal 33 109	Santiago .... 572 .. 1876	Viareggio 3 10
Moscow 158 520	Santiago de Cuba . 27 87	Victoria 62 204
Munich .... 522 .. 1712	São Paulo .... 750 .. 2461	Vienna 176 579
Nairobi .... 1658 .. 5441	Saskatoon .... 503 .. 1650	Villeneuve-d'Ascq .. 25 83
Nanjing 2 7	Senftenberg 106 348	Vilnius 100 328
Nassau 3 10	Seoul 49 161	Volgograd 31 101
Neubrandenburg .. 16 51	Sestriere .... 2057 .. 6748	Warsaw* 109 358
New Delhi* 214 702	Seville 21 70	Wellington 48 159
Nice* 46 151	Shanghai 10 33	Winnipeg 228 748
Nyíregyháza 105 346	Sherbrooke 249 818	Yerevan .... 976 .. 3202
Osaka 26 86	Shizuoka 59 195	Yokohama 30 99
Oslo 37 122	Shymkent .... 530 .. 1738	Zagreb 114 375
Ostrava 231 757	Sindelfingen ..... 434 .. 1423	Zaragoza 195 639
Ottawa 83 272	Sochi 4 14	Zürich .... 401 .. 1316

USEFUL CHARTS AND TABLES

KILOGRAMS TO POUNDS

Kg.	Lb.	Kg.	Lb.	Kg.	Lb.	Kg.	Lb.	Kg.	Lb.
0	0	50	110	100	220	150	331	200	441
1	2	51	112	101	223	151	333	201	443
2	4	52	115	102	225	152	335	202	445
3	7	53	117	103	227	153	337	203	448
4	9	54	119	104	229	154	340	204	450
5	11	55	121	105	231	155	342	205	452
6	13	56	123	106	234	156	344	206	454
7	15	57	126	107	236	157	346	207	456
8	18	58	128	108	238	158	348	208	459
9	20	59	130	109	240	159	351	209	461
10	22	60	132	110	243	160	353	210	463
11	24	61	134	111	245	161	355	211	465
12	26	62	137	112	247	162	357	212	467
13	29	63	139	113	249	163	359	213	470
14	31	64	141	114	251	164	362	214	472
15	33	65	143	115	254	165	364	215	474
16	35	66	146	116	256	166	366	216	476
17	37	67	148	117	258	167	368	217	478
18	40	68	150	118	260	168	370	218	481
19	42	69	152	119	262	169	373	219	483
20	44	70	154	120	265	170	375	220	485
21	46	71	157	121	267	171	377	221	487
22	49	72	159	122	269	172	379	222	489
23	51	73	161	123	271	173	381	223	492
24	53	74	163	124	273	174	384	224	494
25	55	75	165	125	276	175	386	225	496
26	57	76	168	126	278	176	388	226	498
27	60	77	170	127	280	177	390	227	500
28	62	78	172	128	282	178	392	228	503
29	64	79	174	129	284	179	395	229	505
30	66	80	176	130	287	180	397	230	507
31	68	81	179	131	289	181	399	231	509
32	71	82	181	132	291	182	401	232	511
33	73	83	183	133	293	183	403	233	514
34	75	84	185	134	295	184	406	234	516
35	77	85	187	135	298	185	408	235	518
36	79	86	190	136	300	186	410	236	520
37	82	87	192	137	302	187	412	237	522
38	84	88	194	138	304	188	414	238	525
39	86	89	196	139	306	189	417	239	527
40	88	90	198	140	309	190	419	240	529
41	90	91	201	141	311	191	421	241	531
42	93	92	203	142	313	192	423	242	534
43	95	93	205	143	315	193	425	243	536
44	97	94	207	144	317	194	428	244	538
45	99	95	209	145	320	195	430	245	540
46	101	96	212	146	322	196	432	246	542
47	104	97	214	147	324	197	434	247	545
48	106	98	216	148	326	198	437	248	547
49	108	99	218	149	328	199	439	249	549

250 KILOGRAMS TO POUNDS 499

Kg.	Lb.	Kg.	Lb.	Kg.	Lb.	Kg.	Lb.	Kg.	Lb.
250	551	300	661	350	772	400	882	450	992
251	553	301	664	351	774	401	884	451	994
252	556	302	666	352	776	402	886	452	996
253	558	303	668	353	778	403	888	453	999
254	560	304	670	354	780	404	891	454	1001
255	562	305	672	355	783	405	893	455	1003
256	564	306	675	356	785	406	895	456	1005
257	567	307	677	357	787	407	897	457	1008
258	569	308	679	358	789	408	899	458	1010
259	571	309	681	359	791	409	902	459	1012
260	573	310	683	360	794	410	904	460	1014
261	575	311	686	361	796	411	906	461	1016
262	578	312	688	362	798	412	908	462	1019
263	580	313	690	363	800	413	910	463	1021
264	582	314	692	364	802	414	913	464	1023
265	584	315	694	365	805	415	915	465	1025
266	586	316	697	366	807	416	917	466	1027
267	589	317	699	367	809	417	919	467	1030
268	591	318	701	368	811	418	922	468	1032
269	593	319	703	369	813	419	924	469	1034
270	595	320	705	370	816	420	926	470	1036
271	597	321	708	371	818	421	928	471	1038
272	600	322	710	372	820	422	930	472	1041
273	602	323	712	373	822	423	933	473	1043
274	604	324	714	374	825	424	935	474	1045
275	606	325	716	375	827	425	937	475	1047
276	608	326	719	376	829	426	939	476	1049
277	611	327	721	377	831	427	941	477	1052
278	613	328	723	378	833	428	944	478	1054
279	615	329	725	379	836	429	946	479	1056
280	617	330	728	380	838	430	948	480	1058
281	619	331	730	381	840	431	950	481	1060
282	622	332	732	382	842	432	952	482	1063
283	624	333	734	383	844	433	955	483	1065
284	626	334	736	384	847	434	957	484	1067
285	628	335	739	385	849	435	959	485	1069
286	631	336	741	386	851	436	961	486	1071
287	633	337	743	387	853	437	963	487	1074
288	635	338	745	388	855	438	966	488	1076
289	637	339	747	389	858	439	968	489	1078
290	639	340	750	390	860	440	970	490	1080
291	642	341	752	391	862	441	972	491	1082
292	644	342	754	392	864	442	974	492	1085
293	646	343	756	393	866	443	977	493	1087
294	648	344	758	394	869	444	979	494	1089
295	650	345	761	395	871	445	981	495	1091
296	653	346	763	396	873	446	983	496	1093
297	655	347	765	397	875	447	985	497	1096
298	657	348	767	398	877	448	988	498	1098
299	659	349	769	399	880	449	990	499	1100

551   **1100**

METRIC–ENGLISH EQUIVALENTS

To convert from one form of measurement to another, multiply the type of measure in the first column by the number in the third column. The result will be in the measure of the second column:

DISTANCE

inch	meters	0.0254
feet	meters	0.3048
yards	meters	0.9144
miles	meters	1609.344
meters	inches	39.3700787
meters	feet	3.2808399
meters	yards	1.0936133
meters	miles	0.000621371

— See p.152 for event equivalents —

SPEED

mph	fps	1.4666
mph	mps	0.44704
mph	kph	1.609344
fps	mps	0.3048
fps	mph	0.68181818
mps	mph	2.23694
mps	fps	3.2808399
mps	kph	3.6
kph	mps	0.277778

WEIGHT

lb	kilo	0.45359237
kilo	lb	2.2046226
oz	grams	28.349523
grams	oz	0.035274

VOLUME

liter	quart	1.056688
quart	liter	0.9463529

METRIC MEASURE RELATIONSHIPS

kilometers	meters	decimeters	centimeters	millimeters
1	1000	10,000	100,000	1,000,000
0.001	1	10	100	1000
0.0001	0.1	1	10	100
0.00001	0.01	0.1	1	10
0.000001	0.001	0.01	0.1	1

HANDY CONVERSION SHORTCUTS

These simple, do-it-in-your-head systems for metric conversions produce results which are approximations within a very small percentage. Known as Eckermetric Shortcuts, they were devised and compiled by track & field author Tom Ecker.

METERS TO FEET. Multiply by 3. Add 10%. (For an even closer result, then subtract 1 foot on DT, HT and JT conversions.)

FEET TO METERS. Subtract 10%. Divide by 3.

CENTIMETERS TO INCHES. Double the number. Double it again. (Or just multiply by 4). Move the decimal point one place to the left.

INCHES TO CENTIMETERS. Divide the number by 2. Divide by 2 again. Move the decimal point one place to the right.

METERS PER SECOND TO MILES PER HOUR. Multiply by 2. Add 10%

MILES PER HOUR TO METERS PER SECOND. Subtract 10%. Divide by 2.

CELSIUS (CENTIGRADE) TO FAHRENHEIT. Double the number. Subtract 10%. Add 32 for exact result.

FAHRENHEIT TO CELSIUS. Subtract 32. Add 10%. Divide by 2.

KILOGRAMS TO POUNDS. Double the number. Add 10%

POUNDS TO KILOGRAMS. Divide by 2. Subtract 10%.

KILOMETERS TO MILES. (or kilometers per hour to miles per hour). Multiply by 6 (or multiply by 3, then multiply by 2) and move the decimal point one place to the left.

MILES TO KILOMETERS. Divide by 6 (or divide by 2, then divide by 3). Move decimal one place to the right. 60 miles = 100 kilometers, approximately.

CELSIUS° TO FAHRENHEIT°

C°	F°	C°	F°	C°	F°	C°	F°	C°	F°
-26	-15	**0**	**32**	26	79	52	126	78	172
-25	-13	1	34	27	81	53	127	79	174
-24	-11	2	36	28	82	54	129	80	176
-23	-9	3	37	29	84	55	131	81	178
-22	-8	4	39	**30**	**86**	56	133	82	180
-21	-6	5	41	31	88	57	135	83	181
-20	-4	6	43	32	90	58	136	84	183
-19	-2	7	45	33	91	59	138	85	185
-18	**0**	8	46	34	93	60	140	86	187
-17	1	9	48	35	95	61	142	87	189
-16	3	**10**	**50**	36	97	62	144	88	190
-15	5	11	52	37	99	63	145	89	192
-14	7	12	54	38	100	64	147	90	194
13	0	13	55	39	102	65	149	91	196
-12	10	14	57	**40**	**104**	66	151	92	198
-11	12	15	59	41	106	67	153	93	199
-10	14	16	61	42	108	68	154	94	201
-9	16	17	63	43	109	69	156	95	203
-8	18	18	64	44	111	70	158	96	205
-7	19	19	66	45	113	71	160	97	207
-6	21	**20**	**68**	46	115	72	162	98	208
-5	23	21	70	47	117	73	163	99	210
-4	25	22	72	48	118	74	165	**100**	**212**
-3	27	23	73	49	120	75	167	101	214
-2	28	24	75	50	122	76	169	102	216
-1	30	25	77	51	124	77	171	103	217

Conversion formulae: $F° = (1.8 \times C°) + 32$ $C° = 0.556 \times (F° - 32)$

BIG GOLD BOOK

ENGLISH/
METRIC
TIME
EQUIVALENTS

RUNNING-EVENT EQUIVALENTS

In the left column is a list of metric race distances/split points—for track, road and cross country—followed by expressions of these distances in yards–feet–inches (with miles in parentheses). On the right is a list of imperial (often called "English") distances followed by their metric expressions. Caution: all the conversions are rounded, and should not be used as exact race measures. The specific conversion figures as shown on p. 148 must be used for that purpose.

Meters	Imperial (English)	Imperial (English)	Meters
50	54y, 2'1" (0.031M)	40y	36.58
55	60y, 0'6' (0.034M)	50y	45.72
60	65y, 1'10" (0.037 M)	60y	54.87
100	109y, 1'1" (0.062M)	75y	68.58
110	120y, 0'11" (0.068M)	100y	91.44
200	218y, 2'2" (0.124M)	110y	100.59
300	328y, 0'3" (0.186M)	120y	109.73
400	437y, 1'4" (0.249M)	220y	201.17
500	546y, 2'5" (0.311M)	300y	274.32
600	656y, 0'6" (0.373M)	440y	402.34
800	874y, 2'8" (0.497M)	500y	457.20
1000	1093y, 1'10" (0.621M)	600y	548.64
1500	1640y, 1'3" (0.932M)	880y	804.68
1600	1749y, 2'4" (0.994M)	1000y	914.40
2000	1M, 427y, 0'8" (1.243M)	1M	1609.35
3000	1M, 1520y, 2'6" (1.864M)	2M	3218.69
3200	1M, 1739y, 1'8" (1.198M)	3M	4828.04
4000	2M, 854y, 1'4" (2.485M)	4M	6437.38
5000	3M, 188y, 0'2" (3.107M)	5M	8046.72
6000	3M, 1281y, 2'0" (3.728M)	6M	9656.07
7000	4M, 615y, 0'11" (4.350M)	7M	11,265.41
8000	4M,1708y, 2'9" (4.971M)	8M	12,874.76
9000	5M, 1042y, 1'7" (5.592M)	9M	14,484.10
10,000	6M, 376y, 0'5" (6.214M)	10M	16,093.44
12,000	7M, 803y, 1'1" (7.456M)	13M, 192.5y *(1/2 mar)*	21,097.50
15,000	9M, 564y, 0'7" (9.321M)	15M	24,140.16
20,000	12M, 752y, 0'10" (12.427M)	20M	32,186.88
21,097.5(½m)	13M,192y,1'6"(13.109M)	25M	40,233.60
25,000	15M, 940y, 1'0" (15.534M)	26M, 385y *(marathon)*	42,194.99
30,000	18M, 1128y, 1'2" (18.641M)	30M	48,280.32
35,000	21M, 1316y, 1'5"(21.748M)	40M	64,373.76
40,000	24M, 1504y, 1'7"(24.855M)	50M	80,467.20
42,195 *(mar)*	26M, 385y (26.219M)	75M	120,700.80
50,000	31M, 120y, 2'0" (31.069M)	100M	160,934.40

CONVERTING ENGLISH-DISTANCE TIMES

Although English distances other than the mile are rarely run anymore, there is still great interest in knowing how performances run at metric distances stack up against older marks run at comparable English distances (as when a school's all-time lists contain a mix of races of each type).

The easiest way to do this is to simply add or subtract a fixed amount of time from the English distance. The following column, "simple calculation," represents such a set of numbers, as they apply to international-class times. The numbers get larger as time slows down. For a more precise calculation of the differential, one should use a formula which expresses one distance as the ratio of the other, and employ a multiplier ("detailed calculation").

Multipliers are not without their problems, however. You can't use them for short sprints, for example, because the time occupied by the race's start is too large a factor, and is not a constant. And once you get to the 1500 and mile, you're looking at distances which are far enough apart that a fatigue factor needs to be calculated in (see next page).

After calculation, hand times are rounded to 10ths, auto times to 100ths. Our charts are rounded on mathematical principles (up if .5 or greater).

Distance	Simple Calculation	Detailed Calculation
100y to 100m	add 0.85 seconds	data not available
220y to 200m	subtract 0.12 (0.1h) seconds	multiply by 0.9942
440y to 400m	subtract 0.26 (0.3h) seconds	multiply by 0.9942
880y to 800m	subtract 0.6 seconds	multiply by 0.9942
Mile to 1500m	subtract 18 seconds	see next page & charts
Mile to 1600m	subtract 1.4 seconds	"
2 Miles to 3000m	subtract 38 seconds	"
2 Miles to 3200m	subtract 3.1 seconds	"
3 Miles to 5000m	add 28 seconds	data not available
6 Miles to 10,000m	add 58 seconds	data not available
120yH to 110mH	add 0.04 (0.1h) seconds	multiply by 1.0025
330yH to 300mH	subtract 0.23 (0.2h) seconds	multiply by 0.9942
440yH to 400mH	subtract 0.26 (0.3h) seconds	multiply by 0.9942
4x110y to 4x100m	subtract 0.23 (0.2h) seconds	multiply by 0.9942
4x220y to 4x200m	subtract 0.5 seconds	multiply by 0.9942
4x440y to 4x400m	subtract 1.1 seconds	multiply by 0.9942
4x880y to 4x800m	subtract 2.5 seconds	multiply by 0.9942
4xMile to 4x1500	subtract 72.0 seconds	multiply by 0.9259
4xMile to 4x1600	subtract 5.5 seconds	multiply by 0.9942
Sprint medley (y to m)	subtract 1.2 seconds	multiply by 0.9942
Distance medley (y to m)	subtract 3.3 seconds	multiply by 0.9942
4x120yH to 4x110mH	add 0.16 (0.2h) seconds	multiply by 1.0025

Indoor races are converted the same as outdoors. To convert same-number metric races to English (i.e., 300m/300y, 500m/500y, 600m/600y, 1000m/1000y) simply divide the metric time by 1.0936.

In all cases, should you wish to go from metric to English, the factors remain the same. You simply add where it says subtract and divide where it says multiply.

DEALING WITH HAND TIMES

For sprint races (440y or less) there is sometimes a desire to assign an "automatic" value to hand times. The accepted methodology for this, outdoors, is to add 0.24 seconds to hand times in the 100s, 200/220 and 120H/110H, and to add 0.14 seconds to hand times in the 400/440 and 4x110/4x100. For races longer than one lap, statisticians recognize hand times at face value, but automatic times in the same 10th take precedence over hand times (e.g., an automatic 3:38.99 is placed ahead of a hand 3:38.9). Hand times are always expressed in 10ths, and any hand time taken on a watch reading in 100ths should be rounded *up* (e.g., 10.01 on a hand-held watch is a 10.1, not a 10.0).

Should you be converting a hand yard time to an "auto" metric sprint time, you should always add the auto conversion before doing the multiplier. For example, in converting a 47.0 for 440y you first add 0.14 to get 47.14. Then multiply by 0.9942 to get 46.87.

MILES AND METRIC MILES

There is little doubt that the "mile" is the most popular event on the track & field program. It not only features a greater number of talented athletes than any other event, but it also regularly attracts more popular attention than any other discipline. For years the race existed in two formats, the 1500m (the international standard, contested at the Olympics and World Championships) and the mile (still the race of choice in the United States). Unfortunately, with the metrication of U.S. facilities, the powers that run high school track decided that it was an unacceptable burden to expect people to measure out miles on metric tracks, and rather than switch to the international standard decided to stay at an even 4 laps. Thus the unpopular-with-traditionalists 1600m (and its 8-lap equivalent, the 3200m) was born.

Thus, there is a great need to know how to relate between the three kinds of races (and between the 3000m, 3200m and 2 Mile). The following 8 pages contain handy 3-way quick-reference charts which allow you to look at a time at one distance to either/both of the other two.

The charts do not contain every value—they're in 0.5-second increments based on the mile and 2 Mile. To find specific times not represented in the tables, you'll need to use a multiplier (page 153). Fortunately, the decades of 1500/mile data available for analysis have allowed for the generation of a multiplier which semi-accurately takes fatigue into consideration. While there is still not unanimous agreement among statisticians as to what the precise factor is once you get several decimal places in, *Track & Field News* is confident that the figures we use here more than suffice for everyday use.

1500m to Mile (and 3000m to 2M) .... multiply by 1.08
1500m to 1600m (and 3000m to 3200m) .... multiply by 1.0737
1600m to Mile (and 3200m to 2M) .... multiply by 1.0058

Mile to 1500m (and 2M to 3000m) .... divide by 1.08
Mile to 1600m (and 2M to 3200m) .... divide by 1.0058
1600m to 1500m (and 3200m to 3000m) .... divide by 1.0737

1500m–1600m–MILE

1500	1600	Mile	1500	1600	Mile	1500	1600	Mile
3:23.7	3:38.7	3:40.0	3:46.9	4:03.6	4:05.0	4:10.0	4:28.4	4:30.0
3:24.2	3:39.2	3:40.5	3:47.3	4:04.1	4:05.5	4:10.5	4:28.9	4:30.5
3:24.6	3:39.7	3:41.0	3:47.8	4:04.6	4:06.0	4:10.9	4:29.4	4:31.0
3:25.1	3:40.2	3:41.5	3:48.2	4:05.1	4:06.5	4:11.4	4:29.9	4:31.5
3:25.6	3:40.7	3:42.0	3:48.7	4:05.6	4:07.0	4:11.9	4:30.4	4:32.0
3:26.0	3:41.2	3:42.5	3:49.2	4:06.1	4:07.5	4:12.3	4:30.9	4:32.5
3:26.5	3:41.7	3:43.0	3:49.6	4:06.6	4:08.0	4:12.8	4:31.4	4:33.0
3:26.9	3:42.2	3:43.5	3:50.1	4:07.1	4:08.5	4:13.2	4:31.9	4:33.5
3:27.4	3:42.7	3:44.0	3:50.6	4:07.6	4:09.0	4:13.7	4:32.4	4:34.0
3:27.9	3:43.2	3:44.5	3:51.0	4:08.1	4:09.5	4:14.2	4:32.9	4:34.5
3:28.3	3:43.7	3:45.0	3:51.5	4:08.6	4:10.0	4:14.6	4:33.4	4:35.0
3:28.8	3:44.2	3:45.5	3:51.9	4:09.1	4:10.5	4:15.1	4:33.9	4:35.5
3:29.3	3:44.7	3:46.0	3:52.4	4:09.6	4:11.0	4:15.6	4:34.4	4:36.0
3:29.7	3:45.2	3:46.5	3:52.9	4:10.0	4:11.5	4:16.0	4:34.9	4:36.5
3:30.2	3:45.7	3:47.0	3:53.3	4:10.5	4:12.0	4:16.5	4:35.4	4:37.0
3:30.6	3:46.2	3:47.5	3:53.8	4:11.0	4:12.5	4:16.9	4:35.9	4:37.5
3:31.1	3:46.7	3:48.0	3:54.3	4:11.5	4:13.0	4:17.4	4:36.4	4:38.0
3:31.6	3:47.2	3:48.5	3:54.7	4:12.0	4:13.5	4:17.9	4:36.9	4:38.5
3:32.0	3:47.7	3:49.0	3:55.2	4:12.5	4:14.0	4:18.3	4:37.4	4:39.0
3:32.5	3:48.2	3:49.5	3:55.6	4:13.0	4:14.5	4:18.8	4:37.9	4:39.5
3:33.0	3:48.7	3:50.0	3:56.1	4:13.5	4:15.0	4:19.3	4:38.4	4:40.0
3:33.4	3:49.2	3:50.5	3:56.6	4:14.0	4:15.5	4:19.7	4:38.9	4:40.5
3:33.9	3:49.7	3:51.0	3:57.0	4:14.5	4:16.0	4:20.2	4:39.4	4:41.0
3:34.4	3:50.2	3:51.5	3:57.5	4:15.0	4:16.5	4:20.6	4:39.9	4:41.5
3:34.8	3:50.7	3:52.0	3:58.0	4:15.5	4:17.0	4:21.1	4:40.4	4:42.0
3:35.3	3:51.2	3:52.5	3:58.4	4:16.0	4:17.5	4:21.6	4:40.9	4:42.5
3:35.7	3:51.7	3:53.0	3:58.9	4:16.5	4:18.0	4:22.0	4:41.4	4:43.0
3:36.2	3:52.2	3:53.5	3:59.4	4:17.0	4:18.5	4:22.5	4:41.9	4:43.5
3:36.7	3:52.7	3:54.0	3:59.8	4:17.5	4:19.0	4:23.0	4:42.4	4:44.0
3:37.1	3:53.1	3:54.5	4:00.3	4:18.0	4:19.5	4:23.4	4:42.9	4:44.5
3:37.6	3:53.6	3:55.0	4:00.7	4:18.5	4:20.0	4:23.9	4:43.4	4:45.0
3:38.1	3:54.1	3:55.5	4:01.2	4:19.0	4:20.5	4:24.4	4:43.9	4:45.5
3:38.5	3:54.6	3:56.0	4:01.7	4:19.5	4:21.0	4:24.8	4:44.4	4:46.0
3:39.0	3:55.1	3:56.5	4:02.1	4:20.0	4:21.5	4:25.3	4:44.8	4:46.5
3:39.4	3:55.6	3:57.0	4:02.6	4:20.5	4:22.0	4:25.7	4:45.3	4:47.0
3:39.9	3:56.1	3:57.5	4:03.1	4:21.0	4:22.5	4:26.2	4:45.8	4:47.5
3:40.4	3:56.6	3:58.0	4:03.5	4:21.5	4:23.0	4:26.7	4:46.3	4:48.0
3:40.8	3:57.1	3:58.5	4:04.0	4:22.0	4:23.5	4:27.1	4:46.8	4:48.5
3:41.3	3:57.6	3:59.0	4:04.4	4:22.5	4:24.0	4:27.6	4:47.3	4:49.0
3:41.8	3:58.1	3:59.5	4:04.9	4:23.0	4:24.5	4:28.1	4:47.8	4:49.5
3:42.2	3:58.6	4:00.0	4:05.4	4:23.5	4:25.0	4:28.5	4:48.3	4:50.0
3:42.7	3:59.1	4:00.5	4:05.8	4:24.0	4:25.5	4:29.0	4:48.8	4:50.5
3:43.1	3:59.6	4:01.0	4:06.3	4:24.5	4:26.0	4:29.4	4:49.3	4:51.0
3:43.6	4:00.1	4:01.5	4:06.8	4:25.0	4:26.5	4:29.9	4:49.8	4:51.5
3:44.1	4:00.6	4:02.0	4:07.2	4:25.5	4:27.0	4:30.4	4:50.3	4:52.0
3:44.5	4:01.1	4:02.5	4:07.7	4:26.0	4:27.5	4:30.8	4:50.8	4:52.5
3:45.0	4:01.6	4:03.0	4:08.1	4:26.5	4:28.0	4:31.3	4:51.3	4:53.0
3:45.5	4:02.1	4:03.5	4:08.6	4:27.0	4:28.5	4:31.8	4:51.8	4:53.5
3:45.9	4:02.6	4:04.0	4:09.1	4:27.4	4:29.0	4:32.2	4:52.3	4:54.0
3:46.4	4:03.1	4:04.5	4:09.5	4:27.9	4:29.5	4:32.7	4:52.8	4:54.5

1500m–1600m–MILE

1500	1600	Mile	1500	1600	Mile	1500	1600	Mile
4:33.1	4:53.3	4:55.0	4:56.3	5:18.2	5:20.0	5:19.4	5:43.0	5:45.0
4:33.6	4:53.8	4:55.5	4:56.8	5:18.7	5:20.5	5:19.9	5:43.5	5:45.5
4:34.1	4:54.3	4:56.0	4:57.2	5:19.1	5:21.0	5:20.4	5:44.0	5:46.0
4:34.5	4:54.8	4:56.5	4:57.7	5:19.6	5:21.5	5:20.8	5:44.5	5:46.5
4:35.0	4:55.3	4:57.0	4:58.1	5:20.1	5:22.0	5:21.3	5:45.0	5:47.0
4:35.5	4:55.8	4:57.5	4:58.6	5:20.6	5:22.5	5:21.8	5:45.5	5:47.5
4:35.9	4:56.3	4:58.0	4:59.1	5:21.1	5:23.0	5:22.2	5:46.0	5:48.0
4:36.4	4:56.8	4:58.5	4:59.5	5:21.6	5:23.5	5:22.7	5:46.5	5:48.5
4:36.9	4:57.3	4:59.0	5:00.0	5:22.1	5:24.0	5:23.1	5:47.0	5:49.0
4:37.3	4:57.8	4:59.5	5:00.5	5:22.6	5:24.5	5:23.6	5:47.5	5:49.5
4:37.8	4:58.3	5:00.0	5:00.9	5:23.1	5:25.0	5:24.1	5:48.0	5:50.0
4:38.2	4:58.8	5:00.5	5:01.4	5:23.6	5:25.5	5:24.5	5:48.5	5:50.5
4:38.7	4:59.3	5:01.0	5:01.9	5:24.1	5:26.0	5:25.0	5:49.0	5:51.0
4:39.2	4:59.8	5:01.5	5:02.3	5:24.6	5:26.5	5:25.5	5:49.5	5:51.5
4:39.6	5:00.3	5:02.0	5:02.8	5:25.1	5:27.0	5:25.9	5:50.0	5:52.0
4:40.1	5:00.8	5:02.5	5:03.2	5:25.6	5:27.5	5:26.4	5:50.5	5:52.5
4:40.6	5:01.3	5:03.0	5:03.7	5:26.1	5:28.0	5:26.9	5:51.0	5:53.0
4:41.0	5:01.7	5:03.5	5:04.2	5:26.6	5:28.5	5:27.3	5:51.5	5:53.5
4:41.5	5:02.2	5:04.0	5:04.6	5:27.1	5:29.0	5:27.8	5:52.0	5:54.0
4:41.9	5:02.7	5:04.5	5:05.1	5:27.6	5:29.5	5:28.2	5:52.5	5:54.5
4:42.4	5:03.2	5:05.0	5:05.6	5:28.1	5:30.0	5:28.7	5:53.0	5:55.0
4:42.9	5:03.7	5:05.5	5:06.0	5:28.6	5:30.5	5:29.2	5:53.4	5:55.5
4:43.3	5:04.2	5:06.0	5:06.5	5:29.1	5:31.0	5:29.6	5:53.9	5:56.0
4:43.8	5:04.7	5:06.5	5:06.9	5:29.6	5:31.5	5:30.1	5:54.4	5:56.5
4:44.3	5:05.2	5:07.0	5:07.4	5:30.1	5:32.0	5:30.6	5:54.9	5:57.0
4:44.7	5:05.7	5:07.5	5:07.9	5:30.6	5:32.5	5:31.0	5:55.4	5:57.5
4:45.2	5:06.2	5:08.0	5:08.3	5:31.1	5:33.0	5:31.5	5:55.9	5:58.0
4:45.6	5:06.7	5:08.5	5:08.8	5:31.6	5:33.5	5:31.9	5:56.4	5:58.5
4:46.1	5:07.2	5:09.0	5:09.3	5:32.1	5:34.0	5:32.4	5:56.9	5:59.0
4:46.6	5:07.7	5:09.5	5:09.7	5:32.6	5:34.5	5:32.9	5:57.4	5:59.5
4:47.0	5:08.2	5:10.0	5:10.2	5:33.1	5:35.0	5:33.3	5:57.9	6:00.0
4:47.5	5:08.7	5:10.5	5:10.6	5:33.6	5:35.5	5:33.8	5:58.4	6:00.5
4:48.0	5:09.2	5:11.0	5:11.1	5:34.1	5:36.0	5:34.3	5:58.9	6:01.0
4:48.4	5:09.7	5:11.5	5:11.6	5:34.6	5:36.5	5:34.7	5:59.4	6:01.5
4:48.9	5:10.2	5:12.0	5:12.0	5:35.1	5:37.0	5:35.2	5:59.9	6:02.0
4:49.4	5:10.7	5:12.5	5:12.5	5:35.6	5:37.5	5:35.6	6:00.4	6:02.5
4:49.8	5:11.2	5:13.0	5:13.0	5:36.1	5:38.0	5:36.1	6:00.9	6:03.0
4:50.3	5:11.7	5:13.5	5:13.4	5:36.5	5:38.5	5:36.6	6:01.4	6:03.5
4:50.7	5:12.2	5:14.0	5:13.9	5:37.0	5:39.0	5:37.0	6:01.9	6:04.0
4:51.2	5:12.7	5:14.5	5:14.4	5:37.5	5:39.5	5:37.5	6:02.4	6:04.5
4:51.7	5:13.2	5:15.0	5:14.8	5:38.0	5:40.0	5:38.0	6:02.9	6:05.0
4:52.1	5:13.7	5:15.5	5:15.3	5:38.5	5:40.5	5:38.4	6:03.4	6:05.5
4:52.6	5:14.2	5:16.0	5:15.7	5:39.0	5:41.0	5:38.9	6:03.9	6:06.0
4:53.1	5:14.7	5:16.5	5:16.2	5:39.5	5:41.5	5:39.4	6:04.4	6:06.5
4:53.5	5:15.2	5:17.0	5:16.7	5:40.0	5:42.0	5:39.8	6:04.9	6:07.0
4:54.0	5:15.7	5:17.5	5:17.1	5:40.5	5:42.5	5:40.3	6:05.4	6:07.5
4:54.4	5:16.2	5:18.0	5:17.6	5:41.0	5:43.0	5:40.7	6:05.9	6:08.0
4:54.9	5:16.7	5:18.5	5:18.1	5:41.5	5:43.5	5:41.2	6:06.4	6:08.5
4:55.4	5:17.2	5:19.0	5:18.5	5:42.0	5:44.0	5:41.7	6:06.9	6:09.0
4:55.8	5:17.7	5:19.5	5:19.0	5:42.5	5:44.5	5:42.1	6:07.4	6:09.5

1500m–1600m–MILE

1500	1600	Mile	1500	1600	Mile	1500	1600	Mile
5:42.6	6:07.9	6:10.0	6:05.7	6:32.7	6:35.0	6:28.9	6:57.6	7:00.0
5:43.1	6:08.4	6:10.5	6:06.2	6:33.2	6:35.5	6:29.4	6:58.1	7:00.5
5:43.5	6:08.9	6:11.0	6:06.7	6:33.7	6:36.0	6:29.8	6:58.6	7:01.0
5:44.0	6:09.4	6:11.5	6:07.1	6:34.2	6:36.5	6:30.3	6:59.1	7:01.5
5:44.4	6:09.9	6:12.0	6:07.6	6:34.7	6:37.0	6:30.7	6:59.6	7:02.0
5:44.9	6:10.4	6:12.5	6:08.1	6:35.2	6:37.5	6:31.2	7:00.1	7:02.5
5:45.4	6:10.8	6:13.0	6:08.5	6:35.7	6:38.0	6:31.7	7:00.6	7:03.0
5:45.8	6:11.3	6:13.5	6:09.0	6:36.2	6:38.5	6:32.1	7:01.1	7:03.5
5:46.3	6:11.8	6:14.0	6:09.4	6:36.7	6:39.0	6:32.6	7:01.6	7:04.0
5:46.8	6:12.3	6:14.5	6:09.9	6:37.2	6:39.5	6:33.1	7:02.1	7:04.5
5:47.2	6:12.8	6:15.0	6:10.4	6:37.7	6:40.0	6:33.5	7:02.5	7:05.0
5:47.7	6:13.3	6:15.5	6:10.8	6:38.2	6:40.5	6:34.0	7:03.0	7:05.5
5:48.1	6:13.8	6:16.0	6:11.3	6:38.7	6:41.0	6:34.4	7:03.5	7:06.0
5:48.6	6:14.3	6:16.5	6:11.8	6:39.2	6:41.5	6:34.9	7:04.0	7:06.5
5:49.1	6:14.8	6:17.0	6:12.2	6:39.7	6:42.0	6:35.4	7:04.5	7:07.0
5:49.5	6:15.3	6:17.5	6:12.7	6:40.2	6:42.5	6:35.8	7:05.0	7:07.5
5:50.0	6:15.8	6:18.0	6:13.1	6:40.7	6:43.0	6:36.3	7:05.5	7:08.0
5:50.5	6:16.3	6:18.5	6:13.6	6:41.2	6:43.5	6:36.8	7:06.0	7:08.5
5:50.9	6:16.8	6:19.0	6:14.1	6:41.7	6:44.0	6:37.2	7:06.5	7:09.0
5:51.4	6:17.3	6:19.5	6:14.5	6:42.2	6:44.5	6:37.7	7:07.0	7:09.5
5:51.9	6:17.8	6:20.0	6:15.0	6:42.7	6:45.0	6:38.1	7:07.5	7:10.0
5:52.3	6:18.3	6:20.5	6:15.5	6:43.2	6:45.5	6:38.6	7:08.0	7:10.5
5:52.8	6:18.8	6:21.0	6:15.9	6:43.7	6:46.0	6:39.1	7:08.5	7:11.0
5:53.2	6:19.3	6:21.5	6:16.4	6:44.2	6:46.5	6:39.5	7:09.0	7:11.5
5:53.7	6:19.8	6:22.0	6:16.9	6:44.7	6:47.0	6:40.0	7:09.5	7:12.0
5:54.2	6:20.3	6:22.5	6:17.3	6:45.2	6:47.5	6:40.5	7:10.0	7:12.5
5:54.6	6:20.8	6:23.0	6:17.8	6:45.6	6:48.0	6:40.9	7:10.5	7:13.0
5:55.1	6:21.3	6:23.5	6:18.2	6:46.1	6:48.5	6:41.4	7:11.0	7:13.5
5:55.6	6:21.8	6:24.0	6:18.7	6:46.6	6:49.0	6:41.9	7:11.5	7:14.0
5:56.0	6:22.3	6:24.5	6:19.2	6:47.1	6:49.5	6:42.3	7:12.0	7:14.5
5:56.5	6:22.8	6:25.0	6:19.6	6:47.6	6:50.0	6:42.8	7:12.5	7:15.0
5:56.9	6:23.3	6:25.5	6:20.1	6:48.1	6:50.5	6:43.2	7:13.0	7:15.5
5:57.4	6:23.8	6:26.0	6:20.6	6:48.6	6:51.0	6:43.7	7:13.5	7:16.0
5:57.9	6:24.3	6:26.5	6:21.0	6:49.1	6:51.5	6:44.2	7:14.0	7:16.5
5:58.3	6:24.8	6:27.0	6:21.5	6:49.6	6:52.0	6:44.6	7:14.5	7:17.0
5:58.8	6:25.3	6:27.5	6:21.9	6:50.1	6:52.5	6:45.1	7:15.0	7:17.5
5:59.3	6:25.8	6:28.0	6:22.4	6:50.6	6:53.0	6:45.6	7:15.5	7:18.0
5:59.7	6:26.3	6:28.5	6:22.9	6:51.1	6:53.5	6:46.0	7:16.0	7:18.5
6:00.2	6:26.8	6:29.0	6:23.3	6:51.6	6:54.0	6:46.5	7:16.5	7:19.0
6:00.6	6:27.3	6:29.5	6:23.8	6:52.1	6:54.5	6:46.9	7:17.0	7:19.5
6:01.1	6:27.8	6:30.0	6:24.3	6:52.6	6:55.0	6:47.4	7:17.5	7:20.0
6:01.6	6:28.2	6:30.5	6:24.7	6:53.1	6:55.5	6:47.9	7:18.0	7:20.5
6:02.0	6:28.7	6:31.0	6:25.2	6:53.6	6:56.0	6:48.3	7:18.5	7:21.0
6:02.5	6:29.2	6:31.5	6:25.6	6:54.1	6:56.5	6:48.8	7:19.0	7:21.5
6:03.0	6:29.7	6:32.0	6:26.1	6:54.6	6:57.0	6:49.3	7:19.5	7:22.0
6:03.4	6:30.2	6:32.5	6:26.6	6:55.1	6:57.5	6:49.7	7:19.9	7:22.5
6:03.9	6:30.7	6:33.0	6:27.0	6:55.6	6:58.0	6:50.2	7:20.4	7:23.0
6:04.4	6:31.2	6:33.5	6:27.5	6:56.1	6:58.5	6:50.6	7:20.9	7:23.5
6:04.8	6:31.7	6:34.0	6:28.0	6:56.6	6:59.0	6:51.1	7:21.4	7:24.0
6:05.3	6:32.2	6:34.5	6:28.4	6:57.1	6:59.5	6:51.6	7:21.9	7:24.5

3000m–3200m–MILE

1500	1600	Mile	3000	3200	2 Mile	3000	3200	2 Mile
6:52.0	7:22.4	7:25.0	7:15.2	7:47.3	7:50.0	7:38.3	8:12.1	8:15.0
6:52.5	7:22.9	7:25.5	7:15.6	7:47.8	7:50.5	7:38.8	8:12.6	8:15.5
6:53.0	7:23.4	7:26.0	7:16.1	7:48.3	7:51.0	7:39.3	8:13.1	8:16.0
6:53.4	7:23.9	7:26.5	7:16.6	7:48.8	7:51.5	7:39.7	8:13.6	8:16.5
6:53.9	7:24.4	7:27.0	7:17.0	7:49.3	7:52.0	7:40.2	8:14.1	8:17.0
6:54.4	7:24.9	7:27.5	7:17.5	7:49.8	7:52.5	7:40.6	8:14.6	8:17.5
6:54.8	7:25.4	7:28.0	7:18.0	7:50.3	7:53.0	7:41.1	8:15.1	8:18.0
6:55.3	7:25.9	7:28.5	7:18.4	7:50.8	7:53.5	7:41.6	8:15.6	8:18.5
6:55.7	7:26.4	7:29.0	7:18.9	7:51.3	7:54.0	7:42.0	8:16.1	8:19.0
6:56.2	7:26.9	7:29.5	7:19.4	7:51.8	7:54.5	7:42.5	8:16.6	8:19.5
6:56.7	7:27.4	7:30.0	7:19.8	7:52.3	7:55.0	7:43.0	8:17.1	8:20.0
6:57.1	7:27.9	7:30.5	7:20.3	7:52.8	7:55.5	7:43.4	8:17.6	8:20.5
6:57.6	7:28.4	7:31.0	7:20.7	7:53.3	7:56.0	7:43.9	8:18.1	8:21.0
6:58.1	7:28.9	7:31.5	7:21.2	7:53.8	7:56.5	7:44.4	8:18.6	8:21.5
6:58.5	7:29.4	7:32.0	7:21.7	7:54.2	7:57.0	7:44.8	8:19.1	8:22.0
6:59.0	7:29.9	7:32.5	7:22.1	7:54.7	7:57.5	7:45.3	8:19.6	8:22.5
6:59.4	7:30.4	7:33.0	7:22.6	7:55.2	7:58.0	7:45.7	8:20.1	8:23.0
6:59.9	7:30.9	7:33.5	7:23.1	7:55.7	7:58.5	7:46.2	8:20.6	8:23.5
7:00.4	7:31.4	7:34.0	7:23.5	7:56.2	7:59.0	7:46.7	8:21.1	8:24.0
7:00.8	7:31.9	7:34.5	7:24.0	7:56.7	7:59.5	7:47.1	8:21.6	8:24.5
7:01.3	7:32.4	7:35.0	7:24.4	7:57.2	8:00.0	7:47.6	8:22.1	8:25.0
7:01.8	7:32.9	7:35.5	7:24.9	7:57.7	8:00.5	7:48.1	8:22.6	8:25.5
7:02.2	7:33.4	7:36.0	7:25.4	7:58.2	8:01.0	7:48.5	8:23.1	8:26.0
7:02.7	7:33.9	7:36.5	7:25.8	7:58.7	8:01.5	7:49.0	8:23.6	8:26.5
7:03.1	7:34.4	7:37.0	7:26.3	7:59.2	8:02.0	7:49.4	8:24.1	8:27.0
7:03.6	7:34.9	7:37.5	7:26.8	7:59.7	8:02.5	7:49.9	8:24.6	8:27.5
7:04.1	7:35.4	7:38.0	7:27.2	8:00.2	8:03.0	7:50.4	8:25.1	8:28.0
7:04.5	7:35.9	7:38.5	7:27.7	8:00.7	8:03.5	7:50.8	8:25.6	8:28.5
7:05.0	7:36.4	7:39.0	7:28.1	8:01.2	8:04.0	7:51.3	8:26.1	8:29.0
7:05.5	7:36.9	7:39.5	7:28.6	8:01.7	8:04.5	7:51.8	8:26.6	8:29.5
7:05.9	7:37.3	7:40.0	7:29.1	8:02.2	8:05.0	7:52.2	8:27.1	8:30.0
7:06.4	7:37.8	7:40.5	7:29.5	8:02.7	8:05.5	7:52.7	8:27.6	8:30.5
7:06.9	7:38.3	7:41.0	7:30.0	8:03.2	8:06.0	7:53.1	8:28.1	8:31.0
7:07.3	7:38.8	7:41.5	7:30.5	8:03.7	8:06.5	7:53.6	8:28.6	8:31.5
7:07.8	7:39.3	7:42.0	7:30.9	8:04.2	8:07.0	7:54.1	8:29.0	8:32.0
7:08.2	7:39.8	7:42.5	7:31.4	8:04.7	8:07.5	7:54.5	8:29.5	8:32.5
7:08.7	7:40.3	7:43.0	7:31.9	8:05.2	8:08.0	7:55.0	8:30.0	8:33.0
7:09.2	7:40.8	7:43.5	7:32.3	8:05.7	8:08.5	7:55.5	8:30.5	8:33.5
7:09.6	7:41.3	7:44.0	7:32.8	8:06.2	8:09.0	7:55.9	8:31.0	8:34.0
7:10.1	7:41.8	7:44.5	7:33.2	8:06.7	8:09.5	7:56.4	8:31.5	8:34.5
7:10.6	7:42.3	7:45.0	7:33.7	8:07.2	8:10.0	7:56.9	8:32.0	8:35.0
7:11.0	7:42.8	7:45.5	7:34.2	8:07.7	8:10.5	7:57.3	8:32.5	8:35.5
7:11.5	7:43.3	7:46.0	7:34.6	8:08.2	8:11.0	7:57.8	8:33.0	8:36.0
7:11.9	7:43.8	7:46.5	7:35.1	8:08.7	8:11.5	7:58.2	8:33.5	8:36.5
7:12.4	7:44.3	7:47.0	7:35.6	8:09.2	8:12.0	7:58.7	8:34.0	8:37.0
7:12.9	7:44.8	7:47.5	7:36.0	8:09.7	8:12.5	7:59.2	8:34.5	8:37.5
7:13.3	7:45.3	7:48.0	7:36.5	8:10.2	8:13.0	7:59.6	8:35.0	8:38.0
7:13.8	7:45.8	7:48.5	7:36.9	8:10.7	8:13.5	8:00.1	8:35.5	8:38.5
7:14.3	7:46.3	7:49.0	7:37.4	8:11.2	8:14.0	8:00.6	8:36.0	8:39.0
7:14.7	7:46.8	7:49.5	7:37.9	8:11.6	8:14.5	8:01.0	8:36.5	8:39.5

3000m–3200m–2 MILE

3000	3200	2 Mile	3000	3200	2 Mile	3000	3200	2 Mile
8:01.5	8:37.0	8:40.0	8:24.6	9:01.9	9:05.0	8:47.8	9:26.7	9:30.0
8:01.9	8:37.5	8:40.5	8:25.1	9:02.4	9:05.5	8:48.2	9:27.2	9:30.5
8:02.4	8:38.0	8:41.0	8:25.6	9:02.9	9:06.0	8:48.7	9:27.7	9:31.0
8:02.9	8:38.5	8:41.5	8:26.0	9:03.3	9:06.5	8:49.2	9:28.2	9:31.5
8:03.3	8:39.0	8:42.0	8:26.5	9:03.8	9:07.0	8:49.6	9:28.7	9:32.0
8:03.8	8:39.5	8:42.5	8:26.9	9:04.3	9:07.5	8:50.1	9:29.2	9:32.5
8:04.3	8:40.0	8:43.0	8:27.4	9:04.8	9:08.0	8:50.6	9:29.7	9:33.0
8:04.7	8:40.5	8:43.5	8:27.9	9:05.3	9:08.5	8:51.0	9:30.2	9:33.5
8:05.2	8:41.0	8:44.0	8:28.3	9:05.8	9:09.0	8:51.5	9:30.7	9:34.0
8:05.6	8:41.5	8:44.5	8:28.8	9:06.3	9:09.5	8:51.9	9:31.2	9:34.5
8:06.1	8:42.0	8:45.0	8:29.3	9:06.8	9:10.0	8:52.4	9:31.7	9:35.0
8:06.6	8:42.5	8:45.5	8:29.7	9:07.3	9:10.5	8:52.9	9:32.2	9:35.5
8:07.0	8:43.0	8:46.0	8:30.2	9:07.8	9:11.0	8:53.3	9:32.7	9:36.0
8:07.5	8:43.5	8:46.5	8:30.6	9:08.3	9:11.5	8:53.8	9:33.2	9:36.5
8:08.0	8:44.0	8:47.0	8:31.1	9:08.8	9:12.0	8:54.3	9:33.7	9:37.0
8:08.4	8:44.5	8:47.5	8:31.6	9:09.3	9:12.5	8:54.7	9:34.2	9:37.5
8:08.9	8:45.0	8:48.0	8:32.0	9:09.8	9:13.0	8:55.2	9:34.7	9:38.0
8:09.4	8:45.5	8:48.5	8:32.5	9:10.3	9:13.5	8:55.6	9:35.2	9:38.5
8:09.8	8:45.9	8:49.0	8:33.0	9:10.8	9:14.0	8:56.1	9:35.7	9:39.0
8:10.3	8:46.4	8:49.5	8:33.4	9:11.3	9:14.5	8:56.6	9:36.2	9:39.5
8:10.7	8:46.9	8:50.0	8:33.9	9:11.8	9:15.0	8:57.0	9:36.7	9:40.0
8:11.2	8:47.4	8:50.5	8:34.4	9:12.3	9:15.5	8:57.5	9:37.2	9:40.5
8:11.7	8:47.9	8:51.0	8:34.8	9:12.8	9:16.0	8:58.0	9:37.6	9:41.0
8:12.1	8:48.4	8:51.5	8:35.3	9:13.3	9:16.5	8:58.4	9:38.1	9:41.5
8:12.6	8:48.9	8:52.0	8:35.7	9:13.8	9:17.0	8:58.9	9:38.6	9:42.0
8:13.1	8:49.4	8:52.5	8:36.2	9:14.3	9:17.5	8:59.4	9:39.1	9:42.5
8:13.5	8:49.9	8:53.0	8:36.7	9:14.8	9:18.0	8:59.8	9:39.6	9:43.0
8:14.0	8:50.4	8:53.5	8:37.1	9:15.3	9:18.5	9:00.3	9:40.1	9:43.5
8:14.4	8:50.9	8:54.0	8:37.6	9:15.8	9:19.0	9:00.7	9:40.6	9:44.0
8:14.9	8:51.4	8:54.5	8:38.1	9:16.3	9:19.5	9:01.2	9:41.1	9:44.5
8:15.4	8:51.9	8:55.0	8:38.5	9:16.8	9:20.0	9:01.7	9:41.6	9:45.0
8:15.8	8:52.4	8:55.5	8:39.0	9:17.3	9:20.5	9:02.1	9:42.1	9:45.5
8:16.3	8:52.9	8:56.0	8:39.4	9:17.8	9:21.0	9:02.6	9:42.6	9:46.0
8:16.8	8:53.4	8:56.5	8:39.9	9:18.3	9:21.5	9:03.1	9:43.1	9:46.5
8:17.2	8:53.9	8:57.0	8:40.4	9:18.8	9:22.0	9:03.5	9:43.6	9:47.0
8:17.7	8:54.4	8:57.5	8:40.8	9:19.3	9:22.5	9:04.0	9:44.1	9:47.5
8:18.1	8:54.9	8:58.0	8:41.3	9:19.8	9:23.0	9:04.4	9:44.6	9:48.0
8:18.6	8:55.4	8:58.5	8:41.8	9:20.3	9:23.5	9:04.9	9:45.1	9:48.5
8:19.1	8:55.9	8:59.0	8:42.2	9:20.7	9:24.0	9:05.4	9:45.6	9:49.0
8:19.5	8:56.4	8:59.5	8:42.7	9:21.2	9:24.5	9:05.8	9:46.1	9:49.5
8:20.0	8:56.9	9:00.0	8:43.1	9:21.7	9:25.0	9:06.3	9:46.6	9:50.0
8:20.5	8:57.4	9:00.5	8:43.6	9:22.2	9:25.5	9:06.8	9:47.1	9:50.5
8:20.9	8:57.9	9:01.0	8:44.1	9:22.7	9:26.0	9:07.2	9:47.6	9:51.0
8:21.4	8:58.4	9:01.5	8:44.5	9:23.2	9:26.5	9:07.7	9:48.1	9:51.5
8:21.9	8:58.9	9:02.0	8:45.0	9:23.7	9:27.0	9:08.1	9:48.6	9:52.0
8:22.3	8:59.4	9:02.5	8:45.5	9:24.2	9:27.5	9:08.6	9:49.1	9:52.5
8:22.8	8:59.9	9:03.0	8:45.9	9:24.7	9:28.0	9:09.1	9:49.6	9:53.0
8:23.2	9:00.4	9:03.5	8:46.4	9:25.2	9:28.5	9:09.5	9:50.1	9:53.5
8:23.7	9:00.9	9:04.0	8:46.9	9:25.7	9:29.0	9:10.0	9:50.6	9:54.0
8:24.2	9:01.4	9:04.5	8:47.3	9:26.2	9:29.5	9:10.5	9:51.1	9:54.5

3000m–3200m–2 MILE

3000	3200	2 Mile	3000	3200	2 Mile	3000	3200	2 Mile
9:10.9	9:51.6	9:55.0	9:34.1	10:16.4	10:20.0	9:57.2	10:41.3	10:45.0
9:11.4	9:52.1	9:55.5	9:34.5	10:16.9	10:20.5	9:57.7	10:41.8	10:45.5
9:11.9	9:52.6	9:56.0	9:35.0	10:17.4	10:21.0	9:58.1	10:42.3	10:46.0
9:12.3	9:53.1	9:56.5	9:35.5	10:17.9	10:21.5	9:58.6	10:42.8	10:46.5
9:12.8	9:53.6	9:57.0	9:35.9	10:18.4	10:22.0	9:59.1	10:43.3	10:47.0
9:13.2	9:54.1	9:57.5	9:36.4	10:18.9	10:22.5	9:59.5	10:43.8	10:47.5
9:13.7	9:54.6	9:58.0	9:36.9	10:19.4	10:23.0	10:00.0	10:44.3	10:48.0
9:14.2	9:55.0	9:58.5	9:37.3	10:19.9	10:23.5	10:00.5	10:44.8	10:48.5
9:14.6	9:55.5	9:59.0	9:37.8	10:20.4	10:24.0	10:00.9	10:45.3	10:49.0
9:15.1	9:56.0	9:59.5	9:38.2	10:20.9	10:24.5	10:01.4	10:45.8	10:49.5
9:15.6	9:56.5	10:00.0	9:38.7	10:21.4	10:25.0	10:01.9	10:46.3	10:50.0
9:16.0	9:57.0	10:00.5	9:39.2	10:21.9	10:25.5	10:02.3	10:46.7	10:50.5
9:16.5	9:57.5	10:01.0	9:39.6	10:22.4	10:26.0	10:02.8	10:47.2	10:51.0
9:16.9	9:58.0	10:01.5	9:40.1	10:22.9	10:26.5	10:03.2	10:47.7	10:51.5
9:17.4	9:58.5	10:02.0	9:40.6	10:23.4	10:27.0	10:03.7	10:48.2	10:52.0
9:17.9	9:59.0	10:02.5	9:41.0	10:23.9	10:27.5	10:04.2	10:48.7	10:52.5
9:18.3	9:59.5	10:03.0	9:41.5	10:24.4	10:28.0	10:04.6	10:49.2	10:53.0
9:18.8	10:00.0	10:03.5	9:41.9	10:24.9	10:28.5	10:05.1	10:49.7	10:53.5
9:19.3	10:00.5	10:04.0	9:42.4	10:25.4	10:29.0	10:05.6	10:50.2	10:54.0
9:19.7	10:01.0	10:04.5	9:42.9	10:25.9	10:29.5	10:06.0	10:50.7	10:54.5
9:20.2	10:01.5	10:05.0	9:43.3	10:26.4	10:30.0	10:06.5	10:51.2	10:55.0
9:20.6	10:02.0	10:05.5	9:43.8	10:26.9	10:30.5	10:06.9	10:51.7	10:55.5
9:21.1	10:02.5	10:06.0	9:44.3	10:27.4	10:31.0	10:07.4	10:52.2	10:56.0
9:21.6	10:03.0	10:06.5	9:44.7	10:27.9	10:31.5	10:07.9	10:52.7	10:56.5
9:22.0	10:03.5	10:07.0	9:45.2	10:28.4	10:32.0	10:08.3	10:53.2	10:57.0
9:22.5	10:04.0	10:07.5	9:45.6	10:28.9	10:32.5	10:08.8	10:53.7	10:57.5
9:23.0	10:04.5	10:08.0	9:46.1	10:29.3	10:33.0	10:09.3	10:54.2	10:58.0
9:23.4	10:05.0	10:08.5	9:46.6	10:29.8	10:33.5	10:09.7	10:54.7	10:58.5
9:23.9	10:05.5	10:09.0	9:47.0	10:30.3	10:34.0	10:10.2	10:55.2	10:59.0
9:24.4	10:06.0	10:09.5	9:47.5	10:30.8	10:34.5	10:10.6	10:55.7	10:59.5
9:24.8	10:06.5	10:10.0	9:48.0	10:31.3	10:35.0	10:11.1	10:56.2	11:00.0
9:25.3	10:07.0	10:10.5	9:48.4	10:31.8	10:35.5	10:11.6	10:56.7	11:00.5
9:25.7	10:07.5	10:11.0	9:48.9	10:32.3	10:36.0	10:12.0	10:57.2	11:01.0
9:26.2	10:08.0	10:11.5	9:49.4	10:32.8	10:36.5	10:12.5	10:57.7	11:01.5
9:26.7	10:08.5	10:12.0	9:49.8	10:33.3	10:37.0	10:13.0	10:58.2	11:02.0
9:27.1	10:09.0	10:12.5	9:50.3	10:33.8	10:37.5	10:13.4	10:58.7	11:02.5
9:27.6	10:09.5	10:13.0	9:50.7	10:34.3	10:38.0	10:13.9	10:59.2	11:03.0
9:28.1	10:10.0	10:13.5	9:51.2	10:34.8	10:38.5	10:14.4	10:59.7	11:03.5
9:28.5	10:10.5	10:14.0	9:51.7	10:35.3	10:39.0	10:14.8	11:00.2	11:04.0
9:29.0	10:11.0	10:14.5	9:52.1	10:35.8	10:39.5	10:15.3	11:00.7	11:04.5
9:29.4	10:11.5	10:15.0	9:52.6	10:36.3	10:40.0	10:15.7	11:01.2	11:05.0
9:29.9	10:12.0	10:15.5	9:53.1	10:36.8	10:40.5	10:16.2	11:01.7	11:05.5
9:30.4	10:12.4	10:16.0	9:53.5	10:37.3	10:41.0	10:16.7	11:02.2	11:06.0
9:30.8	10:12.9	10:16.5	9:54.0	10:37.8	10:41.5	10:17.1	11:02.7	11:06.5
9:31.3	10:13.4	10:17.0	9:54.4	10:38.3	10:42.0	10:17.6	11:03.2	11:07.0
9:31.8	10:13.9	10:17.5	9:54.9	10:38.8	10:42.5	10:18.1	11:03.7	11:07.5
9:32.2	10:14.4	10:18.0	9:55.4	10:39.3	10:43.0	10:18.5	11:04.1	11:08.0
9:32.7	10:14.9	10:18.5	9:55.8	10:39.8	10:43.5	10:19.0	11:04.6	11:08.5
9:33.1	10:15.4	10:19.0	9:56.3	10:40.3	10:44.0	10:19.4	11:05.1	11:09.0
9:33.6	10:15.9	10:19.5	9:56.8	10:40.8	10:44.5	10:19.9	11:05.6	11:09.5

3000m–3200m–2 MILE

3000	3200	2 Mile	3000	3200	2 Mile	3000	3200	2 Mile
10:20.4	11:06.1	11:10.0	10:43.5	11:31.0	11:35.0	11:06.7	11:55.8	12:00.0
10:20.8	11:06.6	11:10.5	10:44.0	11:31.5	11:35.5	11:07.1	11:56.3	12:00.5
10:21.3	11:07.1	11:11.0	10:44.4	11:32.0	11:36.0	11:07.6	11:56.8	12:01.0
10:21.8	11:07.6	11:11.5	10:44.9	11:32.5	11:36.5	11:08.1	11:57.3	12:01.5
10:22.2	11:08.1	11:12.0	10:45.4	11:33.0	11:37.0	11:08.5	11:57.8	12:02.0
10:22.7	11:08.6	11:12.5	10:45.8	11:33.5	11:37.5	11:09.0	11:58.3	12:02.5
10:23.1	11:09.1	11:13.0	10:46.3	11:34.0	11:38.0	11:09.4	11:58.8	12:03.0
10:23.6	11:09.6	11:13.5	10:46.8	11:34.5	11:38.5	11:09.9	11:59.3	12:03.5
10:24.1	11:10.1	11:14.0	10:47.2	11:35.0	11:39.0	11:10.4	11:59.8	12:04.0
10:24.5	11:10.6	11:14.5	10:47.7	11:35.5	11:39.5	11:10.8	12:00.3	12:04.5
10:25.0	11:11.1	11:15.0	10:48.1	11:36.0	11:40.0	11:11.3	12:00.8	12:05.0
10:25.5	11:11.6	11:15.5	10:48.6	11:36.5	11:40.5	11:11.8	12:01.3	12:05.5
10:25.9	11:12.1	11:16.0	10:49.1	11:37.0	11:41.0	11:12.2	12:01.8	12:06.0
10:26.4	11:12.6	11:16.5	10:49.5	11:37.5	11:41.5	11:12.7	12:02.3	12:06.5
10:26.9	11:13.1	11:17.0	10:50.0	11:38.0	11:42.0	11:13.1	12:02.8	12:07.0
10:27.3	11:13.6	11:17.5	10:50.5	11:38.4	11:42.5	11:13.6	12:03.3	12:07.5
10:27.8	11:14.1	11:18.0	10:50.9	11:38.9	11:43.0	11:14.1	12:03.8	12:08.0
10:28.2	11:14.6	11:18.5	10:51.4	11:39.4	11:43.5	11:14.5	12:04.3	12:08.5
10:28.7	11:15.1	11:19.0	10:51.9	11:39.9	11:44.0	11:15.0	12:04.8	12:09.0
10:29.2	11:15.6	11:19.5	10:52.3	11:40.4	11:44.5	11:15.5	12:05.3	12:09.5
10:29.6	11:16.1	11:20.0	10:52.8	11:40.9	11:45.0	11:15.9	12:05.8	12:10.0
10:30.1	11:16.6	11:20.5	10:53.2	11:41.4	11:45.5	11:16.4	12:06.3	12:10.5
10:30.6	11:17.1	11:21.0	10:53.7	11:41.9	11:46.0	11:16.9	12:06.8	12:11.0
10:31.0	11:17.6	11:21.5	10:54.2	11:42.4	11:46.5	11:17.3	12:07.3	12:11.5
10:31.5	11:18.1	11:22.0	10:54.6	11:42.9	11:47.0	11:17.8	12:07.8	12:12.0
10:31.9	11:18.6	11:22.5	10:55.1	11:43.4	11:47.5	11:18.2	12:08.3	12:12.5
10:32.4	11:19.1	11:23.0	10:55.6	11:43.9	11:48.0	11:18.7	12:08.8	12:13.0
10:32.9	11:19.6	11:23.5	10:56.0	11:44.4	11:48.5	11:19.2	12:09.3	12:13.5
10:33.3	11:20.1	11:24.0	10:56.5	11:44.9	11:49.0	11:19.6	12:09.8	12:14.0
10:33.8	11:20.6	11:24.5	10:56.9	11:45.4	11:49.5	11:20.1	12:10.3	12:14.5
10:34.3	11:21.0	11:25.0	10:57.4	11:45.9	11:50.0	11:20.6	12:10.8	12:15.0
10:34.7	11:21.5	11:25.5	10:57.9	11:46.4	11:50.5	11:21.0	12:11.3	12:15.5
10:35.2	11:22.0	11:26.0	10:58.3	11:46.9	11:51.0	11:21.5	12:11.8	12:16.0
10:35.6	11:22.5	11:26.5	10:58.8	11:47.4	11:51.5	11:21.9	12:12.3	12:16.5
10:36.1	11:23.0	11:27.0	10:59.3	11:47.9	11:52.0	11:22.4	12:12.8	12:17.0
10:36.6	11:23.5	11:27.5	10:59.7	11:48.4	11:52.5	11:22.9	12:13.2	12:17.5
10:37.0	11:24.0	11:28.0	11:00.2	11:48.9	11:53.0	11:23.3	12:13.7	12:18.0
10:37.5	11:24.5	11:28.5	11:00.6	11:49.4	11:53.5	11:23.8	12:14.2	12:18.5
10:38.0	11:25.0	11:29.0	11:01.1	11:49.9	11:54.0	11:24.3	12:14.7	12:19.0
10:38.4	11:25.5	11:29.5	11:01.6	11:50.4	11:54.5	11:24.7	12:15.2	12:19.5
10:38.9	11:26.0	11:30.0	11:02.0	11:50.9	11:55.0	11:25.2	12:15.7	12:20.0
10:39.4	11:26.5	11:30.5	11:02.5	11:51.4	11:55.5	11:25.6	12:16.2	12:20.5
10:39.8	11:27.0	11:31.0	11:03.0	11:51.9	11:56.0	11:26.1	12:16.7	12:21.0
10:40.3	11:27.5	11:31.5	11:03.4	11:52.4	11:56.5	11:26.6	12:17.2	12:21.5
10:40.7	11:28.0	11:32.0	11:03.9	11:52.9	11:57.0	11:27.0	12:17.7	12:22.0
10:41.2	11:28.5	11:32.5	11:04.4	11:53.4	11:57.5	11:27.5	12:18.2	12:22.5
10:41.7	11:29.0	11:33.0	11:04.8	11:53.9	11:58.0	11:28.0	12:18.7	12:23.0
10:42.1	11:29.5	11:33.5	11:05.3	11:54.4	11:58.5	11:28.4	12:19.2	12:23.5
10:42.6	11:30.0	11:34.0	11:05.7	11:54.9	11:59.0	11:28.9	12:19.7	12:24.0
10:43.1	11:30.5	11:34.5	11:06.2	11:55.4	11:59.5	11:29.4	12:20.2	12:24.5

3000m–3200m–2 MILE

3000	3200	2 Mile	3000	3200	2 Mile	3000	3200	2 Mile
11:29.8	12:20.7	12:25.0	11:53.0	12:45.6	12:50.0	12:16.1	13:10.4	13:15.0
11:30.3	12:21.2	12:25.5	11:53.4	12:46.1	12:50.5	12:16.6	13:10.9	13:15.5
11:30.7	12:21.7	12:26.0	11:53.9	12:46.6	12:51.0	12:17.0	13:11.4	13:16.0
11:31.2	12:22.2	12:26.5	11:54.4	12:47.1	12:51.5	12:17.5	13:11.9	13:16.5
11:31.7	12:22.7	12:27.0	11:54.8	12:47.5	12:52.0	12:18.0	13:12.4	13:17.0
11:32.1	12:23.2	12:27.5	11:55.3	12:48.0	12:52.5	12:18.4	13:12.9	13:17.5
11:32.6	12:23.7	12:28.0	11:55.7	12:48.5	12:53.0	12:18.9	13:13.4	13:18.0
11:33.1	12:24.2	12:28.5	11:56.2	12:49.0	12:53.5	12:19.4	13:13.9	13:18.5
11:33.5	12:24.7	12:29.0	11:56.7	12:49.5	12:54.0	12:19.8	13:14.4	13:19.0
11:34.0	12:25.2	12:29.5	11:57.1	12:50.0	12:54.5	12:20.3	13:14.9	13:19.5
11:34.4	12:25.7	12:30.0	11:57.6	12:50.5	12:55.0	12:20.7	13:15.4	13:20.0
11:34.9	12:26.2	12:30.5	11:58.1	12:51.0	12:55.5	12:21.2	13:15.9	13:20.5
11:35.4	12:26.7	12:31.0	11:58.5	12:51.5	12:56.0	12:21.7	13:16.4	13:21.0
11:35.8	12:27.2	12:31.5	11:59.0	12:52.0	12:56.5	12:22.1	13:16.9	13:21.5
11:36.3	12:27.7	12:32.0	11:59.4	12:52.5	12:57.0	12:22.6	13:17.4	13:22.0
11:36.8	12:28.2	12:32.5	11:59.9	12:53.0	12:57.5	12:23.1	13:17.9	13:22.5
11:37.2	12:28.7	12:33.0	12:00.4	12:53.5	12:58.0	12:23.5	13:18.4	13:23.0
11:37.7	12:29.2	12:33.5	12:00.8	12:54.0	12:58.5	12:24.0	13:18.9	13:23.5
11:38.1	12:29.7	12:34.0	12:01.3	12:54.5	12:59.0	12:24.4	13:19.4	13:24.0
11:38.6	12:30.1	12:34.5	12:01.8	12:55.0	12:59.5	12:24.9	13:19.9	13:24.5
11:39.1	12:30.6	12:35.0	12:02.2	12:55.5	13:00.0	12:25.4	13:20.4	13:25.0
11:39.5	12:31.1	12:35.5	12:02.7	12:56.0	13:00.5	12:25.8	13:20.9	13:25.5
11:40.0	12:31.6	12:36.0	12:03.1	12:56.5	13:01.0	12:26.3	13:21.4	13:26.0
11:40.5	12:32.1	12:36.5	12:03.6	12:57.0	13:01.5	12:26.8	13:21.8	13:26.5
11:40.9	12:32.6	12:37.0	12:04.1	12:57.5	13:02.0	12:27.2	13:22.3	13:27.0
11:41.4	12:33.1	12:37.5	12:04.5	12:58.0	13:02.5	12:27.7	13:22.8	13:27.5
11:41.9	12:33.6	12:38.0	12:05.0	12:58.5	13:03.0	12:28.1	13:23.3	13:28.0
11:42.3	12:34.1	12:38.5	12:05.5	12:59.0	13:03.5	12:28.6	13:23.8	13:28.5
11:42.8	12:34.6	12:39.0	12:05.9	12:59.5	13:04.0	12:29.1	13:24.3	13:29.0
11:43.2	12:35.1	12:39.5	12:06.4	12:60.0	13:04.5	12:29.5	13:24.8	13:29.5
11:43.7	12:35.6	12:40.0	12:06.9	13:00.5	13:05.0	12:30.0	13:25.3	13:30.0
11:44.2	12:36.1	12:40.5	12:07.3	13:01.0	13:05.5	12:30.5	13:25.8	13:30.5
11:44.6	12:36.6	12:41.0	12:07.8	13:01.5	13:06.0	12:30.9	13:26.3	13:31.0
11:45.1	12:37.1	12:41.5	12:08.2	13:02.0	13:06.5	12:31.4	13:26.8	13:31.5
11:45.6	12:37.6	12:42.0	12:08.7	13:02.5	13:07.0	12:31.9	13:27.3	13:32.0
11:46.0	12:38.1	12:42.5	12:09.2	13:03.0	13:07.5	12:32.3	13:27.8	13:32.5
11:46.5	12:38.6	12:43.0	12:09.6	13:03.5	13:08.0	12:32.8	13:28.3	13:33.0
11:46.9	12:39.1	12:43.5	12:10.1	13:04.0	13:08.5	12:33.2	13:28.8	13:33.5
11:47.4	12:39.6	12:44.0	12:10.6	13:04.5	13:09.0	12:33.7	13:29.3	13:34.0
11:47.9	12:40.1	12:44.5	12:11.0	13:04.9	13:09.5	12:34.2	13:29.8	13:34.5
11:48.3	12:40.6	12:45.0	12:11.5	13:05.4	13:10.0	12:34.6	13:30.3	13:35.0
11:48.8	12:41.1	12:45.5	12:11.9	13:05.9	13:10.5	12:35.1	13:30.8	13:35.5
11:49.3	12:41.6	12:46.0	12:12.4	13:06.4	13:11.0	12:35.6	13:31.3	13:36.0
11:49.7	12:42.1	12:46.5	12:12.9	13:06.9	13:11.5	12:36.0	13:31.8	13:36.5
11:50.2	12:42.6	12:47.0	12:13.3	13:07.4	13:12.0	12:36.5	13:32.3	13:37.0
11:50.6	12:43.1	12:47.5	12:13.8	13:07.9	13:12.5	12:36.9	13:32.8	13:37.5
11:51.1	12:43.6	12:48.0	12:14.3	13:08.4	13:13.0	12:37.4	13:33.3	13:38.0
11:51.6	12:44.1	12:48.5	12:14.7	13:08.9	13:13.5	12:37.9	13:33.8	13:38.5
11:52.0	12:44.6	12:49.0	12:15.2	13:09.4	13:14.0	12:38.3	13:34.3	13:39.0
11:52.5	12:45.1	12:49.5	12:15.6	13:09.9	13:14.5	12:38.8	13:34.8	13:39.5

PACING TABLES

PACING TABLES

The following pages contain pacing tables for the 1500/Mile, 3000/5000, 10,000 and Marathon. These pacing tables have a threefold use—to indicate the pace necessary to run a desired time, to project the final time at any given stage of a race and to plan workouts at paces appropriate to one's racing goals. These tables are only applicable to 400m tracks. The far left entry in each row of the charts for the track events is the number of laps. The far right entry in each row indicates how far that number of laps is in meters.

Suppose you want to run 10,000m in an even-paced 30:00. Locate the 25-lap (bottom) row of the chart for that event and read across it until you find 30:00. Then move up to the top of that column. The 72 there indicates each of the 25 laps should be run in 72 seconds.

Or, suppose you are watching a 10,000m race. At the end of 20 laps, the time is 24:05. The last two laps have each taken about 70. The time required to finish the race at this pace appears on the chart where the line for 5 laps intersects the column for 70.0 seconds—5:50. Add this 5:50 to the previous 24:05 and you will see the projected final time is 29:55.

In order to incorporate a wide range of performances in the 3000 and 5000, page 166 is split into top and bottom halves to create two charts. The top one covers final paces from an unsustainable 58 to 70 seconds per lap, and the bottom one paces from 71 to 83 seconds per lap. The 10,000 tables are spread over four pages. Page 167 covers paces from 63 to 69 seconds per lap, page 168 paces from 69.5 to 75.5, page 169 paces from 76 to 82, and page 170 paces from 82.5 to 90.

To project the final time when the starting line is different from the finish line, you take the lap time at the finish (*not* the start) and add it to the time required to cover the remaining complete laps. This applies to the Mile (since these charts are oriented to 400m tracks), the flat 3000, the steeplechase and the 5000.

Suppose the 5000m runners reach 3000m (which is on the finish line with 5 laps to go) in 8:00. If you project that the remaining laps will be run in 65 seconds each, the chart will quickly show that 5 laps in 65 will take 5:25. Add 8:00 and 5:25 and you have a projected time of 13:25.

There are two marathon charts, which may be used like the track charts to determine even pace for a desired final time or to project a final time based on the most recent split and current pace in the race. The first chart is oriented for races where mile splits are given, and the second for races where all splits are in kilometers. A broad range of times is covered.

1500/1600/MILE EVEN PACE

Laps	55	56	57	58	59	60	61	62	63	64	65	66	67	68	69	70	Distance
1/2	27.5	28.0	28.5	29.0	29.5	30.0	30.5	31.0	31.5	32.0	32.5	33.0	33.5	34.0	34.5	35.0	200m
1	55.0	56.0	57.0	58.0	59.0	1:00.0	1:01.0	1:02.0	1:03.0	1:04.0	1:05.0	1:06.0	1:07.0	1:08.0	1:09.0	1:10.0	400m
1 1/2	1:22.5	1:24.0	1:25.5	1:27.0	1:28.5	1:30.0	1:31.5	1:33.0	1:34.5	1:36.0	1:37.5	1:39.0	1:40.5	1:42.0	1:43.5	1:45.0	600m
2	1:50.0	1:52.0	1:54.0	1:56.0	1:58.0	2:00.0	2:02.0	2:04.0	2:06.0	2:08.0	2:10.0	2:12.0	2:14.0	2:16.0	2:18.0	2:20.0	800m
2 1/2	2:17.5	2:20.0	2:22.5	2:25.0	2:27.5	2:30.0	2:32.5	2:35.0	2:37.5	2:40.0	2:42.5	2:45.0	2:47.5	2:50.0	2:52.5	2:55.0	1000m
2 3/4	2:31.2	2:34.0	2:36.8	2:39.5	2:42.2	2:45.0	2:47.8	2:50.5	2:53.2	2:56.0	2:58.8	3:01.5	3:04.2	3:07.0	3:9.8	3:12.5	(400 to go—1500
3	2:45.0	2:48.0	2:51.0	2:54.0	2:57.0	3:00.0	3:03.0	3:06.0	3:09.0	3:12.0	3:15.0	3:18.0	3:21.0	3:24.0	3:27.0	3:30.0	(400 to go—1600
3 1/4	2:58.8	3:02.0	3:05.2	3:08.5	3:11.8	3:15.0	3:18.2	3:21.5	3:24.8	3:28.0	3:31.2	3:34.5	3:37.8	3:41.0	3:44.2	3:47.5	(200 to go—1500
3 1/2	3:12.5	3:16.0	3:19.5	3:23.0	3:26.5	3:30.0	3:33.5	3:37.0	3:40.5	3:44.0	3:47.5	3:51.0	3:54.5	3:58.0	4:01.5	4:05.0	(200 to go—1600
3 3/4	3:26.2	3:30.0	3:33.8	3:37.5	3:41.2	3:45.0	3:48.8	3:52.5	3:56.2	4:00.0	4:03.8	4:07.5	4:11.2	4:15.0	4:18.8	4:22.5	1500m
4	3:40.0	3:44.0	3:48.0	3:52.0	3:56.0	4:00.0	4:04.0	4:08.0	4:12.0	4:16.0	4:20.0	4:24.0	4:28.0	4:32.0	4:36.0	4:40.0	1600m
Mile	3:41.3	3:45.3	3:49.3	3:53.4	3:57.4	4:01.4	4:05.4	4:09.4	4:13.5	4:17.5	4:21.5	4:25.5	4:29.6	4:33.6	4:37.6	4:41.6	1 Mile

Laps	71	72	73	74	75	76	77	78	79	80	81	82	83	84	85	86	Distance
1/2	35.5	36.0	36.5	37.0	37.5	38.0	38.5	39.0	39.5	40.0	40.5	41.0	41.5	42.0	42.5	43.0	200m
1	1:11.0	1:12.0	1:13.0	1:14.0	1:15.0	1:16.0	1:17.0	1:18.0	1:19.0	1:20.0	1:21.0	1:22.0	1:23.0	1:24.0	1:25.0	1:26.0	400m
1 1/2	1:46.5	1:48.0	1:49.5	1:51.0	1:52.5	1:54.0	1:55.5	1:57.0	1:58.5	2:00.0	2:01.5	2:03.0	2:04.5	2:06.0	2:07.5	2:09.0	600m
2	2:22.0	2:24.0	2:26.0	2:28.0	2:30.0	2:32.0	2:34.0	2:36.0	2:38.0	2:40.0	2:42.0	2:44.0	2:46.0	2:48.0	2:50.0	2:52.0	800m
2 1/2	2:57.5	3:00.0	3:02.5	3:05.0	3:07.5	3:10.0	3:12.5	3:15.0	3:17.5	3:20.0	3:22.5	3:25.0	3:27.5	3:30.0	3:32.5	3:35.0	1000m
2 3/4	3:15.2	3:18.0	3:20.8	3:23.5	3:26.2	3:29.0	3:31.8	3:34.5	3:37.2	3:40.0	3:42.8	3:45.5	3:48.2	3:51.0	3:53.8	3:56.5	(400 to go—1500
3	3:33.0	3:36.0	3:39.0	3:42.0	3:45.0	3:48.0	3:51.0	3:54.0	3:57.0	4:00.0	4:03.0	4:06.0	4:09.0	4:12.0	4:15.0	4:18.0	(400 to go—1600
3 1/4	3:50.8	3:54.0	3:57.3	4:00.5	4:03.8	4:07.0	4:10.3	4:13.5	4:16.8	4:20.0	4:23.3	4:26.5	4:29.8	4:33.0	4:36.3	4:39.5	(200 to go—1500
3 1/2	4:08.5	4:12.0	4:15.5	4:19.0	4:22.5	4:26.0	4:29.5	4:33.0	4:36.5	4:40.0	4:43.5	4:47.0	4:50.5	4:54.0	4:57.5	5:01.0	(200 to go—1600
3 3/4	4:26.2	4:30.0	4:33.8	4:37.5	4:41.2	4:45.0	4:48.8	4:52.5	4:56.2	5:00.0	5:03.8	5:07.5	5:11.2	5:15.0	5:18.8	5:22.5	1500m
4	4:44.0	4:48.0	4:52.0	4:56.0	5:00.0	5:04.0	5:08.0	5:12.0	5:16.0	5:20.0	5:24.0	5:28.0	5:32.0	5:36.0	5:40.0	5:44.0	1600m
Mile	4:45.7	4:49.7	4:53.7	4:57.7	5:01.8	5:05.8	5:9.8	5:13.8	5:17.8	5:21.9	5:25.9	5:29.9	5:33.9	5:38.0	5:42.0	5:46.0	1 Mile

(Splits given are relevant to 400m tracks only. Mile splits relate to the start, not the finish line)

3000M/5000M EVEN PACE

Laps	58	59	60	61	62	63	64	65	66	67	68	69	70	Distance
2	1:56	1:58	2:00	2:02	2:04	2:06	2:08	2:10	2:12	2:14	2:16	2:18	2:20	800m
3	2:54	2:57	3:00	3:03	3:06	3:09	3:12	3:15	3:18	3:21	3:24	3:27	3:30	1200m
4	3:52	3:56	4:00	4:04	4:08	4:12	4:16	4:20	4:24	4:28	4:32	4:36	4:40	1600m
5	4:50	4:55	5:00	5:05	5:10	5:15	5:20	5:25	5:30	5:35	5:40	5:45	5:50	2000m
6	5:48	5:54	6:00	6:06	6:12	6:18	6:24	6:30	6:36	6:42	6:48	6:54	7:00	2400m
7	6:46	6:53	7:00	7:07	7:14	7:21	7:28	7:35	7:42	7:49	7:56	8:03	8:10	2800m
7.5	7:15	7:22	7:30	7:38	7:45	7:52	8:00	8:08	8:15	8:22	8:30	8:38	8:45	3000m
8	7:44	7:52	8:00	8:08	8:16	8:24	8:32	8:40	8:48	8:56	9:04	9:12	9:20	3200m
9	8:42	8:51	9:00	9:09	9:18	9:27	9:36	9:45	9:54	10:03	10:12	10:21	10:30	3600m
10	9:40	9:50	10:00	10:10	10:20	10:30	10:40	10:50	11:00	11:10	11:20	11:30	11:40	4000m
11	10:38	10:49	11:00	11:11	11:22	11:33	11:44	11:55	12:06	12:17	12:28	12:39	12:50	4400m
12	11:36	11:48	12:00	12:12	12:24	12:36	12:48	13:00	13:12	13:24	13:36	13:48	14:00	4800m
12.5	12:05	12:18	12:30	12:42	12:55	13:08	13:20	13:32	13:45	13:58	14:10	14:22	14:35	5000m

(See 10,000m chart for paces slower than 83 seconds per lap)

Laps	71	72	73	74	75	76	77	78	79	80	81	82	83	Distance
2	2:22	2:24	2:26	2:28	2:30	2:32	2:34	2:36	2:38	2:40	2:42	2:44	2:46	800m
3	3:33	3:36	3:39	3:42	3:45	3:48	3:51	3:54	3:57	4:00	4:03	4:06	4:09	1200m
4	4:44	4:48	4:52	4:56	5:00	5:04	5:08	5:12	5:16	5:20	5:24	5:28	5:32	1600m
5	5:55	6:00	6:05	6:10	6:15	6:20	6:25	6:30	6:35	6:40	6:45	6:50	6:55	2000m
6	7:06	7:12	7:18	7:24	7:30	7:36	7:42	7:48	7:54	8:00	8:06	8:12	8:18	2400m
7	8:17	8:24	8:31	8:38	8:45	8:52	8:59	9:06	9:13	9:20	9:27	9:34	9:41	2800m
7.5	8:52	9:00	9:08	9:15	9:22	9:30	9:38	9:45	9:53	10:00	10:08	10:15	10:22	3000m
8	9:28	9:36	9:44	9:52	10:00	10:08	10:16	10:24	10:32	10:40	10:48	10:56	11:04	3200m
9	10:39	10:48	10:57	11:06	11:15	11:24	11:33	11:42	11:51	12:00	12:09	12:18	12:27	3600m
10	11:50	12:00	12:10	12:20	12:30	12:40	12:50	13:00	13:10	13:20	13:30	13:40	13:50	4000m
11	13:01	13:12	13:23	13:34	13:45	13:56	14:07	14:18	14:29	14:40	14:51	15:02	15:13	4400m
12	14:12	14:24	14:36	14:48	15:00	15:12	15:24	15:36	15:48	16:00	16:12	16:24	16:36	4800m
12.5	14:48	15:00	15:12	15:25	15:38	15:50	16:02	16:15	16:28	16:40	16:52	17:05	17:18	5000m

(Splits given are relevant to 400m tracks only.)

10,000M EVEN PACE (63–69-second laps)

Laps	63	63.5	64	64.5	65	65.5	66	66.5	67	67.5	68	68.5	69	Distance
2	2:06	2:07	2:08	2:09	2:10	2:11	2:12	2:13	2:14	2:15	2:16	2:17	2:18	800m
3	3:09	3:10	3:12	3:14	3:15	3:16	3:18	3:20	3:21	3:22	3:24	3:26	3:27	1200m
4	4:12	4:14	4:16	4:18	4:20	4:22	4:24	4:26	4:28	4:30	4:32	4:34	4:36	1600m
5	5:15	5:17	5:20	5:22	5:25	5:28	5:30	5:32	5:35	5:38	5:40	5:42	5:45	2000m
6	6:18	6:21	6:24	6:27	6:30	6:33	6:36	6:39	6:42	6:45	6:48	6:51	6:54	2400m
7	7:21	7:24	7:28	7:32	7:35	7:38	7:42	7:46	7:49	7:52	7:56	7:60	8:03	2800m
7.5	7:52	7:56	8:00	8:04	8:08	8:11	8:15	8:19	8:22	8:26	8:30	8:34	8:38	3000m
8	8:24	8:28	8:32	8:36	8:40	8:44	8:48	8:52	8:56	9:00	9:04	9:08	9:12	3200m
9	9:27	9:31	9:36	9:40	9:45	9:50	9:54	9:58	10:03	10:08	10:12	10:16	10:21	3600m
10	10:30	10:35	10:40	10:45	10:50	10:55	11:00	11:05	11:10	11:15	11:20	11:25	11:30	4000m
11	11:33	11:38	11:44	11:50	11:55	12:00	12:06	12:12	12:17	12:22	12:28	12:34	12:39	4400m
12	12:36	12:42	12:48	12:54	13:00	13:06	13:12	13:18	13:24	13:30	13:36	13:42	13:48	4800m
12.5	13:07	13:14	13:20	13:26	13:32	13:39	13:45	13:51	13:58	14:04	14:10	14:16	14:22	5000m
13	13:39	13:45	13:52	13:58	14:05	14:12	14:18	14:24	14:31	14:38	14:44	14:50	14:57	5200m
14	14:42	14:49	14:56	15:03	15:10	15:17	15:24	15:31	15:38	15:45	15:52	15:59	16:06	5600m
15	15:45	15:52	16:00	16:08	16:15	16:22	16:30	16:38	16:45	16:52	17:00	17:08	17:15	6000m
16	16:48	16:56	17:04	17:12	17:20	17:28	17:36	17:44	17:52	18:00	18:08	18:16	18:24	6400m
17	17:51	17:59	18:08	18:16	18:25	18:34	18:42	18:50	18:59	19:08	19:16	19:24	19:33	6800m
18	18:54	19:03	19:12	19:21	19:30	19:39	19:48	19:57	20:06	20:15	20:24	20:33	20:42	7200m
19	19:57	20:06	20:16	20:26	20:35	20:44	20:54	21:04	21:13	21:22	21:32	21:42	21:51	7600m
20	21:00	21:10	21:20	21:30	21:40	21:50	22:00	22:10	22:20	22:30	22:40	22:50	23:00	8000m
21	22:03	22:13	22:24	22:34	22:45	22:56	23:06	23:16	23:27	23:38	23:48	23:58	24:09	8400m
22	23:06	23:17	23:28	23:39	23:50	24:01	24:12	24:23	24:34	24:45	24:56	25:07	25:18	8800m
23	24:09	24:20	24:32	24:44	24:55	25:06	25:18	25:30	25:41	25:52	26:04	26:16	26:27	9200m
24	25:12	25:24	25:36	25:48	26:00	26:12	26:24	26:36	26:48	27:00	27:12	27:24	27:36	9600m
25	26:15	26:27	26:40	26:52	27:05	27:18	27:30	27:42	27:55	28:08	28:20	28:32	28:45	10,000m

(Splits given are relevant to 400m tracks only.)

10,000M EVEN PACE (69.5–75.5-second laps)

Laps	69.5	70	70.5	71	71.5	72	72.5	73	73.5	74	74.5	75	75.5	Distance
2	2:19	2:20	2:21	2:22	2:23	2:24	2:25	2:26	2:27	2:28	2:29	2:30	2:31	800m
3	3:28	3:30	3:32	3:33	3:34	3:36	3:38	3:39	3:40	3:42	3:44	3:45	3:46	1200m
4	4:38	4:40	4:42	4:44	4:46	4:48	4:50	4:52	4:54	4:56	4:58	5:00	5:02	1600m
5	5:48	5:50	5:52	5:55	5:58	6:00	6:02	6:05	6:08	6:10	6:12	6:15	6:18	2000m
6	6:57	7:00	7:03	7:06	7:09	7:12	7:15	7:18	7:21	7:24	7:27	7:30	7:33	2400m
7	8:06	8:10	8:14	8:17	8:20	8:24	8:28	8:31	8:34	8:38	8:42	8:45	8:48	2800m
7.5	8:41	8:45	8:49	8:52	8:56	9:00	9:04	9:08	9:11	9:15	9:19	9:22	9:26	3000m
8	9:16	9:20	9:24	9:28	9:32	9:36	9:40	9:44	9:48	9:52	9:56	10:00	10:04	3200m
9	10:26	10:30	10:34	10:39	10:44	10:48	10:52	10:57	11:02	11:06	11:10	11:15	11:20	3600m
10	11:35	11:40	11:45	11:50	11:55	12:00	12:05	12:10	12:15	12:20	12:25	12:30	12:35	4000m
11	12:44	12:50	12:56	13:01	13:06	13:12	13:18	13:23	13:28	13:34	13:40	13:45	13:50	4400m
12	13:54	14:00	14:06	14:12	14:18	14:24	14:30	14:36	14:42	14:48	14:54	15:00	15:06	4800m
12.5	14:29	14:35	14:41	14:48	14:54	15:00	15:06	15:12	15:19	15:25	15:31	15:38	15:44	5000m
13	15:04	15:10	15:16	15:23	15:30	15:36	15:42	15:49	15:56	16:02	16:08	16:15	16:22	5200m
14	16:13	16:20	16:27	16:34	16:41	16:48	16:55	17:02	17:09	17:16	17:23	17:30	17:37	5600m
15	17:22	17:30	17:38	17:45	17:52	18:00	18:08	18:15	18:22	18:30	18:38	18:45	18:52	6000m
16	18:32	18:40	18:48	18:56	19:04	19:12	19:20	19:28	19:36	19:44	19:52	20:00	20:08	6400m
17	19:42	19:50	19:58	20:07	20:16	20:24	20:32	20:41	20:50	20:58	21:06	21:15	21:24	6800m
18	20:51	21:00	21:09	21:18	21:27	21:36	21:45	21:54	22:03	22:12	22:21	22:30	22:39	7200m
19	22:00	22:10	22:20	22:29	22:38	22:48	22:58	23:07	23:16	23:26	23:36	23:45	23:54	7600m
20	23:10	23:20	23:30	23:40	23:50	24:00	24:10	24:20	24:30	24:40	24:50	25:00	25:10	8000m
21	24:20	24:30	24:40	24:51	25:02	25:12	25:22	25:33	25:44	25:54	26:04	26:15	26:26	8400m
22	25:29	25:40	25:51	26:02	26:13	26:24	26:35	26:46	26:57	27:08	27:19	27:30	27:41	8800m
23	26:38	26:50	27:02	27:13	27:24	27:36	27:48	27:59	28:10	28:22	28:34	28:45	28:56	9200m
24	27:48	28:00	28:12	28:24	28:36	28:48	29:00	29:12	29:24	29:36	29:48	30:00	30:12	9600m
25	28:58	29:10	29:22	29:35	29:48	30:00	30:12	30:25	30:38	30:50	31:02	31:15	31:28	10,000m

(Splits given are relevant to 400m tracks only.)

10,000M EVEN PACE (76–82-second laps)

Laps	76	76.5	77	77.5	78	78.5	79	79.5	80	80.5	81	81.5	82	Distance
2	2:32	2:33	2:34	2:35	2:36	2:37	2:38	2:39	2:40	2:41	2:42	2:43	2:44	800m
3	3:48	3:50	3:51	3:52	3:54	3:56	3:57	3:58	4:00	4:02	4:03	4:04	4:06	1200m
4	5:04	5:06	5:08	5:10	5:12	5:14	5:16	5:18	5:20	5:22	5:24	5:26	5:28	1600m
5	6:20	6:22	6:25	6:28	6:30	6:32	6:35	6:38	6:40	6:42	6:45	6:48	6:50	2000m
6	7:36	7:39	7:42	7:45	7:48	7:51	7:54	7:57	8:00	8:03	8:06	8:09	8:12	2400m
7	8:52	8:56	8:59	9:02	9:06	9:010	9:13	9:16	9:20	9:24	9:27	9:30	9:34	2800m
7.5	9:30	9:34	9:38	9:41	9:45	9:49	9:52	9:56	10:00	10:04	10:08	10:11	10:15	3000m
8	10:08	10:12	10:16	10:20	10:24	10:28	10:32	10:36	10:40	10:44	10:48	10:52	10:56	3200m
9	11:24	11:28	11:33	11:38	11:42	11:46	11:51	11:56	12:00	12:04	12:09	12:14	12:18	3600m
10	12:40	12:45	12:50	12:55	13:00	13:05	13:10	13:15	13:20	13:25	13:30	13:35	13:40	4000m
11	13:56	14:02	14:07	14:12	14:18	14:24	14:29	14:34	14:40	14:46	14:51	14:56	15:02	4400m
12	15:12	15:18	15:24	15:30	15:36	15:42	15:48	15:54	16:00	16:06	16:12	16:18	16:24	4800m
12.5	15:50	15:56	16:02	16:09	16:15	16:21	16:28	16:34	16:40	16:46	16:52	16:59	17:05	5000m
13	16:28	16:34	16:41	16:48	16:54	17:00	17:07	17:14	17:20	17:26	17:33	17:40	17:46	5200m
14	17:44	17:51	17:58	18:05	18:12	18:19	18:26	18:33	18:40	18:47	18:54	19:01	19:08	5600m
15	19:00	19:08	19:15	19:22	19:30	19:38	19:45	19:52	20:00	20:08	20:15	20:22	20:30	6000m
16	20:16	20:24	20:32	20:40	20:48	20:56	21:04	21:12	21:20	21:28	21:36	21:44	21:52	6400m
17	21:32	21:40	21:49	21:58	22:06	22:14	22:23	22:32	22:40	22:48	22:57	23:06	23:14	6800m
18	22:48	22:57	23:06	23:15	23:24	23:33	23:42	23:51	24:00	24:09	24:18	24:27	24:36	7200m
19	24:04	24:14	24:23	24:32	24:42	24:52	25:01	25:10	25:20	25:30	25:39	25:48	25:58	7600m
20	25:20	25:30	25:40	25:50	26:00	26:10	26:20	26:30	26:40	26:50	27:00	27:10	27:20	8000m
21	26:36	26:46	26:57	27:08	27:18	27:28	27:39	27:50	28:00	28:10	28:21	28:32	28:42	8400m
22	27:52	28:03	28:14	28:25	28:36	28:47	28:58	29:09	29:20	29:31	29:42	29:53	30:04	8800m
23	29:08	29:20	29:31	29:42	29:54	30:06	30:17	30:28	30:40	30:52	31:03	31:14	31:26	9200m
24	30:24	30:36	30:48	31:00	31:12	31:24	31:36	31:48	32:00	32:12	32:24	32:36	32:48	9600m
25	31:40	31:52	32:05	32:18	32:30	32:42	32:55	33:08	33:20	33:32	33:45	33:58	34:10	10,000m

(Splits given are relevant to 400m tracks only.)

10,000M EVEN PACE (82.5–90-second laps)

Laps	82.5	83	83.5	84	84.5	85	85.5	86	86.5	87	88	89	90	Distance
2	2:45	2:46	2:47	2:48	2:49	2:50	2:51	2:52	2:53	2:54	2:56	2:58	3:00	800m
3	4:08	4:09	4:10	4:12	4:14	4:15	4:16	4:18	4:20	4:21	4:24	4:27	4:30	1200m
4	5:30	5:32	5:34	5:36	5:38	5:40	5:42	5:44	5:46	5:48	5:52	5:56	6:00	1600m
5	6:52	6:55	6:58	7:00	7:02	7:05	7:08	7:10	7:12	7:15	7:20	7:25	7:30	2000m
6	8:15	8:18	8:21	8:24	8:27	8:30	8:33	8:36	8:39	8:42	8:48	8:54	9:00	2400m
7	9:38	9:41	9:44	9:48	9:52	9:55	9:58	10:02	10:06	10:09	10:16	10:23	10:30	2800m
7.5	10:19	10:22	10:26	10:30	10:34	10:38	10:41	10:45	10:49	10:52	11:00	11:08	11:15	3000m
8	11:00	11:04	11:08	11:12	11:16	11:20	11:24	11:28	11:32	11:36	11:44	11:52	12:00	3200m
9	12:22	12:27	12:32	12:36	12:40	12:45	12:50	12:54	12:58	13:03	13:12	13:21	13:30	3600m
10	13:45	13:50	13:55	14:00	14:05	14:10	14:15	14:20	14:25	14:30	14:40	14:50	15:00	4000m
11	15:08	15:13	15:18	15:24	15:30	15:35	15:40	15:46	15:52	15:57	16:08	16:19	16:30	4400m
12	16:30	16:36	16:42	16:48	16:54	17:00	17:06	17:12	17:18	17:24	17:36	17:48	18:00	4800m
12.5	17:11	17:18	17:24	17:30	17:36	17:42	17:49	17:55	18:01	18:08	18:20	18:32	18:45	5000m
13	17:52	17:59	18:06	18:12	18:18	18:25	18:32	18:38	18:44	18:51	19:04	19:17	19:30	5200m
14	19:15	19:22	19:29	19:36	19:43	19:50	19:57	20:04	20:11	20:18	20:32	20:46	21:00	5600m
15	20:38	20:45	20:52	21:00	21:08	21:15	21:22	21:30	21:38	21:45	22:00	22:15	22:30	6000m
16	22:00	22:08	22:16	22:24	22:32	22:40	22:48	22:56	23:04	23:12	23:28	23:44	24:00	6400m
17	23:22	23:31	23:40	23:48	23:56	24:05	24:14	24:22	24:30	24:39	24:56	25:13	25:30	6800m
18	24:45	24:54	25:03	25:12	25:21	25:30	25:39	25:48	25:57	26:06	26:24	26:42	27:00	7200m
19	26:08	26:17	26:26	26:36	26:46	26:55	27:04	27:14	27:24	27:42	27:52	28:11	28:30	7600m
20	27:30	27:40	27:50	28:00	28:10	28:20	28:30	28:40	28:50	29:10	29:20	29:40	30:00	8000m
21	28:52	29:03	29:14	29:24	29:34	29:45	29:56	30:06	30:16	30:38	30:48	31:09	31:30	8400m
22	30:15	30:26	30:37	30:48	30:59	31:10	31:21	31:32	31:43	32:05	32:16	32:38	33:00	8800m
23	31:38	31:49	32:00	32:12	32:24	32:35	32:46	32:58	33:010	33:32	33:44	34:07	34:30	9200m
24	33:00	33:12	33:24	33:36	33:48	34:00	34:12	34:24	34:36	35:00	35:12	35:36	36:00	9600m
25	34:22	34:35	34:48	35:00	35:12	35:25	35:38	35:50	36:02	36:28	36:40	37:05	37:30	10,000m

(Splits given are relevant to 400m tracks only.)

4 x 400 PACE CHART (43.0–70.5-second laps)

Keep this chart handy in the stands and you can quickly find out what pace a 4 x 400 relay team is on at the end of the first, second and third legs. One major caveat: when a 4 x 400 is contested with the usual three-turn stagger, for all but lane 1 you must split the first leg at a mark on the track half the distance between the start-finish line and the one-lap stagger (the 800 start line).

Leg

Leg														
1	**43.0**	**43.25**	**43.5**	**43.75**	**44.0**	**44.25**	**44.5**	**44.75**	**45.0**	**45.25**	**45.5**	**45.75**	**46.0**	**46.25**
2	1:26.0	1:26.5	1:27.0	1:27.5	1:28.0	1:28.5	1:29.0	1:29.5	1:30.0	1:30.5	1:31.0	1:31.5	1:32.0	1:32.5
3	2:09.0	2:9.75	2:10.5	2:11.25	2:12.0	2:12.75	2:13.5	2:14.25	2:15.0	2:15.75	2:16.5	2:17.25	2:18.0	2:18.75
4	2:52.0	2:53.0	2:54.0	2:55.0	2:56.0	2:57.0	2:58.0	2:59.0	3:00.0	3:01.0	3:02.0	3:03.0	3:04.0	3:05.0
1	**46.5**	**46.75**	**47.0**	**47.25**	**47.5**	**48.0**	**48.5**	**49.0**	**49.5**	**50.0**	**50.5**	**51.0**	**51.5**	**52.0**
2	1:31.0	1:32.0	1:33.0	1:34.0	1:35.0	1:36.0	1:37.0	1:38.0	1:39.0	1:40.0	1:41.0	1:42.0	1:43.0	1:44.0
3	2:16.5	2:18.0	2:19.5	2:21.0	2:22.5	2:24.0	2:25.5	2:27.0	2:28.5	2:30.0	2:31.5	2:33.0	2:34.5	2:36.0
4	3:02.0	3:04.0	3:06.0	3:08.0	3:10.0	3:12.0	3:14.0	3:16.0	3:18.0	3:20.0	3:22.0	3:24.0	3:26.0	3:28.0
1	**52.5**	**53.0**	**53.5**	**54.0**	**54.5**	**55.0**	**55.5**	**56.0**	**56.5**	**57.0**	**57.5**	**58.0**	**58.5**	**59.0**
2	1:45.0	1:46.0	1:47.0	1:48.0	1:49.0	1:50.0	1:51.0	1:52.0	1:53.0	1:54.0	1:55.0	1:56.0	1:57.0	1:58.0
3	2:37.5	2:39.0	2:40.5	2:42.0	2:43.5	2:45.0	2:46.5	2:48.0	2:49.5	2:51.0	2:52.5	2:54.0	2:55.5	2:57.0
4	3:30.0	3:32.0	3:34.0	3:36.0	3:38.0	3:40.0	3:42.0	3:44.0	3:46.0	3:48.0	3:50.0	3:52.0	3:54.0	3:56.0
1	**59.5**	**60.0**	**60.5**	**61.0**	**61.5**	**62.0**	**62.5**	**63.0**	**63.5**	**64.0**	**64.5**	**65.0**	**65.5**	**66.0**
2	1:59.0	2:00.0	2:01.0	2:02.0	2:03.0	2:04.0	2:05.0	2:06.0	2:07.0	2:08.0	2:09.0	2:10.0	2:11.0	2:12.0
3	2:58.5	3:00.0	3:01.5	3:03.0	3:04.5	3:06.0	3:07.5	3:09.0	3:10.5	3:12.0	3:13.5	3:15.0	3:16.5	3:18.0
4	3:58.0	4:00.0	4:02.0	4:04.0	4:06.0	4:08.0	4:10.0	4:12.0	4:14.0	4:16.0	4:18.0	4:20.0	4:22.0	4:24.0

(This chart can also be used to calculate paces for 4 x 440y teams on 440y tracks.)

INDOOR PACE CHART (25–31-second laps)

Laps	25	25.5	26	26.5	27	27.5	28	28.5	29	29.5	30	30.5	31	Distance
1	25.0	25.5	26.0	26.5	27.0	27.5	28.0	28.5	29.0	29.5	30.0	30.5	31.0	200m
2	50.0	51.0	52.0	53.0	54.0	55.0	56.0	57.0	58.0	59.0	1:00.0	1:01.0	1:02.0	400m
3	1:15.0	1:16.5	1:18.0	1:19.5	1:21.0	1:22.5	1:24.0	1:25.5	1:27.0	1:28.5	1:30.0	1:31.5	1:33.0	600m
4	1:40.0	1:42.0	1:44.0	1:46.0	1:48.0	1:50.0	1:52.0	1:54.0	1:56.0	1:58.0	2:00.0	2:02.0	2:04.0	800m
5	2:05.0	2:07.5	2:10.0	2:12.5	2:15.0	2:17.5	2:20.0	2:22.5	2:25.0	2:27.5	2:30.0	2:32.5	2:35.0	1000m
6	2:30.0	2:33.0	2:36.0	2:39.0	2:42.0	2:45.0	2:48.0	2:51.0	2:54.0	2:57.0	3:00.0	3:03.0	3:06.0	1200m
7	2:55.0	2:58.5	3:02.0	3:05.5	3:09.0	3:12.5	3:16.0	3:19.5	3:23.0	3:26.5	3:30.0	3:33.5	3:37.0	1400m
8	3:20.0	3:24.0	3:28.0	3:32.0	3:36.0	3:40.0	3:44.0	3:48.0	3:52.0	3:56.0	4:00.0	4:04.0	4:08.0	1600m
9	3:45.0	3:49.5	3:54.0	3:58.5	4:03.0	4:07.5	4:12.0	4:16.5	4:21.0	4:25.5	4:30.0	4:34.5	4:39.0	1800m
10	4:10.0	4:15.0	4:20.0	4:25.0	4:30.0	4:35.0	4:40.0	4:45.0	4:50.0	4:55.0	5:00.0	5:05.0	5:10.0	2000m
11	4:35.0	4:40.5	4:46.0	4:51.5	4:57.0	5:02.5	5:08.0	5:13.5	5:19.0	5:24.5	5:30.0	5:35.5	5:41.0	2200m
12	5:00.0	5:06.0	5:12.0	5:18.0	5:24.0	5:30.0	5:36.0	5:42.0	5:48.0	5:54.0	6:00.0	6:06.0	6:12.0	2400m
13	5:25.0	5:31.5	5:38.0	5:44.5	5:51.0	5:57.5	6:04.0	6:10.5	6:17.0	6:23.5	6:30.0	6:36.5	6:43.0	2600m
14	5:50.0	5:57.0	6:04.0	6:11.0	6:18.0	6:25.0	6:32.0	6:39.0	6:46.0	6:53.0	7:00.0	7:07.0	7:14.0	2800m
15	6:15.0	6:22.5	6:30.0	6:37.5	6:45.0	6:52.5	7:00.0	7:07.5	7:15.0	7:22.5	7:30.0	7:37.5	7:45.0	3000m
16	6:40.0	6:48.0	6:56.0	7:04.0	7:12.0	7:20.0	7:28.0	7:36.0	7:44.0	7:52.0	8:00.0	8:08.0	8:16.0	3200m
17	7:05.0	7:13.5	7:22.0	7:30.5	7:39.0	7:47.5	7:56.0	8:04.5	8:13.0	8:21.5	8:30.0	8:38.5	8:47.0	3400m
18	7:30.0	7:39.0	7:48.0	7:57.0	8:06.0	8:15.0	8:24.0	8:33.0	8:42.0	8:51.0	9:00.0	9:09.0	9:18.0	3600m
19	7:55.0	8:04.5	8:14.0	8:23.5	8:33.0	8:42.5	8:52.0	9:01.5	9:11.0	9:20.5	9:30.0	9:39.5	9:49.0	3800m
20	8:20.0	8:30.0	8:40.0	8:50.0	9:00.0	9:10.0	9:20.0	9:30.0	9:40.0	9:50.0	10:00.0	10:10.0	10:20.0	4000m
21	8:45.0	8:55.5	9:06.0	9:16.5	9:27.0	9:37.5	9:48.0	9:58.5	10:09.0	10:19.5	10:30.0	10:40.5	10:51.0	4200m
22	9:10.0	9:21.0	9:32.0	9:43.0	9:54.0	10:05.0	10:16.0	10:27.0	10:38.0	10:49.0	11:00.0	11:11.0	11:22.0	4400m
23	9:35.0	9:46.5	9:58.0	10:09.5	10:21.0	10:32.5	10:44.0	10:55.5	11:07.0	11:18.5	11:30.0	11:41.5	11:53.0	4600m
24	10:00.0	10:12.0	10:24.0	10:36.0	10:48.0	11:00.0	11:12.0	11:24.0	11:36.0	11:48.0	12:00.0	12:12.0	12:24.0	4800m
25	10:25.0	10:37.5	10:50.0	11:02.5	11:15.0	11:27.5	11:40.0	11:52.5	12:05.0	12:17.5	12:30.0	12:42.5	12:55.0	5000m

(Splits given are relevant to 200m tracks.)

INDOOR PACE CHART (31.5–37.5-second laps)

Laps	31.5	32	32.5	33	33.5	34	34.5	35	35.5	36	36.5	37	37.5	Distance
1	31.5	32.0	32.5	33.0	33.5	34.0	34.5	35.0	35.5	36.0	36.5	37.0	37.5	200m
2	1:03.0	1:04.0	1:05.0	1:06.0	1:07.0	1:08.0	1:09.0	1:10.0	1:11.0	1:12.0	1:13.0	1:14.0	1:15.0	400m
3	1:34.5	1:36.0	1:37.5	1:39.0	1:40.5	1:42.0	1:43.5	1:45.0	1:46.5	1:48.0	1:49.5	1:51.0	1:52.5	600m
4	2:06.0	2:08.0	2:10.0	2:12.0	2:14.0	2:16.0	2:18.0	2:20.0	2:22.0	2:24.0	2:26.0	2:28.0	2:30.0	800m
5	2:37.5	2:40.0	2:42.5	2:45.0	2:47.5	2:50.0	2:52.5	2:55.0	2:57.5	3:00.0	3:02.5	3:05.0	3:07.5	1000m
6	3:09.0	3:12.0	3:15.0	3:18.0	3:21.0	3:24.0	3:27.0	3:30.0	3:33.0	3:36.0	3:39.0	3:42.0	3:45.0	1200m
7	3:40.5	3:44.0	3:47.5	3:51.0	3:54.5	3:58.0	4:01.5	4:05.0	4:08.5	4:12.0	4:15.5	4:19.0	4:22.5	1400m
8	4:12.0	4:16.0	4:20.0	4:24.0	4:28.0	4:32.0	4:36.0	4:40.0	4:44.0	4:48.0	4:52.0	4:56.0	5:00.0	1600m
9	4:43.5	4:48.0	4:52.5	4:57.0	5:01.5	5:06.0	5:10.5	5:15.0	5:19.5	5:24.0	5:28.5	5:33.0	5:37.5	1800m
10	5:15.0	5:20.0	5:25.0	5:30.0	5:35.0	5:40.0	5:45.0	5:50.0	5:55.0	6:00.0	6:05.0	6:10.0	6:15.0	2000m
11	5:46.5	5:52.0	5:57.5	6:03.0	6:08.5	6:14.0	6:19.5	6:25.0	6:30.5	6:36.0	6:41.5	6:47.0	6:52.5	2200m
12	6:18.0	6:24.0	6:30.0	6:36.0	6:42.0	6:48.0	6:54.0	7:00.0	7:06.0	7:12.0	7:18.0	7:24.0	7:30.0	2400m
13	6:49.5	6:56.0	7:02.5	7:09.0	7:15.5	7:22.0	7:28.5	7:35.0	7:41.5	7:48.0	7:54.5	8:01.0	8:07.5	2600m
14	7:21.0	7:28.0	7:35.0	7:42.0	7:49.0	7:56.0	8:03.0	8:10.0	8:17.0	8:24.0	8:31.0	8:38.0	8:45.0	2800m
15	7:52.5	8:00.0	8:07.5	8:15.0	8:22.5	8:30.0	8:37.5	8:45.0	8:52.5	9:00.0	9:07.5	9:15.0	9:22.5	3000m
16	8:24.0	8:32.0	8:40.0	8:48.0	8:56.0	9:04.0	9:12.0	9:20.0	9:28.0	9:36.0	9:44.0	9:52.0	10:00.0	3200m
17	8:55.5	9:04.0	9:12.5	9:21.0	9:29.5	9:38.0	9:46.5	9:55.0	10:03.5	10:12.0	10:20.5	10:29.0	10:37.5	3400m
18	9:27.0	9:36.0	9:45.0	9:54.0	10:03.0	10:12.0	10:21.0	10:30.0	10:39.0	10:48.0	10:57.0	11:06.0	11:15.0	3600m
19	9:58.5	10:08.0	10:17.5	10:27.0	10:36.5	10:46.0	10:55.5	11:05.0	11:14.5	11:24.0	11:33.5	11:43.0	11:52.5	3800m
20	10:30.0	10:40.0	10:50.0	11:00.0	11:10.0	11:20.0	11:30.0	11:40.0	11:50.0	12:00.0	12:10.0	12:20.0	12:30.0	4000m
21	11:01.5	11:12.0	11:22.5	11:33.0	11:43.5	11:54.0	12:04.5	12:15.0	12:25.5	12:36.0	12:46.5	12:57.0	13:07.5	4200m
22	11:33.0	11:44.0	11:55.0	12:06.0	12:17.0	12:28.0	12:39.0	12:50.0	13:01.0	13:12.0	13:23.0	13:34.0	13:45.0	4400m
23	12:04.5	12:16.0	12:27.5	12:39.0	12:50.5	13:02.0	13:13.5	13:25.0	13:36.5	13:48.0	13:59.5	14:11.0	14:22.5	4600m
24	12:36.0	12:48.0	13:00.0	13:12.0	13:24.0	13:36.0	13:48.0	14:00.0	14:12.0	14:24.0	14:36.0	14:48.0	15:00.0	4800m
25	13:07.5	13:20.0	13:32.5	13:45.0	13:57.5	14:10.0	14:22.5	14:35.0	14:47.5	15:00.0	15:12.5	15:25.0	15:37.5	5000m

(Splits given are relevant to 200m tracks.)

INDOOR PACE CHART (38–44-second laps)

Laps	38	38.5	39	39.5	40	40.5	41	41.5	42	42.5	43	43.5	44	Distance
1	38.0	38.5	39.0	39.5	40.0	40.5	41.0	41.5	42.0	42.5	43.0	43.5	44.0	200m
2	1:16.0	1:17.0	1:18.0	1:19.0	1:20.0	1:21.0	1:22.0	1:23.0	1:24.0	1:25.0	1:26.0	1:27.0	1:28.0	400m
3	1:54.0	1:55.5	1:57.0	1:58.5	2:00.0	2:01.5	2:03.0	2:04.5	2:06.0	2:07.5	2:09.0	2:10.5	2:12.0	600m
4	2:32.0	2:34.0	2:36.0	2:38.0	2:40.0	2:42.0	2:44.0	2:46.0	2:48.0	2:50.0	2:52.0	2:54.0	2:56.0	800m
5	3:10.0	3:12.5	3:15.0	3:17.5	3:20.0	3:22.5	3:25.0	3:27.5	3:30.0	3:32.5	3:35.0	3:37.5	3:40.0	1000m
6	3:48.0	3:51.0	3:54.0	3:57.0	4:00.0	4:03.0	4:06.0	4:09.0	4:12.0	4:15.0	4:18.0	4:21.0	4:24.0	1200m
7	4:26.0	4:29.5	4:33.0	4:36.5	4:40.0	4:43.5	4:47.0	4:50.5	4:54.0	4:57.5	5:01.0	5:04.5	5:08.0	1400m
8	5:04.0	5:08.0	5:12.0	5:16.0	5:20.0	5:24.0	5:28.0	5:32.0	5:36.0	5:40.0	5:44.0	5:48.0	5:52.0	1600m
9	5:42.0	5:46.5	5:51.0	5:55.5	6:00.0	6:04.5	6:09.0	6:13.5	6:18.0	6:22.5	6:27.0	6:31.5	6:36.0	1800m
10	6:20.0	6:25.0	6:30.0	6:35.0	6:40.0	6:45.0	6:50.0	6:55.0	7:00.0	7:05.0	7:10.0	7:15.0	7:20.0	2000m
11	6:58.0	7:03.5	7:09.0	7:14.5	7:20.0	7:25.5	7:31.0	7:36.5	7:42.0	7:47.5	7:53.0	7:58.5	8:04.0	2200m
12	7:36.0	7:42.0	7:48.0	7:54.0	8:00.0	8:06.0	8:12.0	8:18.0	8:24.0	8:30.0	8:36.0	8:42.0	8:48.0	2400m
13	8:14.0	8:20.5	8:27.0	8:33.5	8:40.0	8:46.5	8:53.0	8:59.5	9:06.0	9:12.5	9:19.0	9:25.5	9:32.0	2600m
14	8:52.0	8:59.0	9:06.0	9:13.0	9:20.0	9:27.0	9:34.0	9:41.0	9:48.0	9:55.0	10:02.0	10:09.0	10:16.0	2800m
15	9:30.0	9:37.5	9:45.0	9:52.5	10:00.0	10:07.5	10:15.0	10:22.5	10:30.0	10:37.5	10:45.0	10:52.5	11:00.0	3000m
16	10:08.0	10:16.0	10:24.0	10:32.0	10:40.0	10:48.0	10:56.0	11:04.0	11:12.0	11:20.0	11:28.0	11:36.0	11:44.0	3200m
17	10:46.0	10:54.5	11:03.0	11:11.5	11:20.0	11:28.5	11:37.0	11:45.5	11:54.0	12:02.5	12:11.0	12:19.5	12:28.0	3400m
18	11:24.0	11:33.0	11:42.0	11:51.0	12:00.0	12:09.0	12:18.0	12:27.0	12:36.0	12:45.0	12:54.0	13:03.0	13:12.0	3600m
19	12:02.0	12:11.5	12:21.0	12:30.5	12:40.0	12:49.5	12:59.0	13:08.5	13:18.0	13:27.5	13:37.0	13:46.5	13:56.0	3800m
20	12:40.0	12:50.0	13:00.0	13:10.0	13:20.0	13:30.0	13:40.0	13:50.0	14:00.0	14:10.0	14:20.0	14:30.0	14:40.0	4000m
21	13:18.0	13:28.5	13:39.0	13:49.5	14:00.0	14:10.5	14:21.0	14:31.5	14:42.0	14:52.5	15:03.0	15:13.5	15:24.0	4200m
22	13:56.0	14:07.0	14:18.0	14:29.0	14:40.0	14:51.0	15:02.0	15:13.0	15:24.0	15:35.0	15:46.0	15:57.0	16:08.0	4400m
23	14:34.0	14:45.5	14:57.0	15:08.5	15:20.0	15:31.5	15:43.0	15:54.5	16:06.0	16:17.5	16:29.0	16:40.5	16:52.0	4600m
24	15:12.0	15:24.0	15:36.0	15:48.0	16:00.0	16:12.0	16:24.0	16:36.0	16:48.0	17:00.0	17:12.0	17:24.0	17:36.0	4800m
25	15:50.0	16:02.5	16:15.0	16:27.5	16:40.0	16:52.5	17:05.0	17:17.5	17:30.0	17:42.5	17:55.0	18:07.5	18:20.0	5000m

(Splits given are relevant to 200m tracks.)

INDOOR PACE CHART (44.5–50.5-second laps)

Laps	44.5	45	45.5	46	46.5	47	47.5	48	48.5	49	49.5	50	50.5	Distance
1	44.5	45.0	45.5	46.0	46.5	47.0	47.5	48.0	48.5	49.0	49.5	50.0	50.5	200m
2	1:29.0	1:30.0	1:31.0	1:32.0	1:33.0	1:34.0	1:35.0	1:36.0	1:37.0	1:38.0	1:39.0	1:40.0	1:41.0	400m
3	2:13.5	2:15.0	2:16.5	2:18.0	2:19.5	2:21.0	2:22.5	2:24.0	2:25.5	2:27.0	2:28.5	2:30.0	2:31.5	600m
4	2:58.0	3:00.0	3:02.0	3:04.0	3:06.0	3:08.0	3:10.0	3:12.0	3:14.0	3:16.0	3:18.0	3:20.0	3:22.0	800m
5	3:42.5	3:45.0	3:47.5	3:50.0	3:52.5	3:55.0	3:57.5	4:00.0	4:02.5	4:05.0	4:07.5	4:10.0	4:12.5	1000m
6	4:27.0	4:30.0	4:33.0	4:36.0	4:39.0	4:42.0	4:45.0	4:48.0	4:51.0	4:54.0	4:57.0	5:00.0	5:03.0	1200m
7	5:11.5	5:15.0	5:18.5	5:22.0	5:25.5	5:29.0	5:32.5	5:36.0	5:39.5	5:43.0	5:46.5	5:50.0	5:53.5	1400m
8	5:56.0	6:00.0	6:04.0	6:08.0	6:12.0	6:16.0	6:20.0	6:24.0	6:28.0	6:32.0	6:36.0	6:40.0	6:44.0	1600m
9	6:40.5	6:45.0	6:49.5	6:54.0	6:58.5	7:03.0	7:07.5	7:12.0	7:16.5	7:21.0	7:25.5	7:30.0	7:34.5	1800m
10	7:25.0	7:30.0	7:35.0	7:40.0	7:45.0	7:50.0	7:55.0	8:00.0	8:05.0	8:10.0	8:15.0	8:20.0	8:25.0	2000m
11	8:09.5	8:15.0	8:20.5	8:26.0	8:31.5	8:37.0	8:42.5	8:48.0	8:53.5	8:59.0	9:04.5	9:10.0	9:15.5	2200m
12	8:54.0	9:00.0	9:06.0	9:12.0	9:18.0	9:24.0	9:30.0	9:36.0	9:42.0	9:48.0	9:54.0	10:00.0	10:06.0	2400m
13	9:38.5	9:45.0	9:51.5	9:58.0	10:04.5	10:11.0	10:17.5	10:24.0	10:30.5	10:37.0	10:43.5	10:50.0	10:56.5	2600m
14	10:23.0	10:30.0	10:37.0	10:44.0	10:51.0	10:58.0	11:05.0	11:12.0	11:19.0	11:26.0	11:33.0	11:40.0	11:47.0	2800m
15	11:07.5	11:15.0	11:22.5	11:30.0	11:37.5	11:45.0	11:52.5	12:00.0	12:07.5	12:15.0	12:22.5	12:30.0	12:37.5	3000m
16	11:52.0	12:00.0	12:08.0	12:16.0	12:24.0	12:32.0	12:40.0	12:48.0	12:56.0	13:04.0	13:12.0	13:20.0	13:28.0	3200m
17	12:36.5	12:45.0	12:53.5	13:02.0	13:10.5	13:19.0	13:27.5	13:36.0	13:44.5	13:53.0	14:01.5	14:10.0	14:18.5	3400m
18	13:21.0	13:30.0	13:39.0	13:48.0	13:57.0	14:06.0	14:15.0	14:24.0	14:33.0	14:42.0	14:51.0	15:00.0	15:09.0	3600m
19	14:05.5	14:15.0	14:22.5	14:34.0	14:43.5	14:53.0	15:02.5	15:12.0	15:21.5	15:31.0	15:40.5	15:50.0	15:59.5	3800m
20	14:50.0	15:00.0	15:10.0	15:20.0	15:30.0	15:40.0	15:50.0	16:00.0	16:10.0	16:20.0	16:30.0	16:40.0	16:50.0	4000m
21	15:34.5	15:45.0	15:55.5	16:06.0	16:16.5	16:27.0	16:37.5	16:48.0	16:58.5	17:09.0	17:19.5	17:30.0	17:40.5	4200m
22	16:19.0	16:30.0	16:41.0	16:52.0	17:03.0	17:14.0	17:25.0	17:36.0	17:47.0	17:58.0	18:09.0	18:20.0	18:31.0	4400m
23	17:03.5	17:15.0	17:26.5	17:38.0	17:49.5	18:01.0	18:12.5	18:24.0	18:35.5	18:47.0	18:58.5	19:10.0	19:21.5	4600m
24	17:48.0	18:00.0	18:12.0	18:24.0	18:36.0	18:48.0	19:00.0	19:12.0	19:24.0	19:36.0	19:48.0	20:00.0	20:12.0	4800m
25	18:32.5	18:45.0	18:57.5	19:10.0	19:22.5	19:35.0	19:47.5	20:00.0	20:12.5	20:25.0	20:37.5	20:50.0	21:02.5	5000m

(Splits given are relevant to 200m tracks.)

PER-MILE MARATHON PACE (4:45–6:55 Miles)

1M	2M	3M	5M	6M	10K	10M	1/2 Mar.	15M	20M	25M	Marathon
4:45	9:30	14:15	23:45	28:30	29:31	47:30	1:02:16	1:11:15	1:35:00	1:58:45	2:04:32
4:50	9:40	14:30	24:10	29:00	30:02	48:20	1:03:22	1:12:30	1:36:40	2:00:50	2:06:44
4:55	9:50	14:45	24:35	29:30	30:33	49:10	1:04:27	1:13:45	1:38:20	2:02:55	2:08:55
5:00	10:00	15:00	25:00	30:00	31:04	50:00	1:05:33	1:15:00	1:40:00	2:05:00	2:11:06
5:05	10:10	15:15	25:25	30:30	31:35	50:50	1:06:38	1:16:15	1:41:40	2:07:05	2:13:17
5:10	10:20	15:30	25:50	31:00	32:06	51:40	1:07:44	1:17:30	1:43:20	2:09:10	2:15:28
5:15	10:30	15:45	26:15	31:30	32:37	52:30	1:08:49	1:18:45	1:45:00	2:11:15	2:17:39
5:20	10:40	16:00	26:40	32:00	33:08	53:20	1:09:55	1:20:00	1:46:40	2:13:20	2:19:50
5:25	10:50	16:15	27:05	32:30	33:40	54:10	1:11:01	1:21:15	1:48:20	2:15:25	2:22:01
5:30	11:00	16:30	27:30	33:00	34:11	55:00	1:12:06	1:22:30	1:50:00	2:17:30	2:24:12
5:35	11:10	16:45	27:55	33:30	34:42	55:50	1:13:12	1:23:45	1:51:40	2:19:35	2:26:23
5:40	11:20	17:00	28:20	34:00	35:13	56:40	1:14:17	1:25:00	1:53:20	2:21:40	2:28:34
5:45	11:30	17:15	28:45	34:30	35:44	57:30	1:15:23	1:26:15	1:55:00	2:23:45	2:30:46
5:50	11:40	17:30	29:10	35:00	36:15	58:20	1:16:28	1:27:30	1:56:40	2:25:50	2:32:57
5:55	11:50	17:45	29:35	35:30	36:46	59:10	1:17:34	1:28:45	1:58:20	2:27:55	2:35:08
6:00	12:00	18:00	30:00	36:00	37:17	1:00:00	1:18:39	1:30:00	2:00:00	2:30:00	2:37:19
6:05	12:10	18:15	30:25	36:30	37:48	1:00:50	1:19:45	1:31:15	2:01:40	2:32:05	2:39:30
6:10	12:20	18:30	30:50	37:00	38:19	1:01:40	1:20:51	1:32:30	2:03:20	2:34:10	2:41:41
6:15	12:30	18:45	31:15	37:30	38:50	1:02:30	1:21:56	1:33:45	2:05:00	2:36:15	2:43:52
6:20	12:40	19:00	31:40	38:00	39:21	1:03:20	1:23:02	1:35:00	2:06:40	2:38:20	2:46:03
6:25	12:50	19:15	32:05	38:30	39:52	1:04:10	1:24:07	1:36:15	2:08:20	2:40:25	2:48:14
6:30	13:00	19:30	32:30	39:00	40:23	1:05:00	1:25:13	1:37:30	2:10:00	2:42:30	2:50:25
6:35	13:10	19:45	32:55	39:30	40:55	1:05:50	1:26:18	1:38:45	2:11:40	2:44:35	2:52:37
6:40	13:20	20:00	33:20	40:00	41:26	1:06:40	1:27:24	1:40:00	2:13:20	2:46:40	2:54:48
6:45	13:30	20:15	33:45	40:30	41:57	1:07:30	1:28:29	1:41:15	2:15:00	2:48:45	2:56:59
6:50	13:40	20:30	34:10	41:00	42:28	1:08:20	1:29:35	1:42:30	2:16:40	2:50:50	2:59:10
6:55	13:50	20:45	34:35	41:30	42:59	1:09:10	1:30:40	1:43:45	2:18:20	2:52:55	3:01:21

PER-MILE MARATHON PACE (7:00–9:10 Miles)

1M	2M	3M	5M	6M	10K	10M	1/2 Mar.	15M	20M	25M	Marathon
7:00	14:00	21:00	35:00	42:00	43:30	1:10:00	1:31:46	1:45:00	2:20:00	2:55:00	3:03:32
7:05	14:10	21:15	35:25	42:30	44:01	1:10:50	1:32:52	1:46:15	2:21:40	2:57:05	3:05:43
7:10	14:20	21:30	35:50	43:00	44:32	1:11:40	1:33:57	1:47:30	2:23:20	2:59:10	3:07:54
7:15	14:30	21:45	36:15	43:30	45:03	1:12:30	1:35:03	1:48:45	2:25:00	3:01:15	3:10:05
7:20	14:40	22:00	36:40	44:00	45:34	1:13:20	1:36:08	1:50:00	2:26:40	3:03:20	3:12:16
7:25	14:50	22:15	37:05	44:30	46:05	1:14:10	1:37:14	1:51:15	2:28:20	3:05:25	3:14:27
7:30	15:00	22:30	37:30	45:00	46:36	1:15:00	1:38:19	1:52:30	2:30:00	3:07:30	3:16:39
7:35	15:10	22:45	37:55	45:30	47:07	1:15:50	1:39:25	1:53:45	2:31:40	3:09:35	3:18:50
7:40	15:20	23:00	38:20	46:00	47:38	1:16:40	1:40:30	1:55:00	2:33:20	3:11:40	3:21:01
7:45	15:30	23:15	38:45	46:30	48:10	1:17:30	1:41:36	1:56:15	2:35:00	3:13:45	3:23:12
7:50	15:40	23:30	39:10	47:00	48:41	1:18:20	1:42:41	1:57:30	2:36:40	3:15:50	3:25:23
7:55	15:50	23:45	39:35	47:30	49:12	1:19:10	1:43:47	1:58:45	2:38:20	3:17:55	3:27:34
8:00	16:00	24:00	40:00	48:00	49:43	1:20:00	1:44:53	2:00:00	2:40:00	3:20:00	3:29:45
8:05	16:10	24:15	40:25	48:30	50:14	1:20:50	1:45:58	2:01:15	2:41:40	3:22:05	3:31:56
8:10	16:20	24:30	40:50	49:00	50:45	1:21:40	1:47:04	2:02:30	2:43:20	3:24:10	3:34:07
8:15	16:30	24:45	41:15	49:30	51:16	1:22:30	1:48:09	2:03:45	2:45:00	3:26:15	3:36:18
8:20	16:40	25:00	41:40	50:00	51:47	1:23:20	1:49:15	2:05:00	2:46:40	3:28:20	3:38:30
8:25	16:50	25:15	42:05	50:30	52:18	1:24:10	1:50:20	2:06:15	2:48:20	3:30:25	3:40:41
8:30	17:00	25:30	42:30	51:00	52:49	1:25:00	1:51:26	2:07:30	2:50:00	3:32:30	3:42:52
8:35	17:10	25:45	42:55	51:30	53:20	1:25:50	1:52:31	2:08:45	2:51:40	3:34:35	3:45:03
8:40	17:20	26:00	43:20	52:00	53:51	1:26:40	1:53:37	2:10:00	2:53:20	3:36:40	3:47:14
8:45	17:30	26:15	43:45	52:30	54:22	1:27:30	1:54:42	2:11:15	2:55:00	3:38:45	3:49:25
8:50	17:40	26:30	44:10	53:00	54:53	1:28:20	1:55:48	2:12:30	2:56:40	3:40:50	3:51:36
8:55	17:50	26:45	44:35	53:30	55:24	1:29:10	1:56:54	2:13:45	2:58:20	3:42:55	3:53:47
9:00	18:00	27:00	45:00	54:00	55:56	1:30:00	1:57:59	2:15:00	3:00:00	3:45:00	3:55:58
9:05	18:10	27:15	45:25	54:30	56:27	1:30:50	1:59:05	2:16:15	3:01:40	3:47:05	3:58:09
9:10	18:20	27:30	45:50	55:00	56:58	1:31:40	2:00:10	2:17:30	3:03:20	3:49:10	4:00:20

PER-KILOMETER MARATHON PACE

1km	1M	5km	10km	15km	20km	1/2 Mar.	25km	30km	35km	40km	Marathon
2:55	4:42	14:35	29:10	43:45	58:20	1:01:32	1:12:55	1:27:30	1:42:05	1:56:40	2:03:04
3:00	4:50	15:00	30:00	45:00	1:00:00	1:03:18	1:15:00	1:30:00	1:45:00	2:00:00	2:06:35
3:05	4:58	15:25	30:50	46:15	1:01:40	1:05:03	1:17:05	1:32:30	1:47:55	2:03:20	2:10:06
3:10	5:06	15:50	31:40	47:30	1:03:20	1:06:49	1:19:10	1:35:00	1:50:50	2:06:40	2:13:37
3:15	5:14	16:15	32:30	48:45	1:05:00	1:08:34	1:21:15	1:37:30	1:53:45	2:10:00	2:17:08
3:20	5:22	16:40	33:20	50:00	1:06:40	1:10:19	1:23:20	1:40:00	1:56:40	2:13:20	2:20:39
3:25	5:30	17:05	34:10	51:15	1:08:20	1:12:05	1:25:25	1:42:30	1:59:35	2:16:40	2:24:10
3:30	5:38	17:30	35:00	52:30	1:10:00	1:13:50	1:27:30	1:45:00	2:02:30	2:20:00	2:27:41
3:35	5:46	17:55	35:50	53:45	1:11:40	1:15:36	1:29:35	1:47:30	2:05:25	2:23:20	2:31:12
3:40	5:54	18:20	36:40	55:00	1:13:20	1:17:21	1:31:40	1:50:00	2:08:20	2:26:40	2:34:43
3:45	6:02	18:45	37:30	56:15	1:15:00	1:19:07	1:33:45	1:52:30	2:11:15	2:30:00	2:38:14
3:50	6:10	19:10	38:20	57:30	1:16:40	1:20:52	1:35:50	1:55:00	2:14:10	2:33:20	2:41:45
3:55	6:18	19:35	39:10	58:45	1:18:20	1:22:38	1:37:55	1:57:30	2:17:05	2:36:40	2:45:16
4:00	6:26	20:00	40:00	1:00:00	1:20:00	1:24:23	1:40:00	2:00:00	2:20:00	2:40:00	2:48:47
4:05	6:34	20:25	40:50	1:01:15	1:21:40	1:26:09	1:42:05	2:02:30	2:22:55	2:43:20	2:52:18
4:10	6:42	20:50	41:40	1:02:30	1:23:20	1:27:54	1:44:10	2:05:00	2:25:50	2:46:40	2:55:49
4:15	6:50	21:15	42:30	1:03:45	1:25:00	1:29:40	1:46:15	2:07:30	2:28:45	2:50:00	2:59:20
4:20	6:58	21:40	43:20	1:05:00	1:26:40	1:31:25	1:48:20	2:10:00	2:31:40	2:53:20	3:02:51
4:25	7:06	22:05	44:10	1:06:15	1:28:20	1:33:11	1:50:25	2:12:30	2:34:35	2:56:40	3:06:22
4:30	7:15	22:30	45:00	1:07:30	1:30:00	1:34:56	1:52:30	2:15:00	2:37:30	3:00:00	3:09:53
4:35	7:23	22:55	45:50	1:08:45	1:31:40	1:36:42	1:54:35	2:17:30	2:40:25	3:03:20	3:13:24
4:40	7:31	23:20	46:40	1:10:00	1:33:20	1:38:27	1:56:40	2:20:00	2:43:20	3:06:40	3:16:55
4:45	7:39	23:45	47:30	1:11:15	1:35:00	1:40:13	1:58:45	2:22:30	2:46:15	3:10:00	3:20:26
4:50	7:47	24:10	48:20	1:12:30	1:36:40	1:41:58	2:00:50	2:25:00	2:49:10	3:13:20	3:23:57
4:55	7:55	24:35	49:10	1:13:45	1:38:20	1:43:44	2:02:55	2:27:30	2:52:05	3:16:40	3:27:28
5:00	8:03	25:00	50:00	1:15:00	1:40:00	1:45:29	2:05:00	2:30:00	2:55:00	3:20:00	3:30:59
5:05	8:11	25:25	50:50	1:16:15	1:41:40	1:47:15	2:07:05	2:32:30	2:57:55	3:23:20	3:34:29

HANDY TRACK INFO

TRACK & FIELD'S BARRIER-BREAKERS

Except in the hand-timed 100s—where we've additionally noted first to match the plateau—all races reflect first actually under a time barrier; jumps/throws represent reaching that mark.

Not all marks were officially ratified as World Records, but all are regarded as statistically acceptable (includes marks made by professionals, but not those by drug suspendees).

If the mark was first made indoors (i), it is listed, as is the outdoor mark. A brief selection of significant additional indoor barrier-breakers appears at the end of the compilation.

— Men —

100 YARDS (first to run)
9.8	....	John Owen (US) '90
9.6	....	Arthur Duffey (US) '02
9.5	....	Jackson Scholz (US) '25
9.4	....	George Simpson (US) '29
9.3	....	Mel Patton (US) '48
9.2	....	Frank Budd (US) '61
9.1	....	Bob Hayes (US) '61
9.0	....	Ivory Crockett (US) '74

100 METERS (first to run)
11.0	....	William MacLaren (GB) '67
10.8	....	Cecil Lee (GB) '92
10.6	....	Knut Lindberg (Swe) '06
10.5	....	Emil Ketterer (Ger) '11
10.4	....	Charlie Paddock (US) '21
10.3	....	Charlie Paddock (US) '21
10.2	....	Charlie Paddock (US) '21
10.1	....	Willie Williams (US) '56
10.0	....	Armin Hary (Ger) '60
9.9	....	Jim Hines (US) '68

(first under)
10.00	9.95	Jim Hines (US) '68
9.90	9.86	Carl Lewis (US) '91
9.80	9.79	Maurice Greene (US) '99
9.75	9.74	Asafa Powell (Jam) '07
9.70	9.69	Usain Bolt (Jam) '08
9.60	9.58	Usain Bolt (Jam) '09

200 METERS
22.0	21.8y	Luther Cary (US) '91
21.0	20.6y	James Carlton (Aus) '32
20.5	20.5y	Henry Carr (US) '63
20.0	19.7	John Carlos (US) '68
20.00	19.92	John Carlos (US) '68
19.50	19.32	Michael Johnson (US) '96
19.20	19.19	Usain Bolt (Jam) '09

400 METERS
50 & 49	48.3y	Richard Buttery (GB) '73
48	47.8y	Maxie Long (US) '00
47	46.4y	Ben Eastman (US) '32
46	45.9	Herb McKenley (Jam) '48
45.5	45.4	Lou Jones (US) '55
45	44.9	Otis Davis (US) '60
45.00	44.95	Lee Evans (US) '67
44.50	44.06	Lee Evans (US) '68
44.00	43.86	Lee Evans (US) '68
43.50	43.29	Butch Reynolds (US) '88

800 METERS (first under)
2:00	1:59.8y	Art Pelham (GB) '73
1:50	1:49.7	Tom Hampson (GB) '32
1:49	1:48.4	Sydney Wooderson (GB) '38
1:48	1:46.6	Rudolf Harbig (Ger) '39
1:47 & 1:46		
	1:45.7	Roger Moens (Bel) '55
1:45	1:44.3	Peter Snell (NZ) '62
1:44	1:43.7	Marcello Fiasconaro (Ita) '73
1:43	1:42.33	Seb Coe (GB) '79
1:42	1:41.73	Seb Coe (GB) '81
1:41	1:40.91	David Rudisha (Ken) '12

1000 METERS
2:30	2:29.1	Anatole Bolin (Swe) '18
2:25	2:23.6	Jules Ladoumègue (Fra) '30
2:20	2:19.5	Audun Boysen (Nor) '54
2:15	2:13.9	Rick Wohlhuter (US) '74
2:13	2:12.18	Seb Coe (GB) '81

1500 METERS
4:05 & 4:00		
	3:59.8	Harold Wilson (GB) '08
3:55	3:54.7	John Zander (Swe) '17
3:50	3:49.2	Jules Ladoumègue (Fra) '30
3:45	3:43.0	Gunder Hägg (Swe) '44
3:40	3:38.1	Stanislav Jungwirth (Cze) '57
3:35 & 3:34		
	3:33.1	Jim Ryun (US) '67
3:33	3:32.16	Filbert Bayi (Tan) '74
3:32	3:31.36	Steve Ovett (GB) '80
3:31	3:30.77	Steve Ovett (GB) '83
3:30	3:29.67	Steve Cram (GB) '85
3:29	3:28.86	Noureddine Morceli (Alg) '92
3:28	3:27.37	Noureddine Morceli (Alg) '95
3:27	3:26.00	Hicham El Guerrouj (Mor) '98

MILE
4:30	4:28.0	Charles Westhall (GB) '52
4:25	4:23.0	Thomas Horspool (GB) '58
4:20	4:17.3	William Lang (GB) '65
4:15	4:12.8	Walter George (GB) '86
4:10	4:09.2	Jules Ladoumègue (Fra) '31
4:05	4:04.6	Gunder Hägg (Swe) '42
4:00	3:59.4	Roger Bannister (GB) '54
3:55	3:54.5	Herb Elliott (Aus) '58
3:50	3:49.4	John Walker (NZ) '75
3:49	3:48.8	Steve Ovett (GB) '80
3:48	3:47.33	Seb Coe (GB) '81
3:47	3:46.32	Steve Cram (GB) '85
3:46 & 3:45		
	3:44.39	Noureddine Morceli (Alg) '93
3:44	3:43.13	Hicham El Guerrouj (Mor) '99

2000 METERS
5:30	5:26.4	Paavo Nurmi (Fin)	'22
5:20	5:18.4	Henry Jonsson (Swe)	'37
5:10	5:07.0	Gaston Reiff (Bel)	'48
5:00	4:57.8	Harald Norpoth (WG)	'66
4:55	4:51.4	John Walker (NZ)	'76
4:50	4:47.88	Noureddine Morceli (Alg)	'95
4:45	4:44.79	Hicham El Guerrouj (Mor)	'99

3000 METERS
8:30	8:28.6	Paavo Nurmi (Fin)	'23
8:00	7:58.8	Gaston Reiff (Bel)	'49
7:50	7:49.2	Michel Jazy (Fra)	'62
7:40	7:39.6	Kip Keino (Ken)	'65
7:35	7:32.1	Henry Rono (Ken)	'78
7:30	7:29.45	Saïd Aouita (Mor)	'89
7:25	7:20.67	Daniel Komen (Ken)	'96

3000m STEEPLECHASE
9:00	8:59.6	Erik Elmsäter (Swe)	'44
8:30	8:29.6	Gaston Roelants (Bel)	'63
8:20	8:19.8	Ben Jipcho (Ken)	'73
8:10	8:09.70	Anders Gärderud (Swe)	'75
8:05	8:02.08	Moses Kiptanui (Ken)	'92
8:00	7:59.18	Moses Kiptanui (Ken)	'95

5000 METERS
15:00	14:36.6	Hannes Kolehmainen (Fin)	'12
14:00	13:58.1	Gunder Hägg (Swe)	'42
13:30	13:25.7	Ron Clarke (Aus)	'65
13:20	13:16.6	Ron Clarke (Aus)	'66
13:10	13:08.4	Henry Rono (Ken)	'78
13:00	12:58.39	Saïd Aouita (Mor)	'87
12:50	12:44.39	Haile Gebrselassie (Eth)	'95
12:40	12:39.74	Daniel Komen (Ken)	'97

10,000 METERS
31:00	30:58.8	Jean Bouin (Fra)	'11
30:00	29:52.6	Taisto Maki (Fin)	'39
29:00	28:54.2	Emil Zátopek (Cze)	'54
28:00	27:39.89	Ron Clarke (Aus)	'65
27:30	27:22.4	Henry Rono (Ken)	'78
27:00	26:58.38	Yobes Ondieki (Ken)	'93
26:50	26:43.53	Haile Gebrselassie (Eth)	'95
26:40	26:38.08	Salah Hissou (Mor)	'96
26:30	26:27.85	Paul Tergat (Ken)	'97

MARATHON
3:00	2:55:19	Johnny Hayes (US)	'08
2:30	2:29:40	August Kohlemainen (US)	'12
2:15	2:14:28	Buddy Edelen (US)	'63
2:10	2:09:37	Derek Clayton (Aus)	'67
2:09	2:08:34	Derek Clayton (Aus)	'69
2:00	2:07:12	Carlos Lopes (Por)	'85
2:07	2:06:50	Belayneh Densimo (Eth)	'88
2:06	2:05.42	Khalid Khannouchi (Mor)	'99
2:05	2:04:55	Paul Tergat (Ken)	'03
2:04	2:03:59	Haile Gebrselassie (Eth)	'08
2:03	2:02:57	Dennis Kimetto (Ken)	'14

110 HURDLES
15.0	14.8y	Earl Thomson (Can)	'16
14.0	13.7	Spec Towns (US)	'36
13.5	13.4	Jack Davis (US)	'56
13.4	13.3y	Jack Davis (US)	'56
13.3	13.2	Martin Lauer (WG)	'59
13.2 & 13.1			
	13.0y	Rod Milburn (US)	'71
13.25	13.24	Rod Milburn (US)	'72
13.20	13.16	Renaldo Nehemiah (US)	'79
13.15, 13.10 & 13.05			
	13.00	Renaldo Nehemiah (US)	'79
13.00 & 12.95			
	12.93	Renaldo Nehemiah (US)	'81
12.90	12.88	Xiang Liu (Chn)	'06
12.80	12.80	Aries Merritt (US)	'12

400 HURDLES
53	52.6	F. Morgan Taylor (US)	'24
52	51.7	Robert Tisdall (Ire)	'32
51	50.6	Glenn Hardin (US)	'34
50	49.5	Glenn Davis (US)	'56
49	48.94	Geoff Vanderstock (US)	'68
48	47.82	John Akii-Bua (Uga)	'72
47	46.78	Kevin Young (US)	'92

4 x 100 RELAY
41.0	40.8	Germany	'28
40.0	39.8	United States	'36
39.5	39.1	United States	'61
39.0	38.6y	Southern Cal	'67
38.50	38.39	Jamaica	'68
38.00	37.86	United States	'83
37.50	37.40	United States	'92
37.00	36.84	Jamaica	'12

4 x 200 RELAY
1:25	1:24.8	Southern Cal	'34
1:20	1:19.38	Santa Monica TC	'89
1:19	1:18.68	Santa Monica TC	'94

4 x 400 RELAY
3:20	3:18.2y	Irish-American AC	'11
3:15	3:14.2	United States	'28
3:10	3:08.2	United States	'32
3:05	3:03.9	Jamaica	'52
3:00	2:59.6	United States	'66
2:55	2:43.29	United States	'93

4 x 800 RELAY
8:00	7:30.2y	British Empire	'32
7:25& 7:20			
	7:15.8	Belgium	'56
7:15	7:14.6y	Great Britain	'66
7:10	7:08.6	West Germany	66
7:05	7:03.89	Great Britain	'82

4 x 1500 RELAY
16:00	15:55.6	Great Britain	'31
15:30	15:29.2	Hungary	'53
15:00	14:58.0	East Germany	'63
14:30	14:22.2	Kenya	'14

4 x MILE RELAY
17:30	17:21.4	Illinois AC	'23
17:00	16:55.8	Sweden	'48
16:30	16:26.4	British Commonwealth	'56
16:00	15:59.57	New Zealand	'83

HIGH JUMP
6'6	1.98/6-6	George Horine (US)	'12
2.00	2.01/6-7	George Horine (US)	'12
2.10	2.10/6-10¾	Les Steers (US)	'41
7'	2.15/7-½	Charlie Dumas (US)	'56
2.20	2.22/7-3¾	John Thomas (US)	'60
7'6	2.29/7-6	Chihchin Ni (Chn)	'70
2.30	2.30/7-6½	Dwight Stones (US)	'73
2.40	2.40/7-10½	Rudolf Povarnitsin (SU)	'85
8'	2.44/8-0	Javier Sotomayor (Cub)	'89

POLE VAULT
11'	3.37/11-³/₄	.... Henry Kayll (GB) '77
12'	3.69/12-1¹/₄	.... Norman Dole (US) '04
13'	3.99/13-1	.... Robert Gardner (US) '12
4.00	4.02/13-2¹/₄	.... Marc Wright '12
14'	4.27/14-0	.... Sabin Carr (US) '27
4.50	4.54/14-11	..................Bill Sefton (US) '37
15'	4.57/15-0	.... Dutch Warmerdam (US) '40
16'	4.88i/16-¹/₄	.... John Uelses (US) '62
	[outdoors—4.89/16-³/₄ Uelses '62]	
5.00	5.00i/16-4³/₄	.... Pentti Nikula (Fin) '63
	[outdoors—5.00/16-4³/₄ Brian Sternberg (US) '63]	
17'	5.20/17-³/₄	.... John Pennel (US) '63
18'	5.49/18-0	...... Chris Papanicolaou (Gre) '70
5.50	5.51/18-1	.... Kjell Isaksson (Swe) '72
19'	5.80/19-¹/₄	.... Thierry Vigneron (Fra) '81
6.00	6.00/19-8¹/₄	.... Sergey Bubka (SU) '85
20'	6.10i/20-0	.... Sergey Bubka (SU) '91
	[outdoors—6.10/20-0 Bubka '91	

LONG JUMP
21' & 6.50
	6.50/21-4	.... Alick Tosswill (GB) '68
22'	6.75/22-2	.... Alick Tosswill (GB) '69

23' & 7.00
	7.05/23-1¹/₂	.... John Lane (Ire) '74
24'	7.32/24-¹/₄	.... William Newburn (Ire) '98
7.50	7.51/24-7³/₄	.... Peter O'Connor (Ire) '00
25'	7.69/25-3	.... Ed Gourdin (US) '21
26'	7.93/26-¹/₄	.... Silvio Cator (Hai) '28
8.00	8.13/26-8¹/₄	.... Jesse Owens (US) '35
27'	8.24/27-¹/₂	.... Ralph Boston (US) '61

28 & 29' & 8.50
	8.90/29-2¹/₂	.... Bob Beamon (US) '68

TRIPLE JUMP
50'	15.52/50-11	.... Dan Ahearn (US) '11
16.00	16.00/52-6	.... Naoto Tajima (Jpn) '36

55' & 17.00
	17.03/55-10¹/₂	.... Jozef Schmidt (Pol) '60
56'	17.10/56-1¹/₄	...... Giuseppe Gentile (Ita) '68
57'	17.39/57-0	.... Viktor Saneyev (SU) '68

58' & 17.50
	17.89/58-8¹/₂	.... João Oliveira (Bra) '75
59'	17.98/59-0	.... Jonathan Edwards (GB) '95
18.00	18.16/59-7	...... Jonathan Edwards (GB) '95
60'	18.29/60-¹/₄	...... Jonathan Edwards (GB) '95

SHOT
50'	15.32/50-3	.... Ralph Rose (US) '09
55'	16.80/55-1¹/₂	...... Jack Torrance (US) '34
60'	18.42/60-5¹/₄	...... Parry O'Brien (US) '54
65'	19.99/65-7	.... Bill Nieder (US) '60
20.00	20.06/65-9³/₄	.... Bill Nieder (US) '60
21.00	21.05/69-³/₄	.... Randy Matson (US) '65
70'	21.52/70-7¹/₄	.... Randy Matson (US) '65
71'	21.78/71-5¹/₂	...... Randy Matson (US) '67

72' & 22.00
	22.02/72-2³/₄i	.... George Woods (US) '74
73'	22.25/73-¹/₄	.... Brian Oldfield (US) '75

74' & 75'
	22.86/75-0	.... Brian Oldfield (US) '75
23.00	23.06/75-8	.... Ulf Timmermann (EG) '88

DISCUS
160'	48.77/160-0	...... Hans Hoffmeister (Ger) '28
50.00	51.03/167-5	.... Eric Krenz (US) '30
180'	54.93/180-2	.... Bob Fitch (US) '46

60.00	60.56/198-8	.... Jay Silvester (US) '61
200'	61.10/200-5	.... Al Oerter (US) '62
210'	64.55/211-9	.... Ludvík Danek (Cze) '64
65.00	65.22/214-0	.... Ludvík Danek (Cze) '65
220'	68.40/224-5	.... Jay Silvester (US) '68

230' & 70.00
	70.38/230-11	.... Jay Silvester (US) '71
240'	74.08/243-0	.... Jürgen Schult (EG) '86

HAMMER
60.00	60.34/197-11	...... József Csermák (Hun) '52
200'	61.25/200-11	.... Sverre Strandli (Nor) '52
220'	67.32/220-10	... Mikhail Krivonosov (SU) '56

70.00 & 230'
	70.33/230-9	.... Hal Connolly (US) '60
240'	73.74/241-11	...... Gyula Zsivótzky (Hun) '65
250'	76.40/250-8	.... Walter Schmidt (WG) '71
260'	79.30/260-2	.... Walter Schmidt (WG) '75
80.00	80.14/262-11	.... Boris Zaichuk (SU) '78
270'	83.98/275-6	.... Sergey Litvinov (SU) '82
280'	86.34/283-3	.... Yuriy Syedikh (SU) '84

JAVELIN (old)
200'	61.44/201-7	.... Juho Saaristo (Fin) '12
70.00	71.00/232-11	...... Erik Lundkvist (Swe) '28
240'	74.02/242-10	...... Matti Järvinen (Fin) '32

80.00 & 260'
	80.40/263-9	.... Bud Held (US) '53
280'	85.70/281-2	.... Egil Danielsen (Nor) '56

300' & 90.00
	91.72/300-11	.... Terje Pedersen (Nor) '64
320'	99.72/327-2	.... Tom Petranoff (US) '83

100.00 & 340'
	104.80/343-10	.... Uwe Hohn (EG) '84

JAVELIN (current)
280' & 85.00
	85.38/280-1	.... Tom Petranoff (US) '86
290'	89.10/292-4	.... Patrik Bodén (Swe) '90
90.00	90.98/298-6	.... Steve Backley (GB) '90
300'	91.98/301-9	.... Seppo Räty (Fin) '91

310' & 95.00
	95.54/313-5	.... Jan Zelezny (CzR) '93
320'	98.48/323-1	.... Jan Zelezny (CzR) '96

DECATHLON (tables then in use)
6000 & 6500
	6903	.... Hugo Wieslander (Swe) '11
7000	7414	.... J. Austin Menaul (US) '12

7500 & 8000
	8412	.... Jim Thorpe (US) '12
8500	8790	.... Hans-Heinrich Sievert (Ger) '34
9000	9121	.... C.K. Yang (Tai) 63

DECATHLON (today's tables)
6000 & 6500	6564	.... Jim Thorpe (US) '12
7000	7147	.... Hans-Heinrich Sievert (Ger) '34
7500	7543	.... Bob Mathias (US) '52
8000	8049	.... Phil Mulkey (US) '61
8100	8119	.... Russ Hodge (US) '66
8200	8234	.... Kurt Bendlin (Ger) '67
8300	8309	.... Bill Toomey (US) '69
8400	8466	.... Nikolay Avilov (SU) '72

8500 & 8600
	8634	.... Bruce Jenner (US) '76
8700	8730	.... Daley Thompson (GB) '81
8800	8825	.... Jürgen Hingsen (WG) '83
8900	8994	.... Tomás Dvorák (CzR) '99
9000	9026	.... Roman Sebrle (CzR) '01

— Women —

100 METERS (first to run)
11.8	Stella Walsh (Pol)	'32
11.6	Helen Stephens (US)	'35
11.4	Marjorie Jackson (Aus)	'52
11.2	Wilma Rudolph (US)	'61
11.0	Wyomia Tyus (US)	'68
10.9	Renate Stecher (EG)	'73
10.8	Renate Stecher (EG)	'73

(first under)
11.10	11.08	Wyomia Tyus (US)	'68
11.00 & 10.90			
	10.88	Marlies Göhr (EG)	'77
10.80	10.79	Evelyn Ashford (US)	'83
10.70, 10.60 & 10.50			
	10.49	Florence Griffith Joyner (US)	'88

200 METERS
25.0	24.6	Tollien Schuurman (Hol)	'33
24.0	23.6	Stella Walsh (Pol)	'35
23.0	22.9	Wilma Rudolph (US)	'60
22.00	21.71	Marita Koch (EG)	'79
21.50	21.34	Florence Griffith Joyner (US)	'88

400 METERS
57	56.3y	Nancy Boyle (Aus)	'57
56	55.8	Maria Itkina (SU)	'57
55	54.0	Maria Itkina (SU)	'57
54	53.9	Maria Itkina (SU)	'55
53 & 52	51.9	Geum Dan Shin (NK)	'62
51 & 50	49.9	Irena Szewinska (Pol)	'74
49.50	49.29	Irena Szewinska (Pol)	'76
49.00	48.94	Marita Koch (EG)	'78
48.50	48.16	Marita Koch (EG)	'82
48.00	47.99	Jarmila Kratochvílová (Cze)	'83

800 METERS
2:20	2:19.6	Lina Radke (Ger)	'28
2:10	2:08.5	Nina Pletnyova (SU)	'52
2:00	1:59.1	Geum Dan Shin (NK)	'63
1:59	1:58.5	Hildegard Falck (WG)	'71
1:58	1:57.5	Svetla Zlateva (Bul)	'73
1:57	1:56.0	Valentina Gerasimova (SU)	'76
1:55	1:54.94	Tatyana Kazankina (SU)	'76
1:54	1:53.43	Nadezhda Olizarenko (SU)	'80

1500 METERS
4:20	4:19.0	Marise Chamberlain (NZ)	'62
4:15	4:12.4	Paola Pigni (Ita)	'69
4:10	4:09.6	Karin Burneleit (EG)	'71
4:05	4:01.4	Lyudmila Bragina (SU)	'72
4:00	3:56.0	Tatyana Kazankina (SU)	'76
3:55	3:52.47	Tatyana Kazankina (SU)	'80

MILE
4:40	4:39.2	Anne Smith (GB)	'67
4:35	4:34.9	Glenda Reiser (Can)	'73
4:30	4:29.5	Paola Pigni (Ita)	'73
4:25	4:23.8	Natalia Marasescu (Rom)	'77
4:20	4:17.55i	Mary Slaney (US)	'80
4:15	4:12.56	Svetlana Masterkova (Rus)	'96

3000m STEEPLECHASE
9:25	9:22.29	Justyna Bak (Pol)	'02
9:20	9:16.51	Alesya Turova (Blr)	'02
9:15 & 9:10	9:08.33	Gulnara Galkina (Rus)	'03
9:05	9:01.59	Gulnara Galkina (Rus)	'04
9:00	8:58.81	Gulnara Galkina (Rus)	'08

5000 METERS
15:30	15:28.43	Ingrid Kristiansen (Nor)	'81
15:00	14:58.89	Ingrid Kristiansen (Nor)	'84
14:50	14:48.07	Zola Pieterse (GB)	'85
14:40	14:37.33	Ingrid Kristiansen (Nor)	'86
14:30	14:28.09	Bo Jiang (Chn)	'97
14.20	14:16.63	Meseret Defar (Eth)	'07

10,000 METERS
32:00	31:45.4	Loa Olafsson (Den)	'78
31:00	30:59.42	Ingrid Kristiansen (Nor)	'85
30:30	30:13.74	Ingrid Kristiansen (Nor)	'86
30:00	29:31.78	Junxia Wang (Chn)	'93
29:30	29:17.45	Almaz Ayana (Eth)	'16

MARATHON
3:00	2:55:22	Beth Bonner (US)	'71
2:50	2:49:40	Cheryl Bridges (US)	'71
2:45	2:43:55	Jackie Hansen (US)	'74
2:40	2:38:19	Jackie Hansen (US)	'75
2:35	2:34:48	Christa Vahlensieck (WG)	'77
2:30	2:27:33	Grete Waitz (Nor)	'79
2:25	2:22:43	Joan Samuelson (US)	'83
2:20	2:19:46	Naoko Takahashi (Jpn)	'01

100 HURDLES
13.00	12.93	Chi Cheng (Tai)	'70
12.50	12.48	Grazyna Rabsztyn (Pol)	'78
12.40	12.36	Grazyna Rabsztyn (Pol)	'80
12.30	12.29	Yordanka Donkova (Bul)	'86
12:20	12.20	Keni Harrison (US)	'16

400 HURDLES
57.00	56.83	Danuta Piecyk (Pol)	'74
56.00	55.74	Tatyana Storozheva (SU)	'77
55.00	54.89	Tatyana Zelentsova (SU)	'78
54.00	53.58	Margarita Ponomaryova (SU)	'84
53.00	52.94	Marina Styepanova (SU)	'86

4 x 100 RELAY
45	44.9	Australia	'56
44.00	43.92	United States	'64
43.00	42.87	United States	'68
42.50	42.27	East Germany	'78
42.00	41.85	East Germany	'80
41.50	41.37	East Germany	'85
41.00	40.82	United States	'12

4 x 400 RELAY
3:50	3:47.0	Göteborg K.I.K. (Swe)	'68
3:40	3:37.6	Great Britain	'69
3:30	3:29.28	East Germany	'71
3:25	3:22.95	East Germany	'72
3:20	3:19.23	East Germany	'76

HIGH JUMP
5'6 & 1.70
	1.71/5-7¼	Fanny Blankers-Koen (Hol)	'43
1.80	1.80/5-10¾	Iolanda Balas (Rom)	'58
6'	1.83/6-0	Iolanda Balas (Rom)	'58
1.90	1.90/6-2¾	Iolanda Balas (Rom)	'61
6'6 & 2.00	2.00/6-6¾	Rosi Ackermann (EG)	'77
6'9	2.07/6-9¼	Lyudmila Andonova (Bul)	'84

POLE VAULT
13' & 4.00	4.00/13-1½	Chunzhen Zhang (Chn)	'91
14'	4.27/14-0i	Caiyun Sun (Chn)	'96
4.50	4.49/14-9	Emma George (Aus)	'97
15'	4.57/15-0	Emma George (Aus)	'98
16'0	4.88/16-0	Svetlana Feofanova (Rus)	'04
5.0	5.00/16-4¾	Yelena Isinbayeva (Rus)	'05

LONG JUMP
6.00	6.04/19-9¾	.... Stella Walsh (Pol) '38
20'	6.12/20-1	.... Christel Schulz (Ger) '39
21'	6.40/21-0	.... Hildrun Claus (EG) '60
6.50	6.53/21-5¼	Tatyana Shchelkanova (SU) '62
22'	6.76/22-2¼	.... Mary Rand (GB) '64
23' & 7.00		
	7.07/23-2½	.. Vilma Bardauskiené (SU) '78
24'	7.43/24-4½	.... Anisoara Stanciu (Rom) '83
7.50	7.52/24-8½	...... Galina Chistyakova (SU) '88

TRIPLE JUMP
47'	14.45/47-5	...... Galina Chistyakova (SU) '89
14.50	14.52/47-7¾	. Galina Chistyakova (SU) '89
48' & 49'	14.95/49-¾	.... Inessa Kravets (SU) '91
15.00	15.09/49-6¼	.... Ana Biryukova (Rus) '93
50' & 15.50		
	15.50/50-10¼	.... Inessa Kravets (Ukr) '95

SHOT
50'	15.28/50-1¾	.... Galina Zybina (SU) '52
60'	18.55/60-10½	.... Tamara Press (SU) '62
19.00	19.07/62-6¾	..... Margitta Gummel (EG) '68
65' & 20.00		
	20.09/65-11	...Nadezhda Chizhova (SU) '69
21.00	21.03/69-0	..... Nadezhda Chizhova (SU) '72
70'	21.45/70-4½	Nadezhda Chizhova (SU) '73
22.00	22.32/73-2¾	Helena Fibingerová (Cze) '77

DISCUS
50.00	50.50/165-8	.... Nina Dumbadze (SU) '46
180'	57.04/187-2	.... Nina Dumbadze (SU) '52
200' & 60.00		
	61.26/201-0	... Liesel Westermann (WG) '69
220'	67.32/220-10	.... Argentina Menis (Rom) '72
230' & 70.00		
	70.20/230-4	.... Faina Melnik (SU) '75
240'	73.26/240-4	.... Galina Savinkova (SU) '83
250' & 75.00		
	76.80/252-0	.... Gabriele Reinsch (EG) '88

HAMMER
230/70	73.10/239-10	..... Olga Kuzenkova (Rus) '97
240'	73.80/242-1	...... Olga Kuzenkova (Rus) '98
75.00	75.29/247-0	.... Mihaela Melinte (Rom) '98
250'	77.06/252-10	.... Tatyana Lysenko (Rus) '05
260'	79.42/260-7	.... Betty Heidler (Ger) '11
80.00	80.27/263-4	...... Anita Wlodarczyk (Pol) '15
270'	82.98/272-3	.... Anita Wlodarczyk (Pol) '16

JAVELIN (old)
50.00	53.40/175-2.	Natalya Smirnitskaya (SU) '49
180'	55.10/180-9	Nadezhda Konyayeva (SU) '54
200'/60	61.38/201-4	.... Elvira Ozolina (SU) '64
220'	67.22/220-6	.... Ruth Fuchs (EG) '74
70.00	70.08/229-11	...... Tatyana Biryulina (SU) '80
240'	74.20/243-5	.... Sofia Sakorafa (Gre) '82
250'	77.44/254-1	...... Fatima Whitbread (GB) '86
250/80	80.00/262-5	.... Petra Meier-Felke (EG) '88

JAVELIN (current)
65.00	65.44/214-8	.... Tanja Damaske (Ger) '99
220'	68.19/223-8	.... Trine Hattestad (Nor) '99
70/230	71.54/234-8	.. Osleidys Menéndez (Cub) '01

HEPTATHLON
6000	6094	.... Yekaterina Gordiyenko (SU) '80
6250/65	6670	.... Ramona Neubert (EG) '81
6750	6788	.... Ramona Neubert (EG) '81
7000	7148	.... Jackie Joyner-Kersee (US) '86

—Indoor Supplement—

MEN

60 METERS
6.50	6.48	.... Leroy Burrell (US) '91
6.45	6.41	.... Andre Cason (US) '92
6.40	6.39	.... Maurice Greene (US) '98

200 METERS
20	19.92	.... Frank Fredericks (Nam) '96

400 METERS
50	49.6y	.... Thomas Halpin (US) '13
45	44.97	.... Michael Johnson (US) '95

800 METERS
1:50	1:49.7	.... Arnie Sowell (US) '57
1:45	1:44.91	.... Seb Coe (GB) '91

MILE
4:00	3:58.9	.... Jim Beatty (US) '62

HIGH JUMP
7'	2.135/7-0	.... John Thomas (US) '59

POLE VAULT
15'	4.48/15-¼	...... Dutch Warmerdam (US) '42
16'	4.88/16-¼	.... John Uelses (US) '62
17'	5.19/17-¼	.... Bob Seagren (US) '66
18'	5.49/18-¼	.... Steve Smith (US) '73
19'	5.80/19-¼	.... Billy Olson (US) '83
20'	6.10/20-0	.... Sergey Bubka (SU) '91

LONG JUMP
26'	7.97/26-1¾	.... Ralph Boston (US) '61
27'	8.23/27-0	.... Igor Ter-Ovanesyan (SU) '66
28'	8.56/28-1	.... Carl Lewis (US) '82

TRIPLE JUMP
55'	16.77/55-¼	.... Michael Sauer (WG) '68

SHOT
60'	18.72/61-5¼	.... Parry O'Brien (US) '56
70'	21.57/70-½	.... Brian Oldfield (US) '73

WOMEN

60 METERS
7.00	6.96	.... Merlene Ottey (Jam) '92

200 METERS
22	21.87	.... Merlene Ottey (Jam) '93

400 METERS
50	49.64	.... Jarmila Kratochvílová (Cze) '81

800 METERS
2:00	1:59.9	.... Ursula Hook (Ger) '79

1500 METERS
4:00	3:59.75	.... Geleta Burka (Eth) '08

MILE
4:25	4:24.6	.... Mary Slaney (US) '82

HIGH JUMP
6'	1.83/6-0	.... Iolanda Balas (Yug) '61
2.00	2.00/6-6¾	.... Coleen Sommer (US) '82

POLE VAULT
4.50	4.50/14-9	.... Emma George (Aus) '98
15'	4.57/15-0	.... Stacy Dragila (US) '00
15'5"	4.70/15-5a	.... Stacy Dragila (US) '01
16'0"	4.88/16-0	..... Yelena Isinbayeva (Rus) '05
5.00	5.00/16-4¾	..... Yelena Isinbayeva (Rus) '09

MEN'S ATHLETES OF THE YEAR, 1959-2016

T&FN's annual AOY choices, with the event(s) in which they ranked:

1959	Martin Lauer (W Germany)	110H/decathlon
1960	Rafer Johnson (US)	decathlon
1961	Ralph Boston (US)	LJ/110H
1962	Peter Snell (New Zealand)	800/1500
1963	C.K. Yang (Taiwan)	decathlon/PV
1964	Peter Snell (New Zealand)	800/1500
1965	Ron Clarke (Australia)	5000/10,000
1966	Jim Ryun (US)	800/1500
1967	Jim Ryun (US)	1500
1968	Bob Beamon (US)	LJ
1969	Bill Toomey (US)	decathlon
1970	Randy Matson (US)	SP
1971	Rod Milburn (US)	110H
1972	Lasse Viren (Finland)	5000/10,000
1973	Ben Jipcho (Kenya)	1500/steeple/5000
1974	Rick Wohlhuter (US)	800/1500
1975	John Walker (New Zealand)	800/1500
1976	Alberto Juantorena (Cuba)	400/800
1977	Alberto Juantorena (Cuba)	400/800
1978	Henry Rono (Kenya)	steeple/5000/10,000
1979	Sebastian Coe (Great Britain)	800/1500
1980	Edwin Moses (US)	400H
1981	Sebastian Coe (Great Britain)	800/1500
1982	Carl Lewis (US)	100/200/LJ
1983	Carl Lewis (US)	100/200/LJ
1984	Carl Lewis (US)	100/200/LJ
1985	Saïd Aouita (Morocco)	1500/5000
1986	Yuriy Syedikh (Soviet Union)	HT
1987	*Said Aouita (Morocco)	1500/5000
1988	Sergey Bubka (Soviet Union)	PV
1989	Roger Kingdom (US)	110H
1990	Michael Johnson (US)	200/400
1991	Sergey Bubka (Soviet Union)	PV
1992	Kevin Young (US)	400H
1993	Noureddine Morceli (Algeria)	1500/3000
1994	Noureddine Morceli (Algeria)	1500/3000/5000
1995	Haile Gebrselassie (Ethiopia)	3000/5000/10,000
1996	Michael Johnson (US)	200/400
1997	Wilson Kipketer (Denmark)	800
1998	Haile Gebrselassie (Ethiopia)	3000/5000/10,000
1999	Hicham El Guerrouj (Morocco)	1500/3000
2000	Virgilijus Alekna (Lithuania)	discus
2001	Hicham El Guerrouj (Morocco)	1500
2002	Hicham El Guerrouj (Morocco)	1500
2003	Felix Sánchez (Dominican Republic)	400H

*(*Ben Johnson voted #1 subsequently disqualifed for drug use.)*

2004	Kenenisa Bekele (Ethiopia)	5000/10,000
2005	Kenenisa Bekele (Ethiopia)	5000/10,000
2006	Asafa Powell (Jamaica)	100
2007	Tyson Gay (United States)	100/200
2008	Usain Bolt (Jamaica)	100/200
2009	Usain Bolt (Jamaica)	100/200
2010	David Rudisha (Kenya)	800
2011	David Rudisha (Kenya)	800
2012	David Rudisha (Kenya)	800
2013	Bogdan Bondarenko (Ukraine)	high jump
2014	Renaud Lavillenie (France)	pole vault
2015	Ashton Eaton (USA)	decathlon
2016	Wayde van Niekerk (South Africa)	400

WOMEN'S ATHLETES OF THE YEAR, 1974-2016

T&FN's all-time AOY choices, with the event(s) in which they ranked:

1974	Irena Szewinska (Poland)	100/200/400
1975	Faina Melnik (Soviet Union)	shot/discus
1976	Tatyana Kazankina (Soviet Union)	800/1500
1977	Rosemarie Ackermann (E Germany)	high jump
1978	Marita Koch (E Germany)	100/200/400
1979	Marita Koch (E Germany)	100/200/400
1980	Ilona Briesenick (E Germany)	shot
1981	Evelyn Ashford (US)	100/200
1982	Marita Koch (E Germany)	100/200/400
1983	Jarmila Kratochvílová (Czechoslovakia)	200/400/800
1984	Evelyn Ashford (US)	100
1985	Marita Koch (E Germany)	100/200/400
1986	Jackie Joyner-Kersee (US)	LJ/heptathlon
1987	Jackie Joyner-Kersee (US)	100H/LJ/heptathlon
1988	Florence Griffith Joyner (US)	100/200
1989	Ana Quirot (Cuba)	400/800
1990	Merlene Ottey (Jamaica)	100/200
1991	Heike Henkel (Germany)	high jump
1992	Heike Drechsler (Germany)	long jump
1993	Wang Junxia (China)	1500/3000/10,000/marathon
1994	Jackie Joyner-Kersee (US)	100H/LJ/heptathlon
1995	Sonia O'Sullivan (Ire)	1500/3000/5000
1996	Svetlana Masterkova (Russia)	800/1500
1997	Marion Jones (US)	100/200/long jump
1998	Marion Jones (US)	100/200/long jump
1999	Gabriela Szabo (Romania)	1500/3000/5000
2000	*Stacy Dragila (US)	pole vault
2001	Stacy Dragila (US)	pole vault
2002	Paula Radcliffe (GB)	3000/5000/10,000/marathon
2003	Maria Mutola (Mozambique)	800

(*Marion Jones voted #1 subsequently disqualified for drug use

2004	Yelena Isinbayeva (Russia)	pole vault
2005	Yelena Isinbayeva (Russia)	pole vault
2006	Sanya Richards (United States)	200/400
2007	Meseret Defar (Ethiopia)	3000/5000
2008	Tirunesh Dibaba (Ethiopia)	5000/10,000
2009	Sanya Richards (United States)	200/400
2010	Blanka Vlašić (Croatia)	high jump
2011	Vivian Cheruiyot (Kenya)	5000/10,000
2012	Valerie Adams (New Zealand)	shot put
2013	Valerie Adams (New Zealand)	shot put
2014	Anita Wlodarczyk (Poland)	hammer
2015	Genzebe Dibaba (Ethiopia)	1500/5000
2016	Anita Wlodarczyk (Poland)	hammer

www.ingramcontent.com/pod-product-compliance
Lightning Source LLC
Chambersburg PA
CBHW070944230426
43666CB00011B/2551